高校公共关系学专业系列教材　　总主编◎张　云

公共关系礼仪

陶　稀◎主编

华东师范大学出版社

丛书顾问

目录

总序

这套公共关系学专业系列教材丛书总计20本。第一批出版的是13本，分别为《公共关系概论——理论、实践和案例》、《公共关系实务》、《公共关系伦理》、《公共关系礼仪》、《公共关系口才》、《公共关系写作》、《网络公关实务》、《政府公共关系》、《危机公关——理念、制度与运作路径》、《公共关系战略与策划》、《组织文化管理》、《品牌塑造与管理》和《营销公关策略》。后面还有7本，书名和作者已基本确定，有些已经开始动手撰写了。

参加这套丛书编写的，主要包括北京、上海、广州、武汉、南昌等地的从事公共关系学教学与研究的高校教师，参编学校包括中山大学、中国传媒大学、华东师范大学、华中科技大学、中国人民大学、上海外国语大学、上海师范大学、南昌大学。或许后面还会有新的学校和人员加入。

这样一个规模的公共关系学专业系列教材丛书，在国内是没有过的，在世界上可能也是开了一个先例。为此，要特别感谢华东师范大学出版社、感谢高等教育分社社长翁春敏先生领衔的专业团队，他们为了中国公关事业的推进和发展，甘冒经营风险，参与了整个丛书的策划活动，付出了大量的联系、审稿、编辑等劳动，给予了我们全力的支持！感谢各参编学校的各位作者，为提高每本书的质量兢兢业业、恪尽职守，为丛书的整体质量奠定了基础。感谢丛书的顾问团队，不端名师大家的架子，热心参议、参谋，提携同道与后生！

说到这套丛书的顾问团队，那是必须要作些介绍和说明的。首先是居易、郭惠民、廖为建、余明阳、邢颖、崔秀芝，在20世纪80年代，他们绝对是中国公关界[①]一流学者的代表，不但各有高质量的著述，而且积极参加各种学术活动，口碑极好，同时还都是积极投身于公关策划的高手；涂光晋、程曼丽、李兴国、赵传蕙、纪华强、邱伟光、齐小华、秦启文、杨魁、钟育赣，都是90年代中国高校中公共关系学专业和公共关系学方向的学科带头人，个个口才了得，一肚子的公关经略，名师大

① 本文中使用的“中国公关界”这个概念，是“中国大陆公关界”的简称，不包括港澳台地区。

家，当之无愧；吴友富、孟建、陈先红，是进入21世纪后中国公关界新出现的学科领军人物，吴友富在学科建设和平台建设方面、孟建在国家公关和公共传播方面、陈先红在学术研究和国际同行合作方面作出的贡献和取得的成就令人心悦诚服。尤其是陈先红，以其年龄优势和执著劲头大有方兴未艾的发展势头，让我十分期待和看好。①

忽然冒出一个感觉——"咱们公关有力量！"

说到公关的力量，不禁想起了公共关系史上一个著名的故事。1984年，美国电视台记者比尔·莫耶斯在采访公共关系先驱爱德华·伯纳斯时，对他说了这样一段称赞的话："你有办法要爱迪生、亨利·福特、洛克菲勒、胡佛、柯立芝、库里奇等20多位美国名人和广大美国人民按照你的意思去做，你让全世界在同一时刻关掉电灯，你使得美国妇女得以在公共场合抽烟……这已经不能算是影响了，而应该说是一种力量！"②

这就是公关的力量。然而它发生在美国，而不是中国。

——中国的公关有力量吗？这是每一个关心、关注公共关系的人都应该思考的问题。这个问题很复杂。我的看法是：从公关的视角看，中国至少曾经在历史上显示过无比巨大的力量。例如，中国共产党在革命年代内部团结一心，以崇高的理想和严明的纪律有效地管理和指挥政党和军队，对外赢得民心、得到包括民主党派在内的人民的广泛的支持、响应和参与，最后成功夺取政权。这难道不也是"公关的力量"吗？这种力量，难道不是一种强大的"正能量"吗？

然而，很多人并不这样看。他们从狭义的角度，甚至带着偏见的态度，把公共关系理解为"利用关系"，以为公共关系就是"不择手段搞关系"。因而，他们把公共关系视为一种与公平、正义等价值观无关的"工具"。这种偏见至少产生了两种结果：一是，它成为社会大环境中阻碍公共关系发展的重要因素；二是，它成为一些组织和个人谋取利益而不择手段的一种旗号。两种结果形成为一股力量，这就是"反公关的力量"。

中国的公共关系，是在改革开放的大背景下，在20世纪80年代中期从外部引

① 这里没有排座次、分层划代的意思。他们各有千秋，只是视角不同而已。20世纪90年代及2000年以后在公关界叱咤风云的人物，有些早就在公关界耕耘了。

② 这段话被引用得非常广泛，到底最早出自何处已很难查找。在此且作存疑。

入“公共关系”这个概念后开始发展的。由此也就形成了“时间意义上的公共关系”和“实践意义上的公共关系”两种史学观。前者不承认“公共关系”概念引入前的史学史，即不承认这一概念引入前存在实践意义上的公共关系；后者认为公共关系作为一种社会实践活动，在“公共关系”这一概念引入前早已存在，因此中国公共关系包括前后两个不同的历史阶段。从改革开放前的极左思潮中一路走过来的中国人，很大一部分带着一种惯性自然而然地成为前一种史学观的俘虏，因而也就阻碍了他们去了解和深入地认识公共关系，因而也就有意无意地加入了“反公关的力量”，或者至少是成为了一类漠然的旁观者。

这种分析或许也就解释了一种社会现象：为什么“反公关的力量”主要来自于经历过极左思潮的那代人，而20世纪80年代以后出生的年轻人对“公共关系”却持有一种广泛的开放胸怀。

两种力量——“公关的力量”和“反公关的力量”之间的较量，构成了中国公共关系近30年来的历史。我们需要反思。

居易先生曾对我说过一句私房话：“我一觉睡了十年，醒来一看，中国公关界还是老样子。”这话距今至少已有15年了，我一直铭刻于心，把它视为名言。为什么两种力量的较量一直处在胶着状态？从主观方面来看，我以为主要有以下一些原因。

第一，缺乏强烈的政治意识。

中国公关界的人士从总体上来说一直在努力，但学界和业界普遍具有一种“学科意识”或“经济意识”。“学科意识”主要表现为仅仅把公共关系看作一门课程、一个专业或是一门学科，较多关注的是它与广告、传播、管理之间的关系，试图保持一种学科独立性，回避或完全忽略了它与政治的联系；“经济意识”主要表现为重视对公共关系“投入——产出”的考量，在效益低下的教育、科研领域患得患失，缺乏全身心投入的牺牲精神，在能够带来效益的项目咨询等领域孜孜以求，满足于获取多方面的回报。这两种意识，都是无可厚非的，但同时也是具有很大局限性的。局限性主要在于没有深刻地认识到在中国要想确立公共关系的地位，首先要有强烈的政治意识。只有得到政治上的认同，“公关的力量”才能够势如破竹。然而，将近30年来，又有多少公关界的人士在这方面试图作出贡献呢？屈指可数。①

① 这里所说的主要是学界和业界。就全国和各地的公关协会来说，“政治意识”相对来说还是较强的。

第二，缺乏足够和有效的平台。

首先是缺乏有效的传播平台。中国公关界在最兴旺的时候曾经有过“两报两刊”，即《公共关系报》、《公共关系导报》、《公共关系》、《公关世界》，如今唯一幸存的只有《公关世界》，还始终未被纳入核心期刊，甚至在有些学校、部门看来还算不上是学术期刊。当然，有比没有好，至少它可以让“公共关系”这一概念得到广泛、持续的传播。[①]中国的公共关系教材、书籍、案例集出版了不少，但能够沉淀下来的不多。中国高校公共关系专业和公共关系方向相当一部分设置在新闻传播学院，尤其是中国人民大学、复旦大学、厦门大学、华中科技大学、武汉大学等，它们的校友几乎遍布新闻传播领域，人脉极广，但渠道优势却没有转化为传播优势，人们还是较少见到重要媒体发表公共关系方面的重头文章。让人记忆犹新的还是 1984 年《经济日报》头版发表的关于白云山制药厂率先设立公共关系部的报道和社论。近年来虽然新增了《国际公关》期刊和“中国公关网”这样的网络媒体，但其影响力还未充分显示，传播面还是明显不够的。

其次是缺乏广泛的教育平台。中国高校中几乎每所学校都有讲授公共关系学的教师，都开设了公共关系学课程，然而开设公共关系学专业的却不多。截至 2014 年 5 月，开设全日制公共关系学本科专业的高校是 18 所，建立公共关系学硕士点的是 6 所(中山大学、中国传媒大学、华东师范大学、上海外国语大学、西南大学、暨南大学)，建立公共关系学博士点的只有一所(华中科技大学)。[②]

缺乏有效的平台，当然首先是缺乏足够的平台，尽管有客观方面的原因，但也更应该从主观方面作检讨。

第三，缺乏执著、专一的学者。

在中国公关界，至少在学界，我在执著、专一这方面很佩服两个人：陈先红和谭昆智。1994 年我和陈先红相识的时候，她 28 岁，是一所不太出名的高校的讲师，当时她还没有名片，是在我给她的名片背面手写了她的信息，然后分发给其他人的。让我没想到的是，她竟然近乎狂热地成为了她自称的“公关麦田的守望者”，执著、专一地辛勤耕耘于公关研究的领域，20 年啊，如今终于铁杵磨成针，成为了华中科技大学公共关系学科的带头人，成为了中国公关界当之无愧的一流学者。

---

① 这几年有起色，新增了上海外国语大学创办的《公共关系评论》、中国国际公共关系协会创办的《国际公关》、中国公共关系协会创办的《公共关系》，都定位为学术期刊。但其影响力还刚刚开始。

② 这也反映了此起彼伏、在困难中发展的一种态势。在这些学校中，有停招、停办的，有恢复招生的，有从专业降格为方向的，也有新增的。总体上是在增加。

谭昆智与我是相见恨晚。他对公关的执著和专一除了体现在奋笔疾书一本又一本教材和专著外，在培养公关专业学生方面还是一位倾心投入的“狂人”。他不断地请校外导师例如公关公司和广告公司的老总给学生开讲座，不断地组织学生搞活动，一有机会就带着学生出门搞策划，俨然就像是一位带领球队准备夺冠奥运会的教练，整天和他的学生泡在一起。我一直以为他比我年轻，谁知道他还长我几岁。

同样执著于公共关系教学和研究几十年的还有如邱伟光教授。中国公关界编书、编教材最多的人非他莫属。不过他是我的老师，在这里不便对他赞誉过多。

可惜中国公关界像他们这样执著的人实在还是太少了。其原因除了我前面讲过的“学科意识”和“经济意识”过强之外，还有一个重要原因，就是他们大多横跨两个或三个学科或专业，公关专业往往是他们的第二专业甚至是副业，因此他们展示才华的空间也就有了更多的选择。既然公关这个“小舞台”不如其他专业和学科的“大舞台”那样广大、稳固和辉煌，那么首选“大舞台”也就自然成为理性的选择。即便是邱伟光教授，他也曾多次教导我：要摆正第一专业和第二专业的位置。可惜我没有听他的话，两个方面的投入都不足，结果在两个方面都没有取得令人满意的成就。

第四，缺乏显示公关力量的有力报道。

中国公关为中国的改革开放、为中国的现代化建设发挥了正能量，这方面的案例很多，但只是散见于公关的圈子内，自编自演，自得其乐，而不见于权威媒体的报道。我们对国际公共关系研究了 20 多年，最后在权威媒体出现的却是“公共外交”、“民间外交”这一类新概念。中国公关为北京奥运会、上海世博会作出了多少贡献？结果在权威媒体上连“公共关系”四个字都很难找到。没有人会对此负责，也没有人能对此负责。但是有没有人想过做一番尝试呢？有没有人像陈先红那样执拗地锲而不舍呢？——当然，“站着说话不腰疼”，我也没有做过这样的尝试。

我对公共关系在中国的发展前景始终充满信心。我在 1992 年的一篇文章中就写过：“我认为改革就是调整关系，开放就是发展关系，因而越是改革开放就越需要公共关系。”尽管“关系”和“公共关系”这两个概念是有区别的，但是“公共关系”首先是一种“关系”。尤其是在改革开放这样的“公共领域”中的大变革、大调整、大发展，它所带来的“关系”的变化，难道不正是“公共关系”大展身手的大舞台吗？这种信心和信念，我始终没有改变。

中国的公共关系事业从总体上来说还是在曲折中前行的。今天公共关系类的机构和公司无论从数量和质量方面来看都与20年前不能同日而语，它们已经成为社会发展中一支重要的力量；教育部新颁布的专业目录中已经正式纳入了公共关系学专业，相信将会有越来越多的高校开设公共关系学专业；更具国际化视野和更具开放胸怀的年轻一代已经充实到公共关系的各个领域，包括进入了高校公共关系的师资队伍；大陆公关界与港澳台和国外同行的联系和交流已经成为常态，互相借鉴、互相推广和互相促进已奠定了厚实的基础；新一轮更深入、更全面的改革开放的大幕已经开启，必然为公共关系的发展带来更加宽松的环境和新的历史机遇。瓶颈正在逐一打开，朝霞正在缓缓升起。

此时此际，出版一套规模空前的公共关系学专业系列教材丛书可谓是正当其时。有幸在我从教30多年、介入公共关系领域20多年之后做成这样一件“大事”，我深感欣慰。

张云

2014年5月1日

序言

编者讲授公关礼仪课程近二十年，经历了教材从无到有、从少到多、由浅到深的过程，粗略地估算，目前我国大陆出版的公关礼仪教材以及相关书籍已近百种，不得不令人慨叹公关学科发展之迅猛。编者曾经两次参与公关礼仪课程教材的编写工作，此是第三次。此次的编写工作给予了编者重新审视、整理、更新该教材的机会。与前两次编写工作相比，这次编者将努力使教材更具学科化，内容更专业，材料更丰富，案例更经典。

公关礼仪是公关学科在“礼仪之邦”的沃土上长出的新枝绿芽，它是由“公关”与“礼仪”两个词所代表的学科与文化融合而成的一门应用性学科。从文化角度而言，礼仪文化是我国最具代表性的传统文化。我国素有“礼仪之邦”之美称，有着五千年文明发展的历史。从汉朝开始，以孔孟之道为代表的儒家文化在我国思想文化的进程中一直占据着主导地位，儒家礼仪文化深入人心，对国人的影响极其深远。随着岁月流逝，时代变迁，礼仪文化在现实社会生活的表层已有式微，但是以“仁”为核心的礼仪思想并没有随之改变，如孔子所说的“仁”、“仁者爱人”、“己所不欲，勿施于人”等仁义礼智信的文化观念系统依然如故。这是公关礼仪形成的社会文化基础与思想内核。从学科角度而言，作为现代西方的公关学科，它的核心又是什么呢？公关通常被认为就是塑造组织良好的社会形象，这显然没错。但是什么是良好的组织形象呢？如何塑造良好的组织形象呢？这才是问题的关键。那究竟什么是公共关系呢？根据公共关系学科化的鼻祖爱德华·伯尼斯(Edward Bernays，又译爱德华·伯纳斯)对公共关系的定义，“它是一项有意识的管理活动，是组织通过制定政策及程序来获得公众的谅解和接纳”。显然，公关是一种希望与公众善意沟通的组织的有意识的管理行为，是搭建组织与公众桥梁与纽带的工作。由此可见，公关工作就是做疏导沟通与协调平衡的工作。疏导沟通什么呢？无非是将组织的诚心与善意告知公众，同时也接纳公众的诚心与善意，或许这种善意是一种忠言逆耳式的批评，组织同样接受并改进，如此循环往复，形成一个正向良性的组织与公众的沟通通道与利益平衡的良善机制，这便是公关工作的本质。

礼仪的仁心与公关的善意沟通、良性平衡，两者在核心内容上相似相近乃至有异曲同工之妙；在实际应用上，礼仪是指社会生活中个体所应遵守的礼节规范，公关是指社会组织与公众的沟通与协调的工作；礼仪实际上是在与某人发生关联时所应遵守的规范，而公关则是组织在与某类公众沟通与协调时运用的行为原则与规范。因此，在公关与礼仪的“结合”中，组织可以被理解为一个放大了的个体，公关礼仪就是被放大了的“个体”的组织在社会中应遵循的礼节规范，因此在应用层面上，公关与礼仪两者基本契合，并由此形成公关礼仪，即组织在公关中应遵守的种种由“仁心”化成的各种礼节与规范。

本教材按照公共关系学的学科结构以及核心理念进行架构。在公关学科中，公关通常是指组织与公众的关系，组织是主体，公众是客体，公关是公关主体的工作，而非公众客体的工作，因此组织具有主动性，即组织应当自觉遵守相关的礼仪规范与公众沟通。在组织与公众这对关系中，对于公众而言，组织一般不能对公众提任何要求，正如商界的名言“顾客是上帝”，通常顾客在与商家的关系中，除了应当付出报酬以换取相应的产品或服务之外，基本没有其他任何责任，而商家对自己提供给顾客的产品与服务则应当负全责。那么，在公共关系中也是如此，组织公关礼仪是对组织的礼仪要求，而不是对公众的礼仪要求。本教材即围绕此原理架构，由组织来执行公关礼仪，组织是教材描述的主体。第一章是公关礼仪的总论，主要阐述礼仪的起源、发展以及公关礼仪的含义与内容等；第二、三、四章是组织内部公关中的礼仪规范；第五、六章是组织对外公关中的礼仪规范；第七、八、九章是组织与公众沟通时应遵守的礼仪规范，其中第七、八章是组织在运用语言与文书中应遵守的礼仪规范，第九章“网络公关礼仪”，阐述组织在互联网这个新型平台上与公众沟通时应注意的礼仪规范。事实上，组织在开展公关工作时，始终应当注意公众所具有这样或那样的风俗文化背景，因为公关工作总是处于某种风俗文化环境中，面对某种文化背景中的公众，因此这是公关工作中不容忽视的重要组成部分。

该教材的编排有以下特点：其一，力求具有公关专业特色。公关礼仪是对组织的礼仪要求，不是对公众的礼仪要求，组织是公关礼仪描述的主体。这就将公关礼仪与其他的专门礼仪区别开来，比如教师礼仪，这是指教师应当具有的礼仪规范，描述的主体是教师；再如社交礼仪，这是指个人在与他人交往中应当遵守的社会礼仪规范。通常，公关礼仪这样的专业特色易被忽视，甚至与一般的社交礼仪等其他礼仪混为一谈。当然，不可否认公关礼仪在内容上与其他的专项礼仪有相似乃至交叉的部分，而公关礼仪执行主体的确定，就框定了公关礼仪的学科范围，划清了与其他专项礼仪的界线，突出了公关专业的特点。其二，教材体例上相对固定，以分析内涵在先，具体操作规范在后，每一章侧重在弄清基本概念及行为原则的基础上，确立礼仪规范。公关礼仪除了表面行为方式的规范之外，行为主体的内在应该是有层次、有品位、有素质、有内涵的，而非简单机械的规范操作，比如规定微笑必须露出六到八颗牙、鞠躬是15度等所谓的量化指标，这仅仅是为操作方便而定的标准，绝对不应该成为表达礼仪内涵的唯一尺度；在具体操作中，不应该忽略公关礼仪原本应表达的思想内涵，如此才能摆正公关礼仪在组织与公众交往中的位置，即公关礼仪是传递善意，表达真诚，沟通情感，而非仅仅摆姿势、讲动作，应当更强调心意的传递。否则本末倒置的话，公关礼仪行为与智能机器人的差别又何在呢？其三，明确提出了组织内部公关礼仪，这是本教材重要的学科标志之一，因为它强调了组织的礼仪形象是建立在组织内部的公关礼仪素质之上，即组织内部礼仪整体水准以及组织成员整体的礼仪素质是不容忽视的核心部分。这部分内容分成三章：一是论述组织成员的公关礼仪，这是从全员公关的角度来把握；二是侧重组织内部管理来论述，因为公关是一种管理，首先体现在组织对内的管理，以礼来管理公司或企业，在现实中不乏其例，这也是塑造组织形象的重要方式与途径，即所谓的练"内功"；三是组织内部的公关活动礼仪，将组织对其成员的尊重、关注、激励与沟通划归为公关礼仪的内容，这是公关工作中，组织形成的向心力、凝聚力的重要体现，也是公关工作核心内容之一，因此，内部公关活动中的礼仪是必不可少的。以往很多公关礼仪教材对这部分内容忽略不计，或很少见到将组织内部公关礼仪编入教材，编者认为这是一种学科上的缺憾，因此本教材用三分之一的章节来论述这部分内容，比如对组织成员工作生涯的关注，岗位礼仪规范等，以表明这部分内容的不可或缺。事实也证明，凡是公关工作出色的组织，内部公关一定是其强项，因此，内部公关礼仪的重要性不言而喻。其四，突出了网络时代的特点。本教材对网络礼仪做了一些探索与尝试。网络沟通是现时代的重要标志，现代人或现代组织很少能离开网络而独自生存。随着互联网的普及，各种通讯手段的发展，时下的微博公关、微信公关已经非常广泛，微博礼仪与微信礼仪不可不提，所述的内容虽然不多，但教材的作用是点到为止，起到启发的作用，提请读者对网络上一切"微"礼仪的关注。其五，精选案例，突出公关礼仪的专业性以及人文关怀的主题。在教学中，案例所表达的内涵常常显得更为丰富生动与妙趣横生，它可更多地发人深省、启迪良知，教学效果卓著，公关礼仪案例也是如此。编者对案例做了精选，力求案例的真实经典，反映公关礼仪的核心内涵：真诚仁心、人文情怀、善意沟通、文明秩序。比如第一章开头的案例，海峡两岸会长在会议中各自为对方倒水，这是一个极为细小的事情，被媒体捕捉到并予以了报道，事情虽小，但却反映了两地同根同源的礼仪习惯，也是公关礼仪的集中表现。公关无小事，礼仪重细节，成败就在于细节。在选择第七章开头的案例时，编者也是反复斟酌，正在一筹莫展中，正巧看到微信中有人分享了一个视频，恰好表达了公关语言礼仪的核心，简直是神来之笔，于是换上了这个网上广为流传的视频，"改变你的措辞，改变你的世界"（原文"change your word ，change your world"）。教材中选用的案例大多运用了现实生活中真实事件，贴切地运用与分析案例，展示公关礼仪规范在现实层面的"活用"，对于深入理解、领会与掌握公关礼仪大有裨益。

公关礼仪是一门应用性的学科，是指导组织与公众沟通中如何遵守礼仪规范的学科。因此，它看似一本公关礼仪的操作手册，但这一点，恰恰是编者力图避免而又难以避免的公关礼仪教材所给人带来的"操作手册"印象。的确，从现实层面而言，公关礼仪是解决实际工作中该如何"操作"的问题，即应该如何遵守公关礼仪言行举止之规范。但是，编者认为，礼仪主体言行举止背后的思想文化内涵更需要关注，即为什么要这么做，这么做有何意义。本教材在这个层面上只是画了一张"草图"，起到一点"路标"的作用，无法一一细述、面面俱到，其中深刻的思想文化内涵之"路径"与"风景"，需要读者自己亲身去深入体会与探究。世界文明发展经历了数千年，我国也有五千年的文明发展历史，这其中丰富的精神养料，让世人可以不断地从中汲取营养，找到前进的方向。对于公关礼仪学科发展而言亦是如此。

公关中组织与公众的关系并非是单独存在的一对社会关系，而是与整个社会环境以及社会发展进程有着千丝万缕的联系，这对关系本身也是各种社会关系的一种表现形态，两者关系发展得和谐与否是整个社会发展的折射与显现。因此，组织做好公关的意义不仅仅是对组织本身，也是对于整个社会有着积极的现实意义。孔子早在两千多年前就对他儿子说："不学礼，无以立。"古代做一名君子，不懂礼仪是无法立足社会的。现代组织何尝不是如此呢？两千多年后的今天，世界上一些优秀的企业家运用儒家文化管理企业成功的案例并不少见，比如日本企业家松下幸之助是儒家、佛家文化的信奉者，礼治思想深入他的经营管理中，被人奉为"经营之神"，是运用儒家文化管理公司的成功案例之一。他创办的松下商学院，用儒家文化作为商业必修课，成功地培养了松下组织成员，名闻遐迩。而西方的优秀企业家也同样秉承人类文明，开创出良好的企业文化，使企业具有良好的口碑。由此可见，仅仅把公关礼仪看作一种操作规范是失之偏颇的，应当站在人类优秀文化的高度来把握。虽然公关礼仪学科从本质而言是一门应用学科，不能只停留在文化层面进行思考与论说，不进入实际操作层面，但也千万不可为操作而操作，成了一门“行为操作”学科，这显然是荒谬的。公关礼仪应当站在学科与文化的交汇点上，以公关为学科基点，承继人类文明历史，拓展现实空间——全球化带来的各国各民族的深入交往，架构起组织与公众善意交往的思想桥梁，描绘出公关礼仪的文明蓝图，帮助公关礼仪的实践者，立足核心，正确把握公关礼仪原则，灵活地运用好公关礼仪规范。

我国传统礼仪文化的教育功能在于教人以文明的方式立身处世，即在于个人自身做好人做好事。以此用于公关礼仪，即组织当做好组织的份，尽好组织的责，这是礼仪文明在现代公关中的根本体现。本教材基本围绕这个核心思想来编著。教材的用意除了用于课堂讲授便利之外，也倾注了编者对公关礼仪学科的理想——对于公关礼仪美好图景的描绘，希望公关礼仪这株长在中华礼仪文明千年土地上的新枝，真正开出鲜艳的花朵，为公关学科在实际的应用上做出一点有价值的探索，为社会文明发展尽一点绵薄之力。这也是编者编撰教材的立足点与由衷的心愿。

一本理想的教材应该能够正确地传递学科原理，启迪人的良知，集思想性、理论性、系统性、实用性与趣味性于一体——这是编者为之努力的目标与方向，但由于编者能力与水平有限，自知离此目标相去甚远。欢迎各位读者批评指正，编者将感激不尽。

本教材由陶稀架构整书的框架，负责全书的大纲、修改与通稿工作。具体写作分工为陶稀写作第一章，曹慧群写作第二章与第三章，孙玉娟写作第四章与第七章，袁芳丽写作第五章与第六章，李萍写作第八章与第九章。

此外，我校公关专业的创始人与学科带头人，邱伟光教授对本书的写作予以了热心的关注与帮助，提供了很多公关礼仪方面的资料，包括他自己的心血之作，对此表示诚挚的感谢。张云教授对本教材的样张做了详细的点评，提出了改进意见，在此也深表感谢。

编　者

2013 年 9 月 27 日于沪上于清溪斋

2013 年 11 月 8 日修订

第一章 公关礼仪概述

学习目标

- 了解礼仪起源与演变；
- 理解礼仪的内涵与特征；
- 了解公关礼仪的含义与特点；
- 掌握公关礼仪的类型与内容；
- 理解公关礼仪的作用与原则。

开篇实例

大陆海协会与台湾海基会两位会长互相倒水

图 1-1 海峡两岸关系协会会长陈云林与海峡交流基金会董事长江丙坤在台北举行正式会谈时,江丙坤为陈云林倒水

2008 年 11 月 4 日,大陆海协会会长陈云林与台湾海基会董事长江丙坤在台北圆山饭店举行历史性的会谈。据报道,会谈中有陈、江互相斟茶这样一个花絮。会谈一开始,主人江丙坤起身帮客人陈云林斟茶。过了一会儿,陈云林又站起来为江丙坤添水。主、客双方都做得非常得体。

案例中可以看到,两位同根同源的会长相互致礼,这显然是礼仪之邦后裔的现代演绎,正如《礼记·曲礼上》所说:"礼尚往来。往而不来,非礼也;来而不往,亦非礼也。"①两位这样的彬彬有礼,表达了一种礼尚往来。往来什么呢? 正所谓诚意、善意,这种诚心善意便是传达了礼仪的核心,以诚待人,以善待人。

礼仪是人类文明发展的产物,是人类社会长期以来处理与自然、社会关系而凝结、积淀并传承的文明生活方式,无论是从整个人类的角度来看礼仪,还是从每个个体,无不体现了这个特征。比如古人面对自然的关系,多以祭祀的方式来表示,祭祀是有记载的人类礼仪最早的表现形式,并被认为是礼仪的源头之一;现代人处理各种社会关系,也是通过礼貌的方式来表示。我国传统文化非常讲究礼仪,从治国的典章制度,到日常生活起居、人际交往中的行为规范、个人的道德修养等,无不与礼仪有关。

① 吕友仁:《礼记讲读》,华东师范大学出版社 2009 年版,第 21 页。

第一节 礼仪的起源、演变与本质

礼仪从何而来呢？源头又从何而知呢？对于现代人而言，恐怕只能依据各学科的考证以及相关的文字记载来加以考证。我国历史上留下的礼仪典籍，可谓汗牛充栋，有著名的“三礼”及其注疏，历代的研究著作更是不计其数，这些是考察礼仪起源的重要材料。此外还可以在现实社会中，寻找到经历了世代传承的风俗文化、建筑名胜、手工作品、文物资料等各种遗迹加以验证。通常在日常生活中也可以看到这些礼仪传承的影子，比如过年吃年夜饭、放鞭炮，中秋赏月，清明祭祖等。在世界物质文化遗产与非物质文化遗产中均可以寻觅到各种礼仪的痕迹，比如北京的天坛，它是明清两代帝王祭天之地；山东的孔庙是纪念孔子的祠庙建筑，在历代王朝更迭中又被称作文庙、夫子庙、至圣庙、先师庙等，人们对文庙更为熟知，很多城市都有文庙。这些礼仪著作、历史遗迹和生活礼俗令人感觉礼仪之邦的名不虚传。

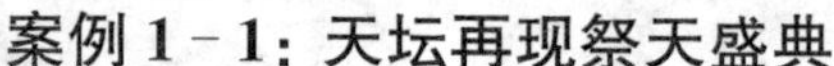
案例 1－1：天坛再现祭天盛典

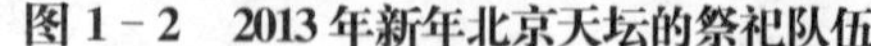
图 1－2 2013 年新年北京天坛的祭祀队伍

图 1－3 2013 年新年北京天坛祭祀活动

2013 年 2 月 10 日，蛇年春节大年初一，逾千名中外游客齐聚北京天坛公园，参观了一场气势宏伟、精彩绝伦的祭天礼乐盛典。昔日皇家祭典的仪仗全貌得到真实的再现。

一、我国的礼仪起源与演变

我国有着深厚的礼仪文化传统，关于礼仪的记载、著述，典籍浩繁，制礼的传统源远流长，自从汉朝“罢黜百家，独尊儒术”以来，儒家文化长期在我国占主导地位。经历代王朝的长期推崇，礼仪文化已经深入社会生活的方方面面，也渗入中华民族的文化血脉中绵延流长。

（一）礼仪的起源

关于礼仪的起源，说法不一，有说源于祭祀，有说源于习俗，有说源于天神，有饮食说，有交往说，有人情说，有手势动作说等，在这些说法的背后，有一个基本前提需要考量，即是人类自身的存在与延续问题。人类的存在始终面对着三个基本层面：其一，大自然，或者称之为自然环境；其二，人类社会，或者社会环境；其三，就个体而言，个人要处理对内对外的关系，每个个体都活在社会群体中，对外要处理种种人际关系，对内要面对自己的内心世界。这三个层面又是相互交融，相互影响，其围绕的核心就是人类生存与延续，礼仪便是在社会不断发展中逐渐形成与积淀的一种文明方式。基于这个出发点，礼仪的起源不难理解。

1. 礼源于祭祀

首先，从文字学的角度来看，“礼”最早是指祭神的器物和仪式。许慎在《说文解字》中说“禮，履也，所以事神致福也，从示从豊”[①]，又说“禮，行礼之器也”。在甲骨文中，“禮”字象征两块玉在器具中，即是说用盛玉的器具奉祀神和人谓之“禮”，这种仪式就是礼。

其次，从文献材料的记载也反映出“礼”源于祭祀以致福的仪式，比如《礼记·礼运》中“夫礼之初，始诸饮食，其燔黍捭豚，污尊而抔饮，饮蒉桴而土鼓，犹若可以致其敬于鬼神”。[②]大致的意思就是，烧燔黍米、擘析猪肉、掬起地坎中的水以献神，用土块敲击土鼓作乐以娱神。显然，祭祀是古人最早祈福的仪式。

再则，从人类的生存角度来看，原始社会人们面对大自然，出于自身的生存、生产和生活需要，对于天气的变幻、季节的更替、洪涝灾害、地震雷电和生老病死等自然现象，无法理解和把握，从而只能求助于神灵等超自然的力量，佑护自身。由此可见，礼仪起源于因生存需要的祭祀活动。

2. 礼源于习俗

当人们面对自身生活时，礼仪的产生便与风俗习惯息息相关了，如前面提到的祭祀，古人饮食习俗也在其中。再如《礼记·昏义》中说“夫礼始于冠，本于昏”。就是说，礼从冠礼开始，最根本的是婚礼。饮食男女是人类最基本的生活方式，涉及人类自身的延续和繁衍；此外人际交往、出生成人、死亡祭奠也都有种种方式，比如我国古代就有出生礼、成丁礼、丧礼等，这种生活中形成的方式逐渐形成了一套行为模式，演变为一种行为规范，礼仪的形式也逐渐形成、完备与延续。

此外，大多数礼仪形式的产生还源于人们在交往中约定俗成的行为，如表示友好的微笑，见面时的称谓礼与招呼礼等，这些礼仪方式从无到有，逐渐形成并沿用至今。

（二）礼仪的演变

随着社会变迁与发展，礼仪从以处理人与自然的关系为重心，渐渐地转移到以处理人与人之间的关系为重心，即所谓处理各种人伦关系。换言之，自从阶级社会开始，礼仪也由原来的祭祀天地祖先，转而发展为以君主为核心来处理人与人之间关系。统治阶级为了维护其利益，稳定社会统治，逐渐建立起完备的礼仪、礼俗制度和尊卑分明的社会等级制度，如古

---

① 许慎：《说文解字》，中华书局 1963 年版，第 7 页。

② 李安纲主编：《礼经》，中国社会出版社 1999 年版，第 239 页。

代典籍记载的夏礼、殷礼和周礼的典章制度。这时期也形成了我国比较完整的礼仪制度，出现以孔子为代表的礼学家。我国很多珍贵的礼仪典籍和文献也在此时形成，如《周礼》、《仪礼》和《礼记》，合称为“三礼”。

进入封建社会后，礼仪制度和等级规范更加深化与完备，从社会关系到家庭关系，上下尊卑，君臣、父子、夫妇、兄弟、朋友的三纲五常规范极其明确，提出了以“孝”为核心的社会礼仪次序。从《左传・文公二年》中的“孝，礼之始也”，发展出一整套封建礼教，提出了所谓“妇德”的“三从”、“四德”。显然，封建社会将神权、君权、父权和夫权结合在一起，形成了一系列具有我国封建社会特色的礼仪规范。这些礼仪规范，一方面成为统治阶级维护其统治的重要工具，另一方面，也对协调人与人之间的相互关系起到了一定的积极作用。

礼仪传承中不断发生着演变，这个过程大致可以分为以下几个阶段：

第一，礼仪的萌芽时期：尧舜禹时期(前 21 世纪)。

礼仪起源于原始社会的中、晚期。礼仪开始萌芽，大约在公元前 21 世纪左右。据相关历史记载，伏羲时期就开始有了礼仪，唐代杜佑在《通典》记载：“伏羲以俪皮为礼，作瑟以为乐，可为嘉礼；神农播种，始诸饮食，致敬鬼神，蜡为用祭，可为吉礼；黄帝与蚩尤大战于涿鹿，可为军礼；九牧倡教，可为宾礼；《易》称古者葬于中野，可为凶礼。自伏羲以来，五礼始彰；尧舜之时，五礼咸备。”①

显然，“五礼”在伏羲时代已经开始，而到了尧舜禹时代已经具备，尧舜禹的功绩与为人在现代也是尽人皆知，几乎是道德楷模。当时阶级社会尚未完全形成，并不像进入到奴隶社会那样有着鲜明的阶级立场。

第二，礼仪的形成时期：夏商周时期(前 21 世纪—前 771 年)。

人类进入奴隶社会，由于社会形态的转变，原始的祭祀礼仪也逐渐转变成奴隶社会的礼制。殷商继承了夏礼，周朝承继了殷商礼仪，周朝在夏商礼仪的基础上，继承与发展了夏商的礼仪文化。这个阶段的礼仪，周朝从夏商的原始宗教礼仪为主，向人际礼仪为主的方向发展，人与人之间的礼仪更重于祭祀鬼神的礼仪，并倡导君施行德政，爱护百姓，形成了较为完整的国家礼仪制度，历史上称为“周公制礼”，继承与扩充了尧舜禹的礼仪文化，是我国历史上辉煌的礼治文化，奠定了华夏民族以“礼仪之邦”著称于世的重要基础。

第三，礼仪的理论发展时期：春秋战国时期(前 771—前 221 年)。

春秋战国时期，大约前 770 年—前 256 年间，理论界百家争鸣，各家治学著述，尤以孔子、孟子、荀子为代表的儒家对礼教进行了研究与发展，确立了以礼治国的观念，对礼仪进行了系统阐述，在理论上论述了社会等级秩序划分及其意义。

孔子对夏商以来的礼仪，特别是周公制礼推崇备至，自始至终要“克己复礼”，即恢复与中兴周礼，把“礼”看成是治国、安邦、平定天下的基础。他对他的儿子说，“不学礼，无以立”；在《论语》中他指出“质胜文则野，文胜质则史。文质彬彬，然后君子”；他倡导“仁者爱人”，“己所不欲，勿施于人”，“君子和而不同”，“礼之用，和为贵”等礼仪观，这些礼仪思想奠定了儒家文化乃至中华礼仪文化的重要基础，一直为后人所尊崇。

---

① 张自慧著：《礼文化的价值与反思》，学林出版社 2008 年 9 月版，第 57 页。

孟子和荀子继承了孔子的礼仪思想。孟子提出了“人性本善”之说，认为“国君好仁，天下无敌焉”，“不以规矩，不成方圆”，“恭敬之心，礼也”，他把“礼”看作人善性的发端之一。荀子把“礼”看作是做人的根本目的和最高理想，如“礼者，人道之极也”，“人无礼则不生，事无礼则不成，国无礼则不宁”等，他的礼仪观念也极大地丰富了我国的礼仪文化。

我国很多珍贵的礼仪典籍和文献也在此时形成，如《周礼》、《仪礼》和《礼记》，这“三礼”不仅是我国礼仪文化的经典之作，也是世界文化的宝贵遗产。

第四，礼仪的发展与稳固期：秦汉到清末(前255—1911年)。

在我国长达两千多年的封建社会里，特别在汉朝时期，儒家的礼制思想逐渐在统治阶级思想中占据了主导地位，形成了我国礼仪文化的特色，儒家经典成了礼仪的准则，三纲五常成了礼教的核心，并且不断对“三礼”进行整理、注疏，使得我国的礼仪文化不断地系统化，不仅成为架构我国封建礼制的理论框架，也成为我国礼仪文化的核心与精髓。“五礼”，吉礼、凶礼、军礼、宾礼、嘉礼，从学说走向制度，从官方走向民间习俗，影响人们的日常生活规范，使得“五礼”不断成熟与完善。这一时期的礼仪封建特色浓厚，等级规范讲究，上下尊卑，君臣、父子、夫妇、兄弟、朋友的三纲五常规范极其明确，提出了以“孝”为核心的社会礼仪次序。

第五，现代礼仪的发展时期(1911年—现在)。

辛亥革命后，我国传统礼仪文化受到西方资产阶级“自由、平等、民主、博爱”等思想的冲击，五四新文化运动对腐朽落后的礼教文化进行了部分清算，许多繁文缛节之礼被简化，而随着与国际社会的不断交往，西方的礼仪观念与规范不断地被引进，并在一定程度上在国内传播、接收与应用。

新中国成立后，我国的社会制度发生了根本性的变革，社会主义制度下的礼仪，在思想观念上，既批判和摒弃了传统封建礼仪的糟粕，也继承和弘扬了中华民族优秀的礼仪文化。当然，这样批判与扬弃的任务远远没有完成，毫无疑问，这是一个长期而艰巨的过程。改革开放以来，随着我国与世界各国交往的日益增多，国外的礼仪特别是西方礼仪文化迅速传入，丰富了我国当代的礼仪文化。尤其是各类国际性的盛会，如2008年北京奥运会和2010年上海世博会的举办，对我国礼仪文化的发展起到促进作用。全民学礼仪、全社会开展文明礼貌活动，使具有五千年文明历史的“礼仪之邦”再现其特有风范。

案例1-2：华安：文明礼仪上餐桌①

日前，华安县检察院与干警签订承诺书，从每个人做起，坚决反对铺张浪费，严格执行廉洁自律规定，开展“文明餐桌”活动。此外，通过道德讲堂、每周一课等形式，宣传普及餐桌礼仪，倡导用餐时不抽烟、不大声喧哗，提倡“民以食为天，用餐礼为先”的文明餐桌礼仪，杜绝大吃大喝等不良习气。

案例说明，餐桌礼仪虽然不是一件大事，但是作为检察院干警这样的组织来开展“文明餐桌”活动，意义与影响都不可小觑，从公关角度而言，这就是在塑造组织良好的形象，从大

① 邹顺平：《华安：文明礼仪上餐桌》，中国日报网，http://www.chinadaily.com.cn/hqgj/jryw/2013-02-01/content_8188877.html。

处着眼、小处入手来打造健康向上的组织形象。

二、西方社会的礼仪起源与演变

（一）西方礼仪的起源

希腊的文化传统是西方文化精神的重要源流之一。在其宗教文化，如奥林匹克大小诸神群英大会中，也体现了礼仪文化的传统。人与神相处之道是人类利用神的弱点，得宠得利。“神与人一样有弱点：图名好利，食色好恶等都是可以利用的弱点，所以献祭献礼，只是佞神求福的方法。”

在公元前11世纪古希腊的“荷马时代”，以描写特洛伊战役和希腊英雄奥德赛的故事为主题的叙事诗《荷马史诗》中就有“关于礼仪的论述，如讲礼貌、守信用的人才受人尊重”。

古代西方礼仪文明还反映在许多古希腊哲学家对礼仪精彩的论述中，如公元前6世纪的哲学家毕达哥拉斯提出“美德即是一种和谐与秩序”；柏拉图指出理想国的四大道德目标为智慧、勇敢、节制、公正；亚里士多德指出，德行就是公正。

此外，产生于公元1世纪的基督教文化给整个西方文化带来了极大的影响，如基督教始终教导人们爱一切人，甚至爱你的敌人。这一博爱思想一直影响至今，也是西方礼仪文化的内在核心。

（二）西方礼仪的发展与现状

公元5世纪，欧洲开始了封建化历程，12至17世纪的欧洲进入封建社会，以土地关系为纽带，将封建主与其附庸联系在一起，产生了封建等级制度。此间制定了一系列贵族礼仪和宫廷礼仪，如用餐、排座次席位、举杯祝酒、个人卫生和仪表等颇有讲究。正如英国哲学家弗兰西斯·培根指出：“一个人若有好的仪容，那对他的名声大有裨益。”

随着西方资本主义制度的确立和发展，封建社会的礼仪逐渐被资本主义社会的礼仪形式所取代。这个时期的礼仪从根本上改变了以往社会人与人的附庸关系，其所倡导的“自由、平等、博爱”的原则，也成为现代西方礼仪文化的基础。当代西方礼仪正是在这个原则基础上，继承当年的宫廷礼仪和贵族礼仪的合理部分发展而来，并不断地应用于具体实践中，演化为当今西方社会乃至世界公认的礼仪规范。

三、礼仪的含义、性质与内涵

礼仪的含义非常深广，就我国而言，礼仪有了两千多年的发展变化，但它究竟具有什么含义、性质与内涵，这个问题值得探究。

（一）礼仪的含义

要了解礼仪的含义，有必要先考察这个“礼”字的意思，对于“礼”字的考察与了解，有助于深入地把握礼仪的含义。

1. “礼”与“仪”的词义

（1）《说文解字》和《辞海》中对于“礼”的解释

如前所述，许慎在《说文解字》中说“禮，履也，所以事神致福也。从示从豊”，又说“禮，行礼之器也”。礼便是指敬神之仪式。再则，“礼”字的简化字，“”，是一个人五体投地地跪拜的象形字样。

在《辞海》中关于“礼”的解释包含了六个方面。其一，本谓敬神，引申为表示敬意的通称。如，敬礼、丧礼。其二，为表敬意或表隆重而举行的仪式。如，婚礼。其三，泛指奴隶社会或封建社会贵族等级制的社会规范和道德规范。其四，指礼物。其五，指古书名。其六，指的是姓[1]。

(2)《说文解字》和《辞海》中对“仪”的解释

许慎在《说文解字》中说：“仪，度也”[2]。《辞海》中对“仪”的解释有如下几个方面：其一，礼节，仪式；其二，礼物；其三，法度，准则；其四，仪器；其五，容貌和举止；其六，匹配；其七，指向往；其八，通“宜”；其九，姓。[3]

上述对“礼”和“仪”的词义解释，说明古代的礼与祭祀有着密切的关系，最早的礼是用来祭祀的，而“仪”则是指人的行为应遵循的尺度、法则和规范以及为礼而举行的仪式等。

(3)《现代汉语词典》中对“礼”解释

随着社会的发展变化，人类的生活方式也随之发生了变化，礼仪的概念也在不断地丰富和完善，礼仪一词在现代社会中的含义也包含多个层面。《现代汉语词典》中对“礼”解释有三个方面：其一，社会生活中由于风俗习惯而形成的为大家共同遵守的仪式；其二，表示尊敬的言语和动作，如礼节，敬礼；其三，礼物，如献礼，千里送鹅毛，礼轻情义重。

(4) 英文对“礼”即 etiquette 的解释

西方社会中礼仪的意思最早是从法语的“etiquette”发展而来，原意是法庭上的通行证。在法国的中世纪，为了保持法庭的庄严，通行证上印了法庭须知，让参加者了解法庭的具体规定，便于他们遵守法庭的行为规范。现在英文中的“etiquette”的意思也扩充为人们社会交往中应共同遵守的行为准则。这样，礼仪也从法庭上的通行证就演变为人们社会交往的通行证了。

2. 礼仪的含义

礼仪承载着历史文化的深刻内涵，其含义丰富多彩，说法也各有千秋。比如有一说，礼是指特定民族、人群或国家基于客观历史传统而形成的，以确立、维护社会等级秩序为核心内容的价值观念、道德规范以及与之相适应的典章制度、行为方式[4]。另有一说，礼仪是一定社会，处于一定关系中的人们共同认可和遵守的行为规范[5]。另外一种说法是，礼仪是人类在社会交往活动中形成的行为规范与准则，具体表现为礼貌、礼节、仪表、仪式、礼品器物等[6]。礼仪是指人们在社会交往中由于受历史传统、风俗习惯、宗教信仰、时代潮流等因素的影响而形成的，既为人们所认同，又为人们所遵守，以建立和谐关系为目的的各种符合礼的精神及要求的行为准则或规范的总和。

概括以上几种说法，从广义上说，礼仪是人们处理各种关系的文明方式。从狭义上说，礼仪是指人们在长期社会生活和相互交往中形成的、共同认可与当遵守的文明价值观念、道

① 《辞海》，上海辞书出版社 1979 年版，第 3608 页。
② 许慎：《说文解字》，中华书局 1963 年版，第 165 页。
③ 《辞海》，上海辞书出版社 1979 年版，第 487 页。
④ 周文柏主编：《中国礼仪大辞典》，中国人民大学出版社 1992 年版，第 1 页。
⑤ 邱伟光主编：《公共关系礼仪》，华东师范大学出版社 1996 年版。
⑥ 李兴国主编：《公关礼仪》，线装书局 2002 年版，第 4—5 页。

德准则与行为规范。它是在人类的社会生产和生活中产生和形成的，其表现形式是随着人类社会的发展而变化的。

案例 1-3：从争执到握手言和①

阿国是武陵农场派出所的警察，有一次接到报案，一辆大型游览车与一辆小轿车在山路上相逢，两边各不相让，两个游览车司机动手打伤了小轿车司机，他赶到现场处理。阿国把双方，包括游览车上的阿公阿婆们都带回了派出所。他要求阿公阿婆们在派出所外观看，不得进入，以免人多口杂，并承诺绝对公平处理。

阿国首先要涉案的三个人各自陈述事实三分钟，以便了解状况。听完了陈述之后，他开始问问题："你们为什么大老远跑到武陵农场来？"答案很简单："来游玩，寻开心啊！"他的第二个问题是："你们知道山上的路为什么这么窄吗？"这个问题，双方当事人都答不出来。他说："路窄就是要让人学会礼貌、礼让，否则大家都走不成。"他再问第三个问题："现在你们因为不肯礼让，闹出事情来，浪费了时间，都很开心吗？"双方都不答话。接着他说："我给你们三分钟，仔细思考一下整个过程，如果你们认为自己有错，愿意握手言和，那纠纷就此结束。但如果你们都觉得没错，那我就要开始仔细询问、做笔录、调查处理！"

说完，阿国看着三位当事人，计算着时间。三分钟到了，当事人愿意互相道歉、握手，一场闹剧以喜剧收场。阿国立即切水果招待大家，双方也都变成朋友。

从这个案例中，不难发现平时人际交往中礼仪极为重要。日常生活中，人一定会遇到很多问题，特别是"狭路相逢"的时候，是相互争执、冲突还是相互谅解礼让？显然文明礼貌的方式更体现出人与人之间的理解、友爱与和睦，如此人人获益，办事效率也高，心情也舒畅，利人利己，生活和谐，反之，一损俱损，害人害己，矛盾冲突难以解决。

（二）礼仪的性质

礼仪是人类文明发展的结晶，是人类在社会生产和生活中处理各种关系所形成的生活方式，它具有社会文化性、历史传承性、人类共同性、道德规范性、风格多样性等各种特性。

1. 社会文化性

从广义的角度而言，文化就是指人类在社会历史实践中所创造的物质财富和精神财富的总和，也就是指人类文明的总和。人类的文化史，就是人类社会的文明不断由低级向高级演进的历史，是社会的物质生产力、精神生产力以及人们自身创造力不断发展的结果。礼仪也是人类社会历史实践中产生和发展的，是社会文化形态的表现方式之一，是社会文化的体现，因此礼仪具有社会文化性。

虽然世界各国的文化不尽相同，但都有着自己特有的礼仪方式。礼仪是社会文明程度、道德风尚和生活习惯的综合反映，是社会文明进步的具体表现形式。无论各国礼仪方式有多么的不同，却都体现了礼仪的核心价值——尊重，表现为对自然的尊重，对社会的尊重和对人的尊重，如人们在见面的时候，各国有着不同的见面礼，我国传统的方式是作揖，西方人

---

① 《两个警察的故事》，《读者》2013 年第 5 期，第 43 页。

可能表现为拥抱或者亲吻，日本人则是点头或鞠躬，某些地方是碰胳膊，随着全球化的进一步增强，现在国际通用的方式大多是握手。这些不仅是相互之间的尊重和善意的表达，也都是社会文化的体现。

2. 历史传承性

礼仪是人类在长期共同生产和生活实践中形成和相互认同并遵守的规范，人们为生存和生活的便利，将既成的生活规范代代相传，逐渐形成了一种比较固定的文化形态和稳定的礼仪规范。任何国家、民族、地区的当代礼仪都是在以往礼仪文化的基础上继承、发展起来的。我国之所以以礼仪之邦著称于世，正是因为我国早在两千多年前就具有完善的礼仪文化体系。一般而言，各国各民族的礼仪规范都是继承了本国和本民族礼仪文化，通常不会因为他们社会制度的变化而做很多改变，特别是人们交往中习以为常的礼仪规范，如微笑、握手等都是和平友好的表示，这种惯常的礼仪不会有过多地改变。

3. 人类共同性

礼仪的人类共同性，是指礼仪是人类共同的文化结晶，是在长期的生活实践中形成的，虽然在具体的表现形式上存在着差异，但它是同一民族、同一国家、同一社会全体成员调节相互关系的行为规范，从根本上体现了人际关系中的共同需要，反映了人类追求真善美的共同愿望，符合大多数人共同的价值取向，因此它表达的核心内容是共同的，即相互尊重。各国、各民族也因此在相互尊重的基础上，能够相互交流和沟通。这也表明人们的生活愿望、意识状态等根本倾向都是相同和相通的，比如来自不同的民族或国家的人，或许不懂对方的语言，但是却能完全理解对方善意的微笑，这就是礼仪的共同性在起作用。

4. 道德规范性

礼仪的道德规范性，指礼仪是在长期生活实践中形成的，并得到大多数社会成员认可、遵守的道德行为规范。因此，礼仪既具有约定俗成的属性，也是人们评价善恶美丑的标准，它不仅是一般的行为规范，也是具有道德内涵的行为规范。因此，礼仪是人们的爱心和善意的表达，是符合社会道德规范的一种行为，但礼仪并非是法律规范，比如一个失礼的人并不是罪犯，他只是会引起他人的鄙夷和道德上的谴责。

5. 风格多样性

世界文化是丰富多样的，因此各国各民族的礼仪风格也是绚烂多姿、千姿百态的。各个国家、民族、地区由于受到不同历史、文化、习俗和宗教等因素的影响，导致了礼仪风格和礼仪规范的迥然不同和丰富多样。各国各民族的人们在生活的很多方面表现出截然相反的习惯和禁忌，如在饮食礼仪规范上，信奉伊斯兰教的人不吃猪肉，而信奉佛教的人不吃荤腥，信奉印度教的人不吃牛肉。因此，在礼仪准则中有一条重要的规范，即“出国问禁，入乡随俗”。从根本上而言，这也是尊重各民族独特的礼仪文化。

(三) 礼仪的内涵

了解了礼仪发展、礼仪的含义与性质，从中不难发现礼仪的内涵，它包含着尊敬、仁义、诚信、规范、仪式等内容，其价值指向与文明社会倡导的真善美的核心价值理念完全一致，是社会文明价值观念的具体体现。礼仪的核心内涵概括为以下几个方面：

第一，礼仪的核心是对人或对事的尊敬。从礼仪的起源来看，最早是人们用祭祀礼仪或图腾崇拜来表达对神的敬意，乞求上苍对人的护佑。以后随着社会的发展，人们扩充并延伸了其尊敬的对象，从敬神到敬人，从封建社会对皇帝、尊长的尊敬，一直到现代人的平等地相互尊敬。无论社会如何变迁，礼仪的核心即是尊敬——人们对自然界的敬意乃至人与人之间的相互尊敬。对施礼对象尊敬与否，是衡量礼仪形式完备与否的主要标志，不然就算礼仪仪式再完整，如果其中没有尊敬这个核心内容，也是不礼貌的。

礼仪的尊敬并不是空泛的，而是有着深刻的内涵。待人处事的尊敬，既表示了个体对他人的真诚与善意，也体现了个体自身的真实与良善，由此表明，这个礼仪的过程是尊敬他人的过程，也成就个人自尊的过程，是一体两面同时的过程。因此一个有尊严的人，其素质既表现在个人高雅的气质和文明的举止中，也表现在为人处世的方式中，这样的人才是真正的有文明修养的人，如古代社会的贤达君子，如西方社会倡导的贵族绅士。

案例 1-4：皇帝有敬畏之心吗？[①]

有人问："皇帝有敬畏之心吗？"阎崇年老师回答："有，我举两个例子。一次康熙帝在宫中设坛祈祷，长跪三昼夜，日惟淡食，不御盐酱。到第四日，步诣天坛，大雨如注，水满两靴，衣尽沾湿，步行回宫。其敬诚之心，诸臣莫不感动。唐太宗说：'朕每思出一言，行一事，必上畏皇天，下惧群臣。'所以，唐太宗时以'常谦常惧，日慎一日'自警。然而，明君有畏，昏君无惧。总之，做帝王将相，做平民百姓，常敬常谦，日勤日慎，都是应当去做的，也是很难做到的。人，不可没有敬畏之心。"

第二，尊敬的另一个表达即为仁爱之心，原始社会礼仪就表现为敬天爱民来维系天然人伦秩序，而现代社会更多地表现为人与人的平等交往中所体现出来的爱心。我国儒家礼仪文化也强调"仁者爱人"，"己所不欲，勿施于人"，西方社会基督教文化更是强调从上帝对人的爱，直至人与人之间的爱，乃至爱敌人。

事实上，这份仁爱之心所包含的内容非常丰富，它也体现在很多方面，比如对人的理解与尊重、仁厚与宽容，有时会体现在严格的禁戒上，如严父对爱子；有时又会体现在同情怜惜上，如慈母的呵护。

案例 1-5：用奶糖换子弹[②]

简介：埃伦·约翰逊·瑟利夫（Ellen Johnson Sirleaf），2006 年 1 月 16 日当选利比里亚总统，成为非洲历史上首位女总统。2011 年 10 月 7 日，瑟利夫与活动家莱伊曼-古博薇及也门活动家塔瓦库尔·卡曼因维护妇女权益共同获得 2011 年度诺贝尔和平奖。

20 世纪 80 年代，利比里亚发生政变，政权被反对派掌控，她与同伴们开始了顽强的抗争。一天，她带着贴身护卫维撒来到城外的村落做群众工作，突然从大树后面冲出一个端着枪的小伙子，没待她看清便扣动了扳机，幸好维撒反应极快地扑在她面前，她幸运地躲过了灾难，维撒却倒在了血泊中。事后她才知道，开枪者叫乔治，是维撒的邻居，在被反对派收买后就一直伺机暗杀她。她决心为维撒报仇，可后来再没找到乔治的踪影。

---

① 阎崇年：《敬畏之心》，《读者》2013 年第 4 期。
② 黄鹤：《用奶糖代替子弹》，《读者》2013 年第 1 期。

那之后，她曾三次被反对派抓捕，受尽折磨后被流放国外。十年过去，反对派终于被打倒，她也进入了政府高层，开始思考如何惩罚往日的政敌，但一件小事改变了她的想法。

那天，她偶然路过维撒遇难的村落，想起往事，便决定去看看他母亲。她来到家门口，看见维撒的母亲正捧着一把奶糖，准备给邻居乔治的母亲送去，她不禁疑惑地问道："她儿子杀了维撒，你竟然还给她糖吃？"维撒的母亲摇了摇头说："这些年乔治一直没有音信，如今他母亲又病了，让人心痛呀。"她怒由心生："可他们是我们的仇人！"维撒的母亲叹了口气，缓缓地说："那些都过去了。以前我也把乔治的母亲当作仇人，可这样做只能积累怨恨。每次我出村，原本从她家门前过只需十分钟，而因为怨恨绕道走却足足要两个小时。宽恕了别人，不仅给别人留了一条退路，也让自己多了一条出路呀。"

维撒母亲的话教育了她，她点了点头："用奶糖代替子弹，看似让他人受惠，实则惠及了自己和他人。"她就是埃伦·约翰逊·瑟利夫，因为抛开了仇恨，以宽容之心对待敌人，最终得到举国拥护，成为非洲历史上第一位民选女总统。

这是一则以宽容理解之心化敌为友的真实故事，仁爱宽厚能化解人与人之间的种种阻碍，化仇恨冲突为友善豁达。因此俗语说，退一步海阔天空。

第三，礼仪的内涵还反映在合理合道的存在方式上，就是所谓的"义"。《礼记·郊特性》云："礼之所尊，尊其义也。"《礼记·中庸》中说："义者，宜也，尊贤为大。"这说明礼仪是有精神内涵的，只有合乎了道义规则、道德文明规范才是礼仪，如此才为人们接受、认同与遵守。这是指内在的精神内涵，这是一个方面；另一方面，礼仪的"义"往往具体体现在仪式典礼程序上，甚至仪式的成分超越了精神内涵的成分，形成了某种固定的程序，以至于后人把仪式程序当作"真义"。于是，礼仪被人当作固定的程序来执行，使得礼仪变成僵化、枯燥的仪式。当然，这种偏颇在所难免。

由此，人们在处理社会重大事件和个人成长的重要关节点上，通常采用礼仪的形式，如举行某种仪式或典礼。在传统的农耕社会中，春耕极为重要，要举行一定的仪式，渐渐地演变为一种社会习俗，并作为一年的开始，这就是我国的春节。此外还有纪念传说中的神灵或为社会作出特殊贡献的重要人物，也要举行各种仪式，如祭祀黄帝、祭祀孔子、端午节等。我国的古代礼制中，还有春天祭日，秋天祭月的习俗，延续至今就有现在的中秋节等。有着基督教传统的西方社会，有纪念耶稣基督诞生的圣诞节，纪念他复活的复活节等。这些都表明了历史上对社会有着特大影响的人和事，都会有相应的礼仪形式来纪念。再如 2008 年 5 月 12 日，我国四川省汶川地区 8 级大地震，国家和政府为在此次地震中罹难的同胞举行了全国三天的致哀活动。对于个人生活中的重大事件，也会举行种种礼仪形式来表示，如出生礼、成人礼、婚礼与丧礼等。

第四，礼仪本身是用于与周围的人沟通交流的方式，它是交往沟通中文明的方式，大致可分为两大方面，其一是情感交流沟通，其二是理念或信息的交流沟通。人是具有合群性的物种，通常而言，人很少单独生存和生活，因此在生活中人们不可避免地要与他人进行交流和交往。而交流与交往的方式必然要符合社会文明发展的要求，尽管交恶和冲突也算是一种交流，但这并不是一种文明的方式，而是一种非礼仪、非文明的方式。因此，礼仪是代表着人类社会的进步、道德与文明的交流与交往方式，它所表达的是真诚、善意、理性和仁爱的情感。

第五，礼仪也为人带来美好的形象，不仅是内在美，外在也会显示优雅而高贵的形象。

案例 1－6：周恩来总理的礼仪风范

图 1－4　周恩来总理

周恩来（1898—1976）是新中国第一任总理兼外交部长，他杰出的外交礼仪修养使全世界为之倾倒。美国前总统尼克松说："周恩来的敏捷机智大大超过了我能知道的其他任何一位世界领袖。这是中国独有的、特殊的品德，是多少世纪以来的历史发展和中国文明的精华结晶。他待人很谦虚，但沉着坚定。他优雅的举止，直率而从容的姿态，都显示出巨大的魅力和泰然自若的风度。他从来不提高讲话的调门，不敲桌子，也不以中止谈判相威胁来迫使对方让步。他手里有'牌'时，说话的声音反而更加柔和了……"

周恩来总理为世人留下了品德高尚、举止优雅、风度翩翩、优美典雅的礼仪形象，是世人学习礼仪的榜样与典范。

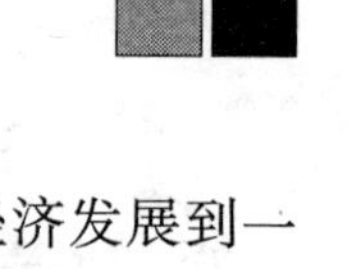

第二节　公关礼仪的内涵与特征

公关礼仪是礼仪在现代社会中的一种体现。现代意义上公共关系是商品经济发展到一定阶段的产物，公共关系学科的产生也只有 100 多年的历史，但是从现代社会中的组织角度而言，公共关系却是每时每刻都在发生着，公众关系处理的好坏，直接关系到组织的生命线，如何把握与处理好与公众的关系至关重要，于是公关礼仪应运而生。

案例 1－7：不尊重客户的演讲①

英国商业史上最严重的错误来自杰拉尔德·拉特纳。他是英国最大珠宝零售商拉特纳斯的首席执行官。他在英国董事协会曾作过一次非常著名的演讲。这次演讲发生在 1991 年经济衰退时期，他试图解释拉特纳斯的利润为什么还在增长。他没有说拉特纳斯通过降低生产成本，制造合适人们购买力的廉价产品维持增长。相反，他说拉特纳斯之所以能够销售价格如此低廉的珠宝首饰，只是因为这些首饰确实成本低廉。在此，我们引用他的原话：它们"纯粹是垃圾"。这只是他为了调节会场气氛的诙谐之语，英国董事协会的与会者爆发出

① 邓肯·班纳坦：《不尊重客户的演讲》，《经典》2013 年第 2 期，第 16 页。

一阵哄堂大笑。杰拉尔德完成演讲以后，全场与会者起立，并长时间鼓掌致意。

杰拉尔德认为，他的那番讲话只是取笑自己而已，最多只是取笑自己的产品。然而，当媒体报道这一消息之后，他公司的营业额开始迅速下滑。他根本没有意识到，他的讲话实际上是在取笑他的顾客。一个小报刊登的标题是，他将他的顾客变成了"22克拉的大傻瓜"。

这件事让杰拉尔德和拉特纳斯公司付出了极为惨痛的代价。公司营业额一夜之间直线下降，股票价格更是缩水50%，他也因此不得不辞职。在他辞职后不久，"拉特纳斯"的名字从它800家连锁店的门上被取下。

对公众无礼，不尊重客户，不重视公众关系，那么其后果就是组织退出，管理者走人，这样的例子不胜枚举。

一、公关的内涵与本质

(一) 公共关系的内涵

公共关系是社会关系的一种存在形态，是资本主义商品经济发展到一定阶段的产物，是组织与其对象所结成的关系，即组织与社会公众的关系发展到一定阶段的结果。当时的组织，主要是指公司或企业为代表的组织，需要得到社会公众的认可与赞赏，有了这样的需要，才产生公关职业与公众关系学科。

关于公共关系的内涵，在学术上大致分为六种，有"管理说"、"传播说"、"关系说"、"传播管理说"、"形象说"与"生态说"等，在此不一一列举。以经典的"管理说"为例，美国公关学者司各特·卡特里普在其著名的《公共关系教程》中概括为："公共关系是这样一种管理功能，它建立并维护一个组织和决定其成败的各类公众之间的互利互惠关系。"[①]显然公关是指组织要管理、维护好与公众的互利互惠的关系。从公关组织主体角度出发，组织公关必须有所作为，组织必须与公众主动建立起良好的关系，从这个意义上而言，有学者认为，公共关系就是为了获得好感和认同而主动开展的活动。[②] 无论从何种角度来定义公共关系，它的存在与发展是符合社会发展的进程。

(二) 公共关系的本质

如前所述，公共关系是社会关系的一种，是社会历史发展到一定阶段的产物，它是组织与公众的关系，组织是主体，公众是客体，作为公关主体的组织对与公众关系的建立及其建立在何种价值观上的关系，是主要责任者。两者的关系建立在真善美的价值基点上，这样的公众关系才是良好的、可持续发展的关系，否则建立在假丑恶的价值点上的关系，则会使两者关系趋向恶化乃至崩溃与解体。在价值观上，公众关系应与整个社会进步的价值观相一致。那么它有哪些本质特性?

首先，从组织与公众的关系之存在基础而言，他们同是社会的一分子，任何关系的建立，都离不开这个共同基础，即整个社会是组织与公众共生共存的基础。

---

① Scott M. Cutlip 等著，明安香译：《公共关系教程》，华夏出版社 2001 年版，第 7 页。

② 张云：《公共关系——理论、实践与案例》，华东师范大学出版社 2012 年版，第 9 页。

其次，从组织与公众的关系本身而言，两者是共生的一对矛盾统一体，两者的存在互以对方为前提，即有组织就有公众，有了公众，组织才能存在，两者不能单独存在。如果把组织比喻成一个热情好客的主人，而公众对象如同是一位客人，那么作为主人的组织自然会善待公众，因为客人是主人存在的前提，没有客人，无所谓主人。比如商店常常把顾客比作上帝，比作衣食父母，顾客不去商店购物，那商店便失去了存在的基础，没有顾客就不会有商店，因此这两者是一对共生共存的关系。由于其利益具有共同性，组织与公众之间的互惠互利也是必然的趋势，没有顾客的商店是不存在的，不考虑顾客的利益，商店也很难经营与维持下去。

再次，既然两者生存的基础是共同的，那么两者之间任何互惠互利的活动，都以不损害社会整体利益为准则，因为损害了共同基础，那么最终也会危及两者的关系。比如2006年厦门市引进的一项总投资额108亿元人民币的对二甲苯化工项目，该项目号称厦门“有史以来最大工业项目”，投产后每年的工业产值可达800亿元人民币。如此高回报的项目，但是最终还是决定迁址，为什么呢？因为厦门市政府听取了民意，并考虑到该项目会使整个地区的环境遭受污染。“皮之不存，毛将焉附”，因此组织在进行各项活动时，必须重视整个社会的利益，同时，这也是对公众利益的尊重。

第四，从宏观的角度来看，在公共关系中，组织不仅是面对其目标公众，更重要的是组织是面对与整个社会的关系，因此良好的公共关系必然是以真善美价值观为基点，作为公关主体的组织或个人当以这个价值标准为准则，以维护社会道德为己任；就这个意义而言，组织公关应成为社会道德的楷模或代言人，因为“公共关系有利于调整和维护这个为我们提供了物质和社会需要的社会系统”[①]，如此才能真正建立良好的公众形象。比如组织经常会开展社会公益活动，或者环保活动，或一切有利于社会积极正向发展的活动，使真善美价值得以弘扬的活动。

案例1－8：娃哈哈的支教公益行动百名爱心志愿川黔支教

图1－5　娃哈哈集团董事长宗庆后上车送别志愿者

① Scott M. Cutlip等著，明安香译：《公共关系教程》，华夏出版社2001年版，第22页。

网络公关事件:“我们学校在5·12地震中也受损严重……希望你们能为我们学校,学区的教育事业捐助……”一份来自四川省阿坝州松潘县镇江关五里村小学的卢光一老师给娃哈哈集团寄来的一封带着地震余波的信件触动了整个娃哈哈集团,随后便启动了“接过爱心教鞭,托起明天希望”的公益行动,面向全社会招募的首批志愿者人数为100名,前往四川、贵州贫困地区进行为期一年的支教行动,并每人提供2万元的年度补贴。娃哈哈将此次宣传重点选择了互联网,通过在天涯社区开辟专版借助媒体报道,据统计,在招募计划发起之后,就有近4 000名志愿者报名,火爆场面堪比公务员考试,而随后选出的100名志愿者在四川和贵州支教过程中,也通过互联网时时传递支教信息,娃哈哈的企业社会责任形象大幅提升。至今,我们只要登录支教专区论坛,都能感受到那些志愿者与孩子们感动的瞬间。

二、公共关系与礼仪

礼仪在我国的发展历史非常悠久,内容极为丰富,是世界上极具特色的文化形态,它深入到社会的方方面面。从传统社会而言,礼仪既是政治制度、法律典章、社会规范和风俗习惯的表现,也是人们立足社会、与人交往的行为准则和修身律己的原则。从现代社会而言,它也是为人处世的价值观与行为方式。

公共关系是现代市场经济的产物,我国古代也有准公关,但意义不尽相同。公关与礼仪在现时代的背景下“遭遇”,有其相同相似之处,以至于可以合成一体称之为“公关礼仪”。

首先,在现代社会背景下,两者的基本出发点有其相似或一致的地方,两者均需处理所面对的人与事,相对而言,礼仪处理人际关系,公关处理组织与公众的关系,是组织化了的礼仪行为,公关与人际关系联系相当紧密,公关在具体操作中,即是通过具体的人际关系来达成公关目标的。

其次,两者的差异之处在于,礼仪所指的范畴更加宽泛,各类人际关系都需要运用礼仪,比如我国传统礼仪是处理“五伦”关系,即君臣、父子、夫妇、兄弟、朋友的关系;公关则是指特定的组织与公众的关系,而非私人之间的关系,所以称之为公众关系,是有“公共”的意思它包括了组织与外部公众和内部公众的关系,而不是指上述“五伦”中所指的个体间的关系。

再次,公共关系存在的前提是以人的社会关系为基础的,只要社会组织存在,公共关系便随之产生,如果社会组织不存在了,那么也就不存在公众了。因此,公共关系不是单纯的人际关系,是组织与公众的关系;而组织公关开展的公关工作,则完全在人际关系中展开,因此组织要处理好与内外公众的关系,也同样离不开文明的方式,即礼仪的方式;从某种角度而言,可以把组织视作放大了的个人,公众好比是各个个体或各类个体,那么在这个意义上而言,公关与礼仪在处理人与人关系的性质上是共通的,比如组织对公众的善意和礼仪中人与人之间的善意,在这个基本点上是完全相同的。

三、公关礼仪的内涵

公关礼仪是礼仪在公共关系领域中的运用,是指社会组织以遵守普遍的社会礼仪规范为前提,为树立和维护组织良好的社会形象,在开展内外公关活动时的各种符合公关精神、准则、规范的交往方式、行为方式、社会活动、典礼程序以及与之相适应的器物、标志、服饰等的总称。

理解公关礼仪的含义,应该把握如下几个方面:

第一,公关礼仪以组织遵守社会礼仪规范为前提,社会礼仪是公关礼仪的基础。社会礼仪即是作为生活在社会上的个体与他人进行交流沟通等一切社会交往的行为规范与准则。公关礼仪则是社会礼仪在公关领域中的应用和延伸。公共关系是指社会组织与其相关公众的关系,这样的关系并不是脱离整个社会大环境而建立的,它同样是社会关系的一种表现形式,因此,公关礼仪的基础是社会礼仪。在实际操作中,社会礼仪既是公关礼仪的基础和前提,也应该是公关礼仪必然关注的部分。

第二,公关礼仪的实施主体是社会组织,而不是客体的社会公众。

在公共关系这一系统中,社会组织是公关的主体,当然也是公关礼仪的实施者,其中包括代表社会组织的公关人员或组织成员,而作为客体的社会公众则并不在公关礼仪的要求范围内。因此,公关礼仪是对社会组织中所有成员所提出的礼仪要求和礼仪规范。

第三,公关礼仪的实施必须符合公关精神。

所谓公关精神即是公关工作的核心——塑造组织自身良好的社会形象。因此,与社会礼仪不同的是,公关礼仪除了符合社会礼仪规范之外,更侧重于符合社会组织形象塑造这一核心精神。

第四,公关礼仪的实质是塑造组织以真善美为核心的公关形象。

社会组织形象的核心价值是真善美,它与社会进步的发展方向相一致。真是公关礼仪的基础,没有真,那么公关礼仪只是徒有其表,虚伪不实;善是公关礼仪的关键,没有善,那么公关礼仪也只是机械的姿态、模式化的语言,甚至会走向善的反面;美是公关礼仪境界,公关工作的最高境界就是科学化与艺术化的结合,那么公关礼仪也是如此,它的最高境界就是给公众和社会带来美的享受,融洽和谐的氛围,这是公关工作者不断追求的最高的公关礼仪目标和境界。

四、公关礼仪的特征

公关礼仪以社会礼仪为基础和前提,它与一般的社会礼仪比较而言,具有以下特点:

第一,公关礼仪具有公关专业特点。

公关礼仪是在公关领域中实施的礼仪规范,它立足于公关精神,注重对组织良好的社会形象的塑造。因此,公关礼仪都是在与公众关系的活动中表现出来的,它是组织形象的重要组成部分,如组织通过标识、徽志、制服、用品、言行和活动等礼仪形式来塑造组织的良好形象。

第二,公关礼仪实施者的特殊性。

公关礼仪的实施者是代表某个社会组织的成员,或者是组织的公关人员,而非公众。公关礼仪是社会组织在公关活动中实施的,是组织成员和公关人员必须遵守的礼仪规范,因此,要实施公关礼仪,必须让组织成员和公关人员了解和学习公关礼仪各个方面的知识，不断提高组织成员与公关人员的公关礼仪水平和修养，如此方能体现组织的良好形象。

第三，公关礼仪的目的和公关工作的目标具有一致性。

公关工作的最终目的是塑造组织形象，对内增强组织成员的认同感和凝聚力，对外增强公众的认知度、美誉度与和谐度，而公关礼仪的目的同样也是加强公众对组织的识别度和认同感，促使组织与公众文明礼貌地进行沟通交流和交往。

第四，公关礼仪内容的特殊性。

公关礼仪的内容除了以社会礼仪为基础之外，由于它是组织化了的礼仪行为，因此它还有其特殊的内容，主要包括：

其一，组织形象的文化识别系统，包括表现组织的核心价值理念的识别系统如口号、标语等，组织的视觉标识系统如色彩、旗帜、服饰、用品等，组织的听觉识别系统如歌曲、音乐、规范的语言等，组织的行为识别系统如规范的举止等。

案例 1-9：我国代表团入驻伦敦奥运村仪式[①]

图 1-6　中国国旗在伦敦奥运村升起

北京时间 2012 年 7 月 25 日下午 4 点 30 分，2012 年夏季奥运会中国代表团在伦敦奥运村国际区举行了升旗仪式，中国代表团团长刘鹏等多名官员、运动员和教练员出席了仪式。这也标志着中国代表团的本届奥运会征程正式拉开序幕。

---

① 《中国代表团举行升旗仪式，正式入驻奥运村》，腾讯网，http：//2012.qq.com/a/20120725/000640.htm。

从这个案例中不难发现，无论是国际交往还是国内交往，在组织与组织间或组织与公众间的交往，首要问题就是标识清晰。比如该案例是奥林匹克运动会，在这个有诸多国家与地区参与的全球性体育盛会上，主办方第一要务就是让参加的队伍显示其是从哪里来的，代表哪个国家与地区，组织作为主体有必要向公众告知它是哪个国家与地区的代表，比如在两支队伍比赛时，公众应知道两支队伍的情况，公众可以自己选择为哪支队伍鼓掌。因此，在2012年夏季奥运会上，我国代表团一入住奥运村的第一件公关礼仪工作，就是举行庄严的升国旗仪式。

其二，组织成员和公关人员个体形象礼仪，包括个人内外的礼仪修养，个人外在的气质风度、仪表仪容仪态、交往方式、文字与语言表达等。因为在公关领域中，组织成员或组织的公关人员通常并不仅仅代表他自己，更重要的是代表组织。除非他本人就是公关主体，比如姚明，他本人就是代表他自己，因为他本人就是公关主体。

其三，组织公关活动中应遵循的礼仪规范，包括组织的接待拜访、会谈会晤、宴请酒会、会展会务、仪式庆典等，凡是组织与公众交往中涉及的塑造组织形象范畴的，都属于公关礼仪的范畴。

其四，组织在开展公关活动中应注重的外在环境对礼仪的要求，比如面对自然环境，应注意重视对自然界的保护，这是组织公关礼仪的重要组成部分，办公室、行车中的节能减排、低碳生活；面对全球化的社会环境，比如开展涉外公关工作时，应注意国际交往惯例、风俗民情与宗教习惯，这些礼仪常识也是公关礼仪知识的重要组成部分。

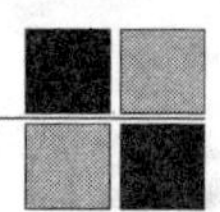

第三节　公关礼仪的类型与内容

对于事物进行分类，以便对事物有效地理解与把握。礼仪本身的类型有很多种，公关礼仪是其中的一种类型；而对于公关礼仪的分类也有很多种分法，这种种分类无非为了条分缕析地认识与掌握好各种礼仪规范。

一、公关礼仪的类型

礼仪是一个非常宽泛的概念，本身分类也纷繁复杂。以时代划分的话，分为传统礼仪与现代礼仪；以各个不同的场所来分，可分为职场礼仪、家庭礼仪、公共场所礼仪；以不同行业来分，分为政务礼仪、外交礼仪、商务礼仪、教师礼仪、服务礼仪、公关礼仪等；还可以根据各种不同的活动分，分为宴请礼仪、会展礼仪、谈判礼仪等。由此可以发现公关礼仪也是其中类型的一种。

如何针对公关礼仪来分类呢？首先，可以按照公关礼仪实施的地域概念（国内与国外）来分，可分为国内公关礼仪与国际（涉外）公关礼仪，前者是属于本国范围内通行的一些公关礼仪规范，后者指参与外事活动应遵循的公关礼仪规范。

其次，按照组织整体形象和组织成员形象来分，可分为组织公关礼仪和个人公关礼仪，前者是从组织整体形象出发，进行公关礼仪的整体识别系统的设计和实施，如反映组织文化标识的设置、标识性语言的设置，后者是代表组织的个人参加社交活动时应遵循的礼仪规范，虽然是个人遵守的礼仪规范，但如果个人是代表组织的话，实际上也从属于组织的整体形象的一部分。

第三，按照礼仪表达的方式来分，可以分为：其一，语言类礼仪，包括口头表达和书面表达；其二，身体语言类，包括分为表情语言和动作语言；其三，饰物语言类，包括服饰、用品、标志等；其四，公关活动类礼仪，如庆典、仪式、宴请、会务等仪式活动。

综上所述，公关礼仪有种种分类方法，不过，本教材拟采取更符合公关专业的分类方法，对公关礼仪进行分类。这是以公关学科与实践特点为准，可分为内部公关礼仪、外部公关礼仪、公关传播中的礼仪三大类型。这样的分类主要目的是为了与公关内容紧密相关联，当然它们并不是彼此不相干的，而是有着紧密联系的有机组成部分，各自又是相对独立的部分。此外，应当重视的是社会礼仪这一部分，它是公关礼仪的基础，它常常会体现并渗透在内部公关礼仪、外部公关礼仪与公关传播礼仪中，因为公关礼仪是在社会礼仪的基础上形成的，因此要注意这两者的联系与差别。

二、公关礼仪的内容

根据上述的分类，公关礼仪的内容可由组织内部公关礼仪、组织对外公关礼仪、公关传播中的礼仪与社会礼仪这四大方面构成。

（一）组织内部公关礼仪

组织内部公关礼仪是公关礼仪的重要组成部分，它是指组织成员应遵守的符合公关精神的礼仪准则与规范，具体内容包括：其一，组织成员个人的礼仪修养、语言表达、行为举止、仪容服饰，以及与公众交往的礼仪规范，因为这些都是组织整体形象的体现，是组织整体素质与公关礼仪素质的体现；其二，组织内部管理中的公关礼仪，其核心将体现出该组织的核心价值观，比如善意地对待内部公众，即组织成员，建立良好的组织文化，比如良好的企业文化，会体现在内部公众交往中，体现在上、下级成员的相互尊重，办公室礼仪的秩序井然，组织对员工的真诚关怀等；其三，组织内部公关活动礼仪，比如内部的各类会务活动礼仪，如例会、年会、代表会、表彰会、联欢会等。内部公关礼仪的实行是组织的公关形象的具体体现。

案例 1－10：宜家：让员工感到温暖如家①

宜家是全球最大的家具及家居用品零售公司，其业务遍及 50 多个国家和地区，拥有上万名员工。宜家是半个多世纪前由英格瓦·坎普拉德创建于瑞典。根据美国《商业周刊》评选的“全球 100 个最有价值的品牌排名”，宜家排名第 38 位，品牌价值创收破百亿美元大关。

《财富》杂志举办的“前 100 名最佳雇主”评选中，宜家家居集团名列第 62 位。宜家始终关注员工的个人发展，管理灵活，强调员工福利，这种创新型人力资源管理模式为宜家赢得

---

① 成应翠，蒋佳池：《你的公司什么性格》，科学出版社 2010 年版，第 1—8 页。

不少加分。这也是宜家独特的企业文化,宜家把雇员称为同事,并鼓励创造性和多样性。在《职业母亲》杂志的调查中,宜家同样也被列入"最适合上班族妈妈工作的100名公司"之一。上班族妈妈们非常认可宜家为满足妈妈们的需要所做出的努力。

宜家的愿景是"为更多人创造美好生活"。这里的"人"不仅包括顾客,同时也包括员工和社会。宜家的人力资源理念就是,当宜家照顾到员工的需求时,员工就会更有效率更加努力地工作。像许多瑞典公司一样,宜家采用家长式的管理模式来努力满足员工的需求。宜家积极的人力资源管理政策体现了宜家的企业文化。宜家的文化特质就是创造出一个家庭式的温馨环境,让员工之间关系紧密又不失开放。

宜家将人视为企业最宝贵的财富。宜家从来不认为人是"资产",人就是人,需要被尊重、被信任、被关爱。正是在这种理念下,宜家给每位员工温暖如家的关怀,在宜家工作,就好像进入一个大家庭一样。在这个大家庭里,员工们互相帮助,互相关照。这种温馨的企业文化使员工们积极工作,努力为企业作出更大的贡献。

上述案例看似只字未提礼仪,但是却体现了公关礼仪的核心:真诚、善意、美好。一个良好形象的组织,首先是组织内部文化已经具备了良好的内涵,然后才会从外在表现出来。

(二) 组织对外公关礼仪

组织对外公关礼仪是指组织对外的公关活动中符合公关精神礼仪准则与规范,这通常是组织最为重视的外在公关礼仪形象,其内容包括:其一,组织外在形象构成、便于公众识别的组织标识、用品、服饰、标语、徽志、音乐、旗帜等的总和;其二,组织对外举办的各类公关活动,如宴请、开业典礼、节日庆典、表彰大会、日常例会、各类展览、新闻发布、创意活动、危机公关等所涉及的礼仪规范和礼仪要求;其三,涉外公关礼仪所涉及的国宴、西餐、迎送、国旗国徽国歌、国家庆典、致哀日、涉外会见会谈等活动的礼仪规范,由于开展公关活动所到的国家和地区不同,参与的公众的国籍、民族文化背景的不同,组织必须重视涉外公关礼仪规范的把握,否则会造成不必要的误会与损失,这部分与社会礼仪中的风俗礼仪与宗教礼仪相关联。

(三) 公关传播中的礼仪

传播是公共关系的重要组成部分,是连接组织与公众的桥梁与纽带,没有传播就没有公众关系的建立与发展。公关传播中同样也有礼仪准则与规范。首先,公关语言礼仪。组织与公众的交流比如要运用语言,而如何礼貌用语、规范用语,并且能顺利地与公众沟通,这是公关传播礼仪经常遇到的事情。第二,公关文书礼仪。组织与公众的交流中,经常运用书面语,即文书,如何运用好文书做好公关工作,书写怎样符合文书礼仪规范,这是传播礼仪中书写礼仪的部分。第三,从传播平台而言,网络公关礼仪是近年来颇受关注的问题,组织与公众在网络平台上进行交流的形式与日俱增,比如网络电子邮件、博客、QQ、MSN、微博、微信等,这些都在不断地进入公关领域,而其中的礼仪规范问题则不断凸显,组织应及时注意这方面的礼仪规范。

(四) 社会礼仪

社会礼仪是整个社会中每个社会成员都应遵守的礼仪规范,涉及的面最为广泛,也是社会成员应遵守的最基本礼仪规范。公关礼仪是在公关领域实行的礼仪,因此公关礼仪是以社会礼仪为基本前提。从组织成员和公关人员个人而言,首先是一名社会成员,应将遵守社会公共道德规范和礼仪规范作为言行的第一准则,如在公共场合中应遵守秩序,敬老爱幼,尊重女士等,这也是实施公关礼仪的基础,这是其一。其次,社会礼仪除了一般的礼仪规范之外,还包括各地的风俗礼仪,有国内本地的风俗,还有少数民族风俗以及不同的国家、地区的风俗礼仪,这都是组织要关注的公关礼仪之一。再次,宗教礼仪。宗教礼仪是各国各民族文化内涵的显现,它是经过了成百上千年而形成的一种民族文化的核心,尊重各国各民族的宗教习俗,是公关礼仪中的重要环节。

案例:1-11:照片的故事

20世纪80年代,中国的女排三连冠。一家对外的画报用女排姑娘的照片作封面,照片上的女排姑娘都穿着运动短裤。阿拉伯文版也用了,结果有些阿拉伯国家不许进口。

案例中为什么有些阿拉伯国家不许进口我国的画报呢?显然,这与他们的宗教习惯相违背了。因为按照伊斯兰教教规,穆斯林妇女的身体从头至脚不能裸露在外,显然这张照片不符合他们的宗教习惯与风俗。

第四节 公关礼仪的作用与原则

公关礼仪对于组织塑造良好的形象起着不可或缺的作用,因此很多组织都积极培训员工的公关礼仪素质。那么究竟有哪些作用呢?

一、公关礼仪的作用

公关礼仪的产生反映了现代社会发展和组织自身发展的需要,它主要的作用表现在如下几个方面:

(一) 塑造组织良好的社会形象

从公关的角度来看,组织形象一般都通过组织成员良好的仪表、礼貌的谈吐、优雅的行为方式表现出来,也通过组织的庆典仪式、开业典礼、会务会展等一系列公关礼仪活动展示出来,并且通过具有文化内涵和象征意义的组织标识、具有组织特色的产品及其包装、办公设备和用品、员工的制服和饰物等显示组织个性特征的符号系统来显示,由内而外地展现组织自身的内在素质和外在形象,以便让公众知晓、识别、认同和赞赏。

(二) 增强组织与公众的社会交往和扩大公众队伍

从公关交往的角度来看,现代社会的发展促进了组织与公众的广泛交往,而公关礼仪是帮助组织进行文明交往的“通行证”,它在组织与公众交往中传递友情和善意,与公众相互尊敬、平等相处、缓和摩擦、增进了解,增强组织与公众的情感交流,创造良好和谐的公众关系。

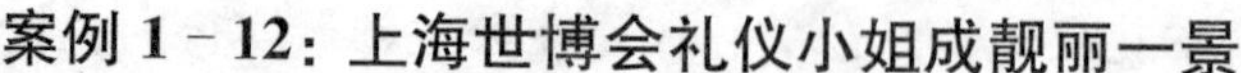

案例 1－12：上海世博会礼仪小姐成靓丽一景

图 1－7　2010 年 4 月 30 日，上海世博会“旗林”升旗仪式举行，世博园升起了参展国 200 多面国旗。负责升起各个参展国家和组织旗帜的是世博会的礼仪小姐，她们也成为世博会上靓丽的一景。

（三）增强组织内部的凝聚力

从组织内部公关的角度来看，公关礼仪在组织中形成了一套让组织成员可以依循的礼仪规范，同时也因此形成了组织自身的识别系统，组织还通过一系列的典礼和仪式来鼓舞员工的士气，激发员工对本组织自信心和荣誉感，以此来增强组织的凝聚力。

（四）增强组织成员的文明修养

从组织的整体发展水平而言，公关礼仪是增强组织成员文明修养的重要渠道之一，也是衡量一个组织内在素质高低的标准，尤其在现代社会，一个组织的发展不仅是靠资金、产品、技术、科研水平等硬实力，组织成员文明素质的软实力，也是组织发展的重要方面。因此，公关礼仪也是组织整体发展水平的重要因素。

案例 1－13：一口痰“吐掉”一项合作

《文汇报》曾有一篇报道，题目是《一口痰“吐掉”一项合作》。某医疗器械厂与外商达成了引进“大输液管”生产线的协议，第二天就要签字了。可当这个厂的厂长陪同外商参观车间的时候，习惯性地向墙角吐了一口痰，然后用鞋底去擦。这一幕让外商彻夜难眠，他让翻译给那位厂长送去一封信：“恕我直言，一个厂长的卫生习惯可以反映一个工厂的管理素质。况且，我们今后要生产的是用来治病的输液皮管。贵国有句谚语：人命关天！请原谅我的不辞而别……”一项已基本谈成的项目，就这样被“吐”掉了。

上述案例说明，一个人的礼仪修养不仅仅代表自己的形象与教养，在公关场合中，还代表了组织行为与礼仪形象。所以，组织必须重视组织成员礼仪修养，人人都是组织形象的塑造者，否则，如案例中所述，这位厂长不仅自身形象糟糕，而且还丢掉了组织发展的良好机会。

(五) 增强组织的信息交流

从组织信息的发布角度来看,组织的信息主要凭借公关礼仪活动如会务会展、庆典仪式等方式来发布,通过这些活动展示组织的形象,通过象征组织的标识的图形促使公众能经常注意和关注到组织的信息。这些都是从公关礼仪的角度增强组织的信息广为流传。

二、公关礼仪的原则

公关礼仪是公关领域中人们应遵守的礼仪规范,它建立在社会礼仪的基础上,因此首先必须以人类社会共同的礼仪规范为原则,其次根据公关工作的特殊性,遵守相关的公关礼仪原则。总之,公关礼仪原则应该是社会礼仪原则与公关原则的结合与统一。具体概括为如下几项基本原则:

(一) 平等尊重

从本质上而言,礼仪是人生活方式的一种表现。处于社会生活中的人们不可避免地要与他人交流和交往,这已经成为人们生活基本的需要,虽然社会贡献、社会地位有所不同,但是人与人之间人格是平等的。现代社会中,无论何种社会形态,人格平等的理念得到普遍认同。其次,平等并非是人人都要一样,比如学生与老师,一般意义而言,两者的角色是不能互换的,能互换角色也并不代表平等;学生与老师平等的意义在于各司其职,相互尊重。就组织与公众而言,组织与公众各司其职,各自做好自己,这便是真正的平等,比如商家应当提供质量符合标准、价格公道的产品给公众,公众购物,了解清楚产品的性能,价格也满意,如此则是平等交换,即公众购买到了货真价实的产品,商家也因此获利,双方是属于双赢。这是平等。

因此,人们在相互交流和交往中,平等尊重,自然成了人们礼仪的首要原则。这个原则反应在公共关系中亦是如此,组织与公众在根本上是平等的,比如两者都是社会成员,都以法律为准绳行事,在组织开展的各项活动中,应公开公平公正地对待公众;公众是自愿参与,组织为公众解决某种需要,公众则为组织带来相应的利益回报。

自礼仪产生起,尊重就是礼仪的核心,从对自然的敬畏和尊重开始,一直到人与人的相互尊重,其中随着社会的发展,人与人的关系也经历了种种变迁,但是就礼仪的本质而言,尊重这一核心始终没有改变。公关礼仪是现代社会发展的产物,是礼仪的一个分支,公关礼仪的核心也和现代礼仪的核心一样:人人平等,相互尊重。平等尊重是公关礼仪的首要原则。

案例 1-14: 第六颗钻石

经过严格的考试,我在一家出售珠宝的商店当上了临时售货员。这是我找到的第一份工作。

两星期下来,我听到部门经理对老板说:“她是个好孩子,我建议留用她……”

然而,就在第十五天,出事了。那天下午,有个衣衫不整、又高又瘦的人老是在柜台边溜达。从他苍白忧郁的脸庞可以看出,他是一个失业者。

这时,部门经理吩咐我取个珠宝盒。盒子放在高处,要爬上一架小小的扶梯才够得着。

我在下来时，一不小心，衣袖带翻了一个盛着钻石的托盘，我赶紧伸手抓住盘子，但还是有六颗钻石滚落在地。

部门经理走了过来。“赶快捡起来，”他说，“放回去。”

我迅速从地上拾起五颗钻石，却怎么也找不到第六颗了。我找遍了墙角和柜底，就是找不到！“怎么办?”我焦躁不安，像疯了一般到处乱翻。蓦地，我想起了那个人：“准是他拿了钻石。”因为钻石最有可能滚到他刚才站着的地方。这时，他正向外走。

当他就要推门出去时，我喊道：“对不起，先生！请等一下!”

他转过身来，说：“你有事吗?”他脸上肌肉直抽动，表情很不自然。我想起母亲常对我说，人大都是心地善良的。于是，我看着他的眼睛说：“这是我的第一份工作。您知道，现在工作很难找，请多多关照。”

他也看了看我，脸上浮现出友善的微笑。“是的，工作的确是很难找。”他回答，“我能肯定，你在这里干得不错，祝你好运!”

他伸出手握住了我的手。略一停顿，他松开了手，推门离开了珠宝店。我伸开手，第六颗钻石正躺在手心。

这是一篇小学课文，最早是发表在美国的《读者文摘》杂志上的真人报道，真实感人地表达了人与人之间互相尊重与理解的故事，表达了人对善的信任与信仰，让一个趋于恶化的事件转化为善意美好的事件，这便是礼仪文明在人心中显示的真实善良，显示出礼仪的本质所在。

(二) 爱心宽容

在人与人的交往中，一个没有爱心的人很难做到真正的尊重，因为爱心意味着对人的真诚、善意、尊敬、同情、体谅、体贴。组织与公众的关系也是如此。孔子说：“仁者，爱人。”有了爱人之心，才能真正地发自内心地尊敬他人，也能善意地宽容他人，这样才能真正地做好公关工作。

案例 1-15：原谅①

在上海的一家餐馆里。

负责为我们上菜的那位女侍应，年轻得像是树上的一片嫩叶。

她捧上蒸鱼时，盘子倾斜。腥膻的鱼汁鲁鲁莽莽地直淋而下，泼洒在我搁在椅子上的皮包上。我本能地跳了起来，阴霾的脸，变成欲雨的天。

可是，我还没有发作，我亲爱的女儿便以旋风般的速度站了起来，快步走到女侍应身旁，露出了极为温柔的笑脸，拍了拍她的肩膀，说：“不碍事，没关系。”女侍应如受惊的小犬，手足无措地看着我的皮包，嗫嚅地说：“我，我去拿布来抹……”万万想不到，女儿居然说道：“没事，回家洗洗就干净了。你去做事吧，真的，没关系的，不必放在心上。”女儿的口气是那么的柔和，倒好似做错事的人是她。

---

① 尤今：《原谅》，《辽宁日报》，2012 年 7 月 27 日。

我瞪着女儿，觉得自己像一只气球，气装得过满，要爆炸却又爆不了，不免辛苦。

女儿平静地看着我，在餐馆明亮的灯火下，我清清楚楚地看到，她大大的眸子里，竟然镀着一层薄薄的泪光。

当天晚上，返回旅馆之后，母女俩齐齐躺在床上，她这才亮出了葫芦里所卖的药。

负笈伦敦三年，为了训练她的独立性，我和先生在大学的假期里不让她回家，我们要她自行策划背包旅行，也希望她在英国试试兼职打工的滋味儿。

活泼外向的女儿，在家里十指不沾阳春水。粗工细活都轮不到她，然而来到人生地不熟的英国，却选择当女侍应来体验生活。

第一天上工，便闯祸了。

她被分配到厨房去清洗酒杯，那些透亮细致的高脚玻璃杯，一只只薄如蝉翼，只要力道稍稍重一点，便会分崩离析，化成一堆晶亮的碎片。女儿战战兢兢，如履薄冰，好不容易将那一大堆好似一辈子也洗不完的酒杯洗干净了，正松了一口气时，没有想到身子一歪，一个踉跄，撞倒了杯子，杯子应声倒地，"哐啷、哐啷"，连续不断的一串串清脆响声过后，酒杯全化成了地上闪闪烁烁的玻璃碎片。

"妈妈，那一刻，我真有堕入地狱的感觉。"女儿的声音还残存着些许惊悸，"可是，您知道领班有什么反应吗？她不慌不忙地走了过来，搂住了我。说：亲爱的，你没事吧？接着，又转过头去吩咐其他员工：赶快把碎片打扫干净吧！对我，她连一字半句责备的话都没有！"

还有一次，女儿在倒酒时，不小心把鲜红如血的葡萄酒倒在顾客乳白色的衣裙上，好似刻意为她在衣裙上栽种了一季残缺的九重葛。原以为顾客会大发雷霆，没想到她反而倒过来安慰女儿，说："没关系，酒渍嘛，不难洗。"说着，站起来，轻轻拍拍女儿的肩膀，便静悄悄地走进了洗手间，不张扬，更不叫嚣，把眼前这只惊弓之鸟安抚成梁上的小燕子。

女儿的声音，充满了感情："妈妈，既然别人能原谅我的过失，您就把其他犯错的人当成是您的女儿，原谅她们吧！"此刻，在这静谧的夜里，我眼眶全湿。

这则案例反映了人与人之间的理解、宽容与谅解，这也是人人都需要的，而作为公关主体的组织也应该这样对待公众。

（三）诚信守约

诚信是构成人类文明社会的基石，没有诚信，社会将陷于混乱中，因此诚信守约是公关礼仪的重要组成部分。再者，现代社会节奏加快，信守承诺、遵时重约尤为重要。不遵时守约其实就是不尊重他人，也就是不礼貌。即使失约是事出有因，也应当在事前或事后道歉。例如，香港长江实业集团公司董事局主席兼总经理李嘉诚先生，在谈到成功经验时他说："我认为做人成功的重要条件是，让你的敌人都相信你。要做到这样，第一是诚信。我答应的事，明知吃亏都会去做，这样一来，人家说，在商业交往上，我答应的事，比签合同还有用。""与新老朋友相交时，都要诚实可靠，避免说大话。要说到做到，不放空炮，做不到的宁可不说。"①

---

① 李嘉诚：《让你的敌人都相信你》，《读者》2008年第10期，第25页。

(四) 文明有序

社会文明很重要的特点之一就是讲究秩序，它显现在社会秩序、组织公关活动中的秩序和人与人交往的过程中。如果一个组织在任何工作中和任何场合中显得有条不紊、秩序井然的话，那么这个组织的公关形象就非常好，如果是相反的话，那么这个组织的公关形象就会很差。这种秩序的方式也是一种社会文明的象征，如尊老爱幼、女士优先、先来后到的排序方式等，那么在公关活动中也应该遵守这个秩序原则。

(五) 问禁随俗

俗话说，出国问禁，入乡随俗。由于地域空间的差异，各地形成了不同的礼仪风俗与生活习惯，因此在组织和开展公关活动时，尊重各地不同的风俗与禁忌显得极为重要，否则会造成误会和不必要的冲突，甚至损害到组织的公关形象。

(六) 恰当和谐

在礼仪的实施过程中，恰当和谐是一种较高的境界，《论语・学而》中记载有子说："礼之用，和为贵。先王之道，斯为美，小大由之。"大意是指礼的作用，以恰当、和谐为贵；对于前代的君王的准则来说，这就是它的美好所在，大小事情都遵循它。它要求人们在实施公关礼仪一定要具体情况具体分析，因人因事、因时因地而恰到好处、恰如其分地处理。

案例 1－16：易中天别出心裁排座次①

由上海文艺出版社出版的《易中天文集》共十六卷四百多万字，内容涉及文学、美学、艺术、文化、历史、哲学和时事。对于易中天来说，能将自己近年来的呕心沥血之作结集出版，是他一直以来的最大心愿，现在终于顺利出版，甚至要比走红《百家讲坛》更让他高兴。他决定举办一个《易中天文集》首发式，以示庆贺，并敲定了被邀嘉宾的名单，其中有当官的，更多的则是学者。

嘉宾的座次排序让易中天犯了难。他想起此前发生的两件事：一次，他受邀参加一所大学的校庆仪式，他发现，坐在主席台上前几排的，均是显赫的党政官员，而该校几位名教授尽管都已白发苍苍，却被挤到最后一排作为点缀，许多为该校作出巨大贡献的老教授，却连上台的资格都没有。这让他很是反感，曾想以退场作为抗议，硬被朋友劝住，才勉强熬到了仪式结束，连饭也没吃就走掉了。他后来说："改革的道路非常艰难，如鲁迅先生所说，就像搬动旧屋子里一件东西都会流血。都说中国知识分子清高有骨气，而一旦让知识分子充当冲破旧思想旧观念的勇士，有些人便嘴上一套行动上另一套，成为'两面人'，亵渎了知识分子这一神圣的名号。"还有一次，他去参加一个婚宴，婚礼仪式开始后，竟按职务大小宣读来宾的名单，并依次安排座位。那顿饭，他用"令人作呕"予以总结。

经过苦思冥想后，一个绝美的嘉宾座次排序方案在易中天脑中形成，并决定付诸实施。

2011 年 5 月 22 日，《易中天文集》首发仪式在北京举行。主持人在请出主角易中天后说："请允许我按照易先生别出心裁的设想，以年龄为序介绍出席本次活动的嘉宾。第一位是著名法学家、八十四岁的张思之先生，第二位是八十二岁的经济学家茅于轼先生。"易中天

① 张达明：《别出心裁排座次》，《读者》2012 年第 13 期，第 27 页。

接着主持人的话茬儿说:"张思之先生是我非常崇敬的人,他的风度、正直、善良、良知,永远是我学习的榜样。以他八十四岁的高龄和著作等身的学术成就,理应排在第一位。而茅于轼先生则是学术界公认的正直而善良的好人。我这次到北京来,给他发短信说我要拜访他,他说我也可以去看你,我说天底下哪有先生看学生的道理,当然是学生拜见先生。茅先生马上回一条短信:我主要是怕你在北京不认识路。想得这么仔细,这样一位正直的、善良的老人,值得我们所有人崇敬。"话音刚落,引来掌声如潮。主持人继续按年龄宣读嘉宾的座位顺序,尽管有些被邀嘉宾官位显赫,却因年龄较小的原因,座位仍被排在了后面。

易中天的"另类"座位排序,引起媒体的极大兴趣,纷纷向他打问此做法的目的,易中天只说了一句话:"就是借此破一下'官本位'的固有思维。"

有媒体如此评论:"不以善小而不为,不以恶小而为之。"易中天学识渊博,敢于对许多社会热点问题仗义执言,被冠以"公共知识分子"的美誉。这对许多知识分子来说,可能难以望其项背。但他以实际行动在自己文集首发仪式上打破"官本位"的勇敢举动,不仅发人深省,更值得学习和借鉴。

案例描述了著名作家易中天先生在自己著作的首发仪式上,亲自排定座次,一改官本位的惯例,倡导一种尊重知识、尊重人格的风尚,以正直良知、德高望重来"排序",真正是回归了礼仪的真实核心,合乎真善美的礼仪准则,这便是礼仪的恰当的原则。

《论语·子路》说:"君子和而不同,小人同而不和。"君子与人和谐相处,有自己的主张也允许别人保留自己的意见;小人表面上很容易苟同别人,可是实际上却不能与人和平共处。由此可见,恰当和谐不仅是古代君子遵循的礼仪准则,也是现代公关礼仪应遵循的至高原则。

★★★★★ 本章小结 ★★★★★

我国有着非常深厚的礼仪传统,探究其源头与内涵,对理解现代公关礼仪极为有益。公关礼仪则是现代社会的产物,是在传统礼仪与现代社会礼仪的基础上发展延伸而来的,是公关事业的重要组成部分,因此学习、了解并掌握公关礼仪对于组织开展好公关工作有着积极的意义。

本章深入礼仪源头,探讨礼仪的内涵与本质,并理清了礼仪与公关的关系,界定了公关礼仪的内涵、作用、原则等,是整个课程的导论,学习本章可以提纲挈领地掌握课程的纲要。

★★★★★ 章末思考题 ★★★★★

1. 礼仪是从何起源的?
2. 为什么说礼仪的核心是尊敬?
3. 公关礼仪的内涵是什么?
4. 公关礼仪对组织而言有哪些作用?
5. 公关礼仪原则有哪些?
6. 请举例说明公关礼仪的重要性。

★★★★★ 案例分析 ★★★★★

中国多金女性一周花费近万元学习西式礼仪

图1-8 据英国《金融时报》近日报道，2013年1月，一家欧式礼仪学校在北京正式开幕。图中礼仪老师正在进行示范教学。

据英国《金融时报》报道，2013年1月，一家欧式礼仪学校在北京正式开幕。这个培训中心提供的“淑媛礼仪课程”，教导初入社交界女子礼仪，十周收费八万人民币；“女主人礼仪课程”教导已婚女性设宴款待外国宾客的高端社交知识，十二周收费十万人民币。

培训班主要开设在北京柏悦酒店，培训中心的创始人何佩嵘近期已开试讲班。15日的课堂上，她对着一群发型精致、妆容艳丽的年轻女子大声说：“不要将刀锋对着你的邻座。”她们是来参加她的西方礼仪“体验”课的，学习如何分辨雪利酒杯和香槟酒杯——尽管有人不知道雪利是什么。

“淑媛礼仪课程”的内容包括擦嘴时如何不弄脏餐巾，在手指不接触橙子的情况下如何剥开果皮，在使用刀叉时如何避免扎伤他人，如何优雅地饮酒饮汤以及如何区分雪利酒杯和香槟酒杯等。

这一课程目前已有数十人报读。一位学员说，只要再加一倍的钱，就可以读个工商管理硕士了。不过，买个“爱马仕”的手包——中国新贵的标志——可能要花好几倍的钱。更有国企高层找何佩嵘开特别培训班，教她们参加欧美商务会谈时的行为举止。

何佩嵘是土生土长的香港人，持有美国哈佛大学商学院工商管理硕士学位，曾在纽约一家投资银行工作，获得了瑞士一家国际礼仪学院的专业文凭。当被问到中国人为何要花10万元学欧洲人不再花钱去学的技能时，她说欧洲人在家学礼仪，而中国人必须要上课学习。

何佩嵘的学员中有很多在金融或媒体行业高就，也有在国外生活多年的“海归”，不过她们都觉得自己在西方礼仪方面有很多需要学习。

案例思考题：

阅读了该案例，请分析一下，为什么她们不惜重金学礼仪？

第二章
组织成员的公关礼仪

学习目标

- 了解组织成员个人公关礼仪修养的含义和具体体现；
- 掌握个人仪容、仪表、仪态礼仪；
- 理解组织成员的交往礼仪。

开篇实例

我国外交官傅莹

着装落落大方，满头银发一丝不乱，谈吐温文尔雅……她总是以最佳的精神面貌出现在公众视野之中。1953年出生的傅莹，是全国人大第一位女发言人，也是中国第二位女性副外长。她容貌秀丽，说话柔声细语，刚毅果断，不卑不亢，充满了东方女性所特有的魅力。在担任驻外使节期间，其独特的女性魅力和“时尚”的外交风格赢得了外界的交口称赞。和傅莹有过接触的人说起这位女外交官，都会不约而同地想到“时尚高雅”这个词。

“大使的发型总是保持得那么好，头发微白，短卷发，总给人神采奕奕的感觉”；“大使工作敬业，很干练，但又不失女性柔和的一面，经常谈笑风生”。

除此之外，傅莹的服饰也为人们津津乐道。她喜欢戴纯色的素净长围巾，简单、大方。不同的场合，不同的着装，不同的服装色彩，她会用与之相配的围巾，相互点缀，融为一体。小饰物也同样考究，有时看见大使在食指上带着一个非常时尚的大戒指，有时她也会穿一双小皮靴，这种年轻的心态让她与年轻人也自然而然地相处融洽。

其实，优雅的着装只是外在的展示，最根本的还是内在修养。傅莹喜欢需要慢慢品味的东西，从中一点点雕琢自己。正是这份修养，得以成就她今日的辉煌。

组织形象是现代市场竞争的重要因素。组织良好的社会形象涉及很多因素，其中高素质的员工、高质量的服务以及组织成员的公关礼仪都会对组织形象的塑造起着十分重要的作用。无论是作为塑造组织形象策划人和执行者的组织成员，或是组织内部的其他岗位员工，都代表着组织形象的缩影。因此，组织成员的公关礼仪不仅是成员个人综合素质和修养的内在体现，也是组织良好社会形象的外在显现。拥有良好的个人公关礼仪不仅可以赢得更多公众的支持，同时对组织营造和谐的内部工作氛围和塑造良好的社会组织形象都有着重要意义。

第一节 组织成员的个人公关礼仪概述

每位组织成员都是组织公关形象最基本的组成部分，是组织实施公关礼仪的执行者，是组织公关形象的塑造者，组织成员的个人公关礼仪良善与否，直接影响到组织的公关形象。因此，各行各业的组织成员都需要了解、掌握规范的礼仪，以充实和完善自我形象，促进人际关系和谐，提升组织公关形象，达到实现个人良好的职场形象和组织良好的公关形象的统一。

一、组织成员个人公关礼仪的含义

组织成员个人公关礼仪是指组织成员在对内沟通和对外交往过程中应遵守的个人形象

规范和日常工作礼仪，即个人的社会日常礼仪与职场礼仪的综合，因此，组织成员个人公关礼仪既是个人内在素质的体现，也是组织形象的外在显现。从内涵上看，它主要指组织成员的内在礼仪修养和学识水平，从外延上看，它体现着组织成员的个人公关形象风貌和一系列交往礼仪在职场上的显现，也就是平常所说的待人接物能力以及穿着打扮、言谈举止等在职场上的外在表现。

组织成员的形象是组织公关形象的重要组成部分，组织中任何级别的成员都代表着组织形象。就组织中个人形象而言，礼仪修养是个人形象的重要维度。因为在组织中除了专业知识背景外，更重要的是人际交往。著名人际关系学大师戴尔·卡内基说："一个人的成功，15%是靠专业知识，85%是靠人际关系和处世能力。"人际关系和处世能力的成熟是建立在良好礼仪修养的基础上，因此，为顺利开展组织交往活动，组织成员应努力提高礼仪修养水平。

二、组织成员个人公关礼仪的层次

组织成员的个人公关礼仪是指组织成员在待人接物等日常工作中由内而外体现出的内在修养和综合素质。按照由内而外的逻辑，组织成员的个人公关礼仪可以分为以下三个层次：

(一) 组织成员个人公关礼仪修养

俗话说："相由心生。"组织成员的个人公关礼仪修养是组织成员内在思想、道德、文化的表现。良好的个人礼仪修养，在很大程度上取决于组织成员思想道德素质和内在文化修养等个人品质，并外化为优雅得体的礼仪行为。组织成员个人良好的礼仪修养不仅体现出积极向上的个人形象，更有利于赢得公众的信任和好感，提高组织的声誉和知名度，以塑造组织良好的外在形象。因此，组织成员必须努力提高自身素质，加强礼仪修养，提升个人美好形象以促进组织良好形象的塑造。

案例 2－1："惹事"的纸团

小李是某公司职员，某天去财务处结领工资。在等候的时候，他随手把手中捏着的一张无法报销的票据揉成团扔在了地上。

其他部门的同事看见了，心里说："那个××部门的人素质真差！"

恰巧此时有位顾客来财务处交定金，他看到小李把纸团扔在地上，心里想："这个公司的员工如此行事，他们做的东西质量会好吗？售后服务会有保障吗？还是先别交定金了吧，回去再斟酌斟酌！"

生产部经理陪着几位外商参观公司，正好路过这里，地上的纸团没有逃过大家的眼睛，结果外商指着拿那纸团问老板："这样的员工，能做出符合质量要求的产品吗？"

本来不费吹灰之力便能扔到垃圾桶的一小团废纸，导致公司失去了数百万的订单。

案例点评：小李作为公司的一名职员，其言行举止关乎公司的公关形象，他的"小失误"令公司蒙受"大损失"，实为不该，也本可避免。每位组织成员都是组织公关形象的展示窗口，是组织实施公关礼仪的执行者，是组织公关形象的塑造者。因此，组织成员需谨言慎行，严于律己，提升组织公关形象，达到实现个人良好的职场形象和组织良好的公关形象的统一。

(二) 组织成员个人形象礼仪

组织成员的个人形象就是指组织成员在组织工作中所展现出的外在整体形象，包括言谈举止、穿着打扮等传递给别人所形成的印象。组织成员个人形象礼仪就是规范个人谈吐和穿着打扮等仪容仪表仪态的礼仪规矩，以此塑造良好的组织形象。而这些形象所形成的公众印象，已成为一个组织成员表现个人素质的证明，更是衡量外在组织形象的重要尺度。

案例 2-2：维护好个人形象

郑伟是一家大型国有企业的总经理。有一次，他获悉有一家著名的德国企业的董事长正在本市进行访问，并有寻求合作伙伴的意向。他于是想尽办法，请有关部门为双方牵线搭桥。

让郑总经理欣喜若狂的是，对方也有兴趣同他的企业进行合作，而且希望尽快与他见面。到了双方会面的那一天，郑总经理对自己的形象刻意地进行一番修饰，他根据自己对时尚的理解，上穿夹克衫，下穿牛仔裤，头戴棒球帽，足蹬旅游鞋。无疑，他希望自己能给对方留下精明强干、时尚新潮的印象。

然而事与愿违，郑总经理自我感觉良好的这一身时髦的“行头”，却偏偏坏了他的大事。

案例点评：郑伟想给准合作伙伴留下深刻印象，但却不按常规出牌。组织成员接待合作伙伴是商务行为，不是个人行为，它代表的是组织公关形象，郑伟却别出心裁玩“时尚”，这无疑让对方对郑伟和他所在的组织产生了不良印象，一桩本有希望促成的生意就这么黄了。所以，个人形象要维护好，于己于公皆有裨益。

(三) 组织成员个人交往礼仪

组织成员对内对外都需要经常沟通和交流，包括个人之间、组织之间以及个人与组织之间的交往。所谓交往礼仪是泛指人们在社会交往活动过程中形成的应共同遵守的行为规范和行动准则。而组织成员个人交往礼仪是指组织成员在职场交往活动中，为塑造外部良好社会形象和营造内部和谐工作氛围所必须遵循的礼仪规范。良好的职场个人交往礼仪，有利于塑造和谐的人际关系，有利于提升个人形象和组织形象。

第二节 组织成员的个人公关礼仪修养

礼仪不仅仅是礼节，它源自一个人内心的显现，是个人内在修养的外在表现。当你真正关心别人，在意他人的自尊与感受时，发自内心的表现出待人处世的方式，这就是礼仪。在现代社会中，组织成员的个人公关礼仪修养也正是从日常工作中的说话、眼神、微笑、举手投足中得以体现。作为一名组织成员，个人良好的礼仪修养不仅代表着积极向上的个人形象，更有利于赢得公众的信任和好感，提高组织的声誉和知名度，以塑造组织良好的外在形象。

因此，组织成员应努力提高自己的个人礼仪修养，在一举一动、一言一行中体现个人礼仪修养，展现自己独特的魅力。

一、组织成员个人公关礼仪修养的含义、特征和体现

（一）组织成员个人公关礼仪修养的含义

1. 修养

根据《现代汉语词典》中对"修养"一词的定义：① 指思想、理论、知识、艺术等方面所达到的一定水平。② 逐渐养成的待人处世的正确态度。我们可以将修养概括为：它指个人在思想、理论、知识、艺术等方面通过自我教育和实践锻炼达到一定的水平，并经过长期坚持不懈的努力逐渐培养优秀的道德品质、正确的待人处世态度和完善的行为规范。修养强调的不仅仅是外在的形象，同时也传递着个人的内在品质和文化素养，体现出内在与外在的和谐统一。

2. 礼仪修养

礼仪是指人们在一定的社会中，进行交往活动所应共同遵守的道德行为规范和准则，礼仪修养按照这样的规范与准则进行的自我教育，并在日常生活不断修正与养成正确的待人处世之态度与行为，形成良好的礼仪品质和礼仪意识。比如尊重他人，善意待人，诚意处世，经常为他人考虑等。

案例 2－3：令世界折服的礼仪修养

周恩来这个名字享有国际盛誉，他对我国的发展乃至世界和平事业的发展作出过巨大贡献，他的人格品质、道德修养、礼仪风范得到了世人的称赞。

美国总统尼克松曾在他写的《领袖们》一书中对周恩来总理作过评价，尼克松说："周恩来的敏捷机智大大超过我能知道的其他任何一位世界领袖。这是中国独有的特殊的品德，是多少世纪以来的历史发展种种中国文明的精华结晶，他待人很谦虚但很沉着坚定。"周恩来的文明谈吐、礼貌举止和他所具的令人折服的气质和风度，正是他那高尚的品德、宽阔的胸襟、超群的智慧、美好高尚心灵的生动体现。

礼仪修养实质上是人们主动认知、自觉选择和实践锻炼的过程。良好的个人礼仪修养是以高尚的道德品质作为基础的，因此它具有高度的自觉性和主动性。人们只有将礼仪修养当作自身素质的一部分和完善人格的必要途径，才能由内而外地展现礼仪规范。

3. 组织成员的个人公关礼仪修养

组织成员的个人公关礼仪修养是指为了营造内部的和谐环境和塑造组织良好的外在社会形象，组织的所有员工对礼仪规范的内化和外化的过程。尤其是组织的组织成员，他们作为组织和外界社会、其他组织与公众联系的纽带，其礼仪修养水平的高低直接决定着组织的外在形象。

在现代竞争日益激烈的市场经济中，组织成员只有真正做到举止优雅、谈吐得体、仪表大方，才能在公关活动中能展现自己良好素质，维护组织形象。然而这不仅仅通过外在的行为显

现，更与组织成员的内在礼仪修养是分不开的，要真正做到表里如一，名副其实。古人认为：有诚敬之心，才有庄重之色。因此，组织成员应主动地将礼仪知识内化为自己的礼仪修养，不断提升个人公关礼仪修养水平，提高自身素质，为塑造组织良好的社会形象贡献一份力量。

（二）组织成员个人公关礼仪修养的特征

1. 道德性

组织成员的个人公关礼仪修养包括思想道德修养、文化艺术修养、职业道德修养和心理素质修养等多个方面。这些方面是密切联系，共同作用的。思想道德修养从根本上决定着个人礼仪修养的水平。讲究审美，追求美的语言和行为，会拉近彼此之间的心理距离。同时所有的良好礼仪都是由心理素质修养较高的人来践行。因此，在公关活动过程中，只有各方面同时发挥效应，才能顺利地实现组织的公关目标，其中关键的就是组织成员的道德修养水平高低，决定了其礼仪修养的水平。

2. 实践性

组织成员的个人公关礼仪修养是成员对礼仪规范内化和外化的过程。因此，为了提高礼仪修养水平，组织成员必须将公关礼仪知识不断地投入实践，在实践中养成优良的行为习惯和举止气质，做到知行统一，表里兼备。此外，组织成员在礼仪规范的实践过程中，还应适时地顺应社会实践的变化及提出的新要求。

3. 习得性

组织成员的个人公关礼仪修养是一个长期积累、循序渐进的过程。作为律己与敬人的完美结合，组织成员个人公关礼仪修养的培养应坚持从身边做起，从小事做起，从细节做起，寓礼仪于细节之中，通过教育与自我教育相结合，使个人礼仪修养逐渐发展、提高，使个人礼仪修养真正地内化于心，成为一个知礼、懂礼、守礼的文明人。

4. 职业性

职业性是组织成员个人公关礼仪修养的首要特征。它不是指某种专业的职业性，而是指在组织这种特定的场合中所体现出来的个人礼仪修养，即是职场中所显示的公关礼仪修养，与家庭中应该的礼仪修养本质相同，但表现方式与空间有所区别。比如，一对父子在家庭中是父子关系，但如果在同一个组织那就应该是工作关系；或一对夫妻在工作中是上下级关系，也应执持上下级之间的礼仪。

案例 2－4：细微之中显素质①

李先生陪同学到一家知名企业求职。李先生一贯注重个人修养，从他整洁的衣服、干净的指甲、整齐的头发上看，就给人一种精明、干练的感觉。来到企业人事部，临进门前，李先生自觉地擦鞋底，待进入室内后随手将门轻轻关上。见有长者到人事部来，他就礼貌地起身让座。人事部经理询问他时，尽管有别人谈话的干扰，他也能注意力集中地倾听并准确迅速地予以回答，同人说话时，他神情专注，目不旁视，从容交谈。这一切，都被来人事部察看情况的总经理看在眼里。尽管李先生这次只是陪同学来应试，总经理还是诚邀李先生加盟这

① 杨眉：《现代商务礼仪》，东北财经大学出版社 2000 年版，第 75 页。

家企业。现在李先生已成为这家企业的销售部经理。

案例点评：举止优雅、谈吐得体、仪表大方能展现自身良好素质，为求职晋升添砖加瓦。

(三) 组织成员个人公关礼仪修养的具体体现

良好的个人公关礼仪修养，是所有组织成员必备的素养，同时也是组织开展公关工作的前提。只有知礼、懂礼、守礼，才能保证与公众的正常交往，才能赢得他人的尊敬，在塑造良好的个人形象的同时担负起塑造组织良好社会形象的重任。那么，作为组织成员，尤其是公关人员，应该如何展示自己良好的个人礼仪修养呢？

1. 热情真诚，尊重为本

首先，待人热情真诚是组织成员最基本的个人公关礼仪修养，既体现出员工的思想道德修养，又代表着他们为人处世的态度。在公共关系活动中，组织成员的礼仪修养应真正地发自内心，切忌表里不一，口是心非。其次，尊重是职场礼仪的核心和灵魂，离开了尊重，礼仪就会成为无源之水，无本之木。作为组织形象的缩影，组织成员不仅应懂得自尊，还应充分尊重同事、领导、下级、客户等所有人。

2. 诚信正义，守时践约

俗话说："无信则不立，无信则无德，无信则不肖。"一个组织能否立足于现代社会，关键靠诚信。组织成员应做到言必有信，一诺千金。同时随着现代社会节奏的加快，组织人员应加强时间观念，参加组织公关活动一定要准时赴约，不论什么原因，迟到都是失礼的。无故失约、失信，只会使组织形象在他人心中黯然失色。

3. 仪容仪表，第一印象

作为组织形象的代言人，组织成员的仪容仪表在公关工作中起着至关重要的作用。良好的仪容仪表，如仪表整洁卫生、衣着大方得体、举止优雅文明，都能够让人产生良好的第一印象，从而有利于组织良好社会形象的塑造。

4. 语言谈吐，文化修养

语言就像一块敲门砖，只要你一开口别人就知道你是怎样的人。"言为心声，语为人镜"，谈吐是有声的语言，体现的则是一个人的内涵与修养。在工作中与人交流时，态度一定要诚恳，语言要热情，目光应和对方眼睛交流，给人一种亲切感、信任感；面部表情应该是自然、轻松并常常微笑，不应有傲慢冷漠的表情；多使用敬语，不应有尖酸刻薄的言辞，更不应该开猥琐低级的玩笑。

5. 求同存异，理解宽容

在组织公关活动中，理解是情感交流的基础，也是成功合作和顺利交流的桥梁。工作中会不可避免地遇到各种意见、建议甚至分歧。俗话说："君子和而不同，小人同而不和。"组织成员应在坚持自己立场的同时允许并欢迎不同意见的存在。对于组织领导者来说，更应积极听取员工的意见，懂得宽恕员工无心的过失，多为员工着想。

案例 2－5：松下与理发师

日本著名实业家松下幸之助本来不修边幅。一次，他去理发室，理发师当场批评他不注重修饰自己的容貌:“你是公司的代表,却如此不注意衣冠整洁,让别人怎么想?连老板都这样邋遢,你想他的公司还会好吗?”自此,松下幸之助便痛改前非,开始注意自己的衣着打扮和在公众面前的仪表仪态。想到今天的松下产品驰名天下,这与它们的创始人松下幸之助的表率作用和严格要求员工懂礼貌、讲仪表是分不开的。

案例点评:注重仪表是对交往对象的尊重,得体的仪表仪态能为组织赢得赞誉,对组织的发展有着不可忽视的作用。

二、组织成员个人公关礼仪修养的重要性

(一) 塑造组织良好的社会形象

在组织与外部公众的公关交往中,组织成员良好的个人礼仪修养,不仅能体现其自身的品质素养,给人以美感,同时,更重要的是从他们的礼仪修养中能直接体现组织的整体形象,增强公众对组织的信任感。通过公关活动,组织成员以整洁的仪表、优雅的举止、得体的谈吐和良好的气质给交际对方留下深刻而良好的印象,这些周全的礼仪有利于协调关系,消除误会,便于交流,在组织与公众之间架起沟通的桥梁,从而建立起友谊关系,这为组织的业务发展和社会形象的塑造创造了良好的外部舆论环境,从而极大地增强了组织的吸引力和竞争力。

(二) 营造和谐积极的工作氛围

组织成员良好的个人公关礼仪修养,有利于协调组织内部之间的关系,化解组织矛盾,营造和谐向上的工作氛围,使每个员工都能感受到集体的温暖和力量。这种力量也会促使全体成员团结协作,提高工作效率,保质保量地完成任务,进而提高企业在市场竞争中的生存和发展能力。反之,如果组织成员的礼仪修养不高,他们之间的冲突、矛盾就可能会增多,这不仅会降低工作效率,而且会影响企业目标的实现,甚至会危及企业的生存。例如,有一家民营企业的经理经常在众人面前训斥员工,动不动大发雷霆。小王经常挨批,他对此耿耿于怀。一次,小王在车间明明发现生产线上有问题,可是他因心中有气,不想告诉相关人员。结果,造成大批产品报废,使企业濒临破产。因此,组织成员的礼仪修养有利于组织创造一个和谐的人际关系氛围,培养员工的“主人翁”意识,增强组织内部的向心力和凝聚力。

(三) 推动社会主义精神文明建设

礼仪标志着一个国家、民族的文明程度,它既是民族精神和气节的体现,同时也是衡量组织成员素质的重要标尺。因此,在社会主义精神文明建设中,礼仪修养处于十分重要的地位,同样,组织成员的公关礼仪修养对于一个组织的长远发展也起着非常重要的作用。

社会主义精神文明建设是社会主义现代化建设中不可或缺的重要部分,是需要全体社会成员共同参与的一项宏伟的系统工程。它通过人们的思想道德观念、科学文化水平以及言谈举止得以体现。礼仪作为一种推动社会主义精神文明建设的好形式,通过注重仪表、行为举止和践行礼节来培养有理想、有道德、讲文明、守纪律的社会公民。随着改革开放的不

断深入，我国与世界各国的交流日益频繁，讲文明、讲礼貌、讲礼仪成为中国形象的重要组成部分。作为组织内部成员，他们良好的个人礼仪修养对内不仅可以有效协调组织内部利益关系，构建良好的企业文化，同时对外代表组织形象，以优雅的言谈举止和美好的个人形象表达自己的友好，从而赢得世界各国人民的尊重，为我国构建社会主义和谐社会、加快现代文明进程提供了切实保障。

三、加强组织成员个人公关礼仪修养的方法

礼仪修养是一个不断积累的过程，是一个自我认识、自我教育和自我提高的过程。比如，一名机场工作人员，如果在工作期间是迫于工作压力才对客人彬彬有礼，一旦他走出工作环境，便谈吐随便、举止轻浮，其实这正是缺乏礼仪修养的表现。因此，组织成员只有将礼仪修养真正地当作事业发展的基础和个人素质品质的体现，才能真正地将礼仪内化于心，外显于行。加强组织成员个人礼仪修养可以从以下几个方面做起：

（一）加强思想道德修养

个人礼仪修养是思想道德修养的外在体现。加强思想道德修养同样是一个自我认识、自我改造、自我提高的过程，其修养水平的高低最终取决于个人是否具有高度的主动性。从多年的公关实践看，加强思想道德修养，关键在于处理组织成员“知”和“行”的关系，强调礼仪认知与礼节实践相统一，如果只有“知”没有“行”，那么，“知”也就失去了它应有的意义。因此，高水平的个人礼仪修养有赖于高尚的思想道德修养作为支撑，组织人员首先应争取做一个尊重他人、谦逊礼让、举止文明、表里如一的品德高尚的人。

（二）丰富科学文化知识

丰富科学文化知识，提高组织成员的文化素质有利于增强他们的人际交往能力，顺利巧妙应付各种公关社交活动。古人云“君子慧于心而秀于言”，即心灵智慧则语言文雅秀美。然而，文化素养低的人们往往很难做到这一点。例如，在组织公关活动中，组织成员问“您有什么问题吗?”就不如说“您好，请问有什么需要帮助您的吗?”更文雅礼貌。因此，组织成员应努力广泛涉猎知识，提高科学文化素养和艺术鉴赏力，让自己的言语举止更具艺术，更赋美感。

（三）积极参与社交活动

组织成员在对公关礼仪知识有了充分的认识后，就应该积极主动地将这些礼仪原则、规范运用到自己的工作实践中。有些组织成员，说起来头头是道，但一到正规的社交场合或公关活动中，就表现出紧张、羞怯，这正是缺乏足够的实践锻炼造成的。只有处在真实的社交活动中，才能真正地发现自己的优势和不足，才能不断地清理自己思想和行为中所有不符合礼仪规范的成分，在多看、多想、多学中不断提高自己的个人礼仪修养。

（四）坚持从小事做起

古人云：“勿以善小而不为，勿以恶小而为之。”文明行为，贵在细节。培养组织成员的个人礼仪修养，应从一点一滴做起，从身边做起，从尊老爱幼、文明用语、助人为乐这些最基础的礼仪规范做起，坚持不懈，养成习惯，并且从一言一行上严格要求自己，做到知行统一，从而有利于营造良好的组织内部环境，同时也在公众心目中树立起良好的礼仪形象。

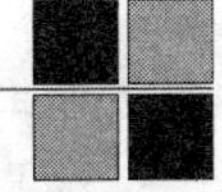

第三节 组织成员的个人形象礼仪

千年的人类文明证明，人们对优雅的仪风和悦人的仪态一直孜孜以求。随着现代社会人际交往的日渐频繁，人们对个人形象礼仪更是倍加关注。对于组织成员来说，他们的内在礼仪修养最终是由外在个人形象体现出来的，其个人形象的好坏直接影响着组织形象在公众心目中的印象。从表面上看，个人形象礼仪仅仅涉及穿着打扮、举止言行之类无关宗旨的小节小事，但往往细节之处显精神，言谈举止见文化。得体优雅的个人形象不仅代表着自身的素质修养，更标志着组织形象和文化，为组织赢得更多公众的信任和支持起着至关重要的作用。那么从公关礼仪的角度来看，我们主要从仪容、仪表、仪态三个方面来谈谈组织成员的个人形象礼仪。

一、仪容礼仪

仪容是指个人的外观、容貌，它是由发式、面容以及所有未被服饰遮掩、暴露在外的肌肤构成的。职场礼仪对个人形象的起码要求是仪容礼仪，即仪容美。仪容美主要体现在三个方面：

第一，仪容自然美。它是指人的容貌天生丽质，与生俱来。尽管以相貌取人不合情理，但先天姣好的容貌，无疑会使人赏心悦目，心情愉快。

第二，仪容修饰美。它是指根据不同场合和个人条件，合理地对仪容进行必要的修饰，扬长避短，从而塑造出美好的个人形象，从而在社会交往中赢得他人的好感和信任。

第三，仪容内在美。它是仪容礼仪的最高境界，是指通过不断学习、积累，不断提高个人思想道德修养和科学文化素质，培养出自己优雅的气质与美好的心灵，使自己秀外慧中，文质兼备。

(一) 整洁卫生，干净清爽

整洁、卫生、清爽是仪容礼仪最基本的要求。在现代竞争激烈的职场，一个清爽干净的人总是给人良好的第一印象，一般人们不愿意与一个蓬头垢面、邋里邋遢的人交往，人们更愿意与一个干净整洁的人握手谈话。

1. 保持头发清洁

有人说：女人的魅力有一半在于头发。拥有一头秀发，确实为女性增添无限美丽。男性同样如此，保持头发的整洁、清爽，也在一定程度上展现着他们的气质。作为组织成员来说，个人仪容礼仪当然应从“头”做起：

(1) 勤洗头。头发首先要做到勤于梳洗，保持自然光泽，洁净整齐，防止头发异味和头屑产生。请设想一下在一个正规的公关活动中，如果一名商务男士的头发看上去脏兮兮的，甚至成缕成片莫名其妙地粘在一起，何人会对他产生好感呢？因此，组织成员应定时认真洗头发，男士最好是每日一洗，女士一般2—3天为宜。对于那些容易出汗、头屑又较多者来说，勤洗头更为重要。

(2) 常修剪。通常,男士应半个月理发一次,女士则可据个人情况而定,但最好每隔一个月去修剪一次,让头发看起来更有层次,也能使自己更显精神。

(3) 少烫染。现代许多追求时尚潮流的年轻男女都爱在头发上做文章,将头发染成五颜六色,做各种奇特的发型,这对于个体来说并无大碍。但是,作为代表组织形象的公共人员来说,烫发和染发一定要结合自身的个人条件,掌握好“度”,否则便会给人随便、轻浮的印象。

2. 注意口腔卫生

在公关活动中,牙齿洁白、口腔无异味是对组织成员口腔卫生的基本要求。因此,应坚持早、晚刷牙,尤其在饭后,一定要及时漱口,以去除残渣和异味。此外,组织成员在参加重要活动之前,切忌食用葱、大蒜、韭菜、腐乳等让口腔发出异味的食物,同时还可以通过嚼口香糖、喷爽口液来保持口腔清新。

3. 保持面部清爽

面部是在社会交往中人们目光聚焦的部位,因此,组织成员的面部仪容礼仪十分重要。具体来说,应做到以下几点:

首先,要勤洗脸,时刻保持面部清爽,无汗渍,无油腻,无污垢。

其次,要常剃须。在正式场合,男士胡子拉碴是一种失礼,同时男士应定期修剪鼻毛,避免鼻毛外现。女士则应该将眉毛修剪平整。

最后,要注意细节。比如,不要随处擤鼻涕,及时清理眼睛分泌物,经常揩拭清洗眼镜等。

4. 注意手部的清洁与保养

在人际交往中,手是最常用的身体部位。因此,组织成员应重视手部的清洁和保养。尤其对于女性来说,手被认为是女性的第二张脸,干净柔软的双手会给交际对方留下深刻的印象。

首先,应勤洗手。人们应养成饭前、便后及时洗手,保持手部干净卫生。

其次,要常修剪指甲。指甲应每周修剪一次,长度不能超过手指指尖,更不能蓄留长指甲。

最后,要注意手部保养。洗手后应适当涂抹护手霜,保持手部滋润,睡觉时可以戴一双丝绵手套,这对于手部皮肤保养也会有很好的效果。

案例 2-6:小节的象征

一位先生要雇一个没带任何介绍信的小伙子到他的办公室做事,先生的朋友挺奇怪。先生说:“其实,他带来了不止一封介绍信。你看,他在进门前先蹭掉脚上的泥土,进门后又先脱帽,随手关上了门,这说明他很懂礼貌,做事很仔细;当看到那位残疾老人时,他立即起身让座,这表明他心地善良,知道体贴别人;那本书是我故意放在地上的,所有的应试者都不屑一顾,只有他俯身捡起,放在桌上;当我和他交谈时,我发现他衣着整洁,头发梳得整整齐齐,指甲修得干干净净,谈吐温文尔雅,思维十分敏捷。怎么,难道你不认为这些小节是极好的介绍信吗?”

案例点评:所谓小节就是一个人在举手投足之间给别人呈现的仪容仪表仪态的细节。

欲要认识一个人，请注意他的“小节”，欲要把自己介绍给别人，小节便是最好的介绍信。

（二）适度化妆，清新自然

在公关活动中，组织成员应时适当地化妆不仅能增加个人礼仪形象的分值，还能体现出良好的精神风貌，同时也是对他人、对自身职业应有的尊重。但若不掌握好化妆礼仪规范，结果可能会适得其反。对于白领丽人、组织成员来说，化妆是一种礼节。因此，在化妆时应注意以下几个方面：

1. 淡妆适宜

对于职业女性来说，妆容一定要讲究“度”，工作妆应以清新、自然为宜，如果过分修饰、浓妆艳抹，会给人留下妖艳俗气的印象，从而导致人们对你工作能力的怀疑。总之，职业女性应争取达到“妆成有却无”的化妆境界。

2. 内外兼具

对于职场人士来说，化妆是为了更好地代表组织形象，因此就必须突出自己的优势，用妆容来掩盖仪容的不足。但是化妆作为公关社交活动的一部分，但它并不能起决定性作用。组织成员只有不断完善自己的礼仪修养，进而以外在美的形式充分展现内在美，实现表里如一，才能在公关活动中留下美好印象。

3. 协调一致

化妆时，应努力使妆容格调与职场人士所处的场合、环境、身份相协调，与全身协调。

4. 化妆禁忌

在化妆时，有很多细节值得注意。比如，切忌在公众场合化妆或补妆，这是一种极其不礼貌的行为；切忌妆面出现残缺，应及时去卫生间或化妆室补妆，切莫当众表演；切忌对他人的妆容评头论足。

案例 2-7：美中不足

一天，黄先生与两位好友小聚，来到某知名酒店。接待他们的是一位五官清秀的服务员，接待服务工作做得很好，可是她面无血色，显得无精打采。黄先生一看到她就觉得心情欠佳，仔细留意才发现，这位服务员没有化工作淡妆，在餐厅昏黄的灯光下显得病态十足。上菜时，黄先生又突然看到传菜员涂的指甲油缺了一块，他的第一个反应就是“不知是不是掉到我的菜里了”。但为了不惊扰其他客人用餐，黄先生没有将他的怀疑说出来。用餐结束后，黄先生唤柜台内服务员结账，而服务员却一直对着反光玻璃墙面修饰自己的妆容，丝毫没注意到客人的需要，从此以后，黄先生再没去过这家酒店。

案例点评：组织成员应以饱满的精神和认真的态度接待客户，这种员工的精神风貌给人的好印象胜过巨资广告。

（三）发型美观，大方得体

选择合适、美观的发型对于职场个人形象来说特别重要。发型不仅要符合大方、美观、方便工作的原则，同时还应与自身的个人条件，如身高、年龄等相联系，此外还应根据所处的工作场合的变化来选择发型，给人以整体美好的印象。

1. 依据个人条件

设计好的发型可以使人端庄优雅、得体大方，同时能起到修饰脸型、协调体型的作用。因此，发型必须要根据个人的身材、脸型、年龄等来设计。比如，圆形脸不宜留刘海，应将发髻头发梳高，并设法遮住两颊；脸长的人应用刘海遮住前额，尽量使两颊显得稍宽一些；国字脸的男士尽量不要理板寸，否则看上去仿佛一张扑克牌。

2. 根据所处场合

发型应根据自身职业和所处的环境来设计。比如，职业女性的发型应端庄、文雅；礼仪小姐的发型应大方、新颖；参加晚宴或舞会的发型则应显得高雅、华丽、时尚；作为公共人员来说，发型应与组织形象相协调，根据不同的场合、环境选择合适的发型。

(四) 护肤得法，永葆活力

组织成员要想拥有美丽的容颜、光泽的皮肤，必须要通过内在的调理和外在的保养综合实现的。

1. 内在的调理

要让皮肤维持在最佳状态，拥有健康的身体是必备条件，同时合理的膳食、充足的睡眠、适度的运动以及乐观的心态等都是保持美丽容颜必不可少的因素。

2. 外在的保养

除了内在的调养，外在的皮肤护理也相当重要。如何做好护肤工作，其中的关键是要选择适合自己肤质的产品，并且采用正确的护理步骤：

首先，洁面是基础护肤的第一步。洁面的时候，水温最好控制在35℃左右，不要高于人体正常体温，并且根据个人肤质选择洗面奶。

其次，洁面后及时锁水，用滋润型爽肤水轻轻拍打面部，直至液体被全面吸收，用保湿乳液按摩均匀，将水分锁住。此外，定期敷面膜或专业的美容护理也是护理肌肤不错的方法。

最后，要做好隔离防晒工作。为了避免肌肤暴晒和抗电脑辐射，现代职场人士必须要做好隔离和防晒工作。并非只有夏天才需要防晒，一年四季的紫外线都很强。同时空气中的灰尘、微粒也会对皮肤产生影响。长时间使用电脑的职场人士在工作前应涂抹隔离霜，而对于长期在户外工作的人来说，出门前二十分钟抹上防晒霜是保护肌肤的关键步骤。

二、仪表礼仪

俗话说："三分人样，七分衣装。"当组织成员参与公关活动时，他的仪表往往最先引人注意。得体的服饰和着装既能体现出仪表美，同时也能直接反映个人的精神面貌和企业文化。因此，从一定程度上说，服装就是仪表。组织成员应学习如何着装以及服饰相关方面的礼仪规范。

(一) 着装的原则——TPO 原则

TPO 是目前国际上公认的着装原则，也是着装的基本要求。该原则是于 1963 年由日本男装协会提出。TPO 分别代表：时间(time)、地点(place)、场合(occasion)，即着装应与时间、地点和场合相符，体现出一种和谐的美感。

1. 时间原则——time

着装应与时间一致。体现在不同时代、不同时节和不同时间都有不同的着装要求。如，在封建时代，男子一律穿长袍马褂，若穿西装则被人认为是“洋鬼子”；“文革”时期，无论男女老少一律穿军装或灰、蓝制服；而在现代社会，服装已经成为人们气质修养和地位身份的象征。此外，不同的季节、不同的时节对着装的要求也不同。以职场女性为例，白天应以职业套装为主，体现专业性；晚上出席宴会则可以多加一些修饰，如戴上有光泽的配饰，围一条漂亮的丝巾。

2. 地点原则——place

着装应随地点不同。在家里接待客人，可以穿着整洁舒适的休闲装；上班或参加公司正式公关活动，穿职业套装会显得更端庄得体；代表公司参加涉外活动则既要体现出着装的规范性，更要顾及当地的传统风俗习惯。

3. 场合原则——occasion

着装要与场合协调。上班时不必穿高档服装，不能太过裸露、鲜艳，大方得体的西装、套裙比较合适；在参与正式会议或和客户会谈时，组织成员的着装应端庄考究；出席正式宴会时，应穿旗袍、长裙或晚礼服；在公司聚会或郊游时，着装可以以休闲、舒适整洁为主。

(二) 男士着装礼仪

俗话说：“人靠衣装。”西装是一种国际性服装，也是最常见的办公服，穿起来给人一种彬彬有礼、潇洒大方的深刻印象，所以现在越来越多地被用于正式场合，也是职场男士必备的服饰之一。因此，选择一套合适的西装并掌握正确的着装技巧，对于体现男士的气质修养和塑造个人良好形象有着重要作用。

1. 西装的选择

(1) 款式

首先，按照西装的件数划分，可以将西装分为两件套(上、下装)、三件套(上、下装和西装马甲)和单件西装。其次，按照西装的纽扣来分，可以分为单排扣西装(1 粒、2 粒、3 粒)和双排扣西装(2 粒、4 粒、6 粒)，一般来说，单排扣 2 粒和双排扣 4 粒最正规，适合用于较正式的场合。再次，按适合场合不同来划分，可以分为正装西装和休闲西装两大类。

(2) 色彩

西装的颜色主要分为单色和深色，并且上装和下装是同色。职场男士的西装一般是以黑色、深蓝、深灰等中性色彩为主。

(3) 面料

西装要选择纯羊绒面料或 100%的毛料，至少也要 80%的毛料，或毛与丝的合成材料。这些面料做成的西装挺括、有垂感、有线条。如果穿着皱巴巴的西装，会严重影响个人社交形象。

知识链接 2－1：中国第一套国产西装

中国第一套国产西装诞生于清末，是“红帮裁缝”为知名民主革命家徐锡麟制作的，徐锡麟于 1903 年在日本大阪与在日本学习西装工艺的宁波裁缝王睿谟相识，次年，徐锡麟回国，在上海王睿谟开设的王荣泰西服店定制西服，王睿谟花了三天三夜时间，全部用手工一针一线缝制出中国第一套国产西装，在当时的情况下，其工艺未必超得过西方国家的制作水平，但已充分显示出“红帮裁缝”的高超工艺，成为中国西装跻身于世界民族之林的先行者。

2. 西装的搭配

(1) 衬衫

穿西装时一定要穿配套的正装衬衫，衬衫面料选取纯棉、纯毛或棉、毛混纺衬衫；以无图案的单一色为佳，白色为首选，蓝色、灰色亦可。同时，衬衫的衣领一定要挺括，不能太软。

(2) 领带

领带是职场男士的必备西装配饰之一，对西装起着画龙点睛的作用。其颜色、花纹和图案必须与所穿西装相协调。其中，领带的面料应以真丝为佳；一般选择无图案的单色系领带，以深色为主，同时应保持领带外观平整、悬垂，无挑丝，无线头。

(3) 鞋袜

穿西装一定要穿皮鞋。皮鞋的颜色必须和西装相协调。一般来说，正式场合男士皮鞋以系带黑色皮鞋为最佳选择。同时，袜子的颜色和长度也是不容忽视的细节。袜子的颜色应比西装颜色稍微深一些，切忌穿白色或透明袜子；袜子长度不宜太短，应保证坐立与就座时不露出皮肤。

(4) 西裤

西裤必须要保持挺直，有中折线；长度以前面能盖住脚背，后边能遮住一厘米以上的鞋帮为宜，同时切忌不能随意将裤管卷起来。

(5) 其他配饰

职场男士的配饰同样应注重礼仪：

其一，皮带。在正式场合，应选取真皮质地、皮带扣大小适中的皮带，其中以黑色皮带为最佳选择。切忌在皮带上挂手机、钥匙链等其他物品。

其二，手表。手表作为男士身份和地位的象征，应选择做工优良的机械表为佳，最好不要在正式场合佩戴电子表等。

其三，公文包。职场男士在正式场合应携带一只公文包，以皮质为宜，黑色和深咖啡色为最佳颜色，可以放置名片、电话本、笔记本等办公用品。

3. 西装的穿着

西装的魅力，一半在做，一半在穿。因此，考究得体的西装穿着，能充分体现职场男士的品位及内在修养。

(1) 熨烫平整

西装首先应熨烫平整，才可以显得平整而挺括，线条笔直，只有这样它的美感才能充分地展示出来。如果西装不是刚刚才买的，一定要定期干洗，穿着前熨烫平整，保持西装平整干净。皱皱巴巴的“抹布西服”，只会让他人皱眉。

(2) 系好纽扣

西装纽扣，是区分款式、版型的重要标志。能否正确地给西装系好纽扣，直接反映出对西装着装礼仪的把握程度。

其一，单排两粒扣西装，扣子全部不扣表示随意、轻松；扣上面一粒，表示郑重；全扣表示无知。

其二，单排三粒扣西装，扣子全部不扣表示随意、轻松；只扣中间一扣表示正宗；扣上面两粒，表示郑重；全扣表示无知。

其三，双排扣西装可全部扣，亦可只扣上面一粒，表示轻松、时髦，但不可不扣。

其四，起身站立时，西装上衣的纽扣应当系上，以示郑重其事。

其五，就座之后，西装上衣的纽扣则要解开，以防其走样。

其六，提醒自己，注意裤门是否“把关”。

(3) 拆去商标

购买回来的西装一定要记得拆除左衣袖上的商标、纯羊毛标识以及其他标志。即使您的西装是正宗的“皮尔卡丹”，也不能成为商标在穿着时依旧挂在袖子上的理由。

(4) 不卷不挽

作为组织形象的代言人，组织成员应该时刻注意细节方面的问题，悉心呵护自己的整体形象。在正式场合，无论如何也不能卷起西装裤的裤管，或者挽起西装上衣的衣袖，以免给人以粗俗随便的印象。

(5) 慎装物品

西装的口袋，装饰作用多于实用价值。所以，千万不能让口袋显得鼓鼓囊囊，使西装整体外观走样。不同位置的口袋，具体功用也不太一样。一般来说，上衣左侧外胸袋，除可以插入一块用以装饰的真丝手帕外，不应再放其他任何东西，尤其不应当别钢笔、挂眼镜。上衣内侧胸袋可用来别钢笔、放钱夹或名片，但不要放过大过厚的东西或无用之物。上衣外侧下方的两只口袋原则上以不放任何东西为佳。

(三) 女士着装礼仪

1. 服装的选择

在日常工作与生活中，职业女性的着装应当因场合不同而异；在不同的场合选择不同的服装，以此来体现自己的身份、教养与品位。一般而言，职业女性的服装可以分为公务场合、社交场合和休闲场合三类。

(1) 公务场合

在公务场合，女性着装应整洁干练、端庄得体，主要以职业装(西服套装、西装套裙、工作服等)为主。西服套装是衣裤相配，比较适合成熟的职业女性或职位较高的女领导。西服套裙则是衣裙相配，上装是西装，下装是腰裙，是职业装中的最佳选择。工作服不仅是对服务对象的尊重，同时也使着装者有一种职业的自豪感、责任感，是敬业、乐业在服饰上的具体表现。无论选择哪种服装样式，都应选用质地上乘、纯天然、不起皱、不起毛、不起球的匀称平整、柔软丰厚、悬垂挺括且手感较好的面料。同时，职业装的颜色有多种选择，如黑灰色、藏青色等，但最多不能超过两种，应以冷色调为主，借以体现出女性的典雅、端庄与稳重。

(2) 社交场合

在工作之余和同事、朋友、商务伙伴交往应酬的社交场合中，女士服装应体现时尚个性、与众不同，一般以长裙、旗袍、时装礼服等有特色的衣服为最佳选择。

(3) 休闲场合

休闲场合即是工作、社交之余用于自己休息、旅游、运动等休闲娱乐的时间。在这种场合下，女性着装并没有硬性的规定，只要舒适自然就好。运动装、牛仔装、非正式的便装都可以。

知识链接 2－2：女性着装的色彩密码①

- 紫色套装呈现出极度的优雅之美，女性的浪漫与温柔脱颖而出，令人眼目一新。
- 纯色、素色套裙或套装充分体现出女性的知性美，而又不失时尚与高贵之韵，令人倍感亲切，油生敬意。
- 忧郁的蓝色给人一种神秘与高贵，展现出职场女性的性感一面，予人万千感叹，怦然心动。
- 过渡的黄色让人看起来舒适，呈现出恬静与休闲，显得纯情而落落大方，叫人感受到朝阳的活力。

2. 服装的搭配

(1) 衬衫

职业女性在穿职业装的同时，搭配一件合适的衬衫也是着装礼仪中不可缺少的。首先面料应轻薄而柔软，可选择真丝、麻纱、纯棉的面料。色彩要求雅致而端庄，且不失女性的妩媚衬衫色彩与套裙的色彩协调，内深外浅或者外浅内深，形成深浅对比。

(2) 鞋袜

鞋袜是女性的“脚部时装”和“腿部时装”。鞋以高跟、半高跟黑色牛皮鞋为宜，也可选择与套裙色彩一致的皮鞋。穿裙子应当配长筒袜或连裤袜，切忌光腿；颜色以肉色、黑色为宜，袜口不能露在裙摆或裤脚外边。

(3) 提包

女士用的提包不一定是皮包，但必须质地好、款式庄重，并与服装相配。

知识链接 2－3：建议职业女性在提包里放入以下物品：

- 一把可以折成很小的雨伞
- 一双新袜子
- 一包纸巾
- 一个化妆包
- 一个针线盒

(4) 围巾

在正式的公务场合中佩戴的围巾要庄重、大方，颜色要兼顾个人爱好、整体风格和流行时尚，最好无图案，亦可选择典雅、庄重的图案。

(5) 首饰

女性的首饰泛指耳环、项链、戒指、手镯、手链、胸针等。它们往往能对个人形象起到

---

① 《女性着装的色彩密码》，大庆日报，epaper. dqdaily. com/dqwb/html/。

画龙点睛的衬托效果,但千万不能杂、多,避免让人眼花缭乱。一要以少为佳,上限为三,佩戴时数量不能超过三样,必要的情况下可以一件首饰都不戴;二要同质同色,尽量选择同一质地、同一款式的首饰,同时保持色调一致;三要风格统一,即首饰的佩戴要与服装相协调。

三、仪态礼仪

仪态是指人的身体姿态和风度。仪态礼仪是从人的一举手、一投足、一颦一笑中体现出的美,它并不是随意偶然的,而是每时每刻都通过一定的规律性向人传递自身的内在修养和学识气度。因此,在公关社交场合,用优良的仪态礼仪传情达意往往比语言更让人印象深刻。对于仪态行为的礼仪,要求做到:自然、文明、稳重、美观、大方、优雅、敬人的原则。组织成员的仪态礼仪主要从以下几个方面做起:

(一) 体姿礼仪

体姿即身体姿态,包括站姿、坐姿、行姿。

1. 站姿礼仪:"站如松"

站立是人们在生活中的一种基本举止。古人要求"站如松",就是要求站立时像挺拔的青松一样端庄、伟岸,显示出一种自然美。

(1) 标准的站姿

标准的站立姿势,从正面看,身体端正笔直、挺胸收腹、精神饱满、眼睛平视、双肩齐平、双手自然下垂货在体前交叉,右手放于左手上,保持随时可以提供服务的姿势;男性站立时,双脚叉开,与肩同宽,保持上身挺直,对于女性来说,右脚应在前靠在左脚内侧,双脚呈"V"字形,脚尖分开为50度左右,膝与脚后跟均要靠紧,成丁字步,给人以大方自信、端庄优雅的印象。

标准的站姿如下图:

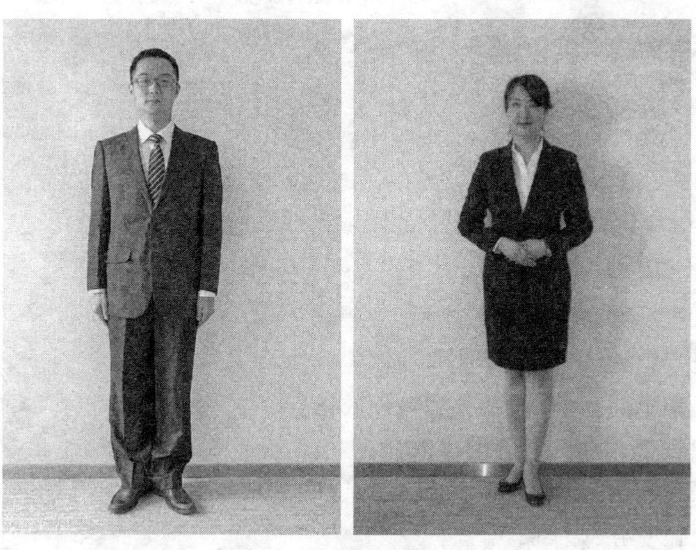

图2-1 标准的站姿

图 2-2　站姿的禁忌

(2) 站姿的禁忌

第一,正式场合站立时,不可双手插在裤袋里,这样显得过于随意。

第二,不可双手交叉抱在胸前,这种姿势容易给人傲慢的印象。

第三,不可歪倚斜靠,给人站不直、十分慵懒的感觉。

2. 坐姿礼仪:"坐如钟"

坐要有坐相,如古人说的要"坐如钟",是说坐姿要端正。落座应该挺胸直腰,落落大方,端庄稳重

(1) 标准的坐姿

就座前,以正确的姿势站好,两腿平行于椅子前方,双膝弯曲,挺直腰坐下。一般来说,入座和离座要遵循"左进左出"的原则,并且应做到轻、缓、稳。坐立时,保持上身挺直,双肩齐平、放松,双手自然地放在双膝上或桌上,背部轻靠在椅背上。男士双脚可以平行自然着地,女士可以双腿并拢且稍向一侧倾放,如果坐在软式椅垫或沙发上,要保持上半身脊背的挺直度,同时建议将手放在裙子上,以免走光。

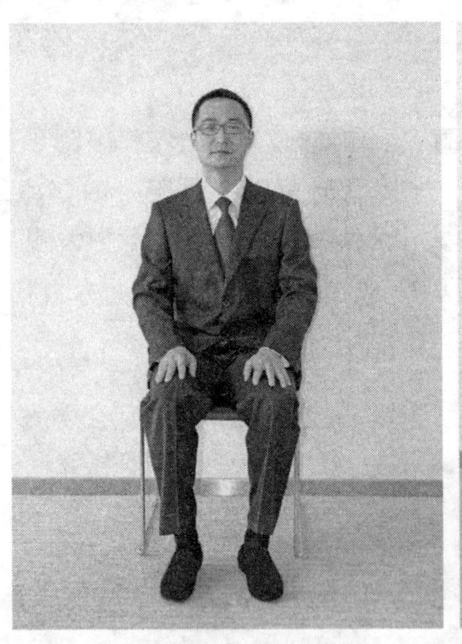

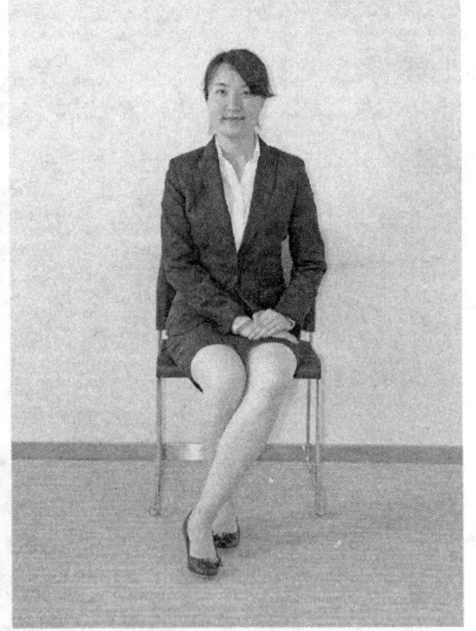

图 2-3　标准的坐姿

(2) 坐姿的禁忌

第一,不要入座后两手同时放在扶手上;

第二,不要跷二郎腿,不能不停地抖动双腿;

第三,不要等坐下后,再重新站起来整理衣裙;

第四,不要把脚藏在座椅下或钩住椅腿;

第五,不要猛起猛坐,弄得座椅乱响;

第六,不要两腿叉开,腿伸得很远;

第七,不要半躺在沙发上。

3. 行姿礼仪:“行如风”

(1) 标准的行姿

标准的行走姿势,是以端正的站立姿势为基础的,要做到不慌不忙,稳重有力,轻快自然。规范的行姿应是上身挺直,挺胸收腹,重心稍微前倾,双眼平视,双臂放松,以身体为重心,前后自然有节奏地摆动。双脚脚尖微向外或向正前方伸出,两腿有节奏地向前交替迈出,并大致走在一条等宽的直线上。行走时,对男女的要求还有一定区别:要求男子步履雄健有力,不慌不忙,展现雄姿英发英武刚健的阳刚之美。要求女子步履轻捷优雅,步伐适中,不快不慢,展现出温柔、矫健的阴柔之美。

(2) 行姿的禁忌

第一,忌低头看脚尖——心事重重,萎靡不振;

第二,忌拖脚走——未老先衰,暮气沉沉;

第三,忌跳着走——心浮气躁;

第四,忌内八字、外八字;

第五,忌摇头晃脑,晃臂扭腰,左顾右盼,瞻前顾后;

第六,忌行走时速度过快或过慢;

第七,忌边行走,边吃喝。

(二) 表情礼仪

美国心理学家登布在其《推销员如何了解顾客心理》一书中提到:“假如顾客的眼睛朝下看,脸转向一边,表示你被拒绝了;假如他的嘴唇放松,笑容自然,下颚向前,则可能会考虑你的建议;假如他对你的眼睛注视几秒钟,嘴角以至鼻翼部位都显出微笑,笑得很轻松,而且很热情,那么这项买卖就做成了。”可以看出,面部表情在公关活动中同样起着重要的作用。其中,眼神和笑容是构成表情的两个主要因素。

1. 传神的眼神

众所周知,眼睛被誉为心灵的窗户。从一个人的眼神中,可以看到他的整个内心世界。在人际交往过程中,眼神是一种含蓄、真实的语言。因此,一种良好的交际形象,其眼神应是坦然、亲切、有神的。

组织成员在与公众交流的过程中,要善于运用传神的眼神,赢得公众的好感和信任。首先,把握好注视的时间。在整个交谈过程中,要与对方目光接触应该累计达到全部交谈过程的50%—70%,其余30%—50%的时间,可注视对方脸部以外5—10米处,这样会显得比较自然礼貌,切忌长时间盯着对方看。其次,要注意目光的角度。平视一般比较适用于在社交场合中和自己身份、地位相对等的人员交往,体现出组织成员的真诚友好。俯视是视线自上而下,给人一种清高自傲、盛气凌人的感觉,不适用于公关场合。仰视是自下而上的视线,适用于面对长者或地位尊贵者,不适合组织成员在公关场合使用,不然会在气势上显得低人一等,不利于公关活动的进行。

2. 真诚的微笑

微笑是一种令人愉悦的,既悦己又悦人的发挥正面作用的表情。作为一种特殊的语言,它与有声的语言和行动完美结合,能给人以美的享受。每个人的工作、生活中都需要微笑,公关社交中更离不开微笑。美国著名的希尔顿饭店总经理希尔顿,在他五十多年的任职生涯中，对员工问得最多的一句话就是："今天你对顾客微笑了吗？"他认为，饭店里一流的设备固然重要，但更重要的是一流服务的真诚的微笑。正是因为希尔顿如此深谙微笑的意义和魅力，才使得希尔顿饭店享誉全球。

尽管微笑具有无穷魅力，但若不是发展内心的微笑，而是皮笑肉不笑或强颜欢笑，那则是对微笑最大的亵渎。真诚的微笑应是内心真实情感的自然流露，让别人感受到你发自内心的礼貌和友善，感受到你的关心和理解，从而缩短人与人之间的距离，营造和谐温馨的工作氛围。

（三）手势礼仪

手不仅是人体中最富有灵性的器官，并且作为人的"第二双眼睛"，是最具有表现力的体态语言。手势在传达信息、表达情感方面起着非常重要的作用。在公关活动中，手势有着不可低估的作用。手势的准确运用不仅可以实现与公众之间的良好沟通，同时也能充分体现组织成员自身的风度和气质。首先，不同的手势传达不同的信息和情感。比如，招手表示致意，挥手表示告别，握手表示友好，举手表示提问或赞成，摆手表示拒绝，拍手表示称快，拱手表示答谢。组织成员应学会在不同的场合运用不同的手势。其次，手势运用一定要适度，不宜过多，同时要掌握好时间的长短。在用掌声欢迎领导讲话时，应轻拍双手掌心，和大家一起自然停止，切忌过度，不然有起哄之嫌，这实际是一种失礼之举。再次，手势要文雅协调。低劣粗俗的手势，会严重影响组织成员的公关形象。同时，手势应与全身协调，与口语协调，与情感协调。

第四节　组织成员的个人交往礼仪

亚里士多德说："一个生活在社会之外的人，同人不发生关系的人，不是动物就是神。如果人完全脱离了人际交往，脱离了社会，人就不再是人，而成为动物。"马克思也认为："在现实性上，人的本质是一切社会关系的总和。"因此，生活在社会中的人，必须通过交往使双方从相识到理解进而合作。而在这一交往过程中只有遵循符合礼仪交往规则才能进行交往。这种交往规则即是交往礼仪。所谓交往礼仪是泛指人们在社会交往活动过程中形成的应共同遵守的道德行为规范和行动准则。而组织成员的个人交往礼仪是指组织在与公众交往活动中，为塑造外部良好社会形象和营造内部和谐工作氛围所必须遵循的道德礼仪规范。组织成员的个人交往礼仪主要包括会面礼仪、拜访礼仪、通联礼仪、馈赠礼仪和界域礼仪五个方面。

一、会面礼仪

会面，通常是指较为正式的场合与别人相见。作为组织和公众沟通的纽带，组织成员在公关交往活动中要不断地会见各式各样的客人。在会见他人时，既要对对方热情、友好，同时熟知并遵守相关的见面礼节也是十分必要的。否则，本来想给对方留一个好印象，却因为礼仪的不周而适得其反。一般来说,会面礼仪包括称谓礼、介绍礼、握手礼和名片礼等。

(一) 称谓礼

称谓是交往礼仪中的首要环节,正确得宜的称谓是顺利交往的良好开端。称谓,一般是指人们在日常交往活动中交往双方彼此间所采用的称呼语。所谓称谓礼仪即在日常交往中,包括在职场中对他人进行称呼时所使用的礼貌规范用语。选择适当准确的称谓,不仅反映着自身的内在修养,同时也表现出对他人的友好和尊重及双方之间的亲疏和了解程度。

1. 称谓正规

在工作岗位上,组织成员所使用的称谓有其特殊性。一般来说,可以广泛采用以下五种称谓方式:

(1) 职务称谓

在日常工作尤其是对外交往中,人们以交往对象的职务相称,以示尊敬。此类称谓最为常用,如"经理"、"主任"、"局长"等,也可以在职务前加上姓氏,如"李经理"、"王主任"等;同时还可以在职务前加上姓名,如"×××局长"、" ×××总经理",这一般用于正式重大的场合。

(2) 职称称谓

对于有具体职称者,特别是中、高级职称者,在工作中可以直接以其职称相称,如"李教授"、"王律师"、"刘工程师"等。

(3) 职业称谓

职业称谓,即对从事某一特定职业的人,可以直接以对方的职业作为称呼。如老师、医生、警察等。一般情况下,在职业称谓前,应加上被称呼者的姓氏或姓名。

(4) 泛尊性称谓

这种称谓通常适用于各种社交场合,适用于各类被称呼者。对男士称"先生",对女子称"小姐"、"女士"等。值得注意的是,这类称谓的具体适用对象也存在差别。例如,对未婚女子可以称"小姐",对于未知年龄和婚否的女子可以泛称"女士"。

(5) 姓名称谓

在工作场合中,姓名称谓可以分为三种形式:第一,全称姓名。对于一般同事、朋友和平辈,可以直接称呼其姓名,上级对下级或长辈对晚辈可以这样称呼,但晚辈对尊长、下级对上级却不可如此。第二,只呼其姓,不称其名。同时可以在姓氏前加上"老"、"小"字相称,如"老张"、"小吴"。这种称呼比较真挚、亲切。第三,只称其名,不呼其姓,一般用于关系亲近、比较熟悉的同事之间。

2. 称谓的学问

称谓是否恰当准确,不仅体现了个人的气质修养,更直接地影响着组织公关效果。因此,称谓也必须掌握一些技巧:

(1) 初次见面称呼尤为重要

组织成员初次与人会见时,一定要准确地称呼对方。一般来说,姓名+职务的称谓比较适合。例如,"李总,很高兴与您合作。"如果对方是副总经理,可以将"副"字去掉,若对方是总经理,切忌不能去掉"总"字。

(2) 称呼时注意语气语速

称呼对方时,要加重语气,语速不能太急,也不要太缓过轻,一定要认真、清楚地说出对方完整的称呼，让对方清晰地听见，以示尊重和友好。

(3) 使用礼貌规范称谓

在需要别人服务或请人帮助时，不能懒于使用称谓，直接称呼“喂”、“唉”；这种称谓不仅失敬于人，同时也很难得到回应。

案例 2-8：礼貌称谓赢得工作机会

王欢是一名应届毕业生，刚毕业的她，整天穿梭在找工作的路途中。有一天，她接到了一个面试通知，是应聘行政客服一职的。她准时地来到了该公司参加面试。由于对这项工作极度渴望，她在考官面前显得太过紧张，有些发挥失常了，就在她从考官眼中看出拒绝的意思而心灰意冷时，一位中年男士走进了办公室和考官耳语了几句。在他离开时，她听到人事主管小声说了句“经理慢走”。王欢灵光一闪，赶忙起身，毕恭毕敬地对他说：“经理您好，您慢走！”她看到了经理眼中些许的诧异，然后他笑着对自己点了点头。

第二天，王欢接到了录用通知，她顺利地进入了这家公司的客服部。后来主管告诉她，本来根据她那天的表现，是打算刷掉她的。但就是因为她对经理那句礼貌的称呼，让人事部门觉得她对行政客服工作还是能够胜任的，所以对她的印象有所改观，给了她这份工作。王欢只因为一个合理的称呼，在面试中转危为安，幸运地得到了一份工作。

案例点评：王欢听清楚对方身份才称呼“经理”，可谓“得当”；称呼“您”，可谓礼貌；主动打招呼可谓“尊敬”。正是由于称谓得当助她求职一臂之力，称谓得当的重要性可见一斑。

(二) 介绍礼

在职场的交往中，介绍是一种最常见、最重要的沟通方式，同时也是人与人之间相互交往和沟通的出发点。正确的介绍礼仪不仅可以消除初次见面的陌生和畏惧，同时对于缩短交往双方的距离、扩大公关交际圈起着重要作用。

1. 自我介绍

自我介绍，是指由自己担任介绍人，将自己介绍给别人，使他人认识自己。职场中进行自我介绍时，应注意以下几点要求：

(1) 内容应真实简练。组织成员在介绍自己时一定要实事求是。既不能自吹自擂，也没有必要过分谦虚。同时，要有意识地抓住重点，言简意赅。一般情况下，自我介绍的时间应控制在一分钟左右，以半分钟为最佳。

(2) 形式要力求标准。适用于组织成员尤其是公关人员的自我介绍主要分为两种形式。其一是应酬型的自我介绍。它仅包括姓名这一项内容，主要适用于各种公众场合和一般社交场合，面对的是一些泛泛之交。例如，姓名为李明，介绍时可以说：“你好，我叫李明，木子李，明天的明。”其二是公务型的自我介绍。它是由介绍者的姓名、单位、部门、职务等内容构成，并缺一不可，这主要使用于较正式的公关社交场合。例如，“你好，我叫王华，是美达集团的经理”。

(3) 态度要亲切自然。在进行自我介绍时，态度一定要自然、友善。同时要充满信心，面带微笑，正视对方双眼。介绍时语气要随和自然，语速应当适中，声音也要清晰响亮。

2. 他人介绍

他人介绍，即第三者介绍，它是指经第三者为互不相识的双方所进行的介绍。从公关礼仪角度来说，他人介绍时，最重要的是了解被介绍双方的先后顺序，也就是介绍者应先介绍谁、后介绍谁，这是十分讲究的。总的来说，应遵循"尊者居后"的原则。即在介绍之前要具体分析被介绍双方的身份、地位高低，首先应介绍身份低者，进而再介绍身份高者。

例如，在介绍女士与男士相识时，应当先介绍男士，后介绍女士。介绍长辈与晚辈相识时，应当先介绍晚辈，后介绍长辈。介绍客人与主人相识时，应当先介绍主人，后介绍客人。介绍上司与下级相识时，应当先介绍下级，后介绍上司。

此外，他人介绍的内容同自我介绍的内容大致相似。一般来说，在正式的公务活动中，他人介绍的内容以双方的姓名、单位和职务为主。

(三) 握手礼

当今，握手已成为在国内外交往中最普遍的会见礼节。在公务活动中，握手的次序、姿势等都可以反映一个人的内在修养和气质态度。

知识链接 2-4：握手的起源

握手最早可追溯至中世纪的欧洲，在那个"刀耕火种"的狩猎和战争年代，人们手上经常拿着石块或棍棒等武器。他们遇见陌生人时，如果大家都无恶意，就要放下手中的东西，并伸开手掌，让对方抚摸手掌心，表示手中没有藏武器。这种习惯逐渐演变成今天的"握手"礼节。

1. 握手的次序

根据公关礼仪规范，握手时双方的伸手先后顺序，是由双方所处的社会地位、性别、年龄等因素来决定的。应遵守"尊者先伸"的原则，由地位高者先伸手，另一方再伸手。一般来说，握手的次序为：主人先向客人伸手，女人先向男人伸手，长辈先向晚辈伸手，上级先向下级伸手。当然，值得注意的是，在公务社交场合，握手的次序主要取决于职位和身份。比如，在接待客人时，无论对方是男士或女士，男主人或女主人都应主动伸手。当客人告辞时，则应由客人先伸手与主人握手表现再见。

2. 握手的姿势

握手的标准姿势为：身体以标准站姿站立，距对方约一米；上身略向前倾；伸出右手，四指并拢，拇指张开与对方相握。具体来说要做到以下几点：

(1) 注意神态。与他人握手时，神态应当专注、友好、自然。通常情况下，应目视对方双眼，面带微笑，并且口头问候对方。

(2) 掌握好力度。握手时应用力适度，既不可过轻，也不可过重。若用力过轻，手指轻轻一碰，则有怠慢对方之嫌；若用力过大，也会使对方难以接受而生反感。

(3) 把握好时间。握手的时间随双方的亲疏程度而定。在正规的公务场合中，握手的时间控制在三秒钟左右为宜。

3. 握手的禁忌

(1) 不要用左手与他人握手，除非对方右手有残疾；

(2) 不要戴着手套握手；

(3) 不要在握手时另一只手插在口袋里或手里拿有物品；

(4) 不要在握手时面无表情，心不在焉或左顾右盼；

(5) 不要在握手时争先恐后，尤其不能交叉握手；

(6) 不要在握手时点头哈腰，滥用热情；

(7) 不要在与别人握手后立即擦拭手掌；

(8) 一般情况下，不要拒绝与别人握手。

(四) 名片礼

名片是现代公关交往中所必需的社交工具。作为“自我介绍信”和“社交联谊卡”，小小的名片可以在公务交往中证明自己的身份并扩大交际圈。因此，名片的递送、接受、存放也要讲究社交礼仪。

1. 名片的递送

在公务社交场合，名片是自我介绍的简便方式。交换名片的顺序一般是“先客后主，先低后高”。当与多人交换名片时，应依照职位高低的顺序，或是由近及远，依次进行，切勿跳跃式地进行，以免对方误认为有厚此薄彼之感。递送时应将名片正面面向对方，双手奉上。眼睛应注视对方，面带微笑，并大方地说：“这是我的名片，请多多关照。”名片的递送应在介绍之后，在尚未弄清对方身份时不应急于递送名片，更不要把名片视同传单随便散发。

2. 名片的接受

接受名片时应起身，面带微笑注视对方。接过名片时应说“谢谢”，随后有一个微笑阅读名片的过程，阅读时可将对方的姓名、职衔念出声来，并抬头看看对方的脸，使对方产生一种受重视的满足感。然后，回敬一张本人的名片，如身上未带名片，应向对方表示歉意。在对方离去之前，或话题尚未结束，不必急于将对方的名片收藏起来。

3. 名片的存放

接过别人的名片切不可随意摆弄或扔在桌子上，也不要随便地塞在口袋里或丢在包里。应放在西服左胸的内衣袋或名片夹里，以示尊重。

案例 2-9：名片的失误

某公司新建的办公大楼需要添置一系列的办公家具，价值数百万元。公司的总经理已做了决定，向A公司购买这批办公用具。这天，A公司的销售部负责人打电话来，要上门拜访这位总经理。总经理打算，等对方来了，就在订单上盖章，定下这笔生意。不料对方比预定的时间提前了2个小时，原来对方听说这家公司的员工宿舍也要在近期内落成，希望员工宿舍需要的家具也能向A公司购买。为了谈这件事，销售负责人还带来了一大堆资料，摆满了台面。总经理没料到对方会提前到访，刚好手边又有事，便请秘书让对方等一会。这位销售员等了不到半小时，就开始不耐烦了，一边收拾起资料一边说：“还是改天再来拜访吧。”这时，总经理发现对方在收拾资料准备离开时，将自己刚才递上的名片不小心掉在了地上，对方却并没发觉，走时还无意从名片上踩了过去。但这个不小心的失误，却令总经理改变了初衷，A公司不仅没有机会与对方商谈员工宿舍的设备购买，连几乎到手的数百万元办公用具的生意也告吹了。

案例分析：A公司销售部负责人的失误，看似很小，其实是巨大而不可原谅的失误。名片在商业交际中是一个人的化身，是名片主人“自我的延伸”。弄丢了对方的名片已经是对他人的不尊重，更何况还踩上一脚，顿时让这位总经理产生反感。再加上对方没有按预约的时间到访，不曾提前通知，又没有等待的耐心和诚意，丢失了这笔生意也就不是偶然的了。

二、拜访礼仪

拜访，是指前往他人的工作单位或住地会晤、探望对方。通过拜访，双方可以交流信息，联络感情。拜访也是现代人经常采用的一种社会交往方式。在拜访过程中，只有遵守一定礼仪规范，才能取得良好的拜访效果。

（一）事先预约，不做不速之客

在前往他人住所或工作单位拜访，最重要的是做到事先有约，不能不邀而至，更不是随时随地上门打扰。事先约定的内容主要有：

1. 询问被访者是否在单位或在家，是否有时间或何时有时间。

2. 提出访问的内容（有事相访或礼节性拜访）使对方有所准备。

3. 在对方方便的前提下确定具体拜访的时间和地点。注意要避开吃饭和休息，特别是午睡的时间。

（二）守时践约，不做失约之客

约定好具体的会面时间后，拜访者应严格遵守，不可轻易变动时间。拜访时，最好能准时到达，以提前五分钟为宜。既不能提前太早（如提前一个小时），否则让主人措手不及，更不能迟到。若因特殊原因迟到，在见面时应向主人真诚道歉。如因故失约，应事先诚恳而婉转地说明情况。

（三）上门有礼，不做冒失之客

进门之前，应先轻敲门或按电铃。等有人开门或应允才能进门，切忌不打招呼推门而入。与主人见面后，应主动握手问候。进门后，如果主人是年长者或上级，主人不坐，自己不能先坐。主人让座之后，要口称“谢谢”，然后采用规矩的礼仪坐姿坐下。主人递上烟茶要双手接过并表示谢意。如果主人没有吸烟的习惯，要克制自己的烟瘾，尽量不吸，以示对主人习惯的尊重。主人献上果品，要等年长者或其他客人动手后，自己再取用。

（四）仪表得体，不做遭遇之客

出门拜访前，应根据访问的对象、目的等，将自己的服饰、容貌等个人形象加以适当修饰，既反映出访问者端庄得体的良好个人形象，又体现出对被访者的尊重。

（五）做客有方，不做粗俗之客

拜访时，谈话应围绕主题，态度要诚恳大方，在与主人的交谈过程中随时注意主人的情绪和反应，把握好交谈的技巧。同时，要规范自己的行为举止。坐姿要端庄得体，主人敬茶时应起身双手接捧并致谢。不要乱脱、乱扔衣服，更不要触碰主人室内的物品。未经主人允许，不要在室内随意走动。

（六）适时告辞，不做难辞之客

“串门无久坐，闲话宜少说。”初次拜访以半小时为宜，一般性拜访不超过一个小时。当在同主人交谈中见主人显得疲乏，或意欲他为，就应主动告辞。即使主人有意挽留，也应态度坚决，尽快离去。出门后主动与主人握手告别，表示谢意并请主人就此留步。

三、通联礼仪

通联，顾名思义即通讯联络。随着信息时代的到来，人与人之间的联系由于现代通讯技术的发展而变得更加方便快捷。过去人们主要通过书信联络，而在现代社会，手机、固定电话等通联工具已成为日常交际的重要媒介。尤其在组织公务活动中，组织成员规范使用电话、手机，遵守相应的通联礼仪，对于塑造组织形象起着尤为重要的作用。

在这里主要介绍电话礼仪和手机礼仪这两种主要的通联礼仪。

（一）电话礼仪

对于组织公关来说，电话是开展公关活动不可缺少的通讯工具。通过电话给他人留下的印象完全靠声音和使用电话的习惯，因此，组织成员必须掌握必要的电话礼节来赢得客户或他人的信任和好感。

1. 电话礼仪的总体要求

（1）主动自报家门

无论是接电话还是打电话，都应做到主动自报家门。接电话时，首先应自报自己的单位、部门和姓名，比如，“您好，这是××公司人事部，我是××”，然后确认对方。打电话同样如此，接通电话后，除非对方是非常熟的同事或朋友，否则都应该主动报出自己的单位、部门和姓名。并提下对方的姓名以证实对方身份。如：“您好，我是××公司人事部的××，请问您是××吗？”

（2）态度谦和有礼

在使用电话与人交谈时，我们不能将对方简单地视为一种声音，而应看作一个正与你面对面交谈的人。调查研究发现，人们在电话里的讲话方式和习惯，在很大程度上反映其内在修养水平。尤其对于组织的办公人员来说，使用电话时多用肯定语气，多用致歉语，多用“带有微笑的声音”，不要随意打断对方的说话，保持语调亲切，语言合适，给人以好感。

（3）做好电话记录

好记性不如烂笔头。接打电话时，最好做详细的电话记录，记下具体的事宜、时间和地点，以免日后遗忘。

（4）挂电话有学问

把握好如何挂电话这个小小的细节，同样可以展现个人的良好素质修养。

第一，在与客户打电话时，永远让客户先挂电话。顾客至上，这不仅仅体现在口头上，而要随时记在心上。

第二，在与上级、长辈、尊者打电话时，一定要让对方先挂电话的，这是对他人的一种尊重。

2. 接电话的礼仪

(1) 接听要迅速

接电话首先要做到接听迅速,在铃声响起后,争取在响三次之前拿起听筒。如果接听速度过慢,会使对方焦急并可能给对方留下效率不高的印象。

(2) 应对要积极

作为受话人,在接听电话过程中,要认真聆听对方的讲话,并给予对方积极的反馈。若有听不明白的地方,应礼貌告诉对方。如果对方找的不是自己,应热情地告知对方"请稍等,我去帮你找"。接到打错的电话,不能露出不耐烦的语气,而应客气地告知"对不起,您打错了,我这边没有您要找的人",等等。

案例 2-10:恼人的等待①

一位消费者新买的某品牌电脑出现了故障。她忘了该电脑的维修电话,于是从查号台问到该公司电话后打了过去。一位小姐接了电话后,犹豫几秒钟后说道:"我帮你找人来说,你稍等。"谁知这一等就是好几分钟,这位消费者能听到办公室嘈杂的声音,但就是没人再接电话,那位小姐好像也不知去向。她非常生气,从此对这个品牌的印象大打折扣。

案例点评:接电话时应掌握让对方等候的时间,让对方等在电话旁什么也不能做,本来就已经失礼,如果再一去不回,更是自毁招牌。所以,一定要给对方一个大概等待的时间,再接电话时应先说"对不起,让您久等了"。

3. 打电话的礼仪

(1) 选择合适时间

打电话要选择合宜的时间,以不打扰对方正常的工作和休息为前提,应尽量避免刚上班、临下班以及吃饭、午休时段打电话。除紧急情况外,最好不要晚上打办公电话给对方。通话时间也不宜过长,一般以 3—5 分钟为宜。

(2) 做好准备

在打电话之前应做好准备工作。核实对方的电话号码、公司名称及受话者的姓名;准备好笔和电话记录本,简要罗列出问题的要点;收齐必要的资料和文件,以免通话时所需。

(二) 手机礼仪

在电子科技迅猛发展的现代社会,手机给人们的交往带来巨大便利,在手机的使用过程中,也同样要讲究礼仪。在国外,有的通讯公司向顾客提供"手机礼节"宣传册,宣传使用手机的礼仪。在公关活动中,组织成员应懂得如何正确使用手机,遵守手机礼仪。

1. 注意场合

在会议中或与客户洽谈时,最好将手机关机或调至静音状态。开会时手机铃声不断,并不能说明你业务繁忙,而会严重扰乱会场秩序,是一种失敬之举。同样,在公务就餐过程中,将手机调至震动也是十分必要的。

---

① 《打电话,约好时间要回电》,北青网,http://bjyouth.ynet.com/3.1/0501/31/800584.html。

案例 2-11:“调皮”的手机铃声

李女士在上海音乐厅欣赏一场由国际著名大师指挥的交响乐。音乐演奏到高潮处,全场鸦雀无声,凝神谛听,突然李女士的手机铃声响起,在宁静的音乐厅中显得格外刺耳。演奏者和观众的情绪都被打断。大家纷纷回头用眼神责备这位不知礼者。

案例点评:在会议、音乐会、图书馆等需要安静的地方一定要把手机调成静音状态,这是对别人的尊重,也显示了自己的素养。

2. 注意安全

使用手机,一定要记住安全第一。不要在开车时使用手机;不要在加油站等易燃易爆地使用手机;不要在飞机飞行期间使用手机。

3. 合理置放

在一切公共场合,手机在没有使用时,都要放在合乎礼仪的常规位置。一般是将手机放在公文包里,开会的时候可以交给秘书、会务人员代管,不要放在桌上,也不要在并没使用的时候放在手里或是挂在上衣口袋外。放手机的常规位置有:一是随身携带的公文包里,这种位置最正规;二是上衣的内袋里,有时候,可以将手机暂放腰带上,也可以放在不起眼的地方,如手边、背后、手袋里,但不要放在桌子上,特别是不要对着对面正在聊天的客户。

四、馈赠礼仪

馈赠是指人们在交往过程中通过给交往对象赠送礼品,以表达尊重、感谢、友谊等情感的交往行为。中华民族作为“礼仪之邦”,素有“礼尚往来”一说。对于组织公关工作来说,工作伙伴、客户之间的正当馈赠是双方情感的物化和交往礼仪的体现。在日常的公关交往活动中,组织成员掌握相应的馈赠礼仪和受礼礼仪也是十分必要的。

(一) 馈赠的礼仪

1. 礼品的选择

(1) 把握礼品的尺度

把握好礼品的尺度,对于能否成功送礼来说尤为重要。一般来说,以对方欣然愉快接受为尺度。太贵重的礼物会给人压力,可能会显示出送礼人目的性太强,也会造成受礼者的心理负担,引起受礼者揣测起对方的需求。礼品太便宜可能又显不出诚意,感觉拿不出手。总之,选择礼品时要考虑选择对方习惯接受的物品,重在传递“尊重”、“感谢”等无形价值,这不仅会让对方心情愉快,同时也有助于双方事宜的解决以及进一步的合作发展。

(2) 了解对方的喜好和禁忌

为增强礼品的实效性,送礼人应根据对方的爱好和实际需求来选择礼品。例如,鲜花赠予美人,宝刀赋予烈士,可以使礼品获得增值效应。再如,对于富裕者,礼品以精巧为佳;对于家贫者,以实惠为佳;对于外宾,以特色为佳。同时,在礼品的选择过程中,应细致了解受赠对象的个人禁忌,以免所选礼品犯忌而导致适得其反的作用,比如通常人们忌讳送钟,因为其谐音的意思是为人送终;再如,中国人普遍有“好事成双”的说法,但广东人忌讳偶数“4”,认为“4”于“死”同音;西方人认为单数不吉利,尤其忌讳数字“13”;西方人收到礼物后会立即当着送礼人的面打开并致谢，而中国人则比较含蓄，会等到送礼人离开后私下里打开礼物。

知识链接：2－5：神秘的“13”

在西方，13号正逢星期五，被称为“黑色星期五”。有很多的西方人忌讳“13”，是因为按照迷信的说法，只要到每月的13日这一天，12个巫婆都要举行狂欢夜会，第13个魔鬼撒旦就会在夜会高潮时出现，给人们带来灾难。因此，西方人不仅忌讳“13”日，也忌讳有数字“13”。比如，西方许多楼房都没有第13层。

案例说明：在对外交往中，一定要弄清楚对方的文化禁忌，以免触霉头，给对方不好的印象，影响进一步往来。

(3) 宣传组织形象

组织公关礼品除了讲究礼品的“质”和“量”，更应注重开发其信息价值，让礼品赋有组织特点，宣传组织形象，使客户和公众通过公关礼品对组织有深刻的印象。

2. 注重礼品的包装

礼物最好要有包装，形式虽然不能代替内容，但是形式带来的美感却承载着重要功能——代表尊重，体现用心。因此，精美的包装不仅能使礼品的外观更具艺术性，也能体现送礼人的文化品位，还能引起受礼者的好奇和探究心理，从而容易令双方感到愉快。

3. 礼品的赠送

(1) 选择合适的赠送时机

赠送礼品必须选择恰当的时机。一般来说，应注意以下几点：

首先，选择好时机。如朋友或客户结婚、生子、乔迁、晋级、受挫、生病住院等，都是送礼的良佳时机。

其次，选择好时间。送礼首先应以对方方便为前提，在双方见面初或准备离去时将礼品送给对方。

再次，控制好时限。送礼时限最好比较简短，向受礼者说明送礼的意图及简单解释礼品，不必过分渲染。

最后，掌握好时间间隔。送礼是一项感情投资，不是一次性完成的，往往是一系列的。因此，送礼的时间间隔很有讲究，过于频繁或间隔过长都不合适。长时间不给对方送礼，即使是亲朋好友，也难免会觉得你人情淡漠。相反，不必每逢良机便送礼，致使礼多成灾。所以，掌握好合适的时间送上你的礼品，既可培养感情，又能达到目的。

(2) 选择合适的赠送场合

送礼还应注意区分公开场合与私下场合。在正规的公务交往中，最好选择工作场所或交往地点赠送礼品；而在私人交往中，则适合私下赠送，一般来说对方的住所是最佳的选择。

(二) 受礼的礼仪

1. 坦然受礼

一般情况下，不要拒收对方真心赠送的礼物。接受礼物时，应落落大方，目视对方，起身双手接受并致谢。不必没完没了地故作推辞；即使礼物不称心，也不能不屑一顾或将不满表露在脸上;更不能口里说着“不要”,手却先伸出去接。

2. 受礼有方

国际上比较普遍的做法是在受礼后当面拆启包装,欣赏礼物并给予适当赞赏。切不可草率打开,丢置一旁,不理不睬。中国人较含蓄内敛,不习惯当客人面打开礼品,因此可以根据不同的交往对象视情况而定。此外,若不是有礼必受,对于有违归越矩送礼之嫌的,应果断或委婉拒绝。

3. 表达谢意

接受礼品后,应向对方表示真诚的谢意。如果是珍贵礼品,通常还需要通过打电话、发邮件等方式再次致谢。当然,必要时还应当选择合适的时机加以还礼。

五、界域礼仪

俗话说,距离产生美。在人际交往中,适度的距离既增进双方的友谊,也在一定程度上促进情感交流。相反,不合适的距离有时会带来尴尬和不适。因此,在公关社交活动中,把握一定的空间距离,遵守相应的界域礼仪是十分必要的。

(一) 人际交往中的“界域”

美国著名心理学家和人类学家霍尔将人际交往空间分为四种空间:

第一,亲密距离(0 cm—45 cm),又称亲密空间。一般来说,只有关系亲密的人才能进入这一空间。如:父母、爱人、子女、亲友等。根据亲疏状态,又可细分为两个空间:其中(0 cm—15 cm)为亲密状态距离,常用于爱人、父母、子女之间的关系;16 cm—45 cm 为亲密疏远状态,偶尔会有手部等肢体的接触,用于亲友的关系。

第二,个人距离(46 cm—120 cm)。这是个人在远距离接触所保持的距离,不能直接进行身体接触。比如,在社交场合与熟人握手、简要会见或促膝谈心。

第三,社交空间(120 cm—360 cm)。这是一种社交关系距离,已超出了熟人和亲友的范畴,适用于办公场合和公关社交场合。

第四,公共距离(360 cm 以上)。这是人们在公开的较大公共场所保持的距离。它实用于大型报告会、演讲会、迎接旅客等场合。

案例 2-12: 谈生活中不礼貌的界域行为

公司新招进的员工小王是个性情开朗、热情大方的小伙子,喜欢和人交朋友,平时和同事交谈时喜欢拍着对方的肩,和对方靠得很近,有时甚至凑到同事的耳朵跟前说话。可是,一段时间后,小王发现同事们有些不愿意和他说话,老远看见了他就找个借口走了,小王很纳闷,不知自己出了什么问题。其实这就是一则典型的生活中不礼貌的界域行为。研究表明,人体周围都有一个是属于自己的个人空间,犹如其身体的延伸,人际交往只有在这个空间允许的限度内才会显得自然。否则,一旦冲破这个限度,就会使交往双方或某一方感到不自在或不安全,而作出本能的反应。从生物学的角度看,每一个生命都有自己的领空,人们叫它“生物圈”。一般情况下每个人都不想侵犯他人空间,但也不愿意他人侵犯自己的空间。因此,在交往中要注意保持与交往对象之间的距离。

案例点评：再亲近的人也得保持一定距离，给对方留有空间，才能保持良好的关系，不然会渐行渐远。

(二) 注重界域礼仪

1. 保持适当距离

在公务场合与人交谈时，要保持适当的远近距离。距离太远了会使人觉得清高自傲，摆架子；距离太近了，又显得不够尊重。

2. 适当降低高度

降低身高，可以表示对对方的尊重，以获得对方的好感。有一个成功的商人，在向别人介绍自己的成功窍门时，其中一个很重要的原因是他非常具有感化合伙人的本事。由于他身高比较高，在与他人交谈时，他随时随地只要可能就偏向弯腰，或者半坐下来，以便让对方得到统治权，感到优越。这样小小的不便往往容易获得对方的好感。

3. 尊重他人界域

(1) 不随意进入他人界域。未经他人允许，一定不能擅自闯入对方界域。如，去朋友家拜访，进门前应先敲门或按门铃，在主人允许的情况下方可入内。不经主人同意，最好不要参观主内卧室或在屋内随意走动。

(2) 不乱动他人物品。在办公场合，一般来说，未经他人同意，不要私自动用他人领域内的物品。尤其是办公抽屉、电脑或手机等。

(3) 不污染他人的界域。在公共场合或日常交际场所，应做到遵守秩序，不随便污染环境。比如抽烟、随地吐痰、当众打喷嚏等。

★★★★★ 本章小结 ★★★★★

组织成员的个人公关礼仪作为组织成员个人综合素质和内在修养的体现，它源自于每个人的内心，是一种由内而外地表现在一举一动、一言一行中的礼仪修养。作为组织中的一分子，组织成员良好的个人公关礼仪修养同样也是组织美好社会形象的外在显现，对于提升组织竞争力、促进组织长远健康发展起着至关重要的作用。内在修养，外显形象，礼仪修养最终是由外在的个人形象体现出来的，组织成员的言谈举止、衣着打扮直接影响着公众心目中的组织形象。同时，作为组织与公众之间交流的纽带，在双方的交往活动中，组织成员应如何与人交往，充分地体现自身的礼仪修养和组织的社会形象，这不仅是一种艺术，更是一门学问。

★★★★★ 章末思考题 ★★★★★

1. 简述修养、礼仪修养和组织成员个人公关礼仪修养的含义。
2. 什么是TPO原则？
3. 公关交往场合中应遵守哪些界域礼仪？

★★★★★ 案例分析 ★★★★★

微笑的魅力

飞机起飞前，一位乘客请示空姐给他倒一杯水吃药，空姐很有礼貌地说："先生，为了您的安全，请稍等片刻，等飞机进入平衡飞行后，我会立刻把水给您送过来，好吗？"

十五分钟后，飞机早已进入平衡飞行状态。突然，乘客服务铃急促地响了起来，空姐猛然意识到：糟了，由于太忙，她忘记给那位乘客倒水了。当空姐来到客舱，看见按响服务铃的果然是刚才那位乘客，她小心翼翼地把水送到那位乘客眼前，微笑着说："先生，实在对不起，由于我的疏忽，延误了您吃药的时间，我感到非常抱歉。"这位乘客抬起左手，指着手表说道："怎么回事，有你这样服务的吗？你看看，都过了多久了？"空姐手里端着水，心里感到很委屈，但是，无论她怎么解释，这位挑剔的乘客都不肯原谅她的疏忽。

接下来的飞行途中，为了弥补自己的过失，每次去客舱给乘客服务时，空姐都会特意走到那位乘客面前，面带微笑地询问他是否需要水，或者别的什么帮助，然而，那位乘客余怒未消，摆出不合作的样子，并不理会空姐。

临到目的地前，那位乘客要求空姐把留言本给他送过去，很显然，他要投诉这名空姐，此时空姐心里很委屈，但是仍然不失职业道德，显得非常有礼貌，而且面带微笑地说道："先生，请允许我再次向您表示真诚的歉意，无论您提出什么意见，我都会欣然接受您的批评！"那位乘客脸色一紧，准备说什么，可是没有开口，他接过留言本，开始在本子上写了起来。

等到飞机安全降落，所有的乘客陆续离开后，空姐本以为这下完了，没想到，等她打开留言本，却惊奇地发现，那位乘客在本子上写下的并不是投诉信，相反，这是一封热情洋溢的表扬信。在信中，空姐读到这样一句话："在整个过程中，你表现出的真诚的歉意，特别是你的十二次微笑深深打动了我，使我最终决定将投诉信写成表扬信！你的服务质量很高，下次如果有机会，我还将乘坐你们的这趟航班。"

案例思考题：

1. 在公关活动中，微笑的魅力体现在哪些方面？
2. 微笑时应注意些什么？

第三章
组织内部公关礼仪

学习目标

- 了解组织内部公关与内部公关礼仪；
- 熟知组织内部人际关系礼仪；
- 掌握办公室日常接待礼仪；
- 理解员工职业生涯的规划发展礼仪；
- 领会组织内部的工作岗位礼仪。

开篇实例

日本当代"经营之神"稻盛和夫的内部公关①

图 3-1 2012 年 6 月 3 日，有着日本当代"经营之神"称号的稻盛和夫出席"稻盛和夫经营哲学重庆报告会之新闻见面会"

日本京瓷集团名誉董事长稻盛和夫先后创建了两家公司——京瓷公司和第二电信电话公司，后来都成为世界 500 强的知名企业。他的成功经验就是把珍惜每个员工作为经营公司的目的之一，把实现所有员工物质和精神的幸福作为公司的核心理念。他认为公司不仅要实现经营者自己的梦想，也要满足每一名员工的愿望和追求；把员工当亲人，为员工提供一份工作，给员工以生活上的保障作为自己的责任，在发展企业的同时，也努力给员工提供成长的机遇，以实现其人生的理想和价值。在人文关怀蔚然成风的时代背景下，能否尊重、关心员工也就成了企业管理高下之别的关键所在。因此，为了实现更长远发展，企业就要牢固树立关爱员工就是关心企业的理念，真心真意关爱每一名员工，保护好、调动好员工的积极性，用心体察员工的所思所想、所盼所望，真心帮助员工解决好具体困难。要自觉把企业愿景和员工的目标结合起来。只有充分尊重并关爱员工，员工才会把自己当主人，才能尽职尽责干工作，心甘情愿地与企业同呼吸、共命运，共担责任，共克艰难，同心同德。

任何一个社会组织要塑造良好的外在形象和社会声誉，首先得从内部公关做起。内部公关是组织有效开展全方位公关工作的根本立足点，只有做到"内求团结"，才能促进"外在发展"。内部公关开展的成功与否不仅直接关系到一个组织能否正常运行，更关系到组织目

① 鄢银婵，任忠君：《"经营之神"稻盛和夫对话渝商：做企业要讲大义》，新华网，http://www.cq.xinhuanet.com/2012-06/03/c_112101706.htm。

标的实现和企业形象的塑造。对于组织来说，能否营造一个和谐向上的内部氛围，能否协调全体员工之间的合作关系，能否真正实现对员工物质和精神上关怀，这其实与组织内部公关礼仪是分不开的。尤其是在竞争激烈的现代社会，如果组织领导者能尊重关心员工，所有员工懂得人际相处之道，并认真遵守职业岗位礼仪，这不仅有利于组织发展和谐的内部公关，更关系到组织的长远生存发展。

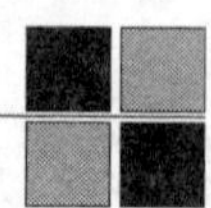

第一节　组织内部公关礼仪概述

任何一个社会组织要建立良好的外在形象和声誉，必须首先从内部公共关系做起。也就是说，组织内部公关是塑造组织形象的起点。它的成功与否直接关系到一个组织的日常活动能否顺利开展，关系到组织目标的实现和组织形象的塑造。组织内部公关礼仪是组织日常工作的重要组成部分，是塑造组织良好形象的起点或原点。

一、组织内部公关礼仪的含义

（一）组织内部公关的内涵

所谓组织内部公关，是对一个社会组织内部横向的公众关系与纵向的公众关系的总称。① 组织内部关系是否团结、融洽、目标一致，决定着组织能否充满生机，能否长久立于不败之地。良好的组织内部公关有助于增强组织内部的向心力与凝聚力的形成，有助于强化员工与股东的信心，有助于建立具有特色的企业文化，有助于全员公关的实施与管理，更有助于组织良好的公关形象的塑造。由此可见，组织内部公关的核心是打造组织的凝聚力，也就是员工的向心力与忠诚度，组织内部公关礼仪也将围绕这个核心来体现的，无论是组织内部的人际关系礼仪，还是员工的职业生涯礼仪，都体现出这样的核心。

案例 3 - 1：忠诚是员工必备的美德之首②

比尔·盖茨在优秀员工的第 10 条准则里，把忠诚排在了员工必须具备的美德之首。微软公司非常重视员工的忠诚度。数据显示，微软的人才流动率是 IT 业最低的，这是他们忠诚于公司的最好证明。

在这个跳槽频繁的时代，为什么微软的员工能够对公司忠心耿耿呢？原因只有一个，那就是微软用它独特的选人机制，招聘了一群对公司忠贞不二的顶尖人才。

员工忠诚度就是组织向心力、凝聚力的重要标志，忠诚度越高，凝聚力越强，组织内部公关工作开展得越成功，微软就是一个很好的例子。

---

① 熊源伟：《公共关系学》，安徽人民出版社 1993 年 7 月版，第 278 页。

② 乔小敏：《世界 500 强企业培训经典全集》，人民邮电出版社 2012 年 4 月版，第 135 页。

(二) 组织内部公关礼仪的含义

广义而言,组织内部公关礼仪就是组织管理与发展文明的方式。狭义而言,组织内部公关礼仪就是组织为实现其目标和科学发展所应遵循的内部和谐相处与管理之道,以打造具有凝聚力的组织形象。对于一个组织来说,除了本身应负有的专门职责之外,营造组织融洽良好的内部氛围、管理与协调全体员工之间的人际关系、实现对员工物质和精神上关怀,都是组织内部公关礼仪的重要方面。

二、组织内部公关礼仪的内容

组织内部公关礼仪的内容非常丰富,它既包含了组织内部员工之间的人际关系,也包含了上下级的关系,部门之间等各种关系,因为有各种关系,所以要正确处理各类关系,必须要有礼仪来处理与规范各种关系中的人。从组织对工作本身而言,组织应该有岗位礼仪、不同工作空间中应有的礼仪规范,如办公室礼仪,以及员工发展的层级序列;从组织对员工本身的关怀而言,组织应当关心员工的职业生涯管理与发展、员工的身心健康、员工家属的福利等。由于教材篇幅所限,在此只能罗列如下几个部分展开陈述。

(一) 组织内部的人际关系礼仪

组织内部的人际关系礼仪是组织成员在组织人际交往活动中所应遵循的道德礼仪准则与规范,包括上级与下级之间、部门之间和员工之间的人际关系礼仪。其核心理念应体现为相互尊重、平等、友爱、合作、宽容与和谐。

案例 3-2: 保护对方出彩的机会[①]

1978 年,小李来到空政文工团跑龙套,在那里结识了同样跑龙套的小濮和小王。由于相似的际遇,三人很快熟悉起来,渐渐成为知己。一次,剧团排演话剧,三人都被相中并得到了不同的角色,小李饰演匪兵,小濮饰演地主,小王饰演新四军。由于跑龙套演员登台时间短,机会难得,小濮为了让观众记住自己,费尽心机想出了个好点子——裁剪出两道金纸贴在牙上,让自己成为与众不同的富财主。

小李看到满口金牙的小濮,拍手叫绝,欣喜地对小濮说:“既然我俩饰演的角色不同,不如你帮我也裁剪些金纸,这样我们一起登台便可以金光交汇了。”要是都贴金牙,岂不是会让创意大打折扣? 小濮从心底不认可小李的想法,可是碍于情谊没说破,而只是一再推脱。

后来,小李领悟到小濮的心思,私下找到小王评理:“既然是兄弟,他的点子就该归大家共享,他这样做未免太小气了吧?”小王笑着摇头说:“兄弟之间应该首先替对方着想,而非要求对方替自己做事。贴金牙是小濮的点子,你应当替他保护住它的价值,多想怎么配合他登台后多表现几分钟,而非简单地模仿抄袭呀!”

经过两夜的辗转反思,小李才意识到自己的错误,接着便想到了另一个好主意。他找来塑料膜,在脸上隆起个大痦子,这样既可以妆饰出自己的特别形象,又可以衬托小濮的富贵造型。而小王的点子则更让人始料未及,他想出了“打一枪不死”的办法,在被小李饰演的匪

① 张小平:《保护对方出彩的机会》,《演讲与口才》2012 年第 13 期。

兵击中后倒下再爬起，到补上一枪才又缓缓倒下。

三人别出心裁的创意引起了导演的注意，此后一步步被重用，直至成为“台柱子”。当年的小李就是李雪健，小濮是濮存昕，小王是王学圻，如今都成为著名演员。不久前，李雪健回忆起往事，感慨地说：“时至今日，我们仨还是真兄弟，三十年感情不容易，关键是我们都懂得替对方保护住出彩的机会。”保护对方出彩的机会，以利他之心与人交往，以君子之道对待他人的成功，不妒忌，不拆台，坦荡相处，不做狭隘之事，在帮助他人的同时成就自我。这既是交往的底线，也是相处的准则。

组织员工之间相互帮助，互相协作，在互相成就的同时也塑造了组织良好的礼仪形象。

(二) 办公接待礼仪

办公室是组织的重要枢纽，是组织迎来送往、接人待物的重要场所。所谓办公室礼仪，是指办公人员在办公期间必须遵守的道德礼仪准则与规范，其中包括整洁干净的办公室环境、高端的办公接待水平和办公人员日常的礼仪等。

案例 3-3：名人名言：办公桌是员工的“第二张脸”①

那些桌子上总是堆满东西的人会发现，如果你把桌子清理一下，留下手边待处理的一些文件，你的工作进行得更加顺利，而且不容易出错。这是提高工作效率和办公室生活质量的第一步。

——美国西北铁路公司前董事长　罗兰·威廉姆斯

有序整洁的办公桌反映出一名员工的能力与礼仪修养，是员工的“第二张脸”，也是组织的公关礼仪形象的显现。

(三) 职业生涯礼仪

员工职业生涯管理礼仪是组织内部公关礼仪的不可或缺的组成部分。它主要是指组织在员工从求职到上岗，再到职业中期及后期的整个职业生涯过程中所体现出对员工的人性关怀。比如，组织对初次上岗的员工进行量身定制的岗前培训；定期组织员工体检；关心员工心理健康和家庭生活等。

案例 3-4：国外另类企业福利②

死亡福利

谷歌公司向来以丰厚员工福利闻名业界，但日前曝光的一项谷歌新福利还是让世人瞠目：如果员工不幸去世，其配偶还能在未来十年享受到去世员工的半数薪酬；他们的未成年子女还能每月收到 1 000 美元的生活费直至 19 岁成年，如果是全日制学校的学生可以领到 23 岁。除此之外，配偶还能获得去世员工的股权授予。全球 3.431 1 万名职员都有资格。“遗属福利”给谷歌人才战略带来的无形效果难以估量，被媒体认为是“前无古人后无来者”

① 乔小敏：《世界 500 强企业培训经典全集》，人民邮电出版社 2012 年 4 月版，第 3 页。
② 《国外另类企业福利》，《瞭望新闻周刊》2013 年第 1 期。

的超级福利。

失恋休假

据日本共同社消息，东京一家女性市场调研公司“公主和公司”有“失恋休假”制度。该公司提交给劳动标准监督署的就业准则写道：“如果因失恋造成难以从事工作的未婚职员提出申请，每年可以给予一次假期。”

该公司负责人称，“与其无法集中精神导致工作出现失误，还不如干脆让她放假休息”，因此决定25岁以下可以有一天、30岁以上可以有三天的有薪假期。公司的“人性化想法”获得了不少女性的支持。

日本猎头公司“TSUNAGU Solution”设有“LOVE休假”，员工在“重要的人”生日时可休息一天，公司还会支付最高一万日元的资金用于购买礼物。这家公司还设有“理发美容半日休”。

打盹服务

很多人曾因为在工作时间打瞌睡而受到批评甚至丢掉饭碗。可如今在法国不少公司为了员工健康和提高工作效率，开始主动要求员工在上班时间打个盹。有的公司甚至专门为员工开辟了“瞌睡吧”、“打盹服务区”。当地舆论称，“上班打盹”是21世纪最令人期待的职工福利。

组织考虑员工的福祉，将员工的工作与生活管理得当，就是组织内部公关礼仪的最佳体现。

(四) 工作岗位礼仪

工作岗位礼仪，是指每个员工在自己的工作岗位上都必须遵守的最基本的礼仪规范。它是任何员工都应恪守不怠的。规范的工作岗位仪礼，有利于塑造完美岗位形象和组织外在形象。

案例3-5：美利百货商场营业员的应知应会

第一，8:25之前要做好营业前的准备工作，打扫卫生、洗拖把、检查过夜商品。

第二，8:25到指定地点参加早班例会，早晚例会、排队离场要求快、静、齐。

第三，8:30开始迎宾。

第四，8:40迎宾结束，继续部分卫生的清洁工作，检查、清点商品、出样陈列。

第五，熟悉商品知识，了解专柜商品、当季和过季商品的库存。

第六，营业中使用文明用语，三米微笑，接待顾客要热情。

第七，营业时间不得倚靠柜台、坐柜、抱臂、叉腰、手插裤袋、聊天、喧哗和串岗。

第八，不得带小孩上班，专柜内不得长时间会客。

第九，顾客现金付款时，营业员不得刷卡套取现金，违者重罚。

第十，服从管理，尊重顾客，不得在卖场与他人发生争执。

组织将工作责任分解、落实到人，规范每个岗位的基本岗位礼仪，有利于提高工作效率，塑造美好的组织形象。

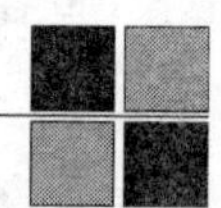

第二节　组织内部的人际关系礼仪

人际关系是指在社会活动中，人们相互间所结成的各种关系，也可以说是反映人与人之间心理上的距离。所谓人际关系礼仪则是人们在社会活动中结成各种关系时应遵循的礼仪规范。对于组织来说，人与人之间的相互尊重、和谐相处、团结合作，以及组织内部沟通的顺利畅通，对于增强组织的凝聚力、提高整体工作效率具有非常重要的作用。因此，无论是对于领导者，抑或是普通员工，掌握一定的人际关系礼仪是十分必要的。

一、上下级之间的相处礼仪

上下级关系，也就是领导与被领导的关系。处理好上下级关系，是组织内部人际关系的重要方面。它有助于组织内部的团结稳定和长远发展。上下级之间的相处礼仪主要包括上级对下级的礼仪和下级对上级的礼仪这两个方面：

(一) 上级对下级的礼仪

1. 尊重关心员工

尊重作为礼仪的基础，是人际关系融洽和谐的根本保证。实际上，尊重是相互的。对于领导者来说，充分尊重员工，那么员工自然会投向你尊重的目光。要切记从人格的角度出发，任何人都是平等的，无论官职有多高，人长得多漂亮，大家都是平等的，如果动辄摆出一副居高临下之势，以“三娘教子”的态度教训别人，就很难叫别人喜欢你。不管是企业的领导人，还是公关人员在任何时候都要把自己当成是组织的普通一员，应努力树立平等意识，牢记尊重为本的礼仪原则。同时，作为上级，应努力树立服务观念，做到真正关心下属和群众生活，为他们排忧解难，并创造良好的工作、生活、学习、成才的条件。因此，领导者不仅要扮演好指挥者、管理者的角色，还要扮演好公仆角色，与民同利共患，才能做到上下同欲，相互理解信任，发展上下级之间和干群之间的交往，保证良好的人际关系。

案例 3-6：搭建八大平台，展现关怀风采①

为了保证酒店上下沟通顺畅，不断提高酒店的凝聚力和向心力，北京某酒店为员工搭建了八大平台。它们分别是：

——“Open Door”。该酒店保持对员工不变的尊重，经理办公室的门永远对员工敞开，只要员工有好想法、好建议、好点子，可以随时跟经理沟通交流，畅所欲言。

——经理座谈会。每月底，该酒店经理都会召集员工召开座谈会，相互交流这一个月来

① (英)理查德·科克著，冯斌译：《80/20 法则》，京东网读书频道，http://read.jd.com/5638/294315.html。

的工作情况以及思想动态，并对下个月的工作做好部署。

——经理热线。该酒店内部设有一部经理热线电话，员工只要有需求，随时可以拨打该电话跟经理交流沟通。他们可以谈工作的事情，也可以谈私人的事情，只要有利于酒店和员工发展，什么都可以谈。

——企业内刊。该酒店通过报纸、杂志、每日简报等载体宣传酒店相关的政策、制度、标准、发展动态、文体活动、员工风采等。

——墙报。该酒店通过开辟墙报，将每天要做的事情明确而细化地展示在员工面前，也将酒店的理念与口号张贴出来，从而起到了良好的提醒、激励作用。

——员工大会。像很多企业一样，该酒店也定期召开员工大会，共同探讨酒店发展、员工福利等问题，积极谋求酒店与员工的共赢与和谐。

——员工教育日。为了提高员工的业务技能和知识水平，该酒店通过教授课堂、经理课堂、员工课堂等形式定期对员工进行培训。

——员工俱乐部。该酒店有一个非常好的组织，那就是员工俱乐部。酒店为员工开辟了图书阅览室、台球室、乒乓球室、健身房等娱乐场所，并每月为员工过集体生日，从而搭建了一个员工交流沟通、学习娱乐的良好平台。

组织内部上下沟通渠道畅通高效显示出组织对员工的人文关怀，有利于集思广益，凝心聚力。

2. 善于倾听意见

一般来说，员工处于工作的第一线，与工作实际接触较多，易积累工作经验并发现问题的本质。作为一个高明的领导者，应善于倾听下属的建议和意见，广开言路，笑纳逆耳忠言，奖励那些敢于提出批评意见的下属。这不仅体现出对员工在工作中的尊重，也有利于促进双方之间的了解交流，激发员工的工作热情，同时领导自身也能更多更快地了解工作中的情况，因集思广益为组织决策提供合理的依据。

案例 3-7：重在“参与”①

画家尤金·威尔逊是位印花模板的制造商，他向一位名设计家推荐他的产品，历时 3 年无结果，每次退回画稿时都说：“这图案我不欣赏。”后来，威尔逊带了几张没有完成的底稿去，说：“我不知道该如何完成它，不知道你方不方便给我指点指点。”对方说：“先将画放这儿，两三天之后再来。”结果，威尔逊听了他许多意见，并按他的意见完成画稿，终于被那先生购去了大批画。这样，让他尽量发表意见，使他有一种参与设计创造的感觉，因为他自己知道他需要什么。

人人都有自尊心。可有些人在交往中只强调尊重自己，却不尊重别人。不尊重别人，别人就不会尊重你。你与他人就没法沟通、没法合作，因为你已失去与他人沟通的基础。相

① 冠诚：《年轻人一定要懂的成功法则》，京东网读书频道，http://read.jd.com/10702/514007.html。

反，你尊重别人，别人就会尊重你。

3. 允许员工犯错

“金无足赤，人无完人”，领导者如果对于任何事情都斤斤计较，用“眼里容不得一粒沙子”的态度对待员工，那么必然待人苛刻。有时，人际关系受挫，最初的责任可能在对方，但倘若一个企业领导人缺乏宽容之心，得理不饶人，最后会落得孤家寡人的下场。俗话说：宰相肚里能撑船，所以领导者要学会宽容大度。美国大财团洛克菲勒的股东之一，爱德华·贝得福在南美采购时，生意失败，亏损公司100万美元，事情发生后，贝得福尽力收回了60%的资本。洛克菲勒不但不怪罪贝得福，反而由衷感激他：“能收回公司半数的钱。真是一件大功劳。”

4. 实行正面激励

有一种与下级沟通的能力和技巧是很多上级所忽视的，这就是不失时机地为下级创造一些惊喜，这种周期性的刺激能够创造出持续不断的动力，从而避免长期工作给员工带来的倦怠情绪。例如，在节日来临时给大家分发一些礼物，将得到下级欢呼雀跃的拥护。节日礼物是上级与下级交流沟通的重要形式，实实在在地表达着上级对下级的关心与理解，因此要比现金更有人情味，也更能刺激下级的“革命热情”，建立企业内部全面积极向上的文化氛围。值得注意的是每份礼物的金额也应大体相等，不然会有人觉得不公平，好事反而变成坏事。

5. 加强自我修养

领导者作为组织内部的核心，他的气质修养起到一个“风向标”的作用，对组织内部的和谐氛围的营造起着至关重要的作用。在个性修养上，领导者应努力做到：第一，要信守承诺。作为上级不应对员工轻易许下承诺，努力做到言必行，行必果。第二，择人任势。上级应当善于发现人才和使用人才，在用人上应用其长而舍其短，要最大程度发挥每个人的长处，避免下级的受压抑心理，充分发挥其创造性和积极性。同时，也应尽可能地满足个体自我实现和自我发展的需要，使员工心情舒畅。第三，学会控制情绪。作为上级，要和各种人打交道，处理各种棘手问题，如果情绪缺乏稳定性，必然反应强烈，难以控制。因此必须学会克己，保持冷静，以便妥善处理各种问题。

(二) 下级对上级的礼仪

1. 尊重而不谄媚

对于年轻人，经常遇到的是如何处理好与上级的关系。一般来说，上级相对具有较强的能力和较高的声望，作为下级，首先应当尊重上级，遇见领导，要主动打招呼；碰到决断不了的事，要向领导请教；不论年龄大小、阅历深浅、水平高低，都应尊重其人格，维护其权威。即使你才高过人，也要认真遵循上级的安排，听取上司的意见，迅速仔细地完成上级布置的各项任务，如果有不同意见，应该用恰当的方式提出，不能自行其是，更不要当众拒绝，损伤上司脸面。其次，对上级尊重不等于唯命是从，唯唯诺诺，不能因为是你上司就一味阿谀奉承献媚讨好，这样既有损人格，也会令正直的领导和同事反感。应努力做到不卑不亢，公事公办。

2. 服从而不盲从

在职场流传这样一句话：“职场守则第一条：老板永远是对的；第二条：如果发现老板错了，请参照第一条。”这句话实际上透露出的是人们对蛮横权力的无奈和消极，并不是优秀员工所应有的态度。的确，服从是员工素质的第一要素，我们必须服从上司的指令，服从各项业务的操作规程，服从企业的各项规章制度。但服从绝不等于盲从，能充分领会精神实质又有自己的独立见解和思考能力的员工才是最优秀的员工。上司作为一个人，他也有考虑问题不周全、处理事情不周到的时候，这时下属就必须不盲从，要有自己的主见。如果事事都顺着上司，上司怎么讲就怎么做，这样建立起来的上下级关系就根本谈不上良好的人际关系。因此，一个服从但不盲从的员工一定是具有探索创新精神的员工，一个服从但不盲从的团队一定是充满活力、战无不胜的团队。

案例 3-8：职场“不倒翁”①

小翼大学毕业后，在上海一家颇有社会影响力的报社担任城市要闻版编辑。专业对口、前景光明，信心满满的小翼摩拳擦掌，一心想打拼一番事业，做个职场“不倒翁”。不料所在的报社十个月接连换了三任总编：头一位总编重视社会新闻，小翼就投其所好，整天和其他小编们撒到社会上跑新闻现场，捕捉突发事件，跟踪社会热点。第二任总编喜欢情感话题，小翼也曲意逢迎，又满世界采访情感写手，组织情感选题。第三任总编偏好文艺评论，小翼也“与时俱进”，学着写起了影评、书评……本以为如此亦步亦趋会得到总编的青睐，没曾想年终考核时，总编认为小翼业务能力差，写什么不像什么，结果，小翼也和报社里诸多跟风小编们一样，在走马灯般更换主编情况下，纷纷被炒了鱿鱼。只有副刊编辑小夏，尽管其顶头上司换了一个又一个，下面的走了一茬又一茬，他却坚守自己的本职岗位，“我自岿然不动”，顺顺利利地做一个职场“不倒翁”。

案例点评：像小翼这种处处奉迎、盲从领导的心理是无法成长为职场“不倒翁”，事业“万年青”的。上司毕竟是人，他也有考虑问题不周全、处理事情不周到的时候，这时下属就必须不盲从，要有自己的主见。

3. 到位而不越位

作为下级，在工作中摆正好严格的领导与被领导关系，恪职敬业，积极勤奋，做好本职工作。尽量保持清醒头脑，摆正自己的位置，不可越权而行，随意利用上级的权威做出损害领导形象的事情或私自代做决定。不管是决策越位、表态越位或工作越位，都会给与上级的关系带来损害同时注意严格遵守组织纪律，加强保密观念，不该问的不问，不该说的不说。

二、平级同事之间的相处礼仪

对公司来说，同事之间气氛越好，大家的心情自然越好，工作效率必然越高。那么，平级同事之间应如何处理关系呢？具体来说，应从以下几个方面做起：

(一) 微笑待人，讲求协作

微笑是世上最美的语言。无论面对工作，还是同事，每天面带微笑，不仅可以使自己心情愉悦，也能感染到身边的同事，会赢得更多人的喜爱。其次，同事之间要同心协力。一个工作往往需要多方协作才能做好。同事之间一定要相互协作，相互支持。对年长的同事要

① 《服从而不盲从》，搜狐网，http://roll.sohu.com/20110716/n313599798.shtml。

多学多问、多尊重,对比自己年轻的同事则要多帮助、多鼓励。要与同事商量,不可强求;对方请求帮助时,则应尽己所能真诚相助。再次,要学会待人处世的艺术,要尽快熟悉周围的同事,要真诚待人,关心他人,尽量克服使人讨厌的性格和习惯,也不要斤斤计较。

(二) 尊重距离,乐于助人

在单位与同时相处要尊重同事之间的距离感。首先是尊重他人的空间感。对正在办公的同事,无论他在看什么,或在写什么,只要他不主动和你聊,你最好回避不问,忌刻意追问,刨根究底。如"谁来的信?""写什么东西呀?"其次是不可轻易翻动同事的东西。如同事不在,而你又确实急需找东西,事后要说明致歉。再次,对同事的私事采取不干预态度。每个人都有不愿为别人知道的隐私。因此,对同事的个人私事,不宜打听和干预,如陌生人找同事谈话,最好尽量避让,而不要旁听。同事的信件,不应留意发信人地址;同事的电话,无需去揣摩;对异性之间的聊天,更无必要去凑热闹。但如同事个人或家庭遇到了困难和麻烦,应主动询问要否帮助,如不希望你介入,就不必多次提及;如需你帮助,则义不容辞地去做好。

(三) 一视同仁,不结"小团体"

由于个人具体情况不同,因而同事之间必然存在性格、年龄、能力、文化水平等各方面的差异。因此,每个人应尽量做到对上司和对一般同事一视同仁;对年长者和对年轻者一样关心;对一线职工和对后勤服务职工同等看待;对志同道合者和对与己有分歧者和平共处;不要结成小团体。跟每一位同事保持友好的关系,尽量不要被人认为你是属于哪个圈子的人,这无意中缩窄了你的人际网络。尽可能跟不同的人打交道,避免牵涉入办公室政治或斗争,不搬弄是非,自能获取同事的信任和好感。

(四) 少说多做,谨言慎行

一般来说,说多错多,在单位千万不能像个小喇叭一样。尽量低调做事,用眼睛去看,用脑子去记,用心去想,不要总是用嘴去说。在适当的时候,我们也要送去祝福温暖的话语,比如同事生日、晋升等等。但是平时尽量少说一些八卦之类的事情,也不要在背后议论别人的是非,尤其不要向你的同事抱怨你的领导或是同事。世上没有不透风的墙,如果从他人口中听到闲言闲语时,绝不可以附和,应该不加一句批评,让这话左耳进右耳出。

三、部门之间的相处礼仪

部门之间关系处理的融洽与否,直接影响到组织的工作效率。组织内各部分的良好沟通和精诚合作,有助于增强组织部门间的凝聚力,从而促进组织健康长远发展。掌握一定的部门相处礼仪,对于组织的发展来说具有必不可少的作用。

(一) 加强交流,增进了解

作为组织不可或缺的一部分,各个部门、办公室之间必须做好沟通协调工作。首先,必须树立全局观念,把维护组织整体利益作为最终目标。其次,部门间应相互尊重。有的部门觉得自己比别的部门重要,不懂得尊重对方,对他人颐指气使,这样不仅不能很好地完成工作任务,还有可能产生新的矛盾。再次,组织可以根据实际情况,建立部门间的相互沟通机制。还可以在工作之余考虑采取茶话会、内部联谊会、培训会等多种方式,通过不断变换讨论主题和环境,增进沟通,使部门之间能够增进了解。

(二) 发挥特长,团结合作

一个组织往往是由很多职能部门组成的,加强部门之间的团结与协作,是一门艺术,更是一门科学。现代社会,强调分工,更注重合作。一个企业、团体,犹如一个小社会。各部门工作相对独立,但要把每件工作都做好,需要各个部门同事互相团结,朝同一目标努力,形成合力,方能成就大业。其中,部门与部门之间要相互关照,相互提醒督促,克服怠、惰、拖、拉现象,相互真诚协作,友好共事,在本部门工作涉及其他部门时要做到:多主动配合,少推诿扯皮;多支持谅解,少指责埋怨;多承担任务,少推卸责任,以实际行动营造和谐融洽的工作氛围。

第三节 办公室礼仪

办公室是一个处理组织业务的场所,迎来送往、接待等是办公室工作的重要内容。办公室礼仪是指在日常的办公事务中所遵守的礼仪规范,包括办公室环境的整洁、办公接待的水平和办公人员日常的礼仪等。它不仅是对同事的尊重、对组织文化的认同,同时也最能反映办公人员的素质修养,在很大程度上也代表着公司的整体形象。因此,遵守办公室礼仪,是职场人士的基本要求。

一、办公室的环境礼仪

从某种程度上说,办公室是社会组织的门面,来访者首先通过办公室的环境而对组织产生第一印象。一般凡是成功的组织都非常重视办公环境礼仪。办公室的环境礼仪体现于办公环境的布置,它是一种无声的语言,不仅向来访者传递着组织的精神面貌和文化,同时也影响着工作人员的办公心情、言谈举止和待人接物的态度。总的来说,办公室的环境礼仪包括以下几个方面:

(一) 办公环境整洁有序

办公环境从外观上应做到洁净、有序。地面、走廊、墙壁应经常打扫,门窗玻璃、办公桌椅等室内器具应保持干净明亮。不要将文件、杂志、报纸、餐具、手提包等物品随意放在办公桌上,废纸废物应及时丢到纸篓中。办公桌上只放些必要的办公用品,并且一定要归类摆放、整齐有序。办公桌的玻璃板下面,主要放与工作有关的资料,应当少放家人照片,因为办公室需要的是严肃高效,而不是温馨舒适。文件应及时归整,放入文件柜,并做好保密工作。整洁有序的办公环境,突显了工作人员的工作紧张高效和卓有成效。

案例 3-9: 枝子小姐的办公桌①

枝子小姐是东京电力公司的一名职员,上个月她刚到公司上班。因为她开朗活泼、乐于助人,所以很受同事们的欢迎,同事们都非常热心地帮助她解决一些工作上或生活上的困

① 乔小敏:《世界 500 强企业培训经典全集》,人民邮电出版社 2012 年 4 月版,第 4 页。

难。渐渐地，她与同事们相处得非常融洽。

周一的早晨，枝子小姐刚到办公室坐下，武田先生就赶紧走到她身旁说："你的办公桌上好乱，应该收拾整洁才好。公司规定员工应该保持办公桌的整洁有序，你知道我们公司的管理是很严格的，不要让上司找你谈话才好。"

听完武田先生好心的提醒后，枝子小姐猛然想起，前几天上司走到她面前要一份资料时曾说了一句"桌子不整洁"之类的话。想到这里，枝子小姐赶紧把一片狼藉的桌子好好收拾了一番，从此以后她时刻提醒自己要保持桌面整洁，千万不能在这些小事上出差错。

案例点评：办公桌是组织成员礼仪的一面镜子，它既反映了该员工的工作态度、能力水平与礼仪修养，同时又反映出该组织的管理水平与礼仪形象。

（二）办公设备配置齐全

办公设备主要指计算机、电话、传真机、复印机、桌椅、沙发、茶几、文具等。随着时代的变迁，办公设备和办公用品不仅有其功用性，更具有必不可少的装饰性。办公设备的现代化是组织实力的象征和办公高效的基础。选择办公设备时应注意其色彩、质地、造型的美观、大方，不能一味追求简朴、实用。在摆放时，不但要注重合理便利，而且要追求其美观协调，形成理想的整体效果。

（三）办公心理环境健康

"硬件"环境仅仅是提高工作效率的一个方面，更为重要的往往是"软件"，即办公室工作人员的综合素质，尤其是心理素质。在日常工作中，人际关系是否融洽非常重要。互相之间以微笑，体现友好、热情与温暖，就会和谐相处。工作人员在言谈举止、衣着打扮、表情动作的流露中，都可以体现是否拥有健康的心理素质。总之，办公室内的软件建设是需要在心理卫生方面下一番功夫的。因为"精神污染"从某种意义上说要比大气、水质、噪声的污染更为严重。它会涣散人们工作的积极性，乃至影响工作效率、工作质量。为此，在办公室内需要不断提高心理健康水平。总的来说，应从以下几个方面努力：学会选择适当的心理调节方式，使工作人员不被"精神污染"；领导应主动关心员工，了解员工的情绪周期变化规律，根据工作情况，采取放"情绪假"的办法，工作之余多组织一些文娱体育活动，既丰富文化生活，又运用方式宣泄了不良情绪；有条件的可以建立员工心理档案，并定期组织"心理检查"，这样可以防微杜渐，避免严重心理问题的产生，或经常组织一些"健心活动"，使工作人员能够经常保持积极向上、稳定的情绪，掌握协调与控制情绪的技巧与方式。

二、办公室的接待礼仪

办公室是社会组织成员工作的地方，同时也是接待各位来访者的场所。外单位客人到本单位来访，无论是办事、求助，还是取经、调研等，一般都是在办公室进行。在办公室里接待客人，有如下一套礼仪：

（一）充分做好各项准备工作

1. 环境准备

办公室平时应保持优雅、整洁的环境。如有客人来访，应保持更高水平的工作条件。客人来访，一般会提前约定。得知客人来访消息后，应告知相关部门早做准备，把办公室收拾得干净利落：窗户要明亮，桌椅要整洁，东西要整齐，空气要清新。茶水及早备好，对重要客人还应备些水果。另外，考虑到季节因素，可开启空调调节室温，做到冬季温暖，夏季凉爽。

2. 物品准备

客人来访前，除了精心布置接待场合外，还有一项重要任务就是材料的准备。客人来访，是参观本单位某部门，或是考察某项工作，抑或研究洽谈相互合作事宜，公关人员应做到心中有数。一般而言，客人来访的目的会提前告知，应根据双方商定的会谈事宜，或客人的请求，让有关人员早做准备。需要的数据、资料，事先准备好，并商定好统一的内部口径，以免客人来后现找现查，或无法表态，显得匆忙被动。

3. 心理准备

在接待准备过程中，除了相应物品、环境的准备之外，更重要的是接待人心理上的准备。尤其是对于重要外宾或客户，接待人首先应意识到对方的重要性并调动自己的精神状态，不能显得无精打采，神情疲惫，甚至拉长脸或嫌麻烦。在公关接待中，只有站在对方的立场，将心比心才能体现出真诚的礼仪并赢得客人的好感。那种"门难进、脸难看、话难听"的现象不仅会令客人反感，更会严重地影响组织形象。因此，接待人员应有真诚的待客心理。

知识链接 3-1：接待引导的礼节

接待人员带领客人到达目的地，应该有正确的引导方法和引导姿势。

- 走廊的引导方法：接待工作人员在客人二三步之前，客人走在内侧。
- 楼梯的引导方法：引导客人上楼时，应让客人走在前面，接待工作人员走在后面，若是下楼时，应该由接待工作人员走在前面，客人在后面。
- 电梯的引导方法：引导客人乘坐电梯时，接待人员先进入电梯，等客人进入后关闭电梯门，到达时，接待人员按"开"的钮，让客人先走出电梯。
- 客厅里的引导方法：客人走入客厅，接待工作人员用手指示，请客人坐下，客人坐下后，行点头礼后离开。如客人错坐下座，应请客人改坐上座。

(二) 工作人员周到接待

1. 亲切迎客

当看见客人进入办公室时，应马上放下手中的工作，抬起头来朝来人微笑，或从椅子上站起来，礼貌地招呼一声"你好"。一般情况下不用主动和来访者握手，除非来者非常重要或年事很高，但是如果来者主动把手伸过来，你不要使对方的手悬空，要顺其自然。对于预约的访客或未预约的访客都要热情待之，灵活处之。

2. 热情待客

接待客人时，要主动取过客人的伞、帽子、外套，放在衣帽架上，并说"帮您挂在这儿"。秘书在退出会客室，要关上门时，不要背对访客，而以正面倒走方式退出。

递送茶水饮料，通常是先宾后主，应是在客人就座后，未开始谈正事前的时候。退出时，要端着托盘轻轻弯腰敬礼，静静退出，通常要面对客人倒退几步，在离开客人的视线后再转身背对客人退出。

知识链接 3-2：奉茶的礼节

- 奉茶的方法。上茶应在主客未正式交谈前。正确的步骤是：双手端茶从客人的左后侧奉上。要将茶盘放在邻近客人的茶几上，然后右手拿着茶杯的中部，左手托着杯底，杯耳应朝向客人，双手将茶递给客人同时要说“您请用茶”。
- 奉茶的顺序。上茶应讲究先后顺序，一般应为：先客后主，先女后男，先长后幼。
- 奉茶的禁忌。尽量不要用一只手上茶，尤其不能用左手。切勿让手指碰到杯口。为客人倒的第一杯茶，通常不宜斟得过满，以杯深的2/3处为宜。继而把握好续水的时机，以不妨碍宾客交谈为佳，不能等到茶叶见底后再续水。

3. 礼貌送客

当客人提出告辞时，办公人员应等客人起身之后再起立相送。主动为客人取下衣帽，让他们先出门并与他们握手告别，并选择一些礼貌用语送别，如“接待不周，请多原谅”，“欢迎再来”等。总的来说，一般客人可送至办公室门外，重要客户要送到单位大门外特别来宾还需陪同送至机场或车站。

案例 3-10:“尊贵”的位置

王辉刚大学毕业就分到一所学校办公室工作，人际交往变得频繁起来。一次，他随主任出去接待客人，所到人员多是些年龄较大或有一定职位的人。李辉选择了靠里的位置坐下，认为这样坐不碍事，也不会影响上菜。用餐期间，有人说到：“小李，你坐的位置可是最尊贵的位置，得喝酒三杯吧。”虽然此人并不是有意嘲讽，只是玩笑，却也令小李的脸红了，甚是尴尬。

三、办公室人员的日常礼仪

礼仪是通过美好的仪表仪态将人内心待人接物的尊敬之情表现出来。组织中的办公室人员，在日常工作中的仪表仪态及言谈举止礼仪不仅是个人良好气质修养的体现，同时也促进了组织整体形象的提升。

(一) 仪容仪表礼仪

1. 仪表干净整洁

办公人员形象作为组织形象的一部分，首先应做到仪表干净整洁。具体要求为：第一，经常洗头洁面，保持头发和面部的清洁，不能给人蓬头垢面、邋里邋遢的感觉。男士的头发不宜过长，也不得剃光头，女士的发型应美观大方，符合身份。第二，在工作交往中，尤其是男士，应尽量避免散发出烟、酒等刺鼻性气味，要保持口气清新。上班之前或与客户会谈之前，尽量不要喝酒、抽烟或吃异味食品。第三，女士化妆是自尊自爱的表现，同时也体现了对他人的尊敬。值得注意的是，工作妆应保持自然清新，千万不能浓妆艳抹，力求妆成有却无。

2. 着装大方得体

办公室着装礼仪越来越被人们所关注。因为服装无声地诠释了办公人员所在的行业和职业态度,使着装者有一种职业的自豪感、责任感,是敬业、乐业在服饰上的具体表现。首先,男士着装应整洁大气、颜色传统。其中西装和纯棉的白衬衫永远是办公人员最适当的选择,衬衫衣领要干净、挺括。在参加重要活动或接待客户时,应佩戴领带,切忌领带破损或歪斜。鞋子要与衣服相搭配,袜子颜色永远比鞋子颜色深,切忌穿白色袜子或肉色丝袜。其次,女性同样应保持服装端庄得体,淡雅整洁。其中,职业套装是最佳选择。值得注意的是,女性服装不得太花哨妖艳、不得太暴露,同时也不宜穿过紧或过臃肿的服装。

(二) 举止谈吐礼仪

1. 态度真诚友善

办公人员在与对方谈话过程中应始做到热情真诚,和蔼亲切。应面带微笑,注视对方,同时应掌握目光对视的时间,切忌始终盯着对方,否则会让对方感到不适甚至尴尬。此外,交谈时要学会观察对方的表情、神态,不能使谈话陷入僵局或不欢而散。

2. 谈吐文明谦逊

俗话说:“有善心,才有善言。”语言美是心灵美的语言表现。在工作、社交场合,办公人员的谈吐礼仪应做到以下几个方面:第一,尊重为本。俗话说:“内谦外敬,礼仪自行。”只有从内而外的真诚地给予他人尊重,才能在语言上显出恭敬之情。第二,要根据不同的场合和不同的对象来选择恰当的敬语。比如,正规的社交公务场合,或与师长或地位高的人交谈,以及同陌生人谈话,应分别使用不同的敬语。第三,在语音语调上应做到亲切柔和,友善亲切。切忌摆出一副高高在上教训人的架势或以教训人的口吻谈话。

3. 举止从容优雅

办公人员的气质修养同样体现在举手投足间。因此,要努力做到举止从容优雅。具体来说,第一,办公人员要做到“站如松”、“坐如钟”、“行如风”,保持身体挺直,不倚靠驼背;尤其是在参加重大活动或与客户会见时,切忌双手抱在胸前或双手插在口袋。第二,在工作交往过程中,应遵守必要的交往礼节。如,握手时应挺直腰背,注视对方,面带微笑,做到热情大方,不卑不亢;遇到上级和同事时应主动问好或点头致意;在办公室或重要社交场合,不应大声喧哗,保持自己的行为举止合乎规范礼仪。

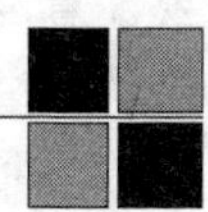

第四节 员工职业生涯管理礼仪

员工职业生涯管理是组织内部公关的重要组成部分。它是组织为了不断地增强员工的满意度与忠诚度,并使其能与企业组织的发展和需要统一起来而制定的有关员工个人成长、发展与组织需求和发展相结合的计划过程。其主要目标是将员工的个人需要与组织的需要统一起来,做到人尽其才,同时最大限度地调动员工的积极性、主动性;还可以增强员工的主人翁意识,从而培养、提高员工的组织信任感和归属感,以不断增强组织的凝聚力和向心力。

在员工的职业生涯发展过程中，从求职面试、立业到职业中期和离职退休，组织如何从关怀的角度和员工的需要出发，培养员工终身就业能力，使员工看到自己的希望和前景进而间接地推动组织的最大发展，涉及一系列组织员工职业生涯管理的礼仪规范。因此，组织只有遵守相应的员工职业生涯管理礼仪，关注并促进员工职业发展，才能为员工真正打造没有天花板的广大发展空间。

一、组织招聘礼仪

为了在组织招聘过程中提高求职者对组织的认可度和信任感，体现组织内部员工素质修养和组织形象，掌握一些招聘礼仪是非常必要的。良好的组织招聘礼仪能体现出对求职者的尊重和重视，帮助树立加入组织的信心和决心。然而，这些礼仪和要求是非常细节性的，若有一个地方做不到位，公司的形象就会在一定程度上受到打击。

(一) 招聘前期的礼仪

1. 认真制作招聘广告

组织招聘礼仪其实从写招聘广告就开始了。在招聘广告中要通过短短几句话让应试者看过之后愿意投简历，并不是件易事，但至少要做到以下几点：

(1) 语句通顺，杜绝错别字

招聘广告首先要做到语句通顺，通俗易懂，杜绝错别字。这是维护组织形象的前提，也是对求职者最起码的尊重。若短短几百字的招聘广告语句都错误百出，词不达意，必然会降低组织在求职者心中的地位。因此，为了防止这种不尊重别人又影响公司形象的事情发生，在发出招聘广告前，要仔细读三遍以上，最好请其他同事复核，保证准确无误。

(2) 慎用歧视性语句

尊重为本，平等待人是礼仪的核心要素。在组织招聘中，尤其是在招聘广告中，应慎用歧视性语句。比如，地域性限制，如："××省免"、"××籍免"等词绝对不可以出现在广告中。同时，也不可以有民族或外观的歧视语句，如"外貌不端庄者免"、"四肢健全"、"限汉族"等。

2. 精心布置招聘现场

组织中很多岗位需要在大型招聘会上进行现场招聘，那么在组织现场招聘的过程中，需要注意以下礼仪规范：第一，要保持招聘展台整洁有序。一般来说，招聘展台上可以放置相应的组织材料以供求职者了解。切忌摆放招聘人员的私人物品，如手机、钥匙等。第二，制作引人注目且合乎规范的宣传标牌，以吸引求职者的注意。第三，招聘人员应举止得体，态度诚恳。在面对求职者的咨询时，应耐心认真地做出积极回应。切忌摆出一副居高临下的领导者姿态，更不能爱理不理，态度冷淡。

3. 制作面试通知单

精美的面试通知单不仅让人感觉到公司对招聘的重视，同时也能让求职者体会到被尊重的感觉。在面试通知单上，招聘单位应准确告知求职者面试的具体时间、公司地点和必备材料。此外，俗话说，与人方便，与己方便。为了让求职者更容易地找到公司所在位置，可以在面试通知单上附上公司附近交通车次表。

案例3-11：深圳市××生态工程股份有限公司

面试通知单

先生/小姐：

感谢您对我司工作的支持！您应聘的 ________ 部 ________ 职位已通过初次面试，请您于________月________日时备齐毕业证、身份证等其他相关证件按指定的时间到我司面试。

公司地址：××××××

乘车路线：南头坐331(或其他途径)到松岗汽车站下车，在松岗松桥酒店旁坐中巴764到江边工业区××生态工程股份有限公司。

如有不明之处，敬请与徐小姐联系，联系电话：××××××。

人力资源部

年 月 日

(二) 面试前的通联礼仪

除非是组织在人才市场直接招聘的人员，否则无论是外面招贴广告，还是通过网上招聘，都有可能打电话给求职者或接到求职者咨询的电话。此外，有的组织还会通过邮件的方式与求职者联系。如果组织工作人员打电话或发邮件的礼仪不到位，很可能使应试者放弃来公司面试的计划。因此，良好的通联礼仪不仅是组织办公人员自身修养的体现，同时也有利于打造良好的组织形象。

1. 电话礼仪

当需要电话通知求职者来单位面试，或者通过电话了解求职者一些个人情况时，必须要打电话给应试者，一般来说，办公人员在组织招聘电话中应注意以下礼仪细节：第一，为了让求职者感觉到组织的重视，最好应事先将要问的问题或通知资料准备好，并能准确无误说出对方姓名。在通话中，工作人员态度应亲切温和，争取让对方听到带微笑的语言。第二，核实面试事宜。为了提高工作效率，组织工作人员可以打电话告知求职者顺利进入面试，告知其已将乘车路线、面试时间和需要携带的资料通过邮件发给对方，邮件发出后，让对方查收或确认。这样既能减少电话中反复说明的时间，还能让对方感觉到即将应试的单位比较人性化和专业化。第三，工作人员打电话时，要注意语音语调，尽量多使用敬语，保持语调适中，声音不要太大也不要太小，声音太大会让对方耳朵不舒服，太小对方又听不清楚，反复询问会增加彼此的不愉快。

2. 邮件礼仪

在通知求职者进入面试时，很多单位都通过发邮件的方式告知对方。因此，工作人员在给求职者发邮件时，应注意以下几个方面：首先，尽量使用对方的全称称呼对方。一般来说，记住并能准确地称呼初识者的全名，会让对方感受到一种重视。尤其是在组织招聘中，用全称称呼对方是一种符合礼仪规范的不可忽视的细节。其次，在邮件中主动向对方问好。如果正好碰到节日，可以在邮件中写上“××节快乐”，即使是周五、周六发邮件，也可以写上“周末愉快”之类的问候语。写邮件时，有的人喜欢问候完立马接着就写正文，但从心理学的角度，如果说完问候语，空一格另起一行再写邮件正式内容会更好，这样可以让对方有几秒钟的时间调整一下情绪，接下来看邮件内容会更投入。再次,要注意列明要项。为了便于应试者明确邮件的内容,最好分条列明要说的内容。切记,邮件内容不要太多,最好不要超过五条。如果约求职者来面试,一定要说清楚面试的具体时间,需要携带的资料,总面试的时间的大致长度,另外,别忘了将之前提到的公司所在的位置和乘车路线链接附上。另外,不要忘记在邮件最后署上自己的名字。

(三) 招聘面试中的礼仪

1. 面试接待礼仪

当应试者到达面试地点后,组织事先安排的面试接待人员应认真做好面试前的引导工作。具体的礼仪规范为:

(1) 面带微笑,欢迎前来面试的每一位应试者。

(2) 主动介绍自己,到来的求职者有了解信息的优先权,进而对方会告诉你面试的职务,自己的姓名。

(3) 将应试者带到接待室。如果天气稍热,请打开空调,不要让应试者感到不适,这样会影响到接下来面试进程中的效果,争取为他们创造一个放松舒适的等待面试环境。

(4) 严格来讲,应该给每位来访者倒一杯水。这是中国人欢迎客人的最基本的礼节。

(5) 事先准备一些杂志、书籍或者是公司网站上的资料,供来访者临时查看。

(6) 重复知会应试者今天的面试时长和相应细节,让应试者有所心理准备。

2. 正式面试中的礼仪

正式面试是整个招聘过程中最核心的部分,无论对组织单位还是对应试者,都是非常重要的环节。在面试过程中,不仅可以促进双方进一步地观察了解,同时也是彼此是否专业化的一种考验。对于组织单位的面试官来说,礼仪与细节显得同样重要。

(1) 尊重每一位求职者

对于每一位应试者,组织面试官都应给予充分尊重。尊重每位应试者来之不易的面试机会,尊重他们的人格尊严和个人隐私。不可以通过言语表露出对应试者的极度不满,不可以在面试中对应试者的价值观、道德观和家庭情况进行评判。同时,面试官应保持端庄得体的言谈举止,尽量做到严肃中不失亲切,以缓解应试者的紧张情绪。

(2) 面试中不要接听手机

面试是一件非常严肃和庄重的事情,在这样的紧张氛围中,如果面试官因自己的手机铃声而影响应试者答题思路及考场纪律,这是对面试者极不尊重的行为。因此,在面试过程中,主考官应将手机关机或调成静音,不能因电话而扰乱正常有序的面试进程。

(3) 认真做好面试记录

在面试中,主考官应根据应试者的各方面表现(如着装、谈吐、逻辑思维等)做好详细的面试记录,以供面试结束后综合公正评定。

知识链接 3-3:李开复说:人才是企业竞争的第一战场①

● 要亲自三顾茅庐去找人,好的老板至少把20%时间放在招聘上,我从来没少过20%。

---

① 《李开复:人才是企业竞争的第一战场》,中国企业家网,http://www.iceo.com.cn/renwu/27/2013/0305/264621.shtml。

- 要试图雇比自己更优秀的人，最好是在某些方面比你优秀的人。
- 每雇一新人，就试着把团队平均水平提高。
- 别让你的中高层管理者有机会隐藏他们团队的人才，优秀的人是属于公司的。

（四）招聘面试后的礼仪

1. 面试评定

面试结束后，组织应及时召开面试小组讨论会。组织应本着公平公正的原则对每一位求职者做综合评判。录用任一应试者，都不能搞一言堂，要取决于面试小组的综合意见，即便招一个最基层的员工，也不要从头到尾由一个人来决定。面试评判需要将应试者的所有资料全部放在一起，由面试小组投票或商议共同决定。

2. 结果通知

通知结果有多种方式。若条件允许，可以全部电话通知；条件不允许，则可以对录用的用电话通知，未录用的用邮件形式通知。然而，有很多组织单位仅通知最终录用的人，对落选者不予理睬。其实这并未充分体现组织的以人为本理念，真正符合礼仪规范的做法是对所有的面试者都予以告知。尤其是对落选者，可以通过电话或邮件让他明白在这次面试中缺失的是什么，以便在以后的面试中更加注意。尤其要告知对方单位会将其资料永久保存，必要时可能还会联系他们。

对于成功录用的应试者，除了电话通知外，也可以附上一封邮件。邮件内容可以包括：感谢对方花时间和精力来参加面试，找出一项应试者在整个面试过程中优秀的一点来赞美对方，如果确实找不到，也可以对非常平凡的一点表示肯定。此外，告诉对方评判的结果，对应试者在整个面试过程中的劣势找一个或两个加以建议，如"要是你在××方面有所改善的话，那将是非常好的"。最好建议应试者与公司经常保持联系并附上人力资源的电话号码和邮箱地址。

3. 资料管理

面试结束后，应在当天将所有应试者的简历和资料、试题、面试记录表一起装订起来。每一位应试者的简历资料都应分类装订，最好是试题放在最下面，中间是面试记录，最上面是应试者的简历。装订完成以后，根据公司人才库的管理，分类放入指定的文件夹。

二、员工职业初期礼仪

成功通过面试的应试者，可以顺利进入组织工作。然而，作为组织新人，如何更快地适应新环境并融入组织群体，如何全面地了解掌握岗位知识和技能，除了员工自身的努力之外，组织应本着人文关怀的理念了解员工的需求，真正地关心员工，为他们的顺利上岗提供条件。具体来说，组织对于员工的上岗应做到以下几个方面：

（一）举办新员工欢迎会

为了彰显组织人文关怀的管理理念，体现组织对员工的关爱，让新员工切身感受到大家庭的温暖，增强员工对组织的信赖感和归属感，促进组织与员工间的沟通交流，组织可以通过举办新员工欢迎会让新进员工更快地了解企业，融入集体。在欢迎会上，首先组织领导对所有的新员工致欢迎词，并可以简单介绍组织文化和理念；然后让新员工自我介绍，进而新老员工之间可以相互交流；最后领导做简单的欢迎会总结。

案例 3－12：日本企业的独特文化——入社仪式

每年的四月一日，日本的大中型企业都会举办新职员入社仪式（initiation ceremony）。所有新入职员聚集一堂，听从社长（公司上层都一起出席）的训示，期待每个新职员都能保持高度的自觉性，为公司尽心尽力。据说这种入社仪式在其他国家是很少见的。

（二）组织员工岗前培训

组织新员工岗前培训是每个组织或企业都必须做到的。因为岗前培训不仅是员工了解组织文化、岗位知识和技能的过程，同时也是组织考核了解员工的一个重要阶段。一般来说，岗前培训由组织人力资源部统一组织，培训时间一般为3—5天，培训内容主要包括：入职沟通、相关组织理念和文化宣传、行业发展趋势、法律知识以及部分指导老师（老员工）以老带新进行知识和技能的传授。同时，为使新员工尽早适应企业环境、达到岗位要求，还可以为新员工设置如职场礼仪与人际沟通、团队融入、职业心态等职场交往礼仪课程。此外，组织应在新进员工的培训中加强职业生涯的培训，树立员工具有职业生涯规划的意识，让员工具有持续学习的品质，营造一个学习的氛围，使员工积极奋发向上。

案例 3－13：松下的“入社”教育①

松下电器公司是全世界有名的电器公司。进入松下公司的人都要经过严格的筛选，然后由人事部门掌握开始进行公司的“入社”教育。首先要郑重其事地诵读、背诵松下宗旨、松下精神，学习公司创办人松下幸之助的“语录”，学唱松下公司之歌，参加公司创业史“展览”。为了增强员工的适应性，也为了使他们在实际工作中体验松下精神，新员工往往被轮换分派到许多不同性质的岗位上工作，所有专业人员，都要从基层做起，每个人至少用3—6个月时间在装配线或零售店工作。

案例点评：入社教育实质就是把组织的文化融入员工的血液中去，让新员工适应工作环境，胜任工作岗位。

（三）为新员工提供平台

首先，组织可以经常开展技能竞赛或演讲、征文、运动会等多种形式的文体活动，给年轻人展示的平台，提高他们的公司参与度。其次，定期开展工作交流会，了解他们的想法和需求并加以解决，对他们提出的好建议给予肯定和采纳，赋予他们新的工作任务进一步锻炼提升其能力。再次，适当地升职、加薪和良好的绩效反馈，给予新员工接纳和认可的表示，对他们是一种强有力的激励。

---

① 《松下公司企业文化案例》，总裁学习网，http：//www. cs360. cn/guanlilunwen/huijishenji/guanlitizhi/71235/。

案例3-14：用机会改变差员工[①]

琼斯是一位年过三十的未婚女性。她是做文件处理工作的，大家都认为她很刻薄，很难与她共事。但凡新来的人好像都要吃她的苦头，因而在公司里，大家对她的评价很差，不愿意接近她。

新上任的部门经理在知道这一情况后，同她单独进行了一次交谈，随即大胆决定，把她安排到人力资源部门。对经理这一决定，员工们都深感惊讶，不约而同地提出反对意见，然而这位经理仍坚持自己的决定。刚开始时，琼斯对这件预料之外的事情的降临，好像还显得有几分惊慌失措。令人吃惊的是，在短短一个月左右的时间里，她好像完全变了一个人，不仅昔日冰冷的面孔不见了，而且主动学习，业务处理问题解决问题的能力，丝毫不逊于前任男性职员。也许是这个全新的工作机会改变她对人生的态度，建立必胜的信心，从那以后，即使是对年轻人，琼斯也变得热情起来，原来对她的不良评价也在不知不觉之中消失。

有时候，人就是这样不可思议，人际关系也往往是这样微妙。武断地判定一位员工“行”或“不行”，是失败管理者的一种典型做法。只要充分挖掘，每位部属都是具有超常潜能的。即使是被公认为不可接近的人，也蕴藏着随时发生巨大变化的可能性。如果把“你不行”这张标签贴在他人身上，那个人就真的变得不行。我们时常有将身边人贴上各种标签的倾向，却从来不容对方申辩，可谓滑稽之极。要知道，不管是谁，都会有一些优点。我们首先应该毫不含糊地相信员工，相信他们之中的任何一位都有向前发展的可能性。更多情况下，只要给员工提供一个均等的机会、均等的条件，也许一切就会从此发生改变，非凡契机就会意外出现在你面前。

三、员工职业中期礼仪

员工职业发展中期是员工整个职业生涯中最重要也是最长的阶段。处于职业生涯中期的员工正处于其职业发展的黄金期，但也是危机期，特别是对在同一岗位上连续工作超过五年的员工。为了进一步增进员工对组织的认同，避免员工的工作倦怠感甚至跳槽，组织应努力从以下几个方面做起：

(一) 关注员工身心健康

员工健康就是组织的财富。组织应提供个性化的员工体检、员工心理援助和补充医疗保险等方案，配合进一步的健康运动指南，优化企业对员工的关爱行动，努力实现员工全面身心健康关怀系统，不仅强调关注身体的健康，更注重心理状况，比如可以设立心灵信箱、阳光服务室等，随时关注并解决员工的心理健康问题。同时，组织可以考虑员工多样化的需求，而给予个性化的选择空间，就像为每位员工度身订做一样，更让员工感受到前所未有的便利和企业的贴心关爱。

知识链接3-4：EAP计划

所谓EAP(Employee Assistance Program)计划，即员工帮助计划。是企业组织为员工

---

① 弗兰克：《管人的智慧》，内蒙古人民出版社2003年版，第232页。

提供的系统的、长期的援助与福利项目；通过专业人员对组织以及员工进行诊断和建议，提供专业指导、培训和咨询，帮助员工及其家庭成员解决心理和行为问题，提高绩效及改善组织气氛和管理。简而言之，EAP是企业用于管理和解决员工个人问题，从而提高员工与企业绩效的有效机制。一项研究表明，企业为EAP投入1美元，可节省运营成本5至16美元。

目前世界500强中，有90%以上建立了EAP。美国有将近四分之一企业的员工享受EAP服务，同时也被很多中国企业所采用。经过几十年发展，EAP的服务模式和内容包含有：工作压力、心理健康、灾难事件、职业生涯困扰、婚姻家庭问题、健康生活方式、法律纠纷、理财问题、减肥和饮食紊乱等，全方位帮助员工解决个人问题。EAP服务通过帮助员工缓解工作压力、改善工作情绪、提高工作积极性、增强员工自信心、有效处理同事/客户关系、迅速适应新的环境、克服不良嗜好等，使企业在节省招聘费用、节省培训开支、减少错误解聘、提高组织的公众形象、改善组织气氛、提高员工士气、改进生产管理等方面获得很大收益。

(二) 注重员工培训和教育

美国IBM公司有一句名言："员工能力与责任的提高，是企业的成功之源"。增加员工教育投资是未来知识型企业的主要投资模式之一。传统企业的投资方式只会局限于对有形资产的投入，而现代企业的投资方式更注重于对无形资产的投入。如美国摩托罗拉公司每年用于职业培训开支超过十亿美元，占其总利润额的3%。

对职业中期的员工进行培训和再培训，让他们的技能和知识在已有经验上更成熟，同时应当传递出更多新知识，新技能，而持续教育则起到催化剂的作用，鼓励员工不断提升自己，保持工作的兴趣。

(三) 适当拓宽奖励面

奖励不应只限于晋升和加薪，其他的奖励应该同样有效，让处于职业中期的员工从事令他们感兴趣而又富于挑战性的工作、更刺激的任务，领导的认可或表扬，或进行每年一个星期、半个月的有薪年假，或组织外出旅游等，在实施这些激励计划的同时，公司仍不能停止让他们制定长期的学习和接受培训的计划，参加持续教育的计划。

案例3-15：职工是企业无法复制的竞争力

河北钢铁集团唐钢公司董事长、总经理于勇常说："不论是现在还是今后，唐钢所做的一切，就是要为职工谋求最大利益，让企业成为职工的家。企业也将会由效益型向责任型，并最终转变为幸福型企业。"2008年是中国钢铁业最为痛苦的一年。经济低迷、企业停工、职工减薪……回忆当时的情景，很多工人说当时心里都在敲鼓："会不会减员？会不会降薪？"职工中蔓延着的悲观情绪，引起了唐钢决策层的关注。很快，唐钢决策层向全体职工做出了这样的承诺：不减员、不降薪。不仅如此，公司领导层还主动减薪30%，并拿出3亿元为职工增资，增资比例达到了25%。同时，唐钢还投入335万元补助职工在公司医院就医；给全体职工增上了"企业补充医疗保险"，职工最高可申请20.5万元的补充医疗保险；建设2.4万多平方米的四个生活服务区并投入使用，为职工提供存车、餐饮、洗浴等全方位服务。于勇经常说这样一句话:“我们什么时候都不能忘记工人们的辛劳与贡献。企业的发展离不开职工,企业的发展是为了职工,作为企业的领导者,什么时候都要心里装着职工。”以人为本,尊重职工依靠职工,在唐钢绝不是一句空话。除了不可或缺的职代会、厂务公开、工资集体协商、职工代表巡视等以外,还疏通了一个又一个让职工有话直说的渠道总经理信箱、民主参与月、经理联络员等活动,搭建起了一线职工和决策层沟通的桥梁。

在企业这种人文关怀的理念下,3 万多名唐钢职工用实际行动回报了企业。从深入挖潜、优化指标、改进工艺到降低能耗,职工用热诚的心贡献出的智慧建议,一年间即被企业采纳 5 916 条,创效 4 877 万元,实现挖潜增效额 30.25 亿元。

案例点评:职工是组织无法复制的竞争力,组织应该为职工谋求最大利益,让组织成为职工的家,如此,组织才会由效益型转向责任型,并最终转变为幸福型组织。

四、员工职业后期礼仪

处于职业生涯后期的员工,工作积极性、进取心难以调动,工作参与度降低。组织则应当积极认真做好这部分员工的退休工作,不能忽视这类群体的员工,不要因为他们即将不再为组织作贡献而置于一旁不顾,其实老员工的退休所能产生的社会影响可能更大。因此,组织对他们的关爱主要应做到如下四点:一是如果职业生涯后期员工的心思不在工作,让其全天候地守在单位对其本人来说是一种折磨,对其他员工来说是一种影响,不如对其采取弹性工作制或适龄内退制,让职业生涯后期的员工能够身心放松地度过退休之前的过渡期。二是如果职业生涯后期员工的工作热情仍然很高,不妨继续发挥他们的余热,主要利用他们丰富的工作经验和在公司中的影响力,当导师、带新兵,为公司作出贡献。三是制定完善的退休计划,并且完善简化退休手续流程。四是对离退休员工的关爱。对离退休员工要关爱他们退休之后的生活,定期体检、节日慰问、发放防暑降温费、合理安排退休之后的文娱生活。

五、员工离职礼仪

对于组织来说,每天都会有员工因为各种原因提交离职报告,组织应在尊重员工意愿的基础上不断改进组织工作。具体来说,关于员工离职管理礼仪,应做到以下几点:

(一) 了解员工离职原因,帮助组织不断改进

员工做出离职决定必定是深思熟虑的结果。其中很大部分原因是对未来工作有更好的预期,现在的单位与即将就职单位在他心目中的高低优劣决定了他的离职选择。因此,组织领导者若想找出组织的不足,从离职者这里可以得到直接的信息。因此,但凡员工离职后能给组织以积极反馈和中肯建议,领导者应当加以重视并合理采纳。

(二) 尊重员工离职,减少员工抱怨

当员工选择离职时,会首先向上级经理提交辞职报告,经理了解员工意向后应主动挽留,但尊重其最后选择。经理不能对提出离职的员工“一哄二吓三辱骂”,更不能让员工有种人走茶凉的感觉。通常员工离职都会举行一个欢送会,大家可以吃顿饭来送行,可以说是

"欢而散"。

(三) 建立与员工之间的长期联系

组织应与员工建立长期的密切联系，了解员工的工作状态。同时，可以将离职员工的个人基本信息保留，同时将新的联系方式及新的职业建立文件档案。虽然说"好马不吃回头草"，但事实上，重新接纳离职员工比招聘新成员可以节省很多成本，老员工对工作业务流程和企业文化更加熟悉。摩托罗拉公司对离职员工的返聘有一条规定：如果公司员工离开公司 90 天以内重新回到公司，其工龄将跳过这段离职时间而连续计算。这有助于回归员工提升组织信赖感和忠诚度。

总之，组织为了更好地发展，就要在关爱员工方面下工夫，了解员工需求，满足员工需求，创造条件帮助员工实现需求。员工的需求得以满足和实现，自然会加倍努力地工作，帮助客户实现需求，客户的需求得以实现那么企业的需求就得以实现了，最终实现员工价值、企业价值和客户价值的共同成长。

第五节　组织内部的工作岗位礼仪

在组织的日常工作之中，每个员工在自己的工作岗位上都必须遵守基本的礼仪规范，这就是所谓的岗位礼仪。在组织的一切工作场合中，作为一般性守则的岗位礼仪，是任何员工均应恪守不怠的。就时间而论，岗位礼仪适用于组织员工的一切上班时间之内。就地点而论，岗位礼仪则适用于员工在组织工作的一切工作地点之内。

一、工作岗位礼仪的总体要求

(一) 遵纪守法

首先，对于组织来说，要建立完善的组织规章管理制度，制定明确的岗位礼仪条例。其次，作为组织形象的缩影，每个员工都必须严格要求自己，做到遵纪守法，严于律己，养成良好的个人品质。认真遵守岗位礼仪规范，做到在工作期间及公共场所不讲粗话，以礼待人，以理服人。同时，员工应以身作则维护自己工作岗位的公共卫生、整齐清洁以及公共道德和公共秩序。

(二) 守时践约

为了促进和保持组织员工的工作积极性和自觉性，体现员工的职业素质，员工在工作岗位上应树立严格的时间意识，自觉遵守作息时间，准时上下班，做到不迟到、不早退，不得旷工、怠工、磨洋工。此外，为了体现工作效率，员工应做到按质按量完成工作任务，若有特殊情况，应做好具体的工作计划和安排。

(三) 日事日毕，日清日高

日事日毕，日清日高实际上有两层意思：一是今日事今日毕，员工每天的工作都能按时按质完成，如同做人一样，工作同样要善始善终。二是每天进步一点点。对每天的工作进行清理并总结,每天都有所提高。其实这体现出一种敬业精神,是一种完美的执行能力,是一种良好的工作习惯,是一种追求卓越的态度。不仅对于组织管理很重要,对于员工个人来说也非常重要,坚持这个原则,可以保证组织工作和谐有序且保质保量地完成。

案例 3-16: 海尔集团成功的秘诀

海尔集团非常重视企业管理。在管理上,提出了"日事日毕,日清日高"的管理模式。这一独到的管理,使企业运行效果不断提高,并促进了海尔集团在二十几年内持续取得辉煌业绩。海尔是从 1994 年开始贯彻"日事日毕,日清日高",即每天对消耗和质量进行清理,找出产生问题的原因和责任,做不到日清不下班,这就是"日事日毕,日清日高"的管理雏形。通过不断的实践、创新、提炼、总结,逐渐形成了海尔独有的"OEC"管理体系,也就是英文"Overall Every Control and Clear"的缩写。"OEC"的含义是全方位对每人每天所做的每件事进行控制和清理,做到今天的工作必须今天完成;今天完成的事情必须比昨天有质的提高;明天的目标必须比今天更高。

案例点评: 海尔集团的成功有力说明高效的运行和强大的执行力是组织发展壮大的必备条件。

(四) 爱岗敬业

员工应具有岗位意识,严守工作岗位,干一行爱一行,全心全意做好本职工作。同时在工作中尽职尽责,主动负责,不允许得过且过,敷衍了事,缺乏工作责任心。此外,要努力钻研并做到精通业务,努力学习新知识、新技术,重视知识更新。

案例 3-17: 当敬业成为一种习惯①

一家公司要裁员,裁员名单里有内勤部办公室的徐华和杨燕,规定她们一个月之后离岗。听到这个消息后,她俩的眼圈都红了。

第二天一上班,徐华就情绪激动地拿杯子、文件夹、抽屉撒气。办公室订盒饭、传送文件、收发信件等原来归徐华做的工作,现在都无人过问,她还经常迟到、早退,在工作中得过且过。她想反正就要离开公司了,干得好与不好都是一个样。

杨燕呢,裁员名单公布后,她哭了一晚上,第二天上班也是无精打采的,可打开电脑,拉开键盘,她就和以往一样地工作起来了。她想: 反正已经这样了,不如干好最后一个月,以后想干恐怕都没有机会了。杨燕心里渐渐平静了,仍然像往常一样打字复印,随叫随到,坚守在她的岗位上。

一个月满,徐华如期下岗,杨燕却留了下来。主任当众传达了老板的话:"像杨燕这样敬业的员工,公司永远不会嫌多!"

案例点评: 敬业看似是对组织负责,而事实上也是对自己负责,杨燕在最后一个月的努

---

① 乔小敏:《世界 500 强企业培训经典全集》,人民邮电出版社 2012 年 4 月版,第 142—143 页。

力与坚持，体现了她个人的信守承诺的人格品质、工作态度、道德礼仪素质。

二、工作岗位礼仪的具体体现

（一）开始工作前

1. 提前15分钟到达公司

员工上班应以无迟到无缺勤为目标，提前15分钟到岗为最佳，在这段时间提前准备好当天工作材料和用具，以饱满的热情与良好的工作状态投入一天的工作当中。此外，"一天之计在于晨"，早晨的心情和状态对于一天的工作都起着非常重要的作用。因此，员工应保持快乐的心情开始一天的工作，早上初遇同事时应面带微笑主动问候"早上好"，体现出相互之间的友好和尊敬。

2. 坚持"早训"制度

早训是指利用上班前10—20分钟时间，全体员工集合在一起，互相问候，交流信息和安排工作的一种管理方式。这不仅对于提高员工组织性、纪律性和团队意识，调动员工良好的工作状态与精神面貌，同时对于培育组织文化和团队文化建设起着至关重要的作用。比如，每周一举行升国旗、唱国歌仪式；每日"早操锻炼"制度；早锻炼结束后，由部门经理向岗位职工布置当天的任务，明确工作目标并确认达成目标的策略。例如十分重视企业文化和员工价值观的松下公司，每天上午8时，遍布日本的87 000名松下员工同时诵读松下七条精神，一起唱公司歌。其用意在于让全体职工时刻牢记公司的目标和使命，时时鞭策自己，使松下精神持久地发扬下去。

3. 做好办公室清洁工作

在前一节中我们提到，办公室环境是一种无声语言，在很大程度上承载着组织的理念和文化。而干净、整洁的办公室环境则要依靠每个工作岗位上员工的共同努力。员工在每天的工作之前应打扫办公室卫生，保证办公区域的卫生整洁，同时在工作期间不得随地吐痰、乱扔垃圾，不在办公区域进食或在非吸烟区吸烟。

4. 详细了解一天的工作

在早训或晨会之后，每个员工应将当天的工作列出流程计划，以免遗忘。安排好各项工作的具体时间，从而促进工作效率的提高。

（二）在岗期间

1. 各司其职，各负其责。各部门员工应积极、高效地做好本职工作，从大局考虑，团结协作，为共同的工作目标努力，不得以公司、部门为界限，互相推诿工作任务。在岗工作时不得聚集聊天、嬉闹、吃零食。不在网上传输、发布有关公司内禁止或不宜出现的内容，不做与工作无关的任何事情。

2. 切忌擅自离岗。办公时间不得擅离工作岗位。如需暂时离开，应向同事打招呼，说明去向；如有急事需外出，则必须履行请假手续。

（三）工作结束前

在下班前，员工应及时认真总结一天的工作，做到日事日毕，不要养成工作拖拉的坏习惯；若时间条件允许，还可以有效计划明日的工作；下班离开岗位前，应仔细检查门、窗、灯是否关好，排除一切安全隐患，保证工作场所的安全。

★★★★★ 本章小结 ★★★★★

内求团结、外求发展是每个组织所追求的终极目标。良好的组织外在社会形象是建立在团结稳定的内部环境基础之上的。为增强组织的凝聚力和向心力，组织应努力形成和谐的人际关系氛围，无论上级与下级或平级同事之间都应做到彼此尊重，互相关爱，真正遵循以尊为本、平等待人的礼仪规范。尤其作为组织领导者，应时刻真切地关注员工各方面的需求、关心员工心理健康状况，从每个员工不同的职业发展阶段来制定相应的计划来促进他们的发展和进步，从而提升其工作幸福感。同样，对于员工来说，在组织的关心下全力做好本职工作，严格遵守岗位礼仪规范，促进员工价值和组织价值的共同实现。通过各方面的共同努力，构建一个各自恪守职责、互相沟通、和谐顺畅的组织发展局面。

★★★★★ 章末思考题 ★★★★★

1. 简述上下级之间的相处之道。
2. 什么是办公室心理环境？
3. 何为“日事日毕，日清日高”？

★★★★★ 案例分析 ★★★★★

羊城药厂为员工“树碑立传”

广州羊城药厂（王老吉前身）1991 年建立起一座碑廊。碑廊内耸立着五块 2 米多高的大理石碑。那上面篆刻的，不是什么英雄人物的业绩或高级领导人的题词，而是本厂 195 位普通员工的名字。原来，他们都是立功受奖的人员，厂里为他们“树碑立传”了。

羊城药厂曾有一段时间境况不佳。为了扭转这种状况，该厂领导号召全厂员工振奋精神，积极献计出力，打好翻身仗。上述 195 位普通员工努力工作，为厂子的振兴做出了突出的贡献，立下汗马功劳。1990 年，羊城药厂举行评奖活动，这 195 位普通员工分别荣获金羊奖、银羊奖和铜羊奖。

羊城药厂领导认为，广大员工是企业的主人。这 195 位有功人员虽不是什么英雄，但是他们发挥了主人翁精神，对厂子的翻身兴旺做出了突出的贡献，因此，他们的名字应该载入本厂史册，永志不忘。于是，就为这 195 位普通员工树起了记功碑。

这些记功碑树立起来后，在羊城药厂引起很大反响。碑上有名者感到自豪，受到鼓舞。他们决心为厂子的发展作出更大的贡献。而碑上无名者也感到学有榜样，干有方向，纷纷表示自己也要干出成绩来，争取自己的名字也被刻上记功碑。因为他们看到，那五块记功碑中的最后一块是空白的，它将留给后来人。一位小伙子说，他相信，通过努力，终会有一天也使自己的名字被刻在碑上。

案例思考题：

1. 羊城药厂用了什么方法处理员工关系？
2. 处理员工关系的技巧有哪些？

第四章
组织内部活动的公关礼仪

学习目标

- 了解组织内部活动的公关礼仪含义；
- 理解组织内部活动公关礼仪的意义；
- 掌握组织内部各类活动的公关礼仪。

开篇实例

东航山东分公司领导赴青岛流亭机场慰问一线职工①

2013 年 8 月 15 日中午，烈日当头，机场停机坪热浪袭人，又正值旺季生产，航班密集、带有东航银燕标志的飞机起落频繁，各套机组执行航班任务有条不紊、交接顺畅，相关保障部门规范操作、运转有序。东航山东分公司党委书记宋志平、党委副书记、纪委书记、工会主席臧素翃、工会副主席何振泰、女工委主任徐雅杰以及相关部门领导一行，冒着高温烈日，亲赴青岛流亭机场，相继慰问机组成员、维修部、运控部等单位的一线职工，将清凉送到员工的手中、将问候送到员工的心中。

各位领导深入到生产运营的第一线，将准备好的毛巾、清凉茶等慰问品一一送到机组成员手中，感谢大家在旺季生产期间付出的不懈努力，并嘱咐大家要注意保护身体、防范高温，圆满完成生产任务。随后又相继慰问机务维修人员、综合服务公司机舱清洁人员、货运工作人员，看到大家头顶烈日，汗流浃背，坚守岗位，各位领导快步走到大家身边，与员工亲切握手、送上清凉，充分体现了分公司领导关爱职工、心系职工的优良作风。

组织健康良性地运作离不开组织内部各类公关活动的开展。东方航空公司山东分公司领导慰问员工活动的案例，体现出组织对员工的真切关爱，增强了组织的向心力与凝聚力。组织内部活动是由组织内部的各类活动构成的，欲顺利有序地完成内部活动，组织需要按照公关礼仪规范来实施，因此公关礼仪必不可少。

第一节 组织内部活动的公关礼仪概述

作为社会存在的单位之一，组织必然要开展各种各样的活动以保证生存与发展，除了要与外部公众建立起和谐友好的关系，组织还要关注与满足内部公众的需要与情感，通过多种形式增进内部公众的关注度、忠诚度，从而成为组织开展外部公关活动的基本前提。

一、公关与组织内部活动

从广义的公关角度而言，组织内部所开展的一切活动，无一不是内部公关活动，因为无论何种活动都离不开作为公关主体的组织与作为公关客体的公众，离不开双方之间的沟通与交流，因此，组织内部的活动都与公关相关，都需要遵循相应的公关礼仪。不管是组织的会务活动、慰问活动还是庆典与联欢活动，都在有形无形地塑造或展示着组织的公关形象。

① 《东航山东分公司领导赴青岛流亭机场慰问一线职工》，中国航空旅游网，http: //news. cnair. com/c/201308/49898. html。

组织内部活动通常是指社会组织机构在正常运作过程中，为谋求生存与发展而进行的具有明确目的和主题内容的活动。组织正是通过形式多样、内容丰富的内部活动把组织内部公众集中在一起，进行有效的信息传播、沟通协调、通力合作，以此来促进组织的健康发展。举办活动是组织的生命力所在，而活动过程就是组织形象的展现过程，而组织要有良好的形象，也必须按照相应的礼仪规范来进行策划、实施。

案例 4－1：别克君越表彰大会

图 4－1

上海通用汽车有限公司成立于 1997 年 6 月 12 日，由上海汽车工业(集团)总公司、通用汽车公司各出资 50% 组建而成。为了促进公司的发展，鼓舞员工的士气，2009 年 6 月 19 日—21 日，上海通用汽车有限公司别克君越表彰大会在上海国际新闻中心拉开帷幕。

如案例中的表彰大会，很多组织都会举办，它有助于提高组织的凝聚力与向心力，提高内部公关形象。而要举办好这样的表彰大会，必须要进行精心地策划，按会务的礼仪进行实施，可以说举办组织内部的各项活动都应符合其相关的礼仪规范。

二、组织内部活动的公关礼仪

组织内部活动的公关礼仪是指在策划、组织、开展内部各类活动时必须遵循的道德准则与基本规范。组织内部活动题材广泛，形式多样，要使内部活动开展得顺利而有特色，达到良好的预期效果，组织内部活动的实施人员应严格做到以下几点：

(一) 明确目的，主题鲜明

任何组织内部活动都有特定的目的，要在目的的指导下努力促使其实现。例如各种会议的目的是促进组织内部信息上传下达和解决问题；联欢会、茶话会等庆典与联欢活动的目的是满足员工的精神需求和交流需要，加强组织内部的情感交流，增进组织的凝聚力与向心力。

每次组织内部活动都要有一个鲜明的主题,它也是组织内部活动目的的具体化,活动应当围绕主题而进行。组织内部的主题可以是组织正在面临的问题、内部公众共同关心的问题,也可以是纪念某一重大节日或慰问节假日坚守岗位或遇到困境的内部公众等。

案例 4-2:南方电网公司"强基础、提素质"知识竞赛主题活动成功举办[①]

2012 年 12 月 13 日,由南方电网公司审计工作协会主办的"强基础、提素质"内部审计主题活动在广州举行。全网系统各分、子公司共 12 个队参加比赛。本次主题活动分为规范化竞赛和辩论赛两个环节,通过台上的积极辩论和抢答,充分展现了公司审计人员的职业素质和风采。

此次活动旨在充分调动公司系统内广大审计人员立足本职、敬岗爱业、钻研业务的积极性,增强责任感、归属感和荣誉感,提高审计队伍的素质。

案例表明了该活动的主题,把活动的意义清晰地告知组织成员,明确的主题起了画龙点睛的作用。

(二) 精心策划,周密安排

组织内部活动的主题明确之后,就应该着手制定活动的计划,进行精心的准备,组织内部活动的计划内容主要包括确定活动目标、时间、地点、形式以及规模大小;确定活动的主持人、报告人、参加人员;确定会场及其布置、确定活动所需的物品以及活动的预算等。此外,还要组织一支精干的内部活动筹备队伍,这是内部活动顺利完成的组织保证。

(三) 宣传动员,努力实施

在活动的初步准备完成以后,就需要积极组织内部相关成员的参与,激发组织内部公众的积极性与主动性,真诚地邀请他们加入到活动中来。组织内部活动的影响一般都比较直接,效果也能快速得到客观评价,所以,每一项组织内部活动都必须谨慎地策划、努力认真地实施,避免造成不良的后果与影响。

(四) 有条不紊,有序规范

活动无论大小,都有一个准备阶段、正式过程阶段与结束阶段;而活动正式开始后又分成初期、中期、后期;结束阶段中应该有总结与反省,每个阶段都要有条不紊地开展。

(五) 礼为核心,平等尊重

通常组织内部活动公关礼仪规范的实施过程应当按部就班,中规中矩,但是也会遇到特殊情况,此时则应当以体现礼仪的核心——尊重为准,比如下面的案例就体现了组织对员工的尊重与关怀。

案例 4-3:会议室的紧急电话[②]

1976 年,美国《纽约邮报》刚被报业大亨默多克收购。新老板上任,小记者艾伦生怕自己

---

① 《南方电网公司"强基础、提素质"知识竞赛主题活动成功举办》,中国内部审计协会网, http://www.ciia.com.cn/docs/nbsj/2012-12-19/1355885884548.html。

② 张书宁:《会议室的紧急电话》,《环球人物》2013 年第 14 期。

被炒了鱿鱼。可这时，艾伦的妻子就要分娩，他不知该不该请假去照顾妻子。那天上午，艾伦接到通知，默多克要来给大家开会。

会议开始了，默多克站在台上，讲起自己的办报经历和对报纸前景的展望，艾伦看起来听得很认真，但其实如坐针毡，只想快点知道妻子的情况。这时，会议室响起急促的电话声，大家齐刷刷地盯着墙角的应急电话。默多克无奈地停下来，示意离电话机最近的人去接一下。

"医院打来的，说是找艾伦有急事！"那人说完，艾伦紧张地起身，对着台上的默多克解释道："怕是我妻子要生了，实在对不起……"默多克微笑着点点头，示意艾伦赶快去接，然后又压低嗓门对其他人说："既然是他家里的事，我们还是暂时回避吧。"说完便带头往外走。

意想不到的一幕发生了，100多位同事依次退出了会议室，直到艾伦接完电话才回来。默多克重新站上讲台，对艾伦说："谢谢你为我创造了更多时间，让我可以把报纸的未来想得更清楚。"他用最简短的话结束了会议，然后走近艾伦说："现在你可以去照顾你的妻子了。"30年后，艾伦也当上了报社总编辑。提及往事，默多克说："优秀的人都善于团结人，而最能征服人心的力量，恰恰是对他人发自内心的尊重。"

案例中可以看到，当一名员工家里有特殊的情况产生，那么组织当尊重该位员工，从组织领导到每一位员工都体现了对人的一个基本态度：尊重生命、关爱生命、尊重个人隐私，基于对生命的尊重，才是礼仪的关键所在，所有的礼仪规则、程序，都应当基于这样的关爱，才能真正凝聚人心，才能塑造好组织的公关形象，也才是真正的公关礼仪。

三、组织内部活动公关礼仪的内容

组织内部活动有很多种类型，有各类会务、庆典仪式、各种慰问等。首先，会务是组织经常开展的活动，无论何种类型的组织都离不了会务活动，会务活动主要是讨论问题、沟通协调、交流信息；其次，组织各类型的庆典联欢是促进成员进行情感交流的重要方式，可以增强组织的凝聚力，营造良好的组织氛围；再次，组织作为公关主体，它应当主动关心组织成员的工作与生活，提高员工的工作积极性，各类慰问与福利活动必不可少，由于活动较多，在此只陈述慰问活动中的公关礼仪。比如福利活动中组织员工健身活动，组织员工俱乐部，外出旅游等各类活动的公关礼仪，可以参考其他各类活动的公关礼仪方式，不在此具体论及。

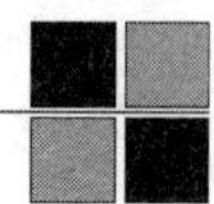

第二节　组织内部会务的公关礼仪

会务或会议是组织经常开展的事务性工作，一般是由组织相关成员围绕着组织目标而进行的商议事务的聚集活动。狭义的会务是指至少有三人参加的集体性商议活动，即传统的会议；广义的会务还包括两人或双方之间的会见与交谈以及各种仪式。会务是一种经常性的社会活动形式，组织得好，可以达到集思广益、有效沟通的目的。具体来看，会务的作用有传达信息、资源共享，表彰先进、树立典范，解决问题、推广经验等。

日常会务或许并不直接与组织的公关工作相关，但是组织日常会务的表现，比如会务能否正常准时召开，会务的效率如何等，这都是组织内部公关状态是否良好的反映，而这种状态与会务礼仪有着或多或少的联系，因此组织内部的会务礼仪，也是组织形象的重要组成部分。

一、会务的一般礼仪

会务礼仪是有关各种会议的组织、开展及后续方面的礼仪要求，属于现代公关礼仪的重要内容。不同性质的会议和会议的不同阶段有着各不相同的礼仪规范要求，这就要求公关人员注意区分不同会议的礼仪要求，掌握会议不同阶段的礼仪规范，以体现会务的特点，提高会议质量，完成预期的会议任务，促进会务工作的具体落实。

会议准备过程具有固定的程序，而在会议过程中扮演的角色不同，也需要遵守不同的会务礼仪。

(一) 会议组织者礼仪

1. 会议准备工作

(1) 确定会议主题、参会人数和议程

会议计划的第一项任务就是确定会议的议题。接着，作为会议组织者，还要考虑会议的类型和参加会议的人数。在商务活动中，主要的会议种类包括旨在解决问题的会议、调查问题的会议、小组会议、培训会议、工作回顾或展示会议、动员会议等。会议召开之前，要根据会议的宗旨确定参加会议的人员名单或范围。

会议议程有利于达到会议目的，提高会议效率，需要用心准备。一般来说，会议议程包括会议时间和地点、会议目的、会议议题的顺序。在拟定会议议程时，需要注意以下几点：

第一，会议的议题应该清楚明确，使与会者在到会前就能思考议题，并收集相关信息，使正式会议信息充足，效果更佳。第二，会议的开头比结尾更有创造性，最好把需要创造性和投入大量精力的议题放在会议议程的前半部分。第三，整个会议持续时间不应超过两个小时，以 60—90 分钟为宜。第四，会议议题的支撑材料和备用议题要准备妥当。

(2) 成立会务小组

一般来说，大型会议和重要会议可以选派专门工作人员组成会务组，负责会议的组织、协调等工作，做到分工明确、落实到人。会务组下至少应设以下主要部门：① 总务组，负责会场、采购、接送、食宿、交通、卫生、文娱和其他后勤工作。② 秘书组，负责会议的日程和人员安排，负责会议签到、文件、简报、档案等文字性工作，还包括印发会议文件、制发会议证件等。③ 保卫组，负责会议的安全保卫工作。

(3) 选择和布置会场

会议场所大小的选择，要根据会议的类型、规模、与会人员的身份和参会人数来确定。

地点要合理。如果是短时的会议，确定一两个小时之内就能结束的，要把会场定在与会人员较集中的地方；一天以上的长会，会场要尽量离与会者住所近一点，或者是统一安排住宿，避免与会者往返奔波。场地的选择还须考虑配套设施是否齐全、是否提供停车场地等因素。

会场的氛围布置要根据会议的性质、主题和内容而定，或庄重肃穆，或欢快轻松，或温馨质朴。例如，企业员工代表大会的会场要布置得隆重庄严，庆祝大会要布置得喜庆热烈，纪念性会议的会场要布置得肃穆典雅，而经验交流会的会场要布置得温暖亲切。

会场的布置和桌椅的摆放对于与会者的心理和会议的顺利进行有一定影响，一般而言，会场桌椅的设计有如下方式：

① 圆桌式或方桌式。与会者围桌而坐，相互之间可以看得见，能进行无拘束的交谈，适用于小型会议。② “口”字形。若出席会议人数较多，可以把桌子摆成“口”字形，内侧也可安排座位。③ “V”字形或“U”字形。这种方式适合自由型会议，一般要有黑板或银幕，使与会者不必挪动座位就能都看到画面。④ 礼堂型。这是目前中国最通行的适用于大中型会议的会场形式，特点是容纳人数多，显得有气势，便于布置。

(1) 圆桌式

(2) 方桌式

(3) U形桌

(4) 礼堂型

图 4－2 会场座位排列

大中型会议往往需要设主席台，主席台一般设在与会人员或观众席的对面。大型会议，多数在礼堂、会堂召开，主席台通常设在舞台正中；中型会议的主席台设在舞台上面或下面均可；小型会议可以不设主席台。主席台可放置鲜花和组织旗帜等装饰物。主席台背后墙面或幕布上需要悬挂端庄醒目的会标。此外，对于会议所需的各种音响、照明、投影、摄像、录音、空调、通风设备和多媒体设备等，应提前进行调试检查，由专人负责管理。话筒要放在最佳位置，并且根据发言人数准备适当数量的话筒。

大型会议要安排好进退场的路线，还应在门口悬挂标语，如果会场比较隐蔽，则需要放置指路牌以引导与会者。

图 4-3 会议指路牌

(4) 通知与会人员

会议通知要做到"及时、详细、规范",通知内容主要包括会议名称、内容、日期时间、地点、与会要求、参会人员食宿安排等。此外,如果会议预先准备好议题并有一些与主题相关的材料,则需要事先同会议通知一起寄发给参会代表,使他们可以提前了解会议情况,进行有针对性的准备。

通知的寄发可以采用多种形式。若是邮寄通知,最好在信封上注明"会议通知,收到急转",以免途中耽搁。在如今互联网时代,会议通知可以通过电子邮件寄发,迅捷及时。网络不畅的情况下,也可以采用打电话的方式通知对方。最好要求收到会议通知要发回函或回邮件、电话,以方便确认与会人数。重要会议在临近召开时,要再次确认重要人员是否准时到场,以免出现问题。

案例 4-4: 会议通知范例

企发第 56 号
2001 年 10 月 2 日

各位部门经理:

营业部长(印)

关于营业企划会议的通知

兹拟召开营业企划会议,敬请各位准时出席。

1. 时间:2001 年 10 月 12 日(星期五)
   10:00—12:00
2. 地点:第二会议室(6 楼)
3. 议题:关于新产品的促销计划
4. 资料:请携带上次会议分发的资料

营业企划部 承办
黄大山(内线 5621)

（5）会议用品的准备

组织内部负责会务工作的公关人员要根据会议的类型、内容确定需要准备哪些物品，比如姓名卡、座位签等会务用具，纸张、笔记本、笔、文件夹等文具，以及茶、咖啡、矿泉水等饮料，还有声像用具，还要确定是否需要准备小点心等食物和小礼品等。

（6）安排座次

会议座次安排妥当、全面照顾，才能体现对参会者的公正与尊重，保证会议顺利召开。

① 小型会议的座次安排有三种情形。

自由择座。即不安排固定的具体座次，由与会者自由选择座位就座。

面门设座，即面对会议室正门的是会议主席或领导者座位，其他与会者在其两侧就座。

依景设座，指会议主席或主持者的位置不是面向会议室正门，而是背靠会议室里主要景致，如字画、讲台、屏风等，其他与会者在其两侧就座。

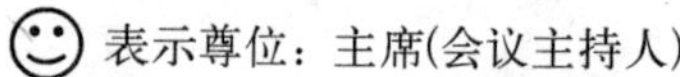

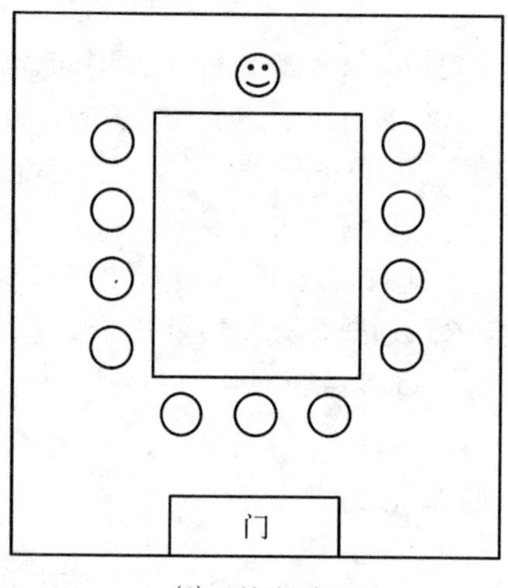

（1）面门设座

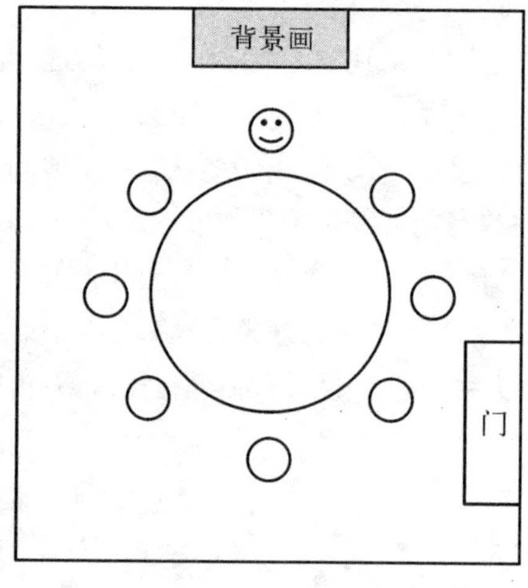

（2）依景设座

图 4－4　小型会议的座次安排

② 大型会议在会场上分设主席台和群众（观众）席，群众席不一定要排座，而主席台排座大有讲究。

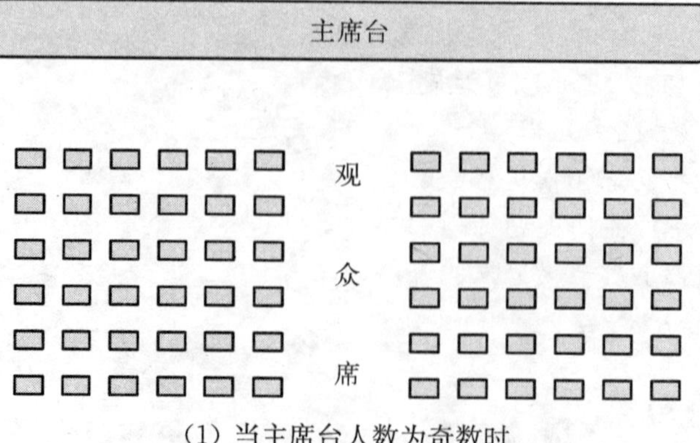

（1）当主席台人数为奇数时

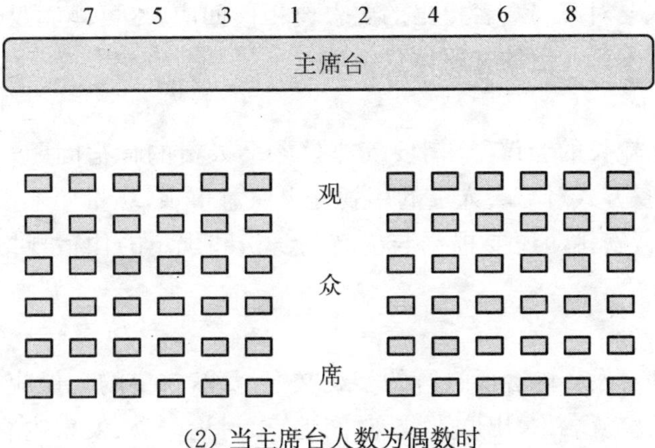

(2) 当主席台人数为偶数时

图 4-5 主席台排座

主席台排座：大型会场的主席台要面对群众席(会场主入口)，主席台成员的桌上放置正反两面的桌签。主席团是在主席台上正式就座的全体人员，目前国内排定主席团座次有两个基本规则：第一，前排高于后排；第二，中央高于两侧。

案例 4-5：不细心的后果[①]

一次会议上，会议工作人员忘记把某位与会领导的名签打印制作出来。该领导本应安排在前排就座，结果因没有名签而未预留出他的座位。当该领导进入会场，兴致勃勃走向前排，准备对号入座时，才发现并没有自己的座位。该领导脸上表情异常难看，非常生气地退出了会场。

主持人座席：会议主持人(有时即大会主席)位次的具体规则有：第一，居于前排正中央；第二，居于前排的两侧；第三，按其具体身份排座，但不应该就座于后排。

发言者席位：正式会议上，发言者发言的时候不宜坐在原处，发言席的常规位置有两种：第一，主席团的正前方；第二，主席台的右前方。

群众席排座：群众席排座方式有两种：第一，自由式择座，即不统一进行安排，由与会者各自择位而坐。第二，按单位就座，即与会者按照所属单位、部门、地区、行业就座。如果有前后排，以前排为高，后排为低。

2. 会议过程中的礼仪

(1) 会议签到

为了统计到会人数，严肃会议纪律并确保会议的安全，正式会议往往要对与会者进行人员签到。统计人数要及时、准确、迅速，不能延误会议的正常开始。签到的具体做法有：签名签到、刷卡签到、交(入场)券签到、画名签到等方式。有些会议不必签到，只需与会者出示出席证、列席证、会议通知、邀请函等入场即可。

(2) 会议期间例行服务

会议举行期间，一般要派人在会场外负责迎送、引导、陪同与会人员，在会议期间提供卫

---

① 李莉：《公务员礼仪规范》，湖南科学技术出版社 2005 年版，第 89 页。

生可口的饮料或茶水。对于与会者提出的要求要积极回应，尽可能满足其正当合理要求，必要时还可以为与会者安排一定的文娱休息活动。

(3) 食宿安排

如果是持续时间较长的会议，还需要安排好参会人员的食宿问题。要根据事先审定或制定的伙食标准、进餐方式对与会人员的用餐提出注意事项，尽量照顾参会人员的口味和要求，委托膳食部门进行安排。还要根据与会者的身份和规定的住宿规格档次做好与会者住宿的安排。

(4) 会议记录

所谓会议记录是对发言内容所进行的客观文字记载，重要的会议应安排专人作记录员。会议记录的项目包括会议名称、出席人数、时间地点、讨论事项、发言内容、临时动态、选举表决结果以及记录员姓名等，力求做到内容详细完整和准确无误。

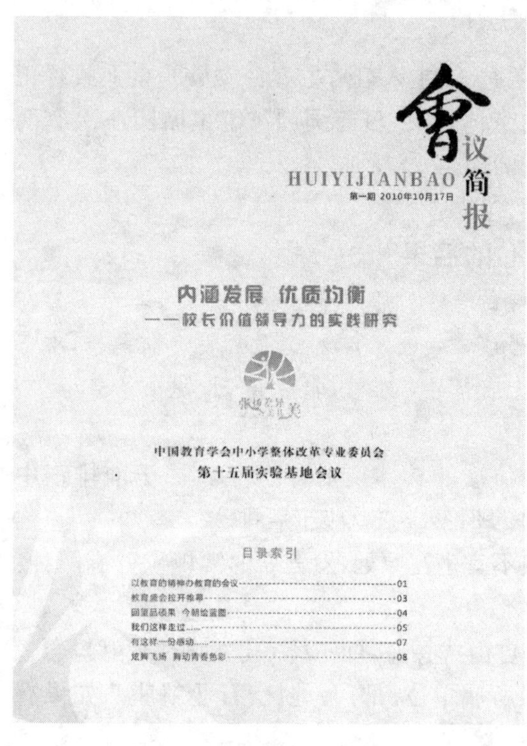

图 4-6 简报封面示例

(5) 编写简报

重要会议或会期较长的大中型会议，往往在会议期间要编写会议简报，所谓会议简报就是对会议动态、内容、过程、反响等进行简要报道，以帮助有关方面掌握会议全局。编写会议简报的基本要求是快、准、简。快，是要求讲究时效；准，是要求准确无误；简，是要求文字简练。

3. 会议结束礼仪

会议结束后，要按部就班地做好必要的后续工作，有始有终，使整个会议获得圆满的成功。

主要的会议结束礼仪包括：

(1) 整理会场和其他善后工作

在与会者有序地退场以后，会务人员就应当组织后勤人员进行会场的整理，包括场地的打扫、标语和装饰的摘除、重要文件的收纳、电源的切断和会场的关闭。还包括归还所借物品、结算会议的开支。

(2) 协助返程

负责迎送与会者的人员应该掌握与会者的名单以及离开的准确时间，大中型重要会议结束后，主办单位应为外来的与会者提供返程的便利。若有必要，应主动为与会者联络、提供交通工具，或者为与会者订购、确认返程的机票、车票、船票，有时还需要安排专人为其送行。

(3) 整理会议记录，形成文件和档案，上传下达

会议相关的图文、声像资料应根据保密制度和工作需要在会后进行集中处理，按照销毁、回收、汇总、存档等不同路径加以分别对待。

根据会议记录要形成简明扼要的会议文件，内容包括会议决议、会议纪要等，它们既是

一次会议的主要成果，又是将来贯彻、落实会议精神的依据。文件力求简明扼要，一般要求尽快形成从而上传下达，加以公布。

(4) 收集信息，加强反馈，改善工作

对于一次会议的结束，要根据会议动态的记录和信息的反馈加以分析、研究，形成经验教训，用于改善工作，力求下一次会议更加圆满和成功。

此外，会议组织人还需要经常和相关的机构部门沟通，保持会务工作的每一项工作都能够正常运转，一来提高组织者自身的办事效率，二来可以保障会议的各项进程顺利进行、如期完成。

在平时，会议组织人也要勤恳踏实、认真学习，仔细掌握会务的组织常识，明确会务的开展程序和工作重点。还需要多了解上级领导在会务方面的要求和作风，不断改进自身在会务组织等方面的不足之处，为做好会务工作打下坚实的基础。

(二) 会议主持人的任务和礼仪

会议主持人担当的重要任务和要求，主要包括：

1. 遵守会议时间规定

作为会议主持人，应该注意时间规定，倡导人们准时到会，按时开始会议，而且如果可能的话，也要尽量按时结束会议。

2. 阐述会议宗旨，合理安排议程

会议开始时，主持人要阐述会议宗旨，必要时，要对其进行强调，防止出现偏离会议主题的情况。会议召开过程中，主持人还要尽量按照事先规定的议题主次和先后顺序来安排会议议程。

3. 掌握会议进程和时间

主持人要对每一个分类议程设定时间额度，严格控制整个会议的进度，适时地引导与会者回到会议主题的正轨上来，制止无缘无故打断会议的行为。而且对休息时间也要加以控制，保证会议按时重新开始，从而保证会议得以按时圆满地完成。

4. 鼓励讨论

会议主持人要带动、维持整场会议的气氛，积极引导、鼓励与会人员踊跃对会议主题和议程发表自己的看法，同时，也要提醒发言过多的人把时间让给其他的与会者，促进共同讨论，而自己的发言时间要控制不超出整个会议时间的四分之一。

5. 做出总结

会议主持人应注意在会议即将结束时留出适当时间进行会议总结。

作为会议主持人，他的礼仪表现对于会议能够成功进行有着重要的影响。一般来说，会议主持人的礼仪规范包括：

第一，主持人应衣着整洁、大方端庄，要保持饱满的精神，切忌不修边幅。

第二，行走时步伐应当自信、刚劲、有力，体现出胸有成竹、稳重自信的风度和气质，而步幅、步频要根据会议的性质而定。行走时要抬头挺胸、目视前方，保持摆臂自然。

第三，如果是站立主持，应双腿并拢、腰背挺直。持稿时，右手持稿底中部，左手五指并拢并自然下垂。双手持稿时，发言稿要与胸齐高，和身体呈45度角。如果是以坐姿主持时，应保持坐姿端正，腰背挺直，目视前方，双臂前伸，双肘轻按于桌沿，呈对称的外“八”字。主持时，不能出现用手挠头、揉眼、抖腿等不雅观的动作。

第四，主持人应口齿清楚、思维敏捷，表达简明扼要。

第五，主持人要尊重他人的发言和提问，还应根据会议性质调节会议气氛，出现冷场或争论时，切忌以身体姿势、表情、语言等表达不满。

(三) 会议参加者的礼仪

一次会议要取得良好的效果，不仅对会议组织者与主持人有礼仪规范要求，而且与会人员也要讲究礼仪。

1. 遵守时间，按时进场

出席会议时，遵守时间是基本的会议礼节。所有参会人员，不论职位高低、是否预备发言，只要承诺了出席会议，就应当准时到会，如果无法出席或可能迟到时，应尽早告知主办方，表达歉意并取得理解。

2. 服饰得体，举止大方

与会人员应该服饰得体、衣着整洁，避免穿着太过招摇、暴露等不合场合的服装，也不要化过于浓重的妆容。与会者仪表修饰恰当、举止大方是最好的宣传组织形象的途径。

3. 了解主题，认真听讲

了解会议的性质和主题，在会议上的表现才会恰到好处。会议一旦开始，就应全神贯注地聆听会议主持人和其他发言者的讲话，不要在别人发言时看报纸、玩手机、交头接耳或者做其他不礼貌的动作。

4. 积极发言，正确应对

如果有自由发言环节而自己又经过了精心的准备或者恰好对所谈话题感兴趣，那么可以不失时机地迎合主持人的发言邀请，积极主动地表达自己的意见。发言者可以在发言开始之前面带微笑环顾一下会场四周，发言过程中要适当地关注听众的反应。发言或报告一般应使用普通话，掌握好讲话的节奏，若会场交头接耳不断，可以考虑适当转换话题，或将发言内容适当压缩，使时间尽量紧凑。发言完毕要对其他参会者的倾听表示感谢。

5. 遵守秩序，不打断他人发言

他人发言时，应认真倾听，必要时可以做一些笔记，不要任意打断发言者，向其提出挑衅性的质疑，或对其进行人身攻击。如果发现有错误或者值得商榷的观点，可以在别人发言结束后用递纸条或者以提问的方式友好地请报告人解答。当他人发言结束时，还应鼓掌致意，表示鼓励。

6. 不随便离座，手机关机或调成静音、震动状态

如果参会者在会议进行过程中需要短暂离开，行走时应弯腰、侧身，尽量不要影响其他人，并且要在处理完急需做的事情之后尽快返回会场；如果离开时间较长或者需要提前离场，要告知有关人员且陈述原因、表示歉意，得到同意后才可离席。在参加会议时，最好在入场前就将手机的提醒状态调为震动或者静音，以免突如其来的一阵手机铃声破坏了会议的和谐氛围。

案例 4-6：闲来无事短信骚扰[①]

一位女士在台下开会，会议冗长又没有太多实质性内容，闲来无事，她给朋友发起了短信。

---

① 周霄，穆容主编：《新编实用礼仪教程》，清华大学出版社 2008 年版，第 105 页。

"在干什么呢?"朋友怕不回短信不礼貌,回答道:"正上班呢!"女士又传来短信:"有什么好忙的?给你发个笑话放松放松!"这位女士开了三个小时的会,发了两个半小时的短信,她的朋友呢,桌上的手机不断地响起,不看又怕耽误事,看了又是一通闲聊,不回好像还不合适。这位朋友一下午就因为这"短信骚扰"什么也没干成,而女士自己也没有认真履行参会的职责。

7. 遵守规定

会议都有一些具体的规定,如禁止录音、录像、拍照、吸烟以及使用移动电话等,参会人员应体现尊重、自觉遵守。

知识链接 4-1:会议中的其他注意事项①

会议进行过程中,随身所带手机应调整到无声状态,以免影响会议议程的正常进行。

与会者的坐姿虽无太过严格的要求,但随意抖动、跷脚、晃椅等一些欠礼貌的坐姿最好不要示众,因为这多少有失个人尊严。

有吸烟习惯的与会者进入会场后应做到不吸烟,实在难忍也应自觉走到指定的吸烟处或室外而为之,这于人于己均有利。

二、日常会议礼仪

一般来说,日常会议是组织内部制度化、经常化的会议,主要包括例会、电话会议和内部座谈会等。

(一) 例会礼仪

1. 例会的含义

例会是一种制度化的会议,是依据组织约定的惯例每隔一定期限举行一次的会议,有固定的时间、地点和会议参加者。常见的有每周一次例会和每月一次例会,也有每天一次的例会和每年一次的例会。例会通常是以沟通信息、交流情况、协调工作、处理问题、改善管理等为主要内容,以组织内部达成统一认识、协调各部门工作为主要目的。会议的要素包括会议时间、地点、内容、主持者、参加者、程序、结论、记录或纪要。

2. 例会的注意事项

(1) 按时参加。例会一般要求与会人员准时参加。一般情况下例会不需要每次都发通知或告示,与会者应当在自己的日程安排表上作出标记,防止遗忘。确实不能出席例会时应事先请假。

(2) 简短务实。例会形式和会议主题基本固定,议题也都是参加者职责范围内的事务,所以时间不宜过长,例会的风格就是"短小精悍",即做到:精练、简朴、短小、务实。为了达到最好的效果,参会者一般要事先做好准备,讨论时不要打断他人的发言,而且会议主持人要把握好顺序和节奏,维持例会秩序,防止跑题、重复或争执不休。

(3) 例会一旦形成制度,除非遇到特殊情况,否则不应取消或改期。如实在需要取消或

---

① 周霄,穆容主编:《新编实用礼仪教程》,清华大学出版社 2008 年版,第 129 页。

推迟例会,也应事先及时通知有关人员,以免让与会者徒劳往返。

(二) 电视电话会议礼仪

电视电话会议即利用现代通讯系统中的电视、电话、电脑系统及摄像、信息传输、网络技术,通过摄像、图像、声音传输实现与会者的异地同时沟通交流①。电视电话会议不仅跨越了空间,节省了赴会的时间成本还有住宿、餐饮、交通等会务成本,同时还可以避免会场激辩的紧张情绪,所以在商务领域中的应用越来越广。

图 4-7 电视电话会议现场

1. 电视电话会议准备礼仪

(1) 选择安静的区域

电视电话会议一定要在安静的地方召开,如果会议场所声音嘈杂,会影响电视电话会议的效果和会场的秩序,也容易让与会者分心。

(2) 话机检查

参加电话会议的人员在会议开始之前要对电视、电话、计算机等设备进行检查,确保没有任何问题,以免影响会议的进行。

(3) 告知与会者基本规则

会议组织者在会议开始之前,要告知必备的信息和必须遵守的基本规则,包括:会议的主题、会议参加人员、会议时间、会议组织人员分工、会议纪律等,以保证会议的有效进行。

2. 电视电话会议的礼仪

(1) 准时参加会议

在参加电视电话会议时必须要准时"到场",特别是在不同地区参会人员存在时间差的时候,更要有时间观念。守时是一种专业性的标志,电视电话会议不应该随便拖延或暂停,要在通讯条件良好的情况下尽快圆满结束会议。

(2) 做介绍的礼仪

会议主持人和参会人员都要做自我介绍,在所有的参与者都"在线"后,主持人应引入每个人,并提供简短的个人或组织背景介绍。参会者的个人自我介绍也是非常必要的,虽然大家不能直接会面,然而通过技术手段进行互相介绍也是建立良好关系的过程。

① 刘莉华:《商务礼仪模拟教程》,世纪出版集团 2011 年版,第 157 页。

(3) 重视个人形象

电视电话会议的与会者主要通过机器设备交流，不能明确感知其他与会者对自己形象的看法与对自己发言的接受程度，难免会显得不太自然，因此，参会者需要时刻提醒自己放松心情，逐渐适应电视电话会议，而且要更加注意个人的衣着打扮与言谈举止等外在形象。

(4) 会议发言礼仪

所有参会人员要把电话会议看作是面对面的沟通，发言时要放松心情，按事先准备的内容，有条理地发表个人观点或建议，表达观点时要简单、清楚，避免重复询问，发言结束后还要向其他参会者的倾听表示感谢。

3. 电视电话会议礼仪注意事项

(1) 避免噪音

在电话会议进行过程中参会者要避免不断清喉咙、咳嗽、拿笔敲击桌子，或者玩手机发出声音等不合宜的动作，以免干扰电视电话会议的进行。

(2) 避免打断别人的发言

随意打断别人的发言无论是在电视电话会议或者是在平时与别人沟通交流的时候都是不礼貌的。即使别人和你的观点不一样，也要等到别人发言完再陈述自己的观点，这是良好风度素养的表现。

(三) 内部座谈会礼仪

内部座谈会是指由组织内部人员所参加，围绕某一问题进行讨论或者为沟通情况、增进感情而举办的会议。

组织内部座谈会的礼仪主要包括：

1. 及时发放具体通知

座谈会的通知要及时发送，通知中要明确会议的目的、内容、形式、时间、地点、与会者、与会要求、主办方等信息，使与会者有足够的准备时间。通知一般采用邮件、电话或书面方式。

2. 做好会务工作

组织者要做好迎送以及接待工作，座谈会虽不像大中型会议那样郑重、严格，但也要注意座次的安排和茶水的供应，保证服务细致入微。

3. 创造平等的气氛

要把会议室布置的温馨动人，营造一种平等的气氛。参加会议的每个人都有发言和提出个人见解的权利，座谈会上人人平等，都具有重要作用。

4. 鼓励发言，避免“冷场”

主持人首先要介绍会议的相关情况，应引导大家逐步过渡到座谈主题。座谈会主要是为了解决问题或交流感情，主持人要鼓励、引导大家积极发言，使与会者知无不言、言无不尽，围绕座谈主题踊跃发言。

三、年度会议礼仪

组织的年度会议属于组织会议体系中规格更高、较受重视的会议形式，主要包括员工代表大会、股东年会以及年度表彰会等。

(一) 员工代表大会礼仪

1. 员工代表大会的定义和作用

员工代表大会(职工代表大会)是组织实行民主管理的基本形式。组织工会委员会是职工代表大会的工作机构,负责员工代表大会的日常工作。工会依照法律规定通过员工代表大会或其他形式,组织员工参与本单位的民主决策、民主管理和民主监督。

员工代表大会的主要任务是正确处理国家、组织、员工三者之间利益关系,在法律范围内行使职权,要保障员工的主人翁地位,调动职工积极性,办好企业。员工代表大会的召开有利于统一员工思想、增强民主管理,还有利于加快依法治企的进程。员工代表大会要注意贯彻执行民主集中制原则,年度员工代表大会应受到足够的重视,加以充分准备以获得成功。

2. 员工代表大会的主要程序

员工代表大会的主要程序一般包括:

(1) 大会执行主席核实出席大会的职工代表人数。主持人宣布会议开始。

(2) 由组织或企业领导人做工作报告。报告主要内容应包括生产经营管理情况、存在的问题及改进措施、组织发展计划、基本建设和重大技术改造方案、有关改善员工生活福利的情况等。如果工作报告已经事先发给代表进行充分讨论,可针对员工代表提出的意见,作出说明。

(3) 由组织内部行政有关负责人做专题议案的报告,说明制定方案的依据、目的和具体实施方法,也可针对职工代表对议案的意见作出说明。

(4) 由工会主席及员工代表大会专门小组负责人就上次员工代表大会决议落实情况、员工代表提案处理情况、集体合同执行情况等向大会作出报告。

(5) 工会主席就员工代表大会闭会期间,员工代表团(组)长和专门小组负责人联席会议处理的重大事项,向大会作出说明,提请大会确认。

(6) 以员工代表团(组)为单位,就报告、议案分组进行讨论。同时对大会的各项决议草案和需经大会选举的候选人进行酝酿。大会主席团成员分别参加本代表团(组)的讨论。

(7) 大会发言。应安排时间让代表在大会上发言,可由各代表团(组)推选代表在大会上陈述本团(组)讨论审议的意见和建议,也可让员工代表自由发言。

(8) 选举。根据有关决定和实际需要,选举参加董事会、监事会、劳动争议调解委员会的员工代表,以及参加工资协商的员工代表和企业领导人等;根据大会主席团的提名,表决通过员工代表大会专门小组的人选;表决通过其他需经员工代表大会选举的人员。

(9) 对有关的各项方案和大会决议、决定草案进行表决。

(10) 致闭幕词,宣布大会结束。

3. 员工代表大会的主要礼仪

(1) 拟定会议日程。员工代表大会每年召开一次,形成制度。每次会议必须有三分之二以上的职工代表出席。

(2) 会议筹备。召开职代会由企业工会委员会组织和筹备,筹备过程包括会务组成立、会场布置、物品采购、人员通知、议题公开、文件发放等。作为企业民主管理的基本形式和一项制度性年度会议,员工代表大会的会场选择和布置应体现庄重、正式的气氛。应该注意在会前正式通知职工代表，企业行政方面应安排好生产与工作，保证代表的出席率。职工代表有特殊情况不能出席会议的，应向代表团(组)长请假。

(3) 会议过程中的其他注意事项。

第一，到会职工代表一般超过代表总数的三分之二，才可宣布开会。

第二，职工代表每三年或五年改选一次，与工会会员代表选举同时进行，可以连选连任。代表的产生要符合各组织员工代表大会本身的规定。

第三，员工代表大会的选举要按照程序进行。员工代表大会进行选举和审议通过重大事项，可采用无记名投票表决方式，一般事项也可采用其他表决方式，但都须经全体职工代表过半数通过。

第四，代表们对会议报告所提出的意见，会议组织者应认真听取。员工代表大会决议和员工代表提案的落实情况应当向下次员工代表大会报告。

第五，各代表团(组)应指定专人认真记录职工代表的讨论发言，整理归纳后，将讨论意见向主席团汇报。在会议过程中，还可以印发简报。

第六，参会代表要衣着整洁，认真履行职责、遵守会议秩序，积极发言和听取他人意见。

(二) 股东年会礼仪

1. 股东关系与股东年会的重要性

(1) 股东关系的重要性

股东是指通过向公司出资或其他合法途径获得公司股权，并对公司享有权利和承担义务的人，是股份公司或有限责任公司中持有股份的人，在企业里，他们享有一定的管理权和监察权，还有取得股息的收益权以及对公司资产的间接拥有权。

案例 4-7：美国通用公司如何重视股东关系①

美国通用汽车公司是拥有 140 万名股东的巨型公司。每位新股东都会收到董事长的欢迎信，信中列举公司的主要产品，并写道："通用是您的公司——请购买并推荐通用的产品。"在寄给股东的年、季度报告中，也印有产品的照片和说明。凡出席股东年会者，均能享有试用新车的优惠。

股东关系是企业内部公共关系的主要组成部分，建立和维持良好的股东关系，既可以争取和扩大股东队伍，最大限度地扩大企业的社会资源，又可以发挥股东参与经营管理的积极作用，提高企业决策的正确性。

(2) 股东年会的作用

鉴于企业与股东之间的关系，要对股东给予应有的尊重，加强与股东的沟通，而建立与股东良好关系的重要手段就是成功召开和举办年度股东会议。

开好股东年会是组织内部搞好股东关系的一项重要的公关工作，股东年会不仅为企业代理人提供了一次述职的机会，而且为企业提供了向股东们表达敬意、沟通感情的场合。股

① 陶应虎：《公共关系原理与实务》，北京：清华大学出版社 2010 年版，第 283 页。

东年会也是一次重要的总结通报企业情况的会议,能够影响股东的投资态度。

公司的经营管理者和公共关系部门通过股东年会,及时向股东们汇报他们所关心的情况,增加股东对公司的了解,能使股东树立信心、加大投资,并利用已有股东发展潜在股东。总之,股东年会既要实事求是,又要对一些情况作必要解释,消除误解,还要举办得充满信心和鼓动性,得到股东的认可,使股东看到成绩和希望,以维持和发展关系。

2. 股东年会的礼仪

股东大会由全体股东组成,是公司的最高权力机构。分为年度股东大会和临时股东大会。年度股东大会,即股东年会是一种定期会议,每年召开一次,通常是在每一会计年度终结的六个月内召开。

案例 4-8: 股东年会上的失误①

张新一周前刚刚应聘就任天秦公司办公室主任一职,但一年一度的公司年会马上就要开始筹备了。这对公司来说是一次规模大、规格较高的会议,公司领导非常重视。届时公司董事长、全体股东都要参加。张新负责此次会议的组织筹备工作。

最终,公司年会如期召开了,虽然会议的召开还算是顺利,但整个会议召开过程中仍然出了一些纰漏。如本应在会议中发给全体股东的公司年度总结报告没有及时准备好;有一位股东由于没有接到详细的会议通知,在会议开始半个小时后才匆匆赶到;在公司总经理做总结报告时,一度出现麦克风没有声音的问题。

会议结束后,张新被叫到总经理办公室,看着总经理阴沉的脸,张新意识到等待自己的将是一场狂风暴雨般的批评。

年度股东大会的内容主要包括:选举董事,变更公司章程,宣布股息,讨论增加或者减少公司资本,审查董事会提出的营业报告等。

一般而言,公开上市的公司每年都要召开一次股东年会,向股东汇报一年来企业的经营情况和人事任免等重大决策。对于组织来说,股东年会策划、举办得成功与否关系重大。股东年会要开得顺利、舒适和有所收获,工作必须细致周到。股东年会的礼仪主要包括:

(1) 股东大会会议由董事会依照公司法规负责召集,由董事长主持。董事长因特殊原因不能履行职务时,由董事长指定的副董事长或者其他董事主持。召开股东大会,应当将会议审议的事项于会议召开三十日以前通知各股东。

(2) 股东大会的会议通知书以书面形式在会议召开前的充分时间内传送给每位有表决权的股东。会议通知书要提前送到每一个股东手中,使他们提前做好参会的准备。一般来说,与通知书或邀请函一起寄送到股东手中的还有公司年度报告,它是股东了解公司经营状况的主要资料。年度报告是公开的,公司执行层和经理层应悉心准备。

(3) 会场的选择。年会可以选择在总公司或所属工厂召开,也可以预订酒店的大会议厅等隆重的场所,尽量选择风景优美、环境宜人的地方。不论在什么场所,都要注意组织形象,

---

① 张荷英:《人际关系与公共礼仪》,首都经济贸易大学出版社 2012 年版,第 361 页。

要向公众展现经营良好的状况。而且要保证会场设施齐全且高雅舒适。

(4) 董事会在股东大会召开过程中,应当以维护股东的合法权益、确保大会正常秩序和议事效率为原则,认真履行法定职责。

(5) 发言的礼仪。应事先准备专门供发言者所用的座位,且要配备音质效果较好的麦克风。参会人必须征得年会主持人同意才可以发言。发言时间一般不超过五分钟,发言机会一般不多于一次,如果时间允许,可有第二次发言机会。

(6) 股东大会的表决可以采用会议表决方式,但表决时要求:第一,要有代表已发行股份多数的股东出席会议,即出席会议的股东所代表的股份总数占已发行股份总数的一半以上;第二,要有出席会议的多数股东表决同意,即同意的表决权数占出席会议的表决权总数的一半以上;第三,股东表决的基础是股票数量。每股一票,而不是每个股东一票。

(7) 纪念品的选择。为了表达对股东的谢意和敬意,可以在召开股东大会之前或之后向股东赠送一些纪念品。纪念品的选择也有一些讲究,例如日常生活用品、服务的优惠券或风景区门票,最有意义的莫过于公司自己生产的产品,这样一方面表达了心意,另一方面让股东更直接地了解公司的生产情况,还能达到宣传推广的效果。

(8) 股东的礼节

第一,股东大会的出席人一般应是股东本人。股东也可以委托其代理人出席股东大会,委托时应出具委托书,一个股东只能委托一个代理人,但是一个代理人可以同时接受多个委托人的委托,代他们行使权力。

第二,穿着正式,准时参加会议,遵守会议秩序。

第三,尊重他人的权利,明确与会人员人人平等。股东参加股东大会,应当认真履行法定义务,不侵犯其他股东权益,不扰乱大会的正常会议程序。

(三) 年度表彰颁奖会礼仪

年度表彰会是企事业单位利用会议对在工作中作出突出贡献和成绩的个人、部门予以表扬与庆贺。奖励表彰先进个人或者先进集体,既能肯定、鼓励先进,又能鞭策、激励其他人和部门,在组织内部树立榜样,扩大影响,振奋员工的精神,年度表彰会是推动组织工作的有效活动。

表彰大会的礼仪规则要求主要有:

1. 布置会场

(1) 表彰大会一般安排在较宽敞的礼堂中进行。台上设置主席台并覆盖白色或蓝色的桌布。主席台上方,悬挂表彰大会会幅。主席台设供领导就座的桌椅,安排好座次,桌上摆放好领导的姓名牌,可以另在主席台正前方或右前方设发言席。主席台正中与发言席可放置鲜花。同时会场应播放喜庆的音乐,营造热烈、隆重的氛围,呈现出“表彰”气氛。

(2) 表彰颁奖会的受奖人员应被安排在会场观众席前排就座,重要宾客一般就座于主席台上。

(3) 对表彰者或颁奖人的迎送要热情周到,使会场洋溢热烈愉悦的气氛。受奖人员的座位应与颁奖时的先后顺序一致。颁奖时,工作人员要按照事先分工分别递送,使颁奖、表彰场面热烈、欢快而有秩序。

2. 颁奖程序

(1) 大会开始前播放音乐,欢迎受奖人员和宾客入座。

(2) 主持人宣布表彰大会开始。

(3) 主持人介绍重要来宾。

(4) 有关领导讲话,宣读颁奖名单。

(5) 进行颁奖活动。

(6) 请来宾致贺词。

(7) 由颁奖者和受奖者代表发言或致谢。

(8) 宣布大会结束。

3. 表彰会主持人礼仪

表彰会的主持人一般由本单位的负责人担任,或者经过挑选产生合适人选,他(她)应当熟悉仪式的各个程序,做好充分的准备,保证表彰大会准时开始与圆满结束。表彰大会的主持人应精神饱满、热情洋溢,要顾及各个角落,审时度势、随机应变,使表彰会保持热烈隆重的气氛。

4. 颁奖人礼仪

(1) 衣着整洁、大方,仪态自然、步履稳定。

(2) 致辞时身体正直,讲话要有激情,注意节奏。祝词内容不宜过多,除了表示祝贺外,主要还应提倡大家向被表彰者和受奖人学习的期望,尽量简洁有效。

(3) 颁奖时,要面带微笑,双手将奖品或证书递交给受奖人,真诚祝贺受奖人并主动与之握手致意。

5. 受奖人礼仪

(1) 受奖人要保持着装整洁、大方得体。

(2) 上台受奖时要听清安排、依顺序走上主席台,步履坚定,不要左顾右盼、表现忸怩。

(3) 受奖时要面带笑容,双手接奖,并表示谢意,与颁奖人握手致意。然后转过身来,面向全场观众鞠躬行礼,可举起奖品向观众致意,要及时走下主席台,使会议继续进行。

(4) 致答辞时,要注意对各方面评价得当,防止过分谦虚与客套。

第三节　组织内部庆典与联欢活动的公关礼仪

庆典与联欢活动是展示组织文化与形象的重要途径,也是与内外公众进行情感交流的契机,是组织与内部公众共同庆祝节日、组织周年庆、组织成员生日等的仪式,借助庆典与联欢活动,可以展示组织内部公关礼仪形象。

一、周年庆典

(一) 周年庆典的含义和作用

庆典性活动是指围绕着重要节日、重大特殊事件而举行的纪念庆祝活动,它是提高组织知名度,扩大社会影响,增强组织内部凝聚力的公关专题活动。

周年庆典即为组织成立的周岁庆典，在本单位成立几周年或几十周年的时候进行。周年庆典是一个组织团体已经步入正轨、茁壮成长的表现，它标志着一个实体机构的成长，昭示着它已经在社会中担当了一种角色，一方面立足于自身的发展，另一方面也为整个社会的发展做出贡献。周年庆典的规模与气氛，代表了一个组织的风范与实力。

周年庆典的目的在于回顾过去、展望未来，回顾组织在过去一年(或三年、五年、十年)里取得的累累硕果，在新形势下向组织内部全体员工说明组织的发展前景，促进组织内部团结，加强组织内部文化建设。

(二) 周年庆典程序及礼仪

1. 准备工作

(1) 制定庆典活动方案

客观地说，一个组织的周年庆典是其经济实力与社会地位的充分展示。从周年庆典氛围的营造到来宾的出席情况，以及周年庆典活动的整体效果，都是对组织形象的侧面展示。周年庆典活动既可以选择由组织自身的公关部和公关人员来策划组织，也可以借助外力，请庆典策划公司帮助筹备。公关人员对组织的周年庆典活动成败有重要影响，应当精心做好周年庆典活动方案的策划。庆典活动的策划组织要秉持适时、适度、隆重、务实的原则，还要遵守两点要求：其一，要体现出庆典的特色。其二，要安排好庆典的具体内容。

庆典活动方案的内容主要包括典礼的名称、规模、邀请范围、时间地点、典礼形式、基本程序、主持人、筹备工作、经费安排等。

(2) 拟定邀请嘉宾名单

确定庆典的出席者名单时，始终应当以庆典的宗旨为指导思想。此外，邀请宾客的多少，也应根据周年庆典的需要与可能，即经济力量、接待能力和场地条件等来确定。一般来说，庆典的出席者通常应包括有关领导、社会名流、大众传媒、合作伙伴、社区关系等，然而最重要的就是要让全体员工或者员工代表出席周年庆典活动，员工是本单位的主人，本单位每一项成就的取得，都离不开他们的兢兢业业和努力奋斗。所以，要优先邀请单位的先进工作者或在工作岗位上有突出贡献的人员。此外，组织还可以抓住周年庆典的契机，争取新闻媒体积极的报道，从而扩大组织的影响力，所以要有所选择地邀请媒体人士到场，进行正面的宣传。

邀请嘉宾的具体名单一旦确定，就应准备寄送请柬，请柬要写清时间、地点、典礼的形式和具体要求等。请柬要提前几天寄发给有关单位或个人，重要人物的请柬，最好直接派人送去。

(3) 会场选择和布置

一是地点的选择。在选择具体地点时，应结合庆典的规模、参加人数、组织影响力以及本单位的实际情况来决定。本单位的礼堂、会议厅，本单位内部或门前的广场，以及外借的大厅等都是不错的选择。不过在室外举行庆典时，切勿因地点选择不慎，从而制造噪声、妨碍交通或治安，顾此而失彼。此外，选择会场还需要考虑交通便利与否，帮助来宾安排好停车位，还要以醒目标识指示来宾庆典的出入口。

二是环境的美化。举行庆祝仪式的现场，是庆典活动的中心地点，应当精心布置。对它的安排、布置是否恰如其分，往往会直接地关系到庆典留给全体出席者印象的好坏。在反对铺张浪费的同时，应当量力而行，着力美化庆典举行现场的环境。

为了烘托出热烈、隆重、喜庆的气氛，可在庆典现场悬挂彩灯、彩带，准备飘空气球和拱形门等，张贴宣传标语，并且悬挂标明庆典具体内容的大型横幅。主题背景板要布置得美观大方，颜色可选择以企业视觉识别系统(VI)为基准。庆典活动现场可播放一些喜庆、欢快的乐曲，对于这些乐曲也应事先经过审查。一般还要在举办庆典活动的大堂、电梯口、转弯处设置引导指示欢迎牌。

三是设备的安排。庆典需要横幅、标语、彩旗、礼炮、彩虹门、空飘气球乐队、升降舞台、电子礼宾花、LED水晶球、冷焰火等庆祝道具和音响、投影仪、笔记本电脑等电子操作设备。在举行庆典之前，务必要把音响准备好，相关设备在周年庆典前要反复调试，保证不出故障，尤其是供来宾们讲话时使用的麦克风和传声设备。

此外，对于庆典活动中所需的签到簿、纪念品、留言簿还有各种演出用具也要一一准备到位。

(4) 组织分工安排

周年庆典活动具有重大意义，对与典礼活动相关的各项烦琐的准备工作，事无巨细，均不可疏漏。公关人员需要统筹策划，作出明确分工，各司其职，协调配合，保证周年庆典圆满成功。

第一，要选好主持人或司仪。组织周年庆典活动的主持人担负着掌握进程、驾驭全局、调节气氛的重任，故应当精明强干、口才较好，有随机应变能力，沉着冷静并且熟悉各方面情况。

第二，安排接待人员。与一般商务交往中迎接来宾相比，对出席组织周年庆祝仪式的来宾的接待，更应突出礼仪性的特点。不但应当热心细致地照顾好全体来宾，还要通过主办方的接待工作，使来宾心情舒畅，感受到主人真挚的尊重与敬意。庆典的接待小组，原则上应由年轻精干、形体较好、口头表达能力和应变能力较强的男女青年组成。

接待小组成员的具体工作有以下几项：(1) 来宾的迎送。即在举行庆祝仪式的现场迎接或送别来宾。(2) 来宾的引导。即由专人负责为来宾带路，将其送到指定的地点。(3) 来宾的陪同。对于某些年事已高或非常重要的来宾，应安排专人陪同始终，以便关心与照顾。(4) 来宾的招待。即指派专人为来宾送饮料、上点心以及提供其他方面的关照。

第三，安排后勤保障和安全保卫人员。要做好庆典活动的后勤保障工作，包括茶水、点心供应，纪念品发放。保卫人员要重视现场秩序维护，做好庆典治安、交通维护等事项。

2. 周年庆典现场程序

组织的周年庆典举行得成功与否，和具体程序密切相关。在拟定庆典的程序时，有两条原则必须坚持：第一，庆典的持续时间宜短不宜长。大体上应以一个小时为限。这既为了确保庆典效果，也是为了尊重全体出席者，尤其是所有来宾。第二，庆典的程序宜少不宜多。程序过多，不仅会延长庆典活动的时间，还会分散出席者的注意力，并给人以庆典内容过于凌乱之感。总之，不要使庆典成为内容杂乱的“马拉松”。

依照常规，周年庆典主要应包括下述几项程序：

第一项，主持人邀请来宾就座，请全体出席者保持安静，宣布庆典正式开始、奏乐、介绍重要来宾。

第二项，本单位主要负责人致辞。内容主要包括对来宾表示感谢，回顾过去本单位获得的成绩，向员工致意，指出未来努力的方向，勉励全体员工再创辉煌。为了达到生动直观的效果，还可以借助PPT图文并茂地展示企业的业绩。

第三项，邀请嘉宾讲话。领导或嘉宾的贺辞要热烈庄重、言简意赅，切忌长篇大论。

第四项，员工为客户献上精美的小礼品，员工领取纪念品。

第五项，点燃庆祝组织周年庆的生日蛋糕，组织所有员工与客户一起唱"生日歌"，将活动气氛推向高潮。

第六项，安排文艺演出或参观活动。这项程序可自行安排，如果这项内容在计划内，应当慎选内容，不能有悖于庆典的宗旨。

第七项，其他新颖的活动，如大酬宾、员工抽奖、宴请全体员工等。

案例4-9：维尔利十周年庆典活动[①]

2011年12月18日，维尔利十周年庆典活动，围绕着"品质加速度，品牌更精彩"的主题，分别开展了大型开幕式暨文艺演出、高峰论坛、答谢晚宴等三个系列活动，充分展示了维尔利的文化底蕴和精神内涵。

主要执行部分包括：

一、提出"品质加速度，品牌更精彩"的活动主题，以及"维尔利十年，有您更精彩"的活动宣传口号。

二、大型开幕式暨文艺演出贯彻企业精神文化宣传，既让观众赏心悦目，同时，也对维尔利企业文化耳濡目染。

三、高峰论坛专家讲解和互动，传播维尔利科学严谨的企业精神，同时现场答疑解惑。

四、答谢晚宴以休闲娱乐为主线，再一次向供应商、客户展示了维尔利大家庭的温暖和亲和力，为整个庆典活动画上圆满的句号。

整个活动筹备持续一个月之久，并且活动当天严格监控执行各个环节，使庆典活动达到一个"完美"的收场，向员工和客户全方位地展示了维尔利集团的实力，给全体成员以及所有客户留下了深刻的印象，提升了维尔利的企业形象。

3. 结束工作

周年庆典举行完毕后，主办人员应对其进行一次认真评估善后工作，主要包括：

(1) 整理活动资料。整理活动资料有助于全面评估周年庆典的效果，为今后举办类似活动提供借鉴。周年庆典后要尽快整理出活动记录材料，对整个庆典的组织、布置、主持、实施等方面的工作进行回顾与评估，从中汲取经验，找出不足。

(2) 收集各方反映。要收集活动参与者的总体反馈，检查在庆典活动的接待、安排、流程、服务等方面的工作是否存在欠妥之处，以便今后改进。

---

① 《维尔利十周年庆典活动》，端正品牌顾问网，http://www.duanzheng.com/cn/Agriculture.aspx?MC_ContentID=39。

二、文艺联欢会

联欢活动是指组织内部或组织之间举行的具有联谊性质的文娱活动。通常在某一节日来临之际，或某一重大工作任务完成之后举行。联欢会是一个宽泛的概念，它包括各种组织举办的节日联欢会（如新年联欢会、春节联欢会）和各种文艺晚会（如歌舞晚会、相声小品晚会）等。

联欢会对于提高组织凝聚力、向心力，丰富员工的文化生活，缓解内部紧张关系，加强与外部公众的沟通交流，提高组织形象等都起着积极的作用。社会组织为了达到与内部公众加深情感、倾听群众诉求的目的，可以有计划地、不定期地举办一些联欢会。

（一）联欢会的准备工作

1. 确定主题，成立筹备小组

为了使联欢会达到预期效果，主办人员要精心确定联欢会的主题，使其具有明确的指导思想。另外，创新形式的联欢会也可以增强对员工的吸引力和来自员工的支持度。

在确定联欢后，组织内部应选派员工组成一个精明强干的负责班子，将组织指挥、物质准备、文艺演出、引导接待、宣传报道、奖品发放、后勤保卫等具体的工作项目一一交由专人负责，使各项工作有监督、有检查、有落实。此外，还要确定主持人。主持人是联欢会的关键人物，应选择形象较好、表达能力强、有一定应变能力的员工担当。为了增强效果，联欢会可以选择一男一女两位主持人相互配合。

2. 选择恰当的时间地点

一般应将联欢活动安排在周末或者节日的前夕，尽可能不要占用法定的节假日或下班时间。通常联欢会应在下午或晚上举行，并且在总体上对时间长短有所控制，最好不长于两小时。

联欢会既可以选择在室内举行，也可以选择室外。可以在单位内部的活动室里开辟场地，也可租借娱乐休闲场所。

3. 确定和通知参加者

根据惯例，内部联欢活动的参加者应主要是组织内部的员工。联欢活动的通知一般要提前通过邮件及电话等方式告知组织内部的成员，使大家提前做好准备，尽量齐聚一堂。

4. 布置会场和检修设备

联欢会的场地最好选择宽敞明亮、设有舞台、具备灯光音响的场地。会场的布置要衬托联欢会的气氛，工作人员要提前打扫并装饰会场，使联欢会洋溢温馨、和谐、喜庆的气氛。联欢会的座次要事先安排好，将领导安置在合适位置，其他员工的座位也要穿插安排，便于交流和沟通。为了营造良好的联欢氛围，保证活动顺利进行，联欢活动开始前要检修会场的电脑、投影仪、音响、话筒等设备。

5. 彩排准备

如果联欢会的节目和环节较多，最好事先进行彩排，这样有助于控制时间、提前发现问题，从而提高节目质量，增强演职人员的信心。

（二）内容安排

一般而言，联欢会的主要项目不外乎表演性活动、娱乐性活动、竞赛性活动、纪念性活动等几大类。在具体进行安排时，可以以一类活动为主，也可同时组织多项活动。

联欢会的组织、策划、实施要面向所有参加者，尊重他们的权利、调动他们的积极性，是最基本的礼仪规范。具体表现在活动内容的设计和安排应注意以下问题：

1. 要有群众性。即在内容和形式上要适应参加者的特点、符合参加者的愿望要求，以便受到参加者的欢迎。

2. 要有参与性。就是节目的安排要充分调动所有参加者的积极性，想方设法使他们施展自己的才能，满足兴趣与表现欲。

3. 要有娱乐性。联欢会的活动应力求使所有参加者感到愉快和无拘无束。同时，组织者也要尽量选取具有教育意义、能增进同事情感、能寓教于乐的积极向上的合宜活动。

4. 要有激励性。为了使大家情绪高涨，要给参加者提供一定激励措施，例如在游戏性、竞赛性项目中发放奖品。组织人员要确定好奖品的等级，力求大体合理；要事先购买好奖品并且控制好奖品的兑现和发放。

5. 要有利于交流感情。联欢会内容的安排一方面要使大家踊跃参与，另一方面还要为内部公众相互交流、增进情感提供有利条件。

6. 要有新奇性。活动形式要争取有所创新，力求丰富多彩。

此外，工作人员要在联欢活动开始之前将所有的节目整理编印为一张节目单，发放给到场的员工，使大家对联欢活动的进程有大致的了解。

(三) 联欢会参加者礼仪

1. 仪表修饰得体，准时参加。虽然参加联欢会不一定要像参加宴会、演出、舞会那样严格，但穿着打扮仍不宜脏、乱、差、怪。同时还要准时入场，观看活动过程中切勿发出较大的声响。

2. 彬彬有礼，热情待人。联欢会是轻松自由的社交场合，应当主动地与其他参会者及其家属展开交往，做到轻松自然、热情大方。

3. 积极参与。到场人员要积极参与各项活动，在参加竞赛性项目时，要秉持"友谊第一、比赛第二"的原则，不宜有太强的争胜之心。要遵守游戏规则，不能为求成功而犯规、作弊、耍赖，或与工作人员争吵，也不要挑拣和贬低奖品。

4. 专心观看，适时鼓励。作为观众，要认可其他同事为组织联欢活动所付出的辛劳，在他人表演节目时也要认真观看，适时鼓掌表示支持与鼓励。不管对联欢会所安排的具体活动有什么看法、有无兴趣，参加者都不应该当场评论，而应当自觉维护会场秩序，使联欢活动顺利进行。

三、员工生日庆祝会

(一) 员工生日会的意义

组织由各位员工所组成，给员工过生日是体现组织人性化管理方式的重要事项。组织可以将在同一天生日或者在同一月份生日的所有员工集中起来，举办一场共同的生日会。精心的准备、良好的气氛，有利于关怀、慰问过生日的员工，也能感染其他员工，具有重要的意义：

1. 让员工体会被重视感和被关怀感，充分激发员工的工作热情和对企业的忠诚。

2. 增进组织内部凝聚力和亲和力，让员工充分地展现自己，在活动过程中认知自我、感知组织大家庭一般的氛围。

3. 丰富员工业余生活，给员工们创造直接交流的机会，增进同事感情。

4. 实现领导与员工的互动，让组织和各级工作者在共同的平台上进行交流。

给员工过生日是人事部门和人力资源部门的大事，从员工的生日礼物到员工的生日会都需要精心筹备。

案例 4－10：特地陶瓷员工生日会彰显人文关怀

图 4－8 特地员工生日祝福墙

2013 年 4 月 3 日上午，特地陶瓷为第一季度的生日员工举行了一场简朴、温馨、欢乐的生日会，让员工们真切感受"特地大家庭"的温暖。

3 月底，特地陶瓷办公区建立了"员工生日祝福墙"，贴满了同事们热情送上的诚挚留言。在生日会上，特别制作的祝福视频既感动人心，又让现场充满了欢声笑语，随后，同事们送上寿星蛋糕，现场洋溢出其乐融融的美好景象。最后，公司为二十位生日员工送上礼物——按摩器和按摩腰带，祝福员工们开心快乐，健康工作。

(二) 员工生日会流程

员工生日会的基本流程有以下几项：

第一项，音乐伴奏，主持人念开场白，宣布名单，包括嘉宾名单、领导名单和过生日员工的名单。

第二项，领导寄语。组织领导要感谢员工为组织做出的贡献，亲自分发生日礼品、贺卡和鲜花，表达组织对过生日员工的祝福。

第三项，生日员工代表发表讲话。

第四项，表演节目和游戏时间。

第五项，集体会餐，唱生日歌、分享生日蛋糕。

(三) 员工生日会礼仪

1. 成立筹备小组。员工生日会一般由公司人事部门牵头，组织人员成立筹备小组，全程策划和组织实施员工生日会。

2. 确定主题,策划方案。为了使员工生日会举办地隆重而充满意义,可以事先确定一个合适的主题,例如"××(组织名)与你一起成长"等。

员工生日会是联结组织与员工关系的纽带,办成一场成功、温馨的生日会需要精心策划方案。方案的内容主要应包括:日期、地点、主题、主角、领导、礼物采购、主持人选定、通知、预算等。

3. 礼品的选择。为了让员工度过一个倍感温馨的生日,生日礼物是不可少的,而且礼物的选择要恰到好处,既不能太过昂贵、增加公司的负担,也不能太廉价,使得员工的积极性受挫。一般来说,员工生日宜选择一些实用而不昂贵,精致又有纪念意义的礼物,例如保健用品或者茶叶礼盒等。

第四节　组织内部慰问活动的公关礼仪

组织在节日来临、内部员工遇到困难或突发疾病时,应当按照相应的公关礼仪规范及时地对员工进行慰问,这也是组织内部公关工作的一部分,它体现了组织对员工工作与生活状态的关怀。

一、慰问活动的礼仪概述

(一) 慰问的含义

慰问,是指以一定的形式,对节假日期间仍然坚守工作岗位的员工或遭遇困难与不幸的员工进行安抚和问候,在适当的时机,还应给予对方一定的支持、鼓励与帮助。

(二) 慰问的形式

慰问活动在具体形式上又可以进一步进行区分,其中最常见的慰问形式有如下四种。

1. 探望式慰问

探望式慰问,即登门探访、看望慰问对象,通过会面、交谈、劝解等方式而进行的一种慰问。从礼仪上讲,探望式慰问最为正式、庄重。从实际效果上讲,它最容易使慰问活动双方直接进行交流与沟通,既便于慰问者察言观色、审时度势地对慰问对象进行疏导,又有助于慰问对象获得心理上的平衡。身处逆境的人在内心深处是非常渴望来自他人的关怀,非常希望有倾诉对象的。

2. 信函式慰问

信函式慰问,即采用书信、电报、传真、电子邮件以及其他书面形式,对慰问对象所进行的慰问。这种形式,主要适用于慰问双方身处异地之时。采用信函方式进行慰问,可以饱含感情,尽言心曲,道口头表达所不能,并且可以使慰问更全面、更得体。这是探望式慰问难以做到的。

3. 电话慰问

通过电话进行慰问是一种快捷、直接的慰问形式。这种方式既适用于异地慰问,也适用于本地慰问。电话慰问时应态度诚恳、措辞恰当、语气得体、尽量简洁。

4. 礼品式慰问

礼品式慰问，即以向慰问对象赠送慰问性礼物的方式所进行的慰问。向慰问对象赠送的慰问品，讲究寓意深刻、借物寓情，以能抒发情谊、缓解慰问对象忧虑为好。一般认为，鲜花、书籍、影碟、保健品等，都是可以广为应用的慰问品。除此之外，能够为慰问对象解决实际困难，或能对其有所帮助的物品，诸如食品、衣物、现金，亦可用作慰问品。礼品式慰问倘若运用得法，一样可以发挥较好的慰问功效。

以上四种具体的慰问形式，可以单独使用一种，也可以交叉结合使用，以强化慰问的效果。

此外，按照慰问的原因不同，可以将组织内部的慰问会分为：伤病慰问、灾情慰问、节日慰问、犒劳慰问等。

（三）慰问活动的礼仪

慰问活动是机关、企事业单位组织有关人员进行安抚、问候的活动，具有一定的礼仪形式。所谓慰问会礼仪，即进行慰问时所应当遵守的惯例。在举办慰问会时，也需要注意很多事项，以促进慰问会圆满、和谐地完成，达到预期的效果，给员工以真实的安慰。

二、伤病灾情慰问

在组织内部，当员工遭遇不幸，如伤病、灾情等情况时，为了传达组织的真切问候，可以采用慰问会的形式进行探问，鼓励、支持受慰问员工，体现扶危帮困的精神，密切联系员工与组织的关系，激发员工的积极性，推动员工和组织的发展。

当组织内部人员遭遇灾情或突发重大疾病或意外时，公关人员要积极策划举办慰问会，以组织领导成员亲自上门进行为好，具体策划与实施过程中还有如下礼仪要求：

第一，根据慰问原因选择慰问方式，突出主题。慰问原因关系到慰问类型与形式的选择。应掌握具体情况，区别对待，确定不同的慰问方式和重点。有些慰问只能采用个别慰问，进行单独交谈。有些则应当组织集体慰问，如慰问对象较多时，参加慰问的人数太少反而会影响效果。突出慰问会的主题指的是不应在慰问的同时提及一些不相干的事情，甚至夹带着布置工作或施加压力。另外，慰问礼物的选择也有讲究，一般来说，对于伤病的员工，可以选择一些营养滋补品、水果或鲜花等，但是，对花粉过敏者就切勿送花，而对肠胃病人勿送不易消化的食品等。

第二，把握好慰问时机和时间。慰问活动，大到何时行动，小到何时开口，都必须要掌握好时机。只有抓住适当的时机，慰问才能发挥更好的效果。而且如探视慰问应事先联系，不要突然到访，让人毫无准备。对于不宜被打扰的慰问对象，则不应前往探视。而对于患了重病或有伤痛在身不能坚持会客的员工，即使可以当面慰问，那也要注意把握时间的长度，一方面，逗留时间过短会使人觉得敷衍不真诚，另一方面，过于久留的话又会影响员工或家属的恢复与休息。而且，在慰问现场不宜高声喧哗，影响他人。

第三，真诚慰问。慰问应是发自内心的真情流露，首先要表现得“患难与共”，不论是表情、神态，还是动作、语言，都应当真诚地显示出慰问者的“同舟共济”之心、体贴关心之意。例如，在慰问逝者的亲属、探视伤病员、安慰遇到挫折的员工时，应表情凝重，语调深沉舒缓，语言饱含关心与同情之意。当然，也不宜矫枉过正，表现过分。若是一见面就表现得“冷冷清清，凄凄惨惨戚戚”，使得慰问对象触景伤情、潸然落泪，恶化其情绪，也是不当之举。

第四，积极给予帮助。在慰问员工时，组织成员要给予力所能及的帮助。对生活困难者，可询问其具体的难题，并给予经济上的援助，例如发放慰问金等。组织领导在慰问高温或严寒天气下坚守在一线岗位的员工时，应送上急需、实用的慰问品。真诚的慰问加上实际的帮助会让员工倍感温暖、体会到组织的情谊。

第五，仪表整齐，语言恰当。慰问人员应注意仪表仪容、言谈举止。慰问时，要热情主动、和颜悦色、语调谦和，给人以春风暖意之感，这样就从气氛上达到了慰问的目的。慰问语的重点是关心、体贴与疏导。慰问语应选择得当，针对不同的慰问对象，要使用不同的慰问语。如慰问生病的员工，应鼓励其增强战胜病魔的信心，祝愿早日康复；慰问逝去亲人的员工，应寄托哀思，劝慰其节哀顺变，多加保重；慰问工作受挫的员工，应着重于对对方的关心、理解、支持和帮助，帮助其吸取教训、鼓励振作。

第六，把握好尺度。慰问应当是积极的，而不应是消极的；慰问活动重在鼓励，而不宜让对方感到灰心丧气。在进行慰问时要把握好语言、表情、方式等各方面的尺度，具体来看，主要有以下几方面需要避免的事项：一避免犯忌；二避免揭短；三避免添愁；四避免哀怜；五避免忆苦；六避免假设；七避免做假；八避免戏说。

案例 4－11：青海省公路建设总公司领导慰问受灾的 109 整治项目部

2013 年 8 月 26 日，建设总公司党委书记谢敏一行代表总公司党委、工会，前往湟源公司 109 整治项目部进行慰问。8 月 20 日傍晚七时四十许，湟源建设公司驻扎在乌兰县茶卡镇的 109 整治项目部砂石料场在强降雨的下遭遇突如其来的山洪，奔涌而下的山洪瞬间吞噬了项目部砂石料场驻地，山洪导致参建队伍中七人遇难，一人受伤，石料加工设备全部被毁，部分运输车辆报废，上万方成品料被冲走，造成了严重的人员伤亡和财产损失。

谢书记在项目部灾后恢复现场，看望了正在忙于清理现场、安装调试设备的施工人员，将慰问金和慰问品送到了他们手中，并向他们转达了总公司对受灾情况的重视和关注之意，同时表示将会和湟源公司共同妥善处理好伤亡人员的善后事宜，尽全力帮助项目部在短期内恢复正常的施工秩序，力争降低受灾损失，确保按工期要求完成施工任务。

三、节日慰问

节日慰问，是各类组织的优良传统，每逢重大传统节日，由各组织相关人员对坚守在前线阵地、工作岗位的人员进行慰问，既体现了以人为本、关心员工的组织宗旨，又能增强组织内部人员对整个组织的向心力、凝聚力和忠诚度，达到共赢的效果。在开展节日慰问的过程中，也具有一些礼仪要求和注意事项。

（一）选取恰当形式进行节日慰问

节日慰问的形式也多种多样，主要有：登门探视、电话慰问、赴工作场所慰问、书面慰问、

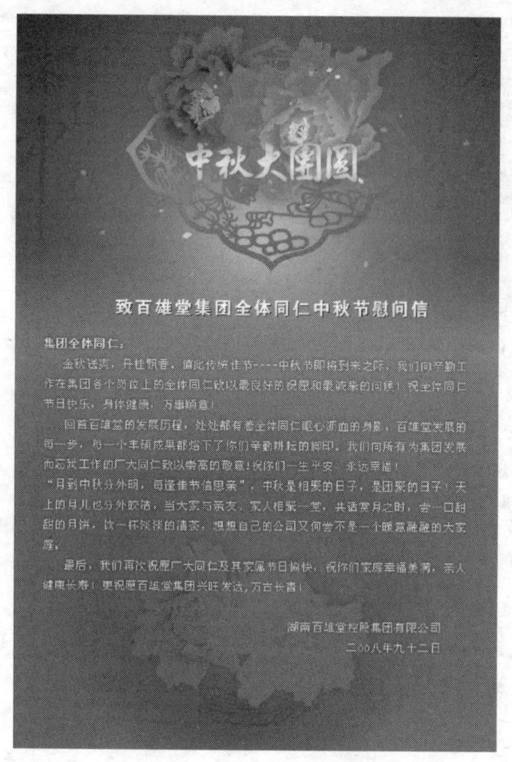

致百雄堂集团全体同仁中秋节慰问信

集团全体同仁：

金秋送爽，丹桂飘香，值此传统佳节----中秋节即将到来之际，我们向辛勤工作在集团各个岗位上的全体同仁致以最良好的祝愿和最诚挚的问候！祝全体同仁节日快乐，身体健康，万事顺意！

回首百雄堂的发展历程，处处都有着全体同仁呕心沥血的身影，百雄堂发展的每一步，每一个丰硕成果都烙下了你们辛勤耕耘的脚印。我们向所有为集团发展而忘我工作的广大同仁致以崇高的敬意！祝你们一生平安、永远幸福！

“月到中秋分外明，每逢佳节倍思亲”，中秋是相聚的日子，是团聚的日子！天上的月儿也分外皎洁，当大家与亲友、家人相聚一堂，共话赏月之时，尝一口甜甜的月饼，饮一杯淡淡的清茶，想想自己的公司又何尝不是一个暖意融融的大家庭。

最后，我们再次祝愿广大同仁及其家属节日愉快，祝你们家庭幸福美满，亲人健康长寿！更祝愿百雄堂集团兴旺发达，万古长青！

湖南百雄堂控股集团有限公司

二〇〇八年九十二日

图 4－9　慰问信范例

邮件慰问等。一般来说，在重大节日到来之际，对于仍然辛勤坚守工作岗位的员工进行工作现场的慰问能收到不错的效果，一方面可以表达对员工的节日问候，另一方面，通过肯定员工所付出的牺牲，尤其是在佳节时刻仍然奋战在一线的行为，又能激励员工认真负责、勤勤恳恳，勉励员工为组织与自身的发展做出更大的贡献。

节日慰问信是书面形式表达组织亲切的节日问候的方法之一，慰问信应精心起草，既要言辞恳切、具体明了，饱含对员工真挚的节日问候，又要符合写作规范。

一般来说，向慰问对象发放节日慰问品或慰问金，是较有效的慰问方式，礼品的选取要以实用、美观大方为准，要满足慰问对象的特定需求，并契合特定的节日气氛。

（二）要提前准备节日慰问

开展节日慰问时，如果不在节日到来之前准备充分，就可能会导致节日慰问在匆忙中进行，甚至连必要的慰问时间也不能保证。只有早作准备、早定计划，节日慰问才能最大限度地发挥作用。负责组织实施节日慰问活动的公关人员要提前制定好节日慰问的方案、购置数量充分的慰问品、安排好慰问人员等，保证节日慰问活动有条不紊。

（三）节日慰问要落到实处

“落到实处”可以简明地概括为“准”。一方面，“准”体现在节日慰问的对象上，要认真核实节日慰问的对象及其基本信息，保证准确性。另一方面，“准”体现在节日慰问物资方面，要登记、核实慰问物品的数量和发放方式，做到不错发、不漏发。

（四）节日慰问要真诚

组织内部的节日慰问，最重要的是要让员工，尤其是节日期间仍然坚守岗位的员工能够感受到来自组织的温暖与关怀。在时间上，领导等在进行节日慰问时不能“来也匆匆去也匆匆”，将慰问品送下即离开，这样对坚守岗位的员工们的积极性与热情是一种伤害，参与慰问的组织领导与成员要和慰问对象积极深入地进行交流。在方式上，领导等慰问者应以热情、温暖的态度对待慰问对象，对于所有放弃在节日与家人团聚的温馨时刻而坚守在工作第一线的员工们，要注重对他们的肯定、感谢和勉励，不仅要送上真诚的节日祝福与恰当的慰问品，还要倡导其他人向其学习，更要深入地了解员工的想法与困难，有针对性地加以满足和解决。

节日慰问，是密切员工与组织关系的重要方式，以各级领导为主的慰问人员要将节日慰问做好分工，切忌流于形式和走过场，要真正把对组织内部员工的关爱充分体现在节日慰问工作上。

★★★★★ 本章小结 ★★★★★

组织内部公关活动不仅可以协调内部公众各方之间的利益，而且有助于增强组织内部的吸引力、凝聚力，还有助于形成独特的企业文化。本章介绍了几种最常见的组织内部公关活动以及相应的礼仪，恰如其分的公关礼仪能帮助组织顺利地开展内部公关活动，更好地处理与组织内部公众的关系，塑造好组织内部的公关形象。

★★★★★ 章末思考题 ★★★★★

1. 什么是组织内部公关活动？组织内部活动公关礼仪的作用有哪些？
2. 会务的一般礼仪主要有哪些？
3. 股东年会的礼仪包括哪些？联欢会的礼仪有哪些？

★★★★★ 案例分析 ★★★★★

美国IBM公司的“金环庆典”[①]

美国IBM公司每年都要举行一次规模隆重的庆功会，对那些在一年中作出过突出贡献的销售人员进行表彰。这种活动常常是在风光旖旎的地方，如百慕大或马霍卡岛等地进行。对3%的作出了突出贡献的人所进行的表彰，被称作“金环庆典”。在庆典中，IBM公司的最高层管理人员始终在场，并主持盛大、庄重的颁奖酒宴，然后放映由公司自己制作的表现那些作出了突出贡献的销售人员工作情况、家庭生活，乃至业务爱好的影片。在被邀请参加庆典的人中，不仅有股东代表、工人代表、社会名流，还有那些作出了突出贡献的销售人员的家属和亲友。整个庆典活动，自始至终都被录制成电视或电影片，然后被拿到IBM公司的每一个单位去放映。

案例思考题：

1. IBM公司的庆典活动体现了哪些组织内部活动公关礼仪？对其他企业形成什么借鉴？
2. 作为企业，还有哪些形式可以用于改善组织与内部公众尤其是员工的关系？

---

① 《IBM公司企业内部公关活动——“金环庆典”案例分析》，公关一网通网，http://www.prywt.com/328.html。

第五章 组织对外公关专题活动的礼仪

学习目标

- 了解公共关系专题活动的主要内容、含义与特点；
- 理解公共关系专题活动在组织和安排过程中的礼仪规范；
- 掌握运用公共关系专题活动礼仪的基本技巧。

开篇实例

腾讯动漫平台北京发布会①

2012 年 3 月 21 日，“腾讯原创动漫发行平台”作为泛娱乐战略的核心业务，在北京腾讯游戏发布会现场正式推出，其官方网站(AC. QQ. COM)正式上线运营。腾讯游戏副总裁程武、腾讯网副总编辑马立和著名漫画家蔡志忠共同出席了腾讯原创动漫发行平台的启动仪式。而曾经创作过《庄子》等一系列脍炙人口的漫画作品的蔡志忠也在会场正式受聘成为“泛娱乐大师顾问团——首席动漫顾问”，并在后期组建专业的评审委员会，对原创内容进行鉴定，逐步完善漫画“权威评价机制”，以推出优秀的动漫作品，打造较为畅销的动漫品牌。

“腾讯原创动漫发行平台”将大力扶持国产民族动漫品牌，集原创动漫发布与签约、在线阅读、互动社区以及线上线下活动等于一体，向广大动漫爱好者开放。目前，腾讯已经与蔡志忠、颜开、姚非拉、夏达等国内著名漫画家和漫画教育家达成合作协议，并与一些上升期漫画作者签约以保证独家发行权。

组织要生存与发展，必须通过传播沟通来塑造形象，协调公众关系，平衡与公众的利益，而公关专题活动是组织塑造社会良好形象的主要方式。在各种公关专题活动中，必然会涉及组织的公关礼仪，无论是何种类型的组织，开展何种类型的活动，都需要按照公关礼仪的规程行事，无论什么活动，从形式到内容都需要体现公关礼仪的核心——对公众的尊重，保证活动内容积极健康的社会意义，体现活动整体有序规范。

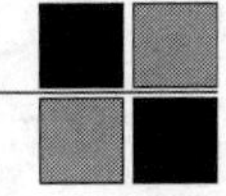

第一节　公关专题活动礼仪概述

公关专题活动是组织塑造良好形象的主要工作之一，是组织围绕着某一明确的目标开展的活动，通常活动具有特定的主题，因此，称之为公关专题活动。而公关专题活动礼仪则是在开展具体活动时应遵循的礼仪规范。

一、公关专题活动的含义与特点

(一) 公关专题活动的含义

公共关系专题活动是指社会组织有意识地、主动地对外部公众施加影响、传递信息、交流情感的塑造组织良好形象的活动形式。在活动中，为了强化宣传效果，达到预期的公关目标，通常就某一主题进行策划，以设定各种各样的专题来体现组织富有创意的特色形象。因

① 《腾讯原创动漫平台发布》，百闻品牌咨询与策划网，http://www.brandbv.com/product_c_118.html。

此，公关专题活动的内容与形式会显得丰富多彩，历史上几乎没有任何一项公关专题活动是重复的。各类组织也十分重视公关专题活动的策划与实施。

案例5－1：汾酒集团重塑高端品牌①

2010年6月18日，汾酒集团在人民大会堂召开纪念大会，庆祝山西汾酒荣获1915年巴拿马万国博览会甲等大奖章95周年。汾酒集团以充实的史料将汾酒获得巴拿马万国博览会中国白酒品牌唯一的甲等大奖章这一历史事实公布于众，在全国引起了极大的震动。随后在9月5日举行的国藏汾酒纪念酒公益慈善拍卖会，一瓶汾酒竟然拍出了209万元的天价，20瓶国藏汾酒全部拍出，成交总价高达3 076万元。从单瓶最高价、平均价、拍卖总价，汾酒一举创造了三个中国名酒之"最"。同时汾酒重新确立了自己的品牌定位，"国酒之源，清香之祖，文化之根"。

(二) 公关专题活动的特点

公关专题活动是组织塑造良好社会形象的重要方式，组织通过开展各类富有创意的专题活动向公众展示组织形象，与公众进行信息交流与情感互动。因此公关专题活动具有如下特点：

1. 明确的主题

组织无论开展何种活动如发布会、宴请或者是公益活动，都需要有活动的主题，如2010年上海世博会的主题是"城市，让生活更美好"，因为城市是人类文明的结晶，要在上海这个现代化国际大都市来举办世博会，展示我国改革开放的良好形象，策划出合适的富有创新的主题尤其重要。于是上海2010年世博会以"和谐城市"的理念突出活动的主题，设计出"城市，让生活更美好"这个主题口号。

2. 丰富的内容

公关专题活动的主题确定之后，围绕着主题设计各项内容，从各个方面来反应并突出主题。比如在2010年上海世博会的主题之下，设计了五个副主题"城市多元文化的融合"、"城市经济的繁荣"、"城市科技的创新"、"城市社区的重塑"、"城市和乡村的互动"，作为一个系列来反映"和谐城市"这个主题，体现为多元文化的和谐共存、经济的和谐发展、科技时代的和谐生活、社区细胞的和谐运作，以及城市和乡村的和谐互动。在每个副主题下又安排了一系列的丰富多彩的活动内容，来展示整个城市的形象。

3. 清晰的公众定位

每个社会组织都有相对确定的目标公众，公关专题活动的目的主要是以影响目标公众为主、影响潜在公众为辅而开展的，因此每次活动的公众定位相对而言是明确的，如果目标公众无法确定，那么公关专题活动会变得盲目，并由此影响公关效果。

4. 综合的媒介宣传

组织开展公关专题活动的目的就是要广而告之，让公众了解、理解组织所展示的形象，因此媒介宣传必不可少。现在高科技网络时代，媒介的发展迅猛无比，组织必须既运

① 吴友富，范徵，纪华强：《中国公共关系发展报告2006—2010》，上海外语教育出版社2012年11月版，第77页。

用传统媒介比如报纸、海报，也要充分运用先进的网络媒体、移动媒体、微媒体等来宣传自己的形象。

5. 规范的程序

公关专题活动无论规模的大小，时间持续的长短，都必须遵循相关的程序进行操作，有条不紊地实施，以确保活动安全有效、和谐有序地开展，以提高公关工作的效果。

二、公关专题活动礼仪的含义与特点

（一）公关专题活动礼仪的含义

公关专题活动礼仪就是指组织在策划、组织并实施公关专题活动中所应遵循的礼仪规范。

公关专题活动与日常公关工作相比，是一项规模较大、目的明确、技术复杂、涉及面广、要求高的传播交流活动，是组织与公众最广泛、最全面接触交往的机会，它充分体现了组织公关整体水平，包括知识水平、业务能力和礼仪素养，因此在举办公关专题活动时，组织活动的实施者应当熟悉各种专题活动的礼仪规范，把握每一个细节，以充分展示礼仪的魅力、无限的创意、精心周到的策划与组织，从而保证活动的有效开展。

（二）公关专题活动礼仪的特点

从公关礼仪的角度看，组织公关专题活动礼仪主要有以下几个特点：

1. 活动程序的规范性

公关专题活动的类型多种多样，每一种活动都有其自身的特点，在组织过程中公关人员要遵循特定的程序，因而具有较强的规范性。公关专题活动是面向公众的，是为了向广大公众传递信息、引起媒体的注意以及提高组织的知名度和美誉度，所以公关人员在活动操作过程中要熟悉活动的具体流程，同时要有代表组织的自觉，时刻展现作为公关人员的高素养，以树立组织的良好形象。

2. 策划组织的周密性

要有周密的实施方案。当有了初步的构思，就必须为整个公关专题活动进行深化思考，将构想一一细化，并具有很强的可操作性，对于时间、地点、参与者、活动方式、环境、交通、经费、前期宣传、后期评估等各方面因素和细节都要考虑周全。制定方案后请有关人士论证批准，然后按照活动方案进行操作实施，并且在实施过程中收集反馈信息，如有必要可根据实际情况和反馈信息对方案进行合理的调整。整个活动要有专人负责，除了组织的公关人员，还应有一些利于活动开展的专业人才。

3. 传播沟通的互动性

传播沟通贯穿于公关活动的始终。为了争取公众最大程度的关注与参与，社会组织运用相应的符号，通过一定的传播媒介，把相关信息传递给公众；公众得到信息并产生一定的反应，再传递给组织。通过这样双向的交流达到了信息的分享，相互之间增进了解，最终达成共识。

4. 操作实践的务实性

举行专题活动开销较大，策划者在注重活动独特新颖，又必须注重合情务实，即符合组织客观运作的可能性、经济性，也符合公众心理认可的需求。

三、公关专题活动礼仪的类型

专题活动作为一种常见的活动，在公关活动中占有很大分量，作为与社会公众进行重点沟通的专项活动，其类型多种多样，其中较为重要和常见的形式主要为组织交往礼仪、会展礼仪、商务礼仪、庆典仪式等。本章重点介绍了几种常见公关专题活动的礼仪。

第二节　组织交往活动的公关礼仪

组织形象塑造与传播的过程主要是通过与公众的交往活动中发生的，礼尚往来不仅是个人生活的主要活动内容，也是组织生存与发展的活动内容。《礼记・曲礼上》中有："往而不来，非礼也；来而不往，亦非礼也。"个人交往如此，组织交往也是如此。因此，组织交往活动是塑造组织良好形象的最基本的活动内容，活动形式丰富多彩，其他各项活动都是在最基本的交往活动之上建立的，更有侧重点或更具专题性的活动，比如会展活动，它的基础也离不开交往，但它更侧重组织形象或产品的展示；再如商务活动，也离不开最基本的交往活动，但是它的性质则以商务为主。由此也可以了解，组织交往活动是一个比较宽泛的说法，是组织与公众进行人际交往的过程，既是相互了解、交流的过程，也是组织传播形象的过程。其最常见的形式有宴请活动、公众参观接待活动、联谊活动等。

一、组织宴请活动的公关礼仪

公共关系的宴请活动，是为谋求组织间的协作、答谢相关公众支持、联络组织与公众之间的情感、交流信息，或为组织的成功而开展的正常组织活动。一次合乎礼仪规范的公关宴请，可能就是成功的公共关系活动或对公关活动的最终效果施以影响。因此，每一个公共关系从业人员在认清公关宴请目的的同时，还应对整个公关宴请活动中的礼仪规范有所了解和掌握。

(一) 公关宴请的分类

公关宴请种类繁多，按照国际上通用的宴请形式主要有宴会、招待会、茶会、工作餐等，至于究竟采取何种形式进行宴请，一般应根据活动的目的、邀请的对象以及经费开支等因素综合考虑。但每种类型的宴请均有与之匹配的特定规格和要求，掌握这方面知识对于顺利进行公关活动是有积极意义的。

1. 宴会

宴会是盛情邀请贵宾餐饮的聚会，按其隆重程度、出席规格，可分为国宴、正式宴会和便宴。按照举行时间，又有早宴、午宴和晚宴之分，一般来说，晚宴较之早宴和午宴更为正式、隆重。

(1) 国宴

这是国家元首或政府首脑为国家庆典，或欢迎外国元首、政府首脑而举行的规格最高的正式宴会，因而它对礼仪的要求也最严格。其具体的操作事项及礼仪规范将在本书第六章详细介绍。

(2) 正式宴会

正式宴会是官方政府、团体,为了迎送宾朋答谢主人而隆重举行的宴会。其规格仅次于国宴,除了不挂国旗、不奏国歌以及出席人员的规格不同外,其余的安排大体上与国宴相同,也需要排座次,有时也安排席间奏乐。许多国家对正式宴会十分讲究,对菜肴、酒水、餐具均有一定的要求。服务也要求规范,讲究服务质量和特色。

(3) 便宴

便宴是一种非正式的宴请,其气氛热烈、随和而又亲切,常用于招待亲朋好友,也是商务活动中较普遍使用的宴请形式。便宴的规模一般不大,常见的有午宴、晚宴,有时候也举行早宴。便宴比较简便、灵活,可以不排席位,不作正式讲话,对菜肴的数量、质量、上菜程序、餐具及服务均没有严格的礼仪要求。

2. 招待会

招待会是指不备正餐的宴请形式,一般备有食品和酒水,通常不排固定的席位,由客人自行挑选、自取自食,常见的形式有冷餐会、酒会、茶会、工作餐等。

(1) 冷餐会

也称自助餐。这种宴请形式的特点是不排席位,菜肴以冷食为主,故称冷餐会。但也可辅之以热菜,连同餐具陈设在菜桌上,供客人自取。冷餐会上客人可以自由走动,也可多次取食。酒水可由服务员端送,也可陈放在桌上。

冷餐会举办时间多为中午 12 点至下午 2 点、下午 5 点至 7 点。冷餐会一般不提供烈性酒,而提供啤酒、葡萄酒和饮料。由于冷餐会活动自由、卫生,不拘于传统就餐形式,所以被越来越多的人所接受。

(2) 酒会

又称鸡尾酒会,这是以酒水为主招待客人的一种宴请形式。这种招待会形式较为活泼,便于广泛接触交谈。招待品以酒水为主,略备小吃、菜点,不用或少用烈性酒。食品多为三明治、面包、小香肠、炸薯片、炸春卷等,不设刀叉,以牙签取食,不设座位,仅置小桌或茶几,便于出席者走动。

酒会规格可高可低,适用于各种节日、庆典、仪式及招待性演出前后。酒会的举行时间在中午、下午和晚上均可。自 1980 年起,我国国庆招待会就已改用酒会这种形式。

在国内,有时也会将酒会和正式的宴会结合起来,即先举办酒会,然后是正式宴会。在这种情况下,酒会的入场时间客人可以灵活掌握,但勿错过正式的宴会。

(3) 茶会

茶会是一种以茶会友的简便的招待形式,通常安排在上午 10 点左右或下午 4 点左右,在客厅举行,客厅内设茶几、座椅、不排席位。但是,如果是为贵宾举行的茶会,则在入座时,主人要有意识地和主宾坐在一起,其他人员可以相对随意就座。茶会的茶具一般用陶瓷器皿,不用玻璃杯,更不能用热水瓶代替茶壶。茶会上还可以略备点心和地方风味小吃。

(4) 工作餐

工作餐是国际交往中常用的一种非正式宴请形式,主客双方利用共同的进餐时间,围绕工作中的问题边吃边谈。工作餐按用餐时间分为工作早餐、工作午餐、工作晚餐和宵夜。这种宴请形式既简便又卫生,就餐气氛融洽,彼此都无拘无束,可拉近宾主之间的工作距离,往往能收到正式宴会所难以达到的效果。这类宴请一般不请配偶或其他与工作无关的人员参加。工作餐一般不排座次、无须致辞。

<table>
<tr><td rowspan="6">宴　会</td><td colspan="2">国宴</td></tr>
<tr><td rowspan="2">正式宴会</td><td>中餐宴会</td></tr>
<tr><td>西餐宴会</td></tr>
<tr><td rowspan="3">非正式宴会
（便宴）</td><td>早宴</td></tr>
<tr><td>午宴</td></tr>
<tr><td>晚宴</td></tr>
<tr><td rowspan="8">招待会</td><td colspan="2">冷餐会（自助餐）</td></tr>
<tr><td colspan="2">酒会（鸡尾酒会）</td></tr>
<tr><td rowspan="2">茶会</td><td>上午茶会</td></tr>
<tr><td>下午茶会</td></tr>
<tr><td rowspan="4">工作餐</td><td>工作早餐</td></tr>
<tr><td>工作午餐</td></tr>
<tr><td>工作晚餐</td></tr>
<tr><td>宵夜</td></tr>
</table>

图 5－1　宴请的类别

(二) 正式宴会礼仪

1. 宴会主办方的准备工作

正式宴会一般都有较严格的礼仪规范，公关人员在为组织开展公关活动而准备宴会时一定要认真、周到地做好各项工作。

(1) 明确宴请对象、目的和形式

首先要明确宴请的对象，并依据宴请对象的身份、国籍、习俗、爱好等，来确定宴会的规格、主陪人、用餐形式等。其次要明确宴请的目的和范围，宴请目的可以是为表示欢迎、欢送、答谢，也可为表示庆祝、纪念，还可以是为某一事件、某一个人。宴请的范围应当事先明确，不仅要考虑主宾双方的身份相当，更要明确准备邀请哪些人以确定人数等。

然后根据宴请对象、目的和范围来确定宴请的形式和规格。一般规格高、人数少、以重大庆典为主题的正式宴请，采用宴会形式比较合适；庆祝性、纪念性的宴请采用冷餐会和酒会更有气氛；以谈论某项工作为主题的宴请，则应该选择工作餐；而女士间的聚会，采用茶会更适宜。

(2) 选择时间、地点

宴会的日期应以双方都合适为宜。一方面应避免宾主双方不便的时间，不要选择节假日，也不要选择某一方禁忌的时间，比如西方人禁忌的“13”和星期五，港澳地区人民禁忌的星期四；另一方面要适当地控制用餐时间，既不能匆匆忙忙，也不能拖拖拉拉。

宴请地点的选择,应根据宴请的规格、主宾的身份以及费用而定。比较隆重的宴会最好选择知名度高、环境幽雅、设备先进的酒店举行。一般宴请的地点则考虑环境优美、设施齐全、交通便利、菜肴较有特色、卫生条件好的地方。

(3) 发出邀请

邀请有口头、书面之分。前者主要是直接告诉或打电话邀请,后者要写请帖。正式宴会一般都要用请柬正式发出邀请,这样做一是出于礼节,二是还可对客人起到提醒备忘的作用。

请柬一般提前两周左右发出,以便客人及早安排时间,至少是一周,不然就不礼貌。如果是邀请最高领导者作为主宾,还需单独发邀请函。请柬发出后,应再用电话与客人进一步联系,询问客人出席情况,以确定参加宴会的具体人数并做好充分准备。

(4) 拟定宴请菜单

拟定宴请菜单应注意:第一,宴请的种类、规格及宾客的身份。第二,客人的饮食习惯与禁忌。第三,宴请的时间和季节。第四,主宾的口味、年龄、健康状况等。宴请菜肴宜选择精致可口、赏心悦目,冷热、甜咸、荤素、营养、酒水合理搭配,尽可能做到色、香、味俱全,突出特色。另外,公关宴请都应印制菜单,至少每桌一份。

(5) 安排菜序、席位

公关人员在安排宴请时,不但要准备充足的可供选择的菜单内容,更要懂得合乎礼仪和饮食规律的菜序。在公关宴请中,席位的安排十分重要,它关系到来宾的身份和主人给予对方的礼遇。

(6) 现场布置

宴会厅和休息厅的布置,取决于活动的性质和形式。官方正式活动场所的布置,应该严肃、庄重、大方,不宜用霓虹灯作装饰,可用少量鲜花(以短茎为佳)、盆景、刻花作点缀。如配有乐队演奏席间乐,乐队不要离得太近,乐声宜轻。最好能安排几曲主宾家乡乐曲或主宾所喜欢的曲子。一般说来,冷餐会的餐台用长方桌;而酒会一般摆设小圆桌或茶几。宴会休息厅通常放小茶几或小圆桌。

2. 宴会程序

(1) 迎接

举行宴会,主人应站在大厅门口迎接客人。如果是正式宴会,宾主握手寒暄后,由工作人员引至休息厅休息(如无休息厅,可直接引入宴会厅,但不入座)。休息厅应有人员陪同,并安排服务人员上茶水、饮料,厅内事先备有报纸、杂志或电视。主宾到达后,由主人陪同进入休息厅与其他客人见面,然后一同进入宴会厅入座,接待人员随即引导其他宾客相继入厅就座,宴会即可开始。如果休息厅较小,或宴会规模太大,也可以请主桌以外的客人先入座,贵宾席最后入座。

(2) 致辞、祝酒

我国习惯是在开宴之前讲话、祝酒、客人致答辞。西方国家致辞、祝酒习惯安排在热菜之后,甜食之前。致辞时,参加宴会的人包括服务人员都应暂停其活动,专心聆听。在致辞即将结束时,服务人员要迅速替所有人斟满酒,因为致辞完毕就要祝酒。

冷餐、酒会,讲话时间可灵活掌握。讲稿可事先交换,由主人一方先提供。

(3) 保持宴会气氛热烈

宴会气氛一般由主人调节,但席间组织的公关人员的作用也非常重要。要注意不时地提出些大家都感兴趣的话题，避免争论和谈论与工作有关的较严肃的话题。

3. 宴会结束

上完水果后，宴会即可结束，主人应先向女主人或是主宾示意，然后双方起立，主人宣布宴会到此结束，同时感谢来宾赴宴。

公关人员作为来宾退席时，要注意主人和主宾的举动，一般等主人和主宾餐毕先起身离席后，方可依次离开。离席时，应主动将桌上的餐具适当整理，免得身后留一片狼藉杯盘，有失雅观。身份低者、年轻者要主动帮助照应行动不便的成年长者，男士也可帮邻座女士把椅子拉开。如因故要提前退席，须向主人说明并表示歉意，然后悄悄离开，千万不要不辞而别。另外需要注意的是，每个人入座或离座，均应从座椅的左侧进出。

4. 注意事项

(1) 宴请准确的对象和合理的范围

宴请最好是由主办方单独宴请特定的一方，这样会使对方感到被重视、被尊重，继而能真正达到宴请的目的，加强沟通，增进友谊。

但是，有时公关宴请会有诸多方参加。这时，主办方就要慎重考虑己方与多方之间、多方相互之间的关系如何。关系融洽的相聚一起但也无妨。关系不睦，相聚一堂难免会有尴尬，最终都会对主方产生不满。因此，宴请时必须慎重。最好在敲定宴请人选时，将宴请的一方或多方参加者名节列出来，然后根据名单仔细研究一番，最后再确定宴请人选。如果漏了该请的则会产生严重后果，是非常失礼的行为。

(2) 请柬邀请要平等待人

如果决定用请柬方式发出邀请，那么无论是谁，也无论距离远近，都要平等对待，对所有人都要使用请帖，以示诚意。

(3) 控制好宴会时间

宴会的时间一般应控制在一个半小时左右，最好不超过两个小时。宴席的时间过短，会使客人感到没有尽兴；时间过长，宾主双方容易感到疲倦。

(4) 饮酒适量

饮酒时要注意适度原则：饮酒适量，不可争强好胜，以免醉酒误事、出丑；不可强行劝酒，造成不快而谢绝饮酒。敬酒、劝酒要文明，要尊重对方的感受，切忌强迫对方或语言挑衅，破坏宴会的友好气氛。对一些酒量小，甚至不会饮酒的客人，以水或饮料代酒即可。在西餐上是没有劝酒的，因此如果用中餐宴请外宾，切忌劝酒。

(三) 中餐礼仪

宴请的形式有很多种，在国内，通常的宴请形式是中餐宴会，按中国人传统的方式进餐。涉外的宴请形式可能会采用西餐形式，这在第六章涉外礼仪章节中陈述。掌握中餐礼仪对于进行成功的公关活动是非常必要的。

1. 席位排列

在中餐礼仪中，席位的安排十分重要，它关系到来宾的身份和主人给予对方的礼遇，它包括桌次、席位两方面的安排。

桌次排列

正式宴会的桌次安排都有严格的礼仪规范。主桌一般有两种：一是长方形横摆桌，主宾面向客人而坐；二是大圆桌，宾主围桌而坐。

中餐宴会一般采用圆桌。当采用一张以上的圆桌安排宴请时，就出现了桌次尊卑的问题。具体来讲，由两桌组成的小型宴会，餐桌的排列，有时需要横排，有时则需竖排。一般的原则是“面门定位、以右为尊、远高近低”：横排时，桌次以右为尊，以左为卑，左右方位的确定是以面对正门的位置为准；两桌竖排时，桌次以距离正门远的位置为尊，以距离正门近的位置为卑。排列方法如图 5－2。

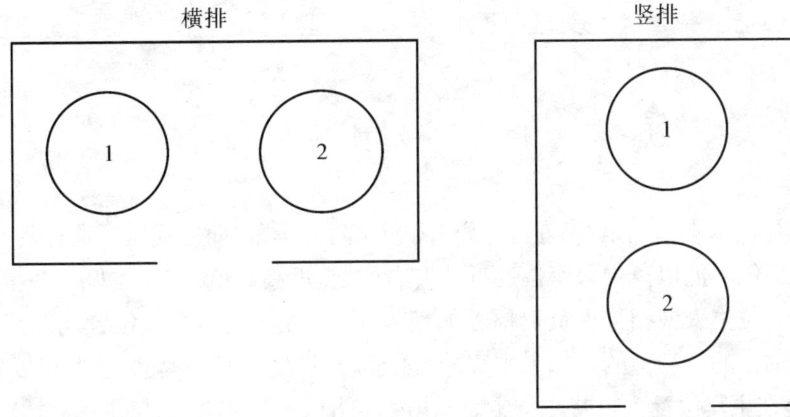

图 5－2 桌次排序之一

三桌或三桌以上组成的宴请，还应遵守“主桌定位”的原则：距离主桌越近，桌次越高；距离主桌越远，桌次则越低。在国际交往场合和商务交际场合中，中餐习惯按职务和身份高低排列席位。

在安排桌次时，除主桌可以略大之外，其他餐桌大小、形状应大体相仿，不宜差别过大。多桌桌次的常规排列方法图见图 5－3。

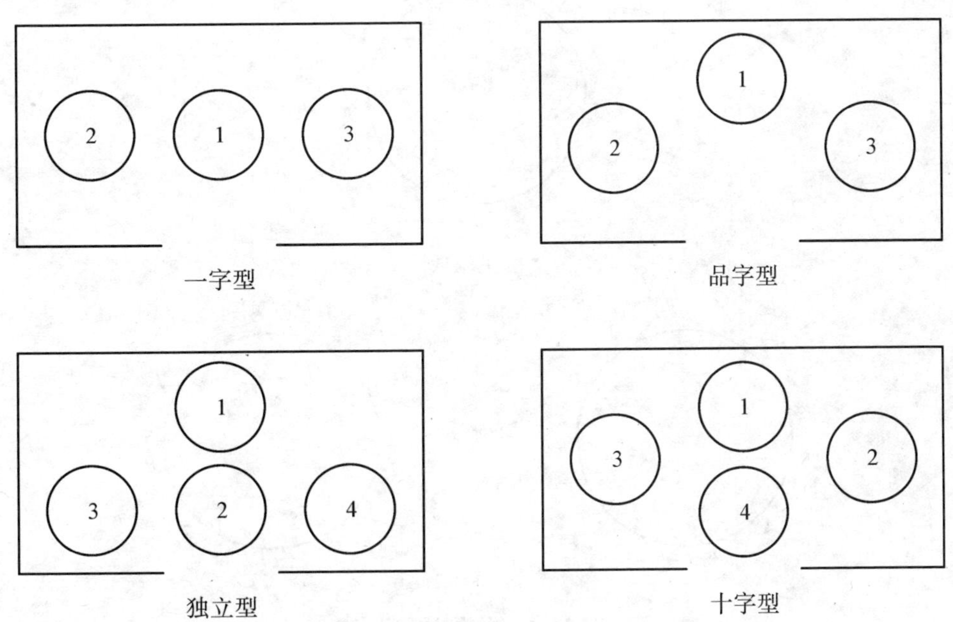

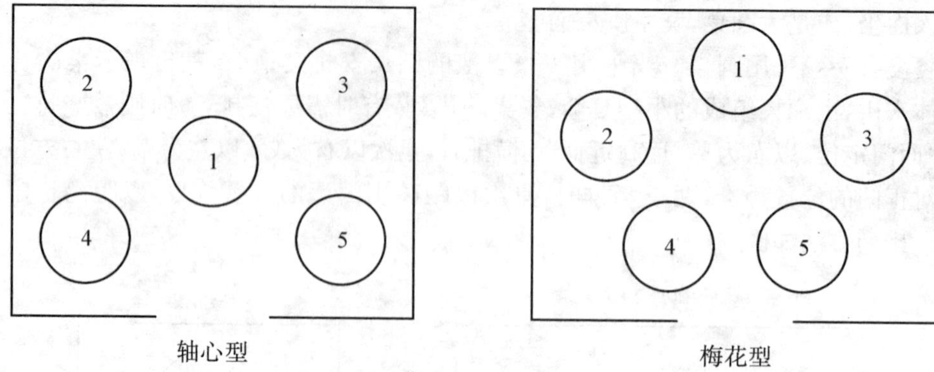

图 5-3 桌次排序之二

2. 席位安排

我国传统礼仪基本原则是“尚左尊东”、“面朝大门为尊”。而现代国际通行的礼仪则以右为尊,同一桌上,座位高低以离主人座位远近和左右而定,近高远低、右高左低。两桌以上的宴会,每桌一般都有一位主人或招待人负责招呼如何入座,位置与主桌主人位置同向或面对,其两侧的座位则是为桌中的上宾留的。如果主宾的身份高于主人,为表示尊重,主宾可以坐在主人的位置上,而主人坐在主宾位置。如果夫人或女士出席,可把女士安排在一起,即主宾坐在男主人右上方,其夫人坐在女主人右上方;主宾携夫人,而主人的夫人因故不能出席时,可请与主人有联系且身份相当的女士作第二主人;若无适当的女士出席,可把主宾夫妇安排在主人的左右两侧。

桌子之间的距离要适中,各个座位之间的距离要相等。一桌就餐人数十人以内为宜,并以双数为好。席位排列方法如下图 5-4。

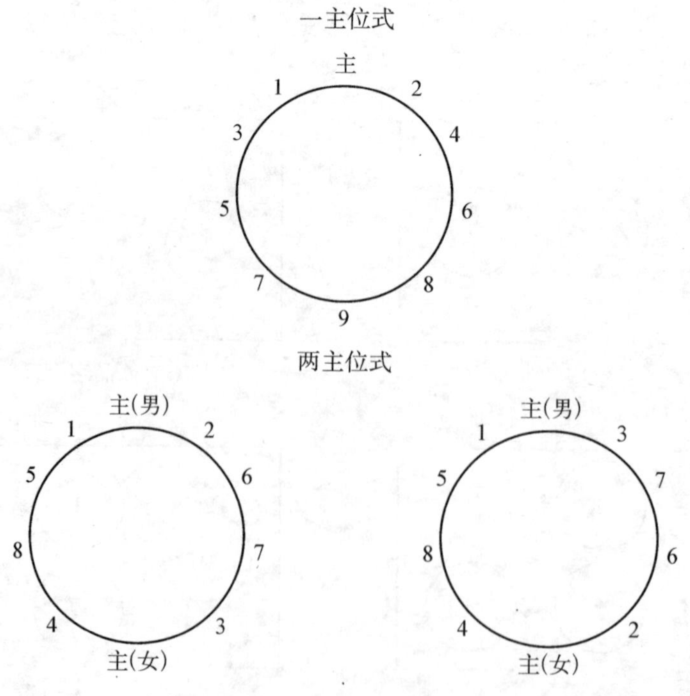

图 5-4 桌次排序之三

3. 菜序排列

通常来讲，先上桌的一般是冷盘，接着是热炒，随后上的是主菜，然后上点心和汤，最后才是水果拼盘。如果上咸点心的话，讲究上咸汤；如果上甜点心的话，则要上甜汤。

4. 酒菜的搭配

若无特殊规定，正式的中餐宴会通常要上白酒与红葡萄酒。具体来讲，在搭配菜肴方面，中餐所选的酒水讲究不多。想喝什么酒，想什么时候喝酒，完全自便。正规的中餐宴会一般不上啤酒。

5. 就餐礼仪

为了保证就餐时的欢乐气氛，需注意以下几点就餐礼仪。

(1) 衣着得体

参加宴请，要注意个人的穿着打扮。不注意服饰打扮，既为人轻视，又失礼于人。服装大体分为三种：礼服、正装、便服。目前，国内在隆重的宴会上，一般都要求穿礼服；而在普通的宴会上，通常要求穿正装；在一般性的聚会中，则可以穿便装。

(2) 坐姿端正

就座时，身体与餐桌保持两拳左右的距离，上身要挺拔，双手可扶持餐桌边沿，但不可将双臂搭在餐桌上。

(3) 吃相高雅

进入餐厅就座后，不要随意先动筷，应等主人邀请、主宾动筷时再拿筷。进餐时从菜盘中央取一口的分量。已经咬过的菜，不要放回盘子里，应将其吃完；需要蘸调料的食物可自己调味，但切忌将已经咬过的食物再放进调料盘中调蘸。

(4) 以礼待人

在中餐中，对主人要以礼相待，多加问候。客人之间也应相互照顾，不要到来之后互不搭理。不要在其他客人还没有吃完时，独自离席。应等大家都吃完，主人起身，主宾离席时再致谢退席。

宴会的核心在于交谈，因此良好的餐桌礼仪，意味着既要掌握吃喝技巧，又要精于交谈，从而使宴会达到预期效果。“吃饭当哑巴”在这里是不适用的。

6. 饮酒礼仪

在中式宴会中，冷盘菜上后就开始斟酒。白酒最好配备高度名酒，当然可根据需要选择中低度的宴酒(30 度左右)。因为饮食习惯的原因，中餐宴请中葡萄酒多为红葡萄酒，而且一般选用甜的红葡萄酒，因为红色充满喜气。

斟酒则是从客人的右侧开始，除啤酒外，酒瓶瓶口不接触杯沿，酒杯也不应该提起。一般斟入酒杯容量三分之二的酒即可。

敬酒可以使宴会气氛更加热烈，在宴请过程中，主人会经常向宾客敬酒、劝酒，希望宾客能酒足饭饱。敬酒时应选择适当的时机，应以年长、尊贵的来宾为主要对象，按照礼宾顺序先向主宾，再依次向其他宾客敬酒。敬酒时，态度要稳重、热情、大方，上身要直，双腿站稳，以双手举起酒杯，并向对方微微点头示意，等对方饮酒时再跟着饮。如果宴会上桌次较多，主人可依次到各桌敬酒，并提议大家一起干杯，只要举杯示意即可，不必一一碰杯。

二、组织接待参观活动的公关礼仪

组织接待参观活动是组织向公众敞开大门，为了让公众更好地了解组织自身，或者为了消除对组织的某些误解，把公众请进来，欢迎公众到组织中做客参观，让公众体会到百闻不如一见，增强说服力。通常由公关部门负责组织和邀请有关公众前来本组织参观，也有的组织是常年对外开放，让公众参观，以增强组织的透明度。

组织接待参观主要有两种形式：一种是一年四季都向公众开放，即经常性的对外开放，多用于服务行业；另一种是在某个时间点或时间段把公众请进来，即"开放日"的对外开放，更适用于工业企业。

（一）参观接待活动的准备工作

组织对外开放参观既是一种很好的公关活动，也是一项很复杂的工作。组织公关人员应做好以下几项准备：

1. 明确目的

任何一次对外开放活动都应有其明确的目的。公关人员要搞清楚通过这样的活动能达到什么样的效果，让观众留下怎样的印象，是否有真正值得报道的材料。

接待公众参观的目的主要包括以下几个方面：

(1) 扩大组织的知名度，维护和扩展良好声誉。

(2) 澄清某些事实真相，求得公众的理解。

(3) 密切组织与公众的关系，使组织与社会公众的关系和谐。

(4) 促进组织的业务扩展。

(5) 增强员工、家属的自豪感。

2. 确定规模

接待参观活动开始之前，要确定规模的大小，从而做出相应的安排。如果只是少数几个人参观，可以陪同他们到几个部门去，并介绍情况，赠送资料和纪念品等；如果是较大规模的团体参观，最好制定一个计划，安排好接待次数、每次参观人数和开放时间等。一次接待十五个人比较恰当，每天接待 2—3 次，有专人陪同讲解，并回答参观者的问题。

3. 准备材料

事先准备好简明生动、印刷精美的组织情况介绍宣传册，以及幻灯片、视频短片等。

4. 场地布置

参观的设施、场地应做好一定的布置。准备好展览用的实物和模型。有条件的组织可单独设置展览室。

5. 选好时机

最好安排在一些特殊的日子里，如周年纪念日、重大的节假日、开业庆典、社区节日等。在喜庆的日子里进行参观，可以增添公众的兴趣，获得更强的开放效果。

6. 成立专门机构

为使开放参观活动办得尽善尽美，需要设立一个专门的活动筹备委员会。委员会成员应包括组织领导、公共关系人员、行政人员、行政和人事部门人员等。如果主题是强调服务或产品，则还要有营销部门人员。

7. 确定邀请对象

接待公众参观可以邀请的对象大多为员工家属或一般公众，也可邀请政府部门、同行业领导、专家及新闻媒体等。

8. 选择参观路线

提前划好参观路线，防止参观者越过参观范围，出现不必要的麻烦和事故。参观路线的选择要求做到的安全，对组织正常工作干扰小。

有些组织的主管人员往往顾虑对外开放参观会导致本组织的某些机密外泄，其实只要安排得当，向导熟练，就可以防止泄密事件。因此，在这方面不需过多顾虑。

9. 接待服务

挑选并培训解说人员和接待人员。设立接待服务处，对参观者做好热情周到的接待工作，如安排合适的休息场所和备好茶水饮料；需要招待用餐的，也应事先做好安排；如果邀请的对象有儿童，要更加小心，要准备好点心、休息场所和必要的盥洗设备等，也可送一些印有介绍组织材料的玩具。

(二) 接待参观的程序

接待参观的具体程序主要包括以下几个方面：

1. 接待。

主要包括登记、讲解、向导、安全、休息、饮水及赠品的发放等环节。相关单位、重要人物的参观要由组织主要负责人亲自出面，热情迎送陪同。

2. 分发宣传资料，或放映幻灯片、宣传片、视频短片等。

3. 引导陪同参观者按预定路线参观，并作必要介绍、讲解和回答提问。可安排有关人员陪同摄影，以增添客人游览的兴致和情绪，增进感情。

4. 时间较长时，参观活动中间要安排适当的休息。

5. 分发纪念品和征求意见。

参观过程中可向公众分发一些小型纪念品，最好是本组织制造的或印有本组织名称的纪念物。观摩实物结束，宜在出口处设置公众留言簿或意见簿。

(三) 参观结束工作

对外参观结束后，可视情况举行代表座谈会，以征询意见或建议，并致函向参观者致谢或登报鸣谢。

(四) 参观接待的注意事项

1. 目的明确。整个参观接待活动都要围绕所确定的主题进行策划和组织。

2. 处理好公开与保密的关系，既要给公众留下坦诚的印象，又不使组织机密外泄。

3. 安排好细节问题，对策划、组织到结束全过程的每一个细节都要周密考虑。

三、组织联谊活动的公关礼仪

联谊活动是组织交往活动中最常见的形式之一，因为它适用面广泛，可以是平时的组织与公众的联谊，也可以是内部员工的联谊，既可以是组织面向社会广大公众，也可以是有针对某一方面的公众进行联谊。

案例 5－2：闽商在津迎中秋“博饼”联谊共叙乡情

2013 年 8 月 25 日天津市福建商会和天津向阳坊食品有限公司主办的“弘扬民族文化，博状元闽商情——迎中秋联谊会”在津举行。

天津市福建商会会长阮志雄表示，此次举办迎中秋联谊活动，目的在于弘扬民族文化，共叙乡情，团结在津闽商力量，为企业搭建服务平台，同时紧密闽商与各兄弟商会的友谊。通过“博饼”这一闽南独有的文化，在博饼游戏与品鉴向阳坊新品中，能够更深入的了解这一列入国家非物质文化遗产的内涵，其乐融融。

联谊活动的形式丰富多彩，大多以文艺晚会作为联谊活动的主要形式，主要是为了联络组织与公众的情感，相聚相会，分享欢乐。因此，组织应当做好充分的准备工作。

(一) 准备工作

第一，确定活动主题；第二，确定时间地点；第三，策划设计活动内容与程序；第四，准备联欢活动的道具等；第五，预算活动经费。

(二) 活动现场工作

第一，布置会场，准备横幅、气球、游戏道具等，调和灯光、音响等，放置糖果、瓜子、花生、水果、矿泉水、小礼品、游戏道具等；第二，签到入场；第三，由组织方领导宣布联欢活动开始；第四，文艺节目演出、游戏、发奖品等。

(三) 结束工作

第一，做好场地收拾工作；第二，总结联欢活动的经验教训；第三，制作联欢活动多媒体；第四，媒体报道。

第三节 组织会展活动中的公关礼仪

会展是指围绕特定的主题，在一定地域空间内，多人聚集在一起形成的定期或不定期、制度或非制度的传递和交流信息的群众性社会活动。会展业作为第三产业的重要组成部分，具有很强大的产业带动效应。会展主要包括会议和展览会。

一、组织对外会议中的公关礼仪

公关专题活动中的会议主要包括新闻发布会、座谈会、报告会等。公关人员在举办会议过程中要遵循一定的礼仪规范，才能保证一场成功的会议。

(一) 新闻发布会中的公关礼仪

新闻发布会是传播信息、谋求新闻媒体对某一事件客观报道的行之有效的手段，这是组织利用新闻媒介宣传信息和组织形象的公关手段，也是组织搞好与新闻媒介关系的最重要方式之一。

案例5-3:“明谢”新闻发布会

2011年7月20日,姚明召开新闻发布会,宣布正式退役,由著名篮球人徐济成主持。下午2时,新闻发布会在上海浦东嘉里大酒店举行,并挑选了容量最大的上海厅,主题为“明·谢 姚明新闻发布会”。除了240个左右的文字记者座席和长约50米的摄影记者站台,在发言台下方还设有48个VIP席位。上百家媒体的300多名记者参加此次新闻发布会,这其中包括新华社、美联社、法新社和路透社四大通讯社在内的国际媒体。

整个会场大方、整洁、素雅,感觉不到任何的商业气息。即便发言台上的几瓶矿泉水,也被撕去了标签。酒店方原本想贴在发言台下方的酒店标识,都被去掉。

“明谢”的主题,更是构思精巧。不仅谐音“鸣谢”,而且“明”代表了姚明,“谢”更是包含了“感谢”和“谢幕”这层双关意。而发布会被划分为上下半场,上半场为姚明和嘉宾的发言时间,下半场是姚明和媒体的互动,安排也相当得体。整个发布会一共持续了一个小时。

姚明的新闻发布会恰好在世界游泳锦标赛期间。20日,上海世游赛上热门项目和中国观众所关注的跳水不产生金牌,和中国代表团没有多大的关系。所以,跑游泳世游赛的老记者们完全可以在这一天将精力投入到姚明新闻发布会的新闻大战中。用一位采访世游赛的记者的话说:“国际巨星,国际商业团队做事就是人性化,连我们的工作都考虑到了。”记者签到安排在11:30至13:50,中央电视台和上海本地的电视台进行全程直播。

发布会期间身穿黑色西装的姚明的退役发言,字里行间透出的真诚和得体引来各方面一致好评。作为发布会的精髓,那篇获得赞誉良多的发言,前后修改达四次之多。

而在接待和安保方面,姚之队也进行了严密的布置和安排。所有需要参与此次采访的记者,都需要提前和姚之队方面进行预约报名,而在进入会场之前都要进行安检,这在众多记者参加发布会的经历中还是第一次。一场成功的新闻发布会之后,姚明留给人们又一个俊朗高大的身影。

(本案例在原报章报道的基础上改写)

1. 新闻发布会特点

新闻发布会发布消息的形式比较正规、隆重,而且规格较高,易于引起社会广泛关注,由此费用也相对较高。

在新闻发布会上,记者们可以根据自己感兴趣的方面,从自己所看重的角度进行提问,能更好地挖掘信息。因此,在这种形式下的信息沟通,在深度、广度上都比其他形式更胜一筹。

新闻发布会对发言人和主持人的要求很高,如发言人和主持人必须十分敏感、反应迅速等。

此外,新闻发布会往往要占用记者和组织者较多时间,必要时还要组织记者实地采访、参观或安排一些沟通活动,如酒会、招待会、进餐等,因此会有更多的经费支出,整个活动下来,成本较高。

2. 新闻发布会的准备工作

在新闻发布会举行之前，公关人员必须对所发布的信息是否重要、是否具有广泛传播的新闻价值以及发布信息的最佳时机进行研究和分析。

第一，把握时机，确定主题。新闻发布会主题和最佳时机应从新闻价值和组织利益的角度出发进行确定。新产品的试制成功、新设备的引进投产、募捐、产品展销活动、重大成绩的取得、组织成立周年纪念日、组织首脑或高层管理人员变动等都可以作为发布会的主题，公关人员要善于抓住这些机会，发展为有利的新闻。另外，组织遭遇重大事故，以及受到公众的误解、批评时，也有必要召开新闻发布会澄清事实。

第二，确定地点。新闻发布会的场地选择应考虑媒体的需求，以方便记者们的采访为主。举行新闻发布会的现场，应交通方便、条件舒适、面积适中。本组织的会议厅、宾馆的多功能厅、当地最有影响的建筑物等，均可酌情予以选择。

第三，确定时间。新闻发布会的目的就是为了造声势，因而提高记者的出席率很重要，所以时间上就应有所选择。首先，发布会一般应安排在周一到周四的下午三点为佳；其次，不要与重大节日或其他重大活动相冲突，媒体对这些事件的大篇幅报道任务，会冲淡发布会的传播效果；最后，如果要请外国记者，应注意避开外交部、国台办和国务院新闻办公室等部门的发布会和记者招待会，不然记者出席率会大打折扣。

第四，确定邀请记者的范围。期望新闻发布会在多大范围内产生影响，就要在多大范围内邀请记者，如果事件涉及全国，则要邀请中央新闻单位的记者出席，如果影响仅限于本地，则可邀请当地新闻单位或相关专业性报刊和新闻单位内部从事专门报道的记者、编辑出席。无论是邀请一家还是数家新闻单位参加新闻发布会，主办方都应优先考虑那些影响大、报道公正、口碑好的新闻单位。

第五，安排相关人员。新闻发布会一般要有主持人和发言人。其人选的选择有很高的要求。会议的主持人一般可由有较高的公共关系能力的人来担任，其对被邀与会的记者和新闻单位应有相当程度的了解，与记者有较好的工作关系和个人之间的人际关系；不仅要宣布开会、散会，而且还能清楚、简洁地说明会议宗旨；在会议中能通过插话、补充说明、提出反问来引导会议进行；能根据对新闻单位和记者的了解，恰当地选择众多记者提问的先后顺序。因此，主持人的选择依据，首要的是“能力”。

会议的发言人则应是组织的高层领导，他除了对本次会议主题涉及的问题有较为深刻的专业性把握，还对本组织的整体情况，有关的社会环境、方针、政策都很熟悉和了解，他的发言和回答，应该具有权威性。

除了慎选主持人、发言人之外，还需精选一些人员负责会议现场的礼仪接待工作。依照惯例，最好是由品行良好、相貌端正、工作负责、善于交际的年轻人担任。

第六，准备资料。在准备新闻发布会时，准备好如下四个方面的主要材料：其一，发言提纲。其二，问题提纲。事先应对有可能被提问的主要问题进行预测，并就此预备好针锋相对的答案，以使发言人心中有数，必要时作参考。其三，宣传提纲。其四，辅助材料。形式多样，要有口头的、文字的、实物的照片和模型等。

第七，及时邀请。确定具体事件后，要提前 3—5 天向记者们发出邀请，让记者充分安排好时间，最好让记者有回执。邀请柬上应注明：日期、地点、企业名称、联系电话、会议主题。

第八，布置会场。为主持人、发言人准备两个以上话筒，为记者准备多个活动话筒。另外，工作人员和接待员要佩戴标志，主持人的胸牌应标明职务。会议桌上应标明“记者席”、“主人席”、“工作人员席”。主宾人员名单提前送交主持人，以便在会议开始时一一介绍。

3. 新闻发布会的过程

召开新闻发布会，会议程序要安排得详细、紧凑，避免出现冷场和混乱局面。一般新闻发布会举行的基本程序有以下几个步骤：

第一，签到。在会议接待人员的引导下让与会人员用预先准备好的笔在签到簿上签上自己的姓名、单位、职业、联系电话等。接待人员要热情、大方、举止文雅。一般由组织方的一个主要人员出面迎接，表示出主人的礼貌和会议的郑重。

第二，发资料。可预先在布置会场时就在每位记者席上准备有关资料，也可在签到时由会议接待人员将资料有礼貌地发给来宾。

第三，会议开始。会议开始时要由会议主持人说明为什么召开新闻发布会，所要公布的信息或发生事件的简单经过。

第四，发言人讲话。发言人讲话措辞用语要准确、贴切，要讲清重点，吐字要清晰、自然，切忌过长的讲话和啰嗦的发言。

第五，回答提问。作为组织者来说，要维持好会场秩序，避免冷场或混乱；切实把握主题，引导记者踊跃深入地发问，防止离题或重复发问；切实掌握会议时间，一般不宜超过一个小时，应留有时间让记者们提问；回答问题时要准确、自如；尊重记者，热情礼貌，不能无理打断别人的提问。

第六，结束。提问结束后，应由专人陪同记者参观考察，给记者创造实地采访、摄影、录像等机会，增加记者对会议主题的感性认识。参观地点应事先安排好，并派专人接待，介绍情况。

发布会之后，一般为记者准备工作餐，最好的形式是自助，其目的在于给记者们提供交流和对组织的领导人做深入采访的机会。与会人员离场时，主办人员要向参加者一一道别，并感谢他们的光临。个别记者有特殊要求时，有关人员应耐心地给予答复。组织领导应站在门口，笑脸相送，感谢记者光临，为以后的合作打下良好的基础。

4. 新闻发布会的结束工作

发布会结束之后公关人员还需要做好以下几项工作，意在检验会议是否达到预期目的与效果。

首先是媒体监测。对照签到簿，跟踪每位记者的发稿情况，并归类、分析。若出现不利报道，应采取相应对策及时补救。如果是不正确或歪曲事实的报道，组织应立即采取行动说明真相，向报道机构提出更正要求；如果批评报道是事实，则应通过该报道机构向公众表示虚心接受并将采取实际行动来加以改进，以求取得公众的谅解，挽回组织声誉。

其次，总结经验教训，倾听与会者的意见，找出不足以便改正。公关人员应将会议经过写成新闻稿，在企业内部广为宣传，并将会议记录整理存档。

知识链接 5-1：新闻发言人制度

新闻发言人作为一种“制度”，其内容涉及政府的重大事项、重要活动、社会关注的热点问题、海内外关注的问题、重大突发事件、公共政策、公共服务、政府决策等所有与公众利益直接相关的问题，针对这些内容提供的一种接受公众公开咨询、质询和问责的制度安排。我国新闻发言人制度起始于20世纪80年代。1983年4月23日，中国记者协会首次向中外记者介绍国务院各部委和人民团体的新闻发言人，正式宣布我国建立新闻发言人制度。

5. 注意事项

(1) 事先预检，确保发布会顺利进行

检查好新闻发布会的各项准备工作，最好的检查方法，就是事先按发布会的程序演练一遍，以发现准备工作中的不足并加以改进。不能随便更改会议程序，强调守时。此外，散会时要注意秩序，做到有条不紊。

(2) 统一宣传口径

新闻发布会要发布哪些信息，某一信息公开到何种程度等，都应有统一的认识和统一的安排，并与组织的宣传口径保持一致。否则，就会引起记者的反感，造成社会公众对组织的误解。

(3) 会议进行中要特别注意言谈礼仪

无论是主持人、发言人还是会场工作人员，都应要有良好的公关意识，始终保持镇定、温和、礼貌的仪态。主持人要善于辞令，遇到记者竞相提问时，应控制时间，提醒记者避免提重复的问题，以提高会议效率。发言人的讲话应详略得当，不能答非所问，发言人原则上不能拒绝记者提问。尽可能地向记者提供其所需要的信息，要注重信息的准确性、真实性，不要弄虚作假，爆炒新闻；对于不愿发表和透露的内容，应婉转地向记者做出解释，不能简单地拒绝回答。对于记者带有挑衅性或偏见的提问，不能表现激动或发怒，应以良好的涵养、平静的话语、确凿的事理给予纠正和反驳。

(4) 注意处理好与新闻媒体的关系

在新闻发布会中，要平等对待记者，要注意不要因为记者所属媒体机构的大小或与组织关系的亲疏而区别对待或阻止记者提问，以免造成不良影响。与新闻界人士保持联络，要注意经常与其互通信息，常来常往，争取建立长久合作关系。

(二) 座谈会中的公关礼仪

座谈会是指组织就某一或某些问题邀请公众一起交谈与讨论的会议形式，也有称恳谈会。这是组织经常组织的公关活动之一，在很多情况下都可以召开，如在调查公众状况的时候，比如在危机公关的时候等。

案例5-4：美国亨氏集团的“妈妈座谈会”

美国亨氏集团与我国合资在广州建立婴幼儿食品厂。筹建初期，亨氏集团做了大量调查工作，多次召开“妈妈座谈会”，广泛了解公众的需求，听取公众的意见，征求母亲对婴儿产品的建议，并根据妈妈们提出的意见，试制了些样品，免费试用；经过听取妈妈们的意见后，在食品中加进一定量的微量元素，如锌、钙和铁等，使得产品广受公众的青睐。

座谈会的公关礼仪问题应注意以下几个方面：

1. 准备工作

第一，确定座谈会的性质和目的，以便确定座谈会的主题内容；第二，确定参加人员的名单和人数，确定相关公众，并能针对问题提出建议的人；第三，做好通知，通知应注明开会的时间、地点和目的；确定重点发言者，以引导议题的深入，促使会议顺利召开；第四，布置好会场，会场周围或者会议桌上，可适当放置一些鲜花与盆景，营造愉悦的气氛。

2. 现场工作

第一，会议室的桌椅摆放成圆形或长方形，使与会者能面对面地围坐在一起相互交流；第二，座谈会开始时，主持人应先阐明座谈会的目的，并做自我介绍和相互间的引见介绍来“热场”；第三，主持人应善于营造和谐平等、畅所欲言的氛围，使得参加会议的每位公众都有发言和提出见解的权利，另外也要善于控制现场，既要避免“冷场”现象，也要避免“开无轨电车”；第四，做好记录、录音、录像工作，以备整理；第五，准备茶点、咖啡、水果等供与会者饮用。

3. 结束工作

座谈会结束后，对会议讨论的内容进行整理归档，并总结会议过程中的经验与教训。会议讨论结果后，根据情况，适时将信息向公众公布或以适当的方式加以告知。

二、展览会的公关礼仪

展览会是公共关系中经常采用的一种形式，是组织为了介绍自身的业绩，展示自身的成果，推销自身的产品、技术或专利，而以集中陈列实物、文字、图表、影像等形式，向公众展示的一种宣传性集会。它不仅具有较强的说服力、感染力，还可以现身说法打动观众，为主办单位广交朋友，提高其名气与声誉。

案例5－5：举办最成功的一届台湾名品博览会①

图5－5 2012山东(青岛)台湾名品博览会精彩纷呈

① 《本届展会是层次最高、展品最多、举办最成功的一届，35.9万人观展创青岛会展史之最》，搜狐网，http：//roll.sohu.com/20121015/n354833614.shtml。

2012年10月14日，为期4天的2012山东(青岛)台湾名品博览会在青岛国际会展中心圆满落幕。本届博览会有580家台湾企业参展，摊位1 500个，四天时间共有35.9万人入场参观、采购，创下青岛会展史之最。

盘点一：展品"耳目一新"受欢迎

本次参展企业中，有三分之二为新参展商，展示商品达到三万多件，大部分展品为贴近人们生活的新、特日常用品，品质和创意兼具。在展览板块设置上，特装摊位占到总面积的60%以上，除传统展区外，还首次设置了精密机械形象馆和连锁加盟信息化应用体验馆，两者共同组成了本次展会的新板块、新亮点。

盘点二：良好的礼仪加深印象

四天来，市民们一边惊叹于宝岛科技的奇妙、产品的精密，一边为两岸文化天生的融洽而认同。同样让人印象深刻的是台商的热情好客。不限量地试吃、体验，不厌烦地介绍、解答……即便是只有一个几平方米的小展位、做着最小生意的商家，也不仅仅只为了卖货，更看重顾客有何反应，给人留下了什么印象。

一位青岛市民对于台商的热情服务表示震撼："一排排导购员拿着试吃食品争着让你尝，吃多少次都没事，哪怕吃了不买人家也毫无怨言。"当天他免费品尝了几十种食品，金枪鱼松、荞麦海苔、阿萨姆奶茶、鱿鱼烤肠、甚至价格不菲的"舌尖名吃"乌鱼子。

另外展台讲解员服务都很到位。一位市民表示："不管你怎么问，问的问题是否外行，他们都一直很有耐心，总是微笑着为你讲解。"这显示出台商对展会的重视，以及讲解人员的高素质。

(本案例在原报章报道的基础上改写)

(一) 展览会的类型

展览会是一个覆盖面甚广的概念，从不同角度可以分为许多不同的类型。要开好一次展览会，首先必须要确定其具体类型，然后再进行相应的定位。按照目前通行的会展礼仪规范，展览会的划分包括以下几条：

1. 按展览会的性质、目的划分，分为宣传型展览会和销售型展览会。

宣传型展览会目的在于向外界宣传、介绍参展单位的成就、实力、历史与理念，因此它又叫陈列会。

销售型展览会，也有的称贸易展览会，则主要以销售为目的，为了展示参展单位的产品、技术和专利，从而招徕客户，促进其销售。通常人们将销售型展览会称为展销会或交易会。

2. 按展览会的时间长度划分，分为长期展览会、定期展览会和临时展览会。

长期展览会大都常年举行，其展览场所固定，展品变动不大。长期展览会可以是三个月、半年、甚至常设，短期展览会一般不超过一个月。

定期展览会的展期一般固定为每隔一段时间之后，在某一特定的时间内举行。定期展览会有一年四次、一年两次、一年一次、两年一次等。

临时展览会则是视需要而定。在发达国家，专业展览会一般是三天。在英国，一年一次的展览会占展览会总数的四分之三。

3. 按展览会规模的大小，有大型展览会、小型展览会与微型展览会之分。

大型展览会，通常由社会上的专门机构出面承办，其参展的单位多、参展的项目广，因而规模较大。

小型展览会，一般由某一单位自行举办，其规模相对较小。在小型展览会上，展示的主要是代表着主办单位最新成就的各种产品、技术和专利。

微型展览会，则是小型展览会的进一步微缩。它提取了小型展览会的精华之处，一般不在社会上进行商业展示，而是将其安排陈列于本单位的展览室或荣誉室之内，主要用以教育本单位的员工和供来宾参观之用。

4. 根据展览品种类的不同，可分为单一型展览会与综合型展览会。

单一型展览会，往往只展示某一大门类的产品、技术或专利，因此人们经常会以其具体展示的某一门类的产品、技术或专利的名称，来对单一型展览会进行直接的冠名，比如"化妆品展览会"、"汽车展览会"等。综合型展览会，也称混合型展览会。它是一种包罗万象的，同时展示多种门类的产品、技术或专利的大型展览会。与前者相比，后者所侧重的主要是参展单位的综合实力。

5. 按照参展单位的地理区域的不同，可分为国际性展览会、洲际性展览会、全国性展览会、全省性展览会和本地性展览会。

规模较大的国际性展览会、洲际性展览会、全国性展览会，往往被人们称为博览会。需要说明的是，组织展览会不一定非要贪大求全不可，特别是忌讳虚张声势、名不副实，动辄以"世界"、"全球"、"全国"名之。

6. 按照展览会的场地标准，可分为室内展览会和露天展览会。

顾名思义，室内展览会大都被安排在专门的展览馆或是本单位的展览厅、展览室之内。室内展览会大都设计考究、布置精美、陈列有序、安全防盗、不易受损，并且可以不受时间与天气的制约，显得隆重而有档次。但是，所需费用往往偏高。在展示价值高昂、制作精美、忌晒忌雨、易于失盗的展品时，室内展览会自然是首选。

露天展览会则都安排在室外露天之处。它可以提供较大的场地、花费较小，而且不必为设计、布置费力过多，展示大型展品或需要以自然界为其背景的展品时，此种选择最佳。通常，展示花卉、农产品、工程机械、大型设备时，大都采用露天展览会的形式。不过，它受天气等自然条件影响较大，并且较易使展览品丢失或受损。

(二) 展览会的程序

展览会为组织开展公关活动提供了一个良好的平台，公关人员应该充分利用这个机会展示本组织的产品，传递必要的信息，加强与社会公众的直接沟通。由于展览会对人力、物力、财力的投入要求较大，因此在决定举办展览会前，要分析其必要性和可行性，以免造成资源浪费。为使展览会办得卓有成效，应认真做好以下工作：

1. 展览会主办方的准备工作

第一，确定主题。每次展览会都应有一个明确的主题和目的，必须弄清楚是要宣传产品的质量、品种，还是要宣传组织形象；是要提高组织的知名度，还是要消除公众的误解。并据此决定展览会中使用的沟通方法、展览形式、接待形式，如主题性口号、主题歌曲、徽标、纪念品等。

案例 5－6：上海书展“中国道路中国梦”主题展吸引众多读者

图 5－6 “中国道路中国梦”主题图书展区吸引了众多读者

2013 年 8 月 14 日上海书展开幕。“中国道路中国梦”主题图书展区吸引了众多读者。由新华传媒策展的“中国道路中国梦”主题图书展区，集中展示《中国梦、我的梦》、《梦想中国》、《中国道路与中国梦想》等 500 余种解读阐释中国梦主题的出版物。一批围绕这一主题的出版物将在书展期间集中首发。

第二，构思参展结构。哪些产品参展，其深度、广度、密度如何确定，参展产品项目和品牌怎样搭配，都需要认真构思。要尽量选择质量较好，具有独特风格和在市场上具有竞争能力的产品参展，且产品的品种和档次应力求齐全，并有针对性。

第三，选择地点和时机。宜选在交通方便、环境适宜、设施齐全的地方。展览时间一般来说应选择在适合该项产品销售的季节，且每次展览时间不宜过长，以免拖延时日、耗费钱财、影响效果。

第四，确定参展单位。举办展览会，由什么单位来参加的问题是非常重要的。在具体考虑参展单位的时候，必须两厢情愿，不得勉强。公关人员事先应以适当的方式，对拟参展的单位发出正式的邀请或召集。对于报名参展的单位，公关小组应根据展览会的主题与具体条件进行必要的审核。当参展单位的正式名单确定以后，公关人员应及时以专函的形式进行通知，使被批准的参展单位尽早准备。

第五，宣传展览会及展览内容。应成立专门的新闻发布机构，负责与新闻界进行联系，制订新闻发布计划，邀请新闻界采访、报道，撰写新闻稿，及时向社会传播有关展览会的各种信息，引起社会各界对展览会的重视，并尽量扩大其影响。准备好宣传资料，设计和制作展览会的会标、会徽和纪念品，制作好介绍参展单位和参展项目的幻灯片、说明书、宣传小册子等，供展出时分发。

第六，现场布置。在布置展览现场时，展示陈列的各种产品要围绕既定的主题，互为衬托，合理组合与搭配。要在整体上显得井然有序，浑然一体。要处处考虑到参观者的要求，如在入口处设置咨询台和签到处，制作展览会平面图等。

展品在展览会上进行展示陈列的具体位置，称为展位。分配展位可以通过竞拍、投标、抽签或是按正式报名的先后顺序来安排。不管采用何种方法，公关小组均须事先将其广而告之，以便参展单位早做准备。另外，那些理想的展位，除了收费合理之外，应当面积适当，处于展览会上较为醒目之处，设施齐备，采光、水电的供给良好。

第七，培训工作人员。展览会工作人员的素质和展览技能直接影响展览的效果。因此必须对展览会工作人员进行礼仪培训，并对展出的产品进行基本的专业知识培训，以满足展览会的要求。

第八，加强安全保卫。无论展览会举办的社会治安环境如何，组织者对于有关的安全保卫事项均应认真对待，免得由于事先考虑不周而麻烦丛生。

在举办展览会前，必须依法履行常规的报批手续。此外，公关小组还需主动将展览会的举办详情向当地的公安部门进行通报，求得其理解、支持与配合。按照常规，主办方可到合法的保安公司聘请保安人员维持秩序。

主办方工作人员均应自觉树立良好的安全意识，必要时最好由有关各方正式签订合约或协议，并且经过公证。为以防天灾人祸，主办方可找保险公司买保险。

在展览会入口处或展览会门券上，应将参观的具体注意事项正式说明，使参观者心中有数。

第九，提供服务项目。主办单位作为展览会的组织者，有义务为参展单位提供一切必要的辅助性服务项目，主要包括：展品的运输与安装；车、船、机票的订购；与海关、商检、防疫部门的协调；跨国参展时有关证件、证明的办理；电话、传真、电脑、复印机等现代化的办公设备；举行洽谈会、发布会等商务会议和休息所使用的适当场所；餐饮服务；展览时使用的零配件的提供；供参展单位选用的礼仪、讲解、推销人员等。

2. 展览会的过程

(1) 筹划精彩的开幕式

开幕式是极为重要的第一印象，公众的舆论扩散很大程度取决于开幕式及开展期间前几天组织的表现。开幕式要邀请重要的领导、嘉宾、社会名流参加，热情接待、陪同他们观看展览，介绍情况，大打“名人效应”这张牌。

(2) 要与记者密切联系

公关人员要周到地为记者提供采访必需的资料、设备及交通工具等，并在举办过程中及时地向他们反映有新闻价值的信息，方便他们做跟踪报道，提高展览会的见报率，也就提高了知名度。

(3) 注意礼貌待人

在展览会上，不管它是宣传型展览会还是销售型展览会，参展单位的工作人员都必须真正地意识到观众是自己的上帝，为其热情而竭诚的服务是自己的职责。

当观众走进自己的展位时，都要微笑主动地向对方说“您好！欢迎光临！”随后，还应面向对方稍许欠身伸出右手，掌心向上指尖直指展台，并告知对方：“请您参观！”当观众离去时，工作人员应当真诚地向对方欠身施礼，并道以“谢谢光临！”或“再见！”

当观众在本单位的展位上进行参观时，工作人员要具有灵活性，既不干扰观众，又能够引导观众进行参观。

(4) 善用解说技巧

解说技巧，此处主要是指参展单位的工作人员在向观众介绍或说明展品时，所应当掌握的基本方法和技能。解说人员解说时应当以客户利益为重，要在提供有利证据的前提下，着重强制自己所介绍、推销的展品的主要特征与主要优点，以争取使客户觉得言之有理，乐于接受。

在必要时可邀请观众亲自动手操作，或由工作人员为其进行现场示范。此外，还可以安排观众观看与展品相关的影片，并向其提供说明材料与单位名片。通常，说明材料与单位名片应常备于展台上，由观众自取。

3. 展览会的结束工作

展后工作是展览会不可缺少的一部分，一般可以分为两个阶段进行，即跟踪服务阶段、总结评估阶段。

第一，跟踪服务。展览会结束后的跟踪服务主要是针对参展者而进行的，其目的主要是加深客户印象，树立品牌形象，为下次做预告宣传。展后的跟踪服务主要有媒体的跟踪报道和感谢工作。媒体跟踪报道主要是对展览会进行一个回顾性的报道，将有关情况、有关的统计资料数据提供给新闻界，这样可以进一步扩大会展的影响，为下次做好十足的宣传；感谢工作的感谢对象是所有的参展单位，重要的参展商和支持单位、合作单位以及给予展览会大力支持的新闻媒体，都应给予感谢。举办会展的一个目的就能够给参展者一个交流的平台，让参展者喜欢这种方式的服务，愿意来这里参展。

第二，总结评估。展后的总结工作就是通过各种方法收集反馈信息，了解展览会举办成功与否，如设置意见簿、问卷调查、电话访问、举行小型座谈会等，明确组织的自我期望与实际效果的差距。还应对参观者的范围、数量、需求等进行分析，得出展览会真实的信息传播效果，为未来的工作提供数据资料、经验和建议。

第四节 组织商务活动中的公关礼仪

商务活动指商业组织为实现经营目的而从事的各类有关资源、知识、信息交易等活动的总称。这是一个组织塑造良好的社会形象的公关过程，而这一过程也必然按照公关礼仪规范来实施，这就是商务活动中的公关礼仪。商务活动中公关礼仪的形式有很多种，其中包括商务谈判礼仪、签字仪式、赞助仪式、开业典礼等。

一、签字仪式

签字仪式是组织之间就某项协议、协定互换正式文本的一种隆重的形式，是常见的公关专题活动。组织之间就某些问题经过协商或谈判，取得了一致或较为接近的共识，就会以文字形式将会谈结果稳定下来，作为将来合作的凭据。因此，签字仪式时间虽短，却应操办得很隆重。

案例5-7：中国加入世贸组织议定书签字仪式

图5-7 2001年11月11日，在卡塔尔首都多哈的喜来登酒店会议大厅举行了中国加入世贸组织议定书签字仪式

2001年中国加入世贸组织，其签字仪式安排如下：

签字仪式前，中国代表团向WTO秘书处提交朱镕基总理授权石广生部长签署中国加入世贸组织议定书的全权证书。

（一）时间：11月11日19:30—20:00（北京时间12日00:30—01:00）

（二）地点：卡塔尔首都多哈喜来登饭店，AL MAJLIS大厅

（三）会场情况：

会场将悬挂中英文"中国加入世界贸易组织签字仪式"横幅。会场中间设签字台。签字台上摆放中国国旗，签字笔，签字文本，鲜花等。

（四）出席人员：

1. 中方44人：中国代表团全体成员。

2. 外方7人：会议主席、卡塔尔财政、经济和贸易大臣卡迈尔，WTO总干事穆尔，WTO现任总理事会主席、香港常驻WTO代表哈宾森，WTO副总干事拉维耶，中国工作组主席吉拉德，WTO秘书处加入司司长侯塞因，法律司司长凯普。

（五）签字仪式具体程序：

19:20，石广生部长、会议主席、WTO总干事入场。

秘书处法律司司长凯普事先准备好签字文本。

石广生在文本最后一页签名，签日期，并标注中文"须经批准"字样。

石广生签字完毕后不离席，由助签的外经贸部国际司副司长张向晨在文本上标注石广生名字的英文拼写"SHI GUANGSHENG"和"须经批准"的英文字样"SUBJECT TO RATIFICATION"。

石广生离席先作简短发言，后请总干事简短发言。同时服务人员为站位第一排人员送上香槟。

石广生和穆尔发言后，服务人员为二人送上香槟。二人互致祝贺。中国代表团里爆发

出热烈的掌声，大家纷纷高举香槟示庆。

此外，中国代表团的每一位成员都显得格外精神，女士们换上了最漂亮的服饰，有的特意穿上具有浓郁民族色彩的中式衣裙。

中国加入WTO议定书签署后，石广生部长约见WTO总干事穆尔，向其提交由中国国家主席江泽民签署的中国加入世贸组织批准书。三十天以后，中国正式成为世贸组织成员。（本案例在原报章报道的基础上改写）

（一）签字仪式程序

1. 准备工作

签字仪式是组织具有“里程碑”意义的大事，组织应予以充分准备，做到万无一失。

（1）准备待签文本

文本一经签字，就具有了法律效力，因此对签字文本的准备应慎重严谨，双方都应指定专门人员做好定稿、核对、校对、印刷、装订、盖章等工作。如是与外商签署协议，要按国际惯例，在文本上同时使用双方母语。在准备文本的过程中，审核文本必须对照原稿件，做到一字不漏，对审核中发现的问题，要及时互相通报，通过再谈判，达到谅解一致并相应调整签约时间。

在协议或合同上签字的有几个单位，就要为签字仪式提供几份样本。如有必要，还应为各方提供一份副本。

待签文本通常应装订成册，并以仿皮或其他高档质料作为封面，以示郑重。其规格一般为大八开，所用的纸张务必高档，印刷务必精美。

（2）安排人员

在举行签字仪式之前，有关各方应预先确定好参加签字仪式的人员，并向其有关方面通报。客方尤其要将自己一方出席签字仪式的人数提前通报主方，以便主方安排。要按照对等的规格选定参加签字仪式的人员，即双方签字人员和参加人员在职务、身份、级别上大体一样，人数一般也相等。由谁签字，取决于文本的性质，可以是组织的最高领导，也可以是具体部门的负责人。

参加签字的有关各方事先还要安排一名熟悉签字仪式详细程序的助签人，并商定好签字的有关细节。其他出席签字仪式的陪同人员，基本上是双方参加会谈的全体人员，按一般礼貌做法，人数最好大体相等。

为了表示重视，双方也可对等邀请更高一层的领导人或政府官员出席签字仪式。如果在签字仪式后，安排了各方领导致辞的活动，那么还需要安排一位主持人向全体与会者介绍致词人的身份，这样比较适合。主持人可由主办方派出，但具体人选需与其他各方协商。

由于签字仪式的礼仪性极强，签字人员的穿着也有具体要求。按照规定，签字人、助签人以及随员，在出席签字仪式时，应当穿着具有礼服性质的深色西装套装、中山装套装或西装套裙，并且配以白色衬衫与深色皮鞋。

在签字仪式上露面的礼仪、接待人员，可以穿自己的工作制服，或是旗袍一类的礼仪性服装。签字人员应注意仪态举止要落落大方、得体自然，既不要严肃有余，也不要过分喜形于色。

(3) 场地的布置

签字场地有常设专用的,也有临时以会议厅、会客室来代替的。布置原则是要庄重、整洁、清净。一间标准的签字厅,应当室内铺满地毯,除了必要的签字用桌椅外,其他一切陈设都不需要,正规的签字应为长桌,其上最好铺设深绿色的台布。

签字桌应当横放,在其后可摆放适量的座椅。签署双边性合同时,可放置两张座椅,供签字人就座,桌上摆放姓名牌,按惯例是客右主左。签署多边性合同时,可以仅放一张座椅,供各方签字人轮流签字时就座。也可为每位签字人都提供一张座椅。

在签字桌上,应事先安放好待签文本,以及签字笔、吸墨器等签字时所用的文具。与外商签署涉外商务合同时,须在签字桌上插放有关各方的国旗。插放国旗时,在其位置与顺序上,按客右主左的规则摆放。例如,签署双边性文件时,有关各方的国旗须插放在该方签字人座椅的正前方。如签署多边性合同或协议时,各方的国旗应依顺序插在各方签字人的身后。在签字桌的上空还应悬挂诸如"××签字仪式"等字样的横幅。

如果签字仪式还安排各方领导人致辞,可在签字桌的右侧摆放讲台或放置落地话筒。

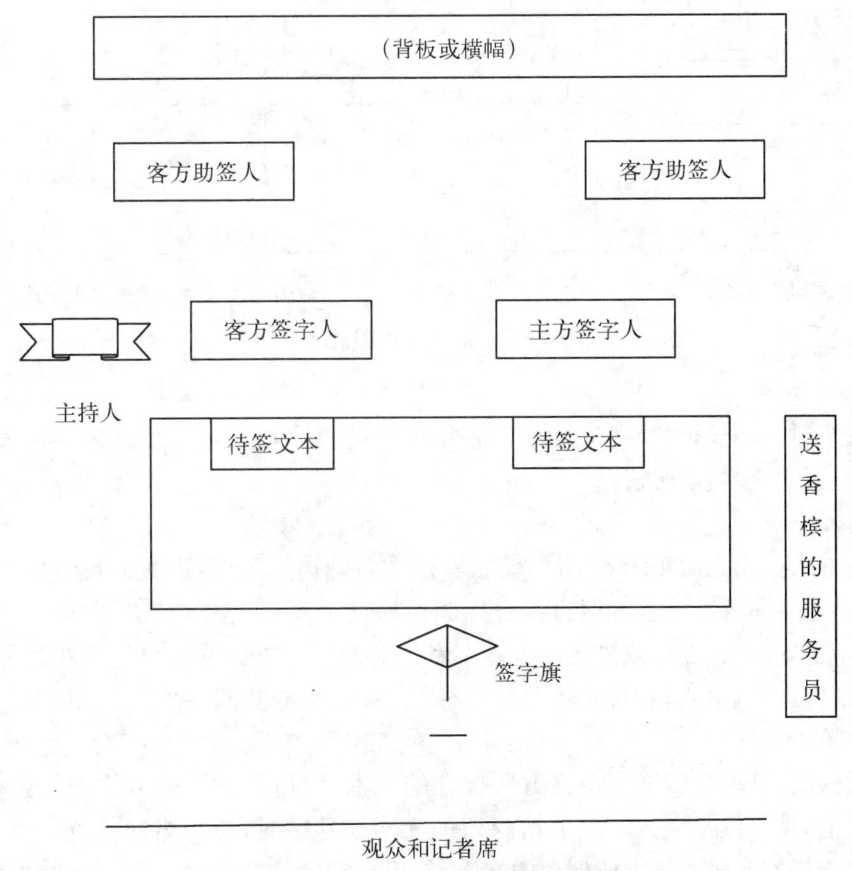

图 5-8 签字仪式图式之一

(4) 签字位次

签字仪式最为引人注目的,当属座次的排列问题。一般而言,举行签字仪式时,座次排列的具体方式共有三种基本形式,它们分别适用于不同的情况。

并列式。并列式排座是举行双边签字仪式时最常见的形式。它的基本做法是：签字桌在室内面对入口横放。双方出席仪式的全体人员在签字桌之后并排排列，双方签字人员居中面门而坐，客方居右，主方居左。

相对式。相对式签字仪式的排座，与并列式签字仪式的排座基本相同。二者之间的主要差别，只是相对式排座将双边参加签字仪式的随员席移至签字人的对面。

主席式。主席式排座，主要适用于多边签字仪式。其操作特点是：签字桌仍须在室内横放，签字席仍须设在桌后面对正门，但只设一个，并且不固定其就座者。举行仪式时，所有各方人员，包括签字人在内，皆应背对正门、面向签字席就座。签字时，各方签字人应以规定的先后顺序依次走上签字席就座签字，然后即应退回原处就座。

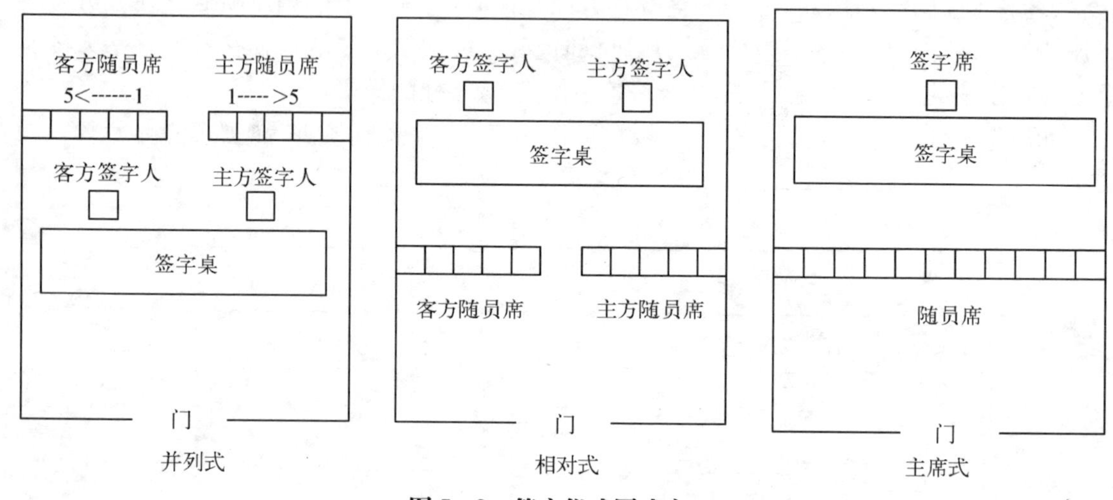

图5－9　签字仪式图式之二

2. 签字仪式过程

签字仪式时间不长，以半小时为宜。签字仪式的程序规范而庄重。签字仪式的具体操作，可以依据下述基本程序进行。

(1) 宣布开始

有关各方人员应先后步入签字厅，签字者按姓名牌提示入座，助签人员分别站在己方签字者外侧，其他陪同人员分主客两方各自以职位高低为序，自左向右（客方）或自右向左（主方）排列站于各签字人之后，或坐在己方签字者的对面。双方助签人分别站在己方签字者的外侧，协助翻揭文本，指明签字处，并为业已签署的文件吸墨防洇。

(2) 签署文件

通常的做法，是首先签署应由己方所保存的文本，然后再签署应由他方所保存的文本。依照礼仪规范，每一位签字人在己方所保留的文本上签字时，应当名列首位。因此，每一位签字人均须首先签署将由己方所保存的文本，然后再交由他方签字人签署。此种做法，通常称为“轮换制”。它的含义是：在文本签名的具体排列顺序上，轮流使有关各方有机会居于首位一次，以显示机会均等、各方平等。

(3) 交换文本

各方签字人此时应热烈握手，互致祝贺，并互换方才用过的签字笔，以作纪念。全场人员应热烈鼓掌，以表示祝贺之意。

(4) 饮酒庆贺

有关各方人员一般应在交换文本后当场饮上一杯由礼仪小姐端上的香槟酒，并与其他方面的人士一一干杯，这是国际上通行的增加签字仪式喜庆色彩的一种常规性做法。如邀请有高层领导或政府官员参加，此时可请他们发表简单祝辞。

(5) 结束

签字仪式结束后，签字双方应合影留念，再有序退场。

(二) 注意事项

1. 签字仪式属于一种规格较高的公关活动，礼仪性极强。参与人员要注意自己的仪容、仪表、仪态。应穿着适于正式场合的衣着，服饰简单大方，举止行为自然优雅，言谈适当得体，既不过于严肃拘谨，也不要显得喜形于色，哗众取宠。

2. 各方领导致辞顺序。在需要安排领导致辞的签字仪式上，主持人请各方领导先后致辞，致辞的顺序是：双边签字仪式为先主后客，多边签字仪式按签字顺序致辞。有时致辞活动也可安排在签字活动前。

二、赞助会

赞助通常是指社会组织无偿地提供资金或物质，支持某一社会事业或社会活动，以获得一定形象传播效益的公共关系专题活动。赞助会是指在公开进行赞助活动时举行的较有规模的正式会议。在现代社会中，赞助乃是社会慈善事业的重要组成部分之一。通过资助社会公益事业，可以起到宣传自己，提升企业的社会责任形象，提高企业的知名度和美誉度。赞助会礼仪是指在公关人员在筹备、召开赞助会的整个环节中必须严守的有关礼仪规范。

(一) 赞助的类型

根据赞助项目或赞助对象的不同，赞助的类型可以分为下列十大类：公益事业赞助、慈善事业赞助、教育事业赞助、科研活动赞助、专著出版赞助、医疗卫生赞助、文化活动赞助、展览画廊赞助、体育运动赞助、娱乐消闲赞助等。

据赞助物品的不同，赞助的类型可以分为现金赞助、实物赞助、义卖赞助和义工赞助四大类。除此之外，还可以根据赞助单位或个人向受赞助者所提供的对方所需金额的多少，将赞助的类型分为全额赞助或部分赞助。或者根据赞助单位或个人的具体数量的多少，将赞助的类型分为单方赞助与多方赞助。

(二) 赞助会程序

在赞助活动正式实施之际，往往需要正式举行一次聚会，将有关的事宜公告于社会。赞助会有时也被称为赞助仪式，它主要是为了向全社会公告赞助活动正式启动，是赞助活动中作用巨大的一项重要环节。赞助会通常应由受赞助者出面承办，而由赞助单位给予其适当的支持。

1. 赞助会准备

(1) 地点的安排

赞助会的举行地点，一般可选择受赞助者所在单位的会议厅。亦可由其出面，租用社会上的会议厅。用以举行赞助会的会议厅，其面积的大小必须与出席者的人数成比例，并略加装饰。举行赞助会的会议厅之内，灯光应当亮度适宜。在主席台的正上方，或是面对会议厅正门之处的墙壁上，还需悬挂一条大红横幅。在其上面，应以金色或黑色的楷书书写着"某某单位赞助某某项目大会"，或者"某某赞助仪式"的字样。前一种写法，意在突出赞助单位；后一种写法，则主要是为了强调接受赞助的具体项目。

(2) 邀请范围

参加赞助会的人士，既要有充分的代表性，又不必在数量上过多。除了赞助单位、受赞助者双方的主要负责人及员工代表之外，赞助会应当重点邀请政府代表、社区代表、群众代表以及新闻界人士参加。所有参与赞助会的各界人士，在与会之时，皆须身着正装，修饰仪表，并且检点个人的举止动作。

2. 赞助会过程

一次赞助会的时间不应超过一个小时。赞助会的具体议程大致有以下几个方面：

(1) 宣布开始

赞助会的主持人，一般应由受赞助单位的负责人或公关人员担任。在宣布正式开会前，主持人应恭请全体与会者各就各位，保持肃静，并且邀请贵宾到主席台上就座。

(2) 奏国歌

此前，全体与会者须一致起立。在奏国歌之后，还可奏本单位标志性歌曲。有时，奏国歌、奏本单位标志性歌曲，可改为唱国歌、唱本单位标志性歌曲。

(3) 赞助单位正式实施赞助

其具体做法通常是赞助单位的代表首先出场，口头上宣布其赞助的具体方式或具体数额。随后，受赞助单位的代表上场。双方热情握手。接下来，由赞助单位的代表正式将标有一定金额的巨型支票或实物清单双手捧交给受赞助单位的代表。必要时，礼仪小姐应为双方提供帮助，若赞助的物资重量、体积不大时，亦可由双方在此刻当面交接。在此过程之中，全体与会者应热情鼓掌。

(4) 赞助单位代表发言

发言内容重点阐述赞助的目的与动机，与此同时还可对本单位的简况略作介绍。

(5) 受赞助单位代表发言

发言者一般应为受赞助单位的主要负责人或主要受赞助者。其发言的核心，应当集中在对赞助单位的感谢方面。

(6) 来宾代表发言

根据惯例，可邀请政府有关部门的负责人讲话。讲话内容主要是肯定赞助单位的义举，同时亦可呼吁全社会积极倡导这种互助友爱的美德。该项议程，有时亦可略去。

(7) 合影留念

在赞助会正式结束后，赞助单位、受赞助单位双方的主要代表以及会议的主要来宾，通常应当合影留念。此后，宾主双方可稍事晤谈，然后来宾即应一一告辞。

3. 结束工作

在赞助会结束后，尤其是在一项赞助活动告一段落之后，赞助单位有必要对其进行一次系统的评估。主要是指在对赞助活动进行综合分析和系统总结之后，对其社会效果所

图 5-10 2000 年 9 月 22 日李嘉诚先生向清华大学捐赠一千万美元

进行的科学分析与评价。赞助活动的评估工作，一般应由赞助单位的公关部牵头负责。在评估完成之后，应形成书面报告，提交本单位的决策机构以及各位主要负责人，以供对方参考。

（三）注意事项

1. 在邀请新闻界人士时，特别要注意邀请那些在全国或当地具有较大影响力的电视、报纸、广播等媒体人员与会。

2. 赞助会的会场不宜布置得美轮美奂和过度豪华张扬。

3. 根据一般规律，进行赞助活动的评估工作，善于听取正反两方面的不同意见，以利于获得真实评估的信息。

三、开业典礼

开业典礼即开业仪式，是指第一次与公众见面，展现组织新风貌的各种典礼活动，包括公司、企业、宾馆、商店、银行等正式启用之际，正式举行的相关仪式。组织举行一个热烈、隆重、特色鲜明的开业典礼，会迅速提高组织的知名度，为组织自身塑造良好的形象，给社会公众留下深刻而美好的记忆。

（一）筹备礼仪

组织在筹备开业典礼时应坚持“热烈”、“节俭”、“缜密”的原则，并做好以下几项工作：

第一，拟定具体的程序，并选定称职的仪式主持人。

第二，选择好时机。开业典礼活动应在调查的基础上，抓住组织时机和市场时机，应尽可能使活动与组织、市场相吻合，如生产妇女用品的企业就须瞄准三八妇女节这样的时机。

第三，做好宣传工作。举办开业仪式前要对其进行必不可少的舆论宣传，以吸引社会各界的关注，争取社会公众对己方的认可和接受。为此，要针对性地选择大众传播媒介，进行集中性的广告宣传；同时邀请有关的大众传媒界人士在开业仪式举行之时到场进行采访，以作进一步的宣传报道。

第四，邀请嘉宾，开业典礼影响范围的大小，往往取决于来宾的身份及数量。嘉宾通常应包括：上级领导、社会名流、文艺明星、体坛新秀、各媒体记者、合作伙伴、社区公众、单位员工等。对于重要来宾，公关人员应亲自上门邀请。

案例 5－8：请劳模来开业

位于安徽省合肥市的"商之都"是省商业厅和省烟草专卖局联合投资兴建的国有大型商厦。在开业之初，商厦搞了一次别开生面的开业典礼活动，他们从北京请来了王淑贞、刘淑琴、董克禄、邓传英等九位劳动模范来"商之都"进行传帮带活动，现场传经，柜台示范，解决了"商之都"新职工经验不足的难题。开业那天，劳模们穿上各自的店服，胸戴奖章，身披绶带，开业典礼上他们与安徽省领导一起剪彩。随后，人群立即随劳模拥向柜台，争相目睹劳模的风采，人们对劳模的服务赞不绝口。开业的短短几天，"商之都"热闹非凡，营业额大大超过了预期目标，社会效益也非常显著，并由此架起了京皖商业的交流之桥。

（本案例根据经典品牌营销案例改写）

第五，布置场地。开业典礼多在现场举行，其场地可以是正门外的广场，也可以是正门内的大厅。按惯例，开业仪式举行时宾主一律站立，所以一般不设置主席台或座椅。为显示隆重，表示尊重，可在来宾尤其是贵宾站立之处铺设红地毯，并在场地四周悬挂条幅、标语、气球、彩带等。此外，还应当在醒目之处摆放来宾赠送的花篮、牌匾。来宾的签到簿、本单位的宣传材料、待客的饮料等，也应提前准备好。音响、照明、摄影、录像等多媒体设备，以及开业仪式举行之时所使用的多种用具、设备，必须事先认真进行调试、检查，防止在使用时出现差错。如果要燃放鞭炮，一定要有保安措施。

第六，现场接待服务准备。开业典礼现场，一定要有专人负责来宾的接待服务工作。本组织的全体员工在来宾面前，都要以主人翁的身份热情待客、主动相助，同时要注意分工负责，各尽其职。在接待贵宾时，须由本组织主要负责人亲自出面。在接待其他来宾时，则应由专门的礼仪小姐负责。若来宾较多时，须为来宾准备好专用的停车场、休息室，安排好饮食。

第七，礼品馈赠准备。向来宾赠送的礼品，应具有以下三个特征：一是宣传性。可选用本单位的产品，也可在礼品及其外包装上印上本单位的企业标志、广告用语、产品图案、开业日期等。二是纪念性。礼品应当具有一定的纪念意义，使拥有者对其珍惜。三是独特性。礼品应当与众不同，具有本组织的鲜明特色。

（二）开业典礼程序

一般来说，开业典礼的进行由以下几个基本程序组成。

1. 开场。奏乐，邀请来宾就位，主持人宣布仪式正式开始，并介绍主要来宾。

2. 本组织负责人讲话。向领导和来宾表示感谢，并介绍本组织的运营特色和运营目标。

3. 来宾代表致辞。一般致辞时间在 30 分钟以内，人数不超过 5 人。

4. 启动某项开业标志。

比如说剪彩。大型的庆典活动，活动开始时都需要进行剪彩。由主持人宣布剪彩人员的单位、职务、姓名，一般是邀请参加者中身份最高的人员进行剪彩，剪彩由宾主双方各一位或两位人士共同进行。主席台上的人员一般要立于剪彩者后1—2米外。剪彩者应穿着端庄整齐的服饰，并保持稳重的姿态，走向彩带，步履稳健，全神贯注。礼仪小姐应用托盘呈上白手套、新剪刀，剪彩者戴上手套拿剪刀时应向礼仪小姐表示谢意。然后神情庄重地将缎带一刀剪断，这时还要注意应与礼仪小姐配合，使彩球落入托盘中。周围的人应热烈鼓掌，剪彩者也鼓掌致意。

5. 安排重要来宾留言、题字。该活动也可安排在庆典活动之前。

6. 尾声。开业仪式结束后，宾主一道进行现场参观、联欢、座谈等。

上述过程可以根据具体情况来定夺，不必样样照搬去做。总之，成功的开业典礼的标志是内容紧凑、仪式简洁、喜庆效果好。

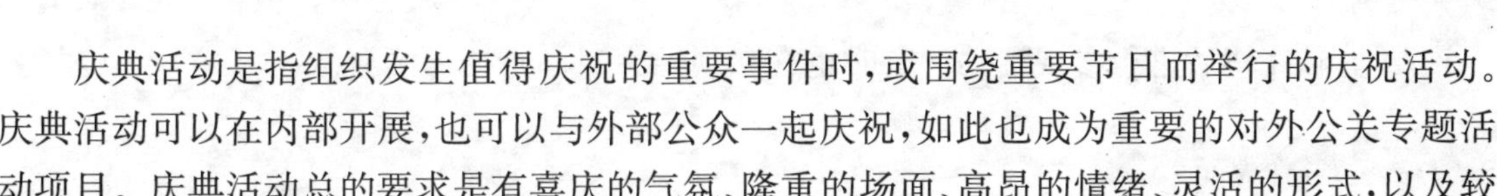

第五节 组织对外庆典活动中的公关礼仪

庆典活动是指组织发生值得庆祝的重要事件时，或围绕重要节日而举行的庆祝活动。庆典活动可以在内部开展，也可以与外部公众一起庆祝，如此也成为重要的对外公关专题活动项目。庆典活动总的要求是有喜庆的气氛、隆重的场面、高昂的情绪、灵活的形式，以及较高的规范性和礼仪要求。

庆典活动在形式上，一般有开幕庆典、闭幕庆典、周年庆典等几种。

一、开幕庆典

各种重大活动，比如科学技术展览会、文化艺术展览会、商业展览会等，以及各种文艺体育活动赛事，因其规模较大，影响较广，在正式开始之前，往往要举行开幕式。

(一) 开幕庆典的筹备礼仪

1. 做好邀请

要邀请有关方面的领导人和国内外嘉宾前来参加，同时酌情邀请中外记者前来采访。

2. 选好场地

要选择一处宽敞的场所作为开幕式的场地，室内、室外均可。选择场地时要考虑场地大小同参加仪式的人数是否相当。

3. 布置场地

场地选定后，要在正面悬挂红色或浅蓝色横幅，写明开幕式的名称，如“某某博览会开幕式”，字体应该清晰、醒目、美观。在两旁应布置一些红旗和彩旗。较隆重的开幕式还往往在场地四周悬挂巨大的五色彩旗，上面印有宣传图画或宣传口号。国际性的大型开幕式，如国际博览会，则通常应悬挂所有参加国的国旗。

有些开幕式设有主席台，比如运动会的开幕式。这种情况下就把横幅悬挂在主席台的正面帷幕上，并按一定图案在两旁插置彩旗。前台按上台人数安置好桌子和椅子，桌子上要覆盖台布，主席台的前沿摆放花篮或花盆。

一般应该准备三支或更多的话筒，供主持人、致辞人、翻译员用。主持人的话筒安排在左边，致辞人、讲话人及翻译等的话筒安排在右边。此外备好剪彩用的彩球和剪刀等物。

(二) 开幕式的举行

开幕式的进行包括以下几个程序：

1. 入场。

参加开幕式的人员进入场地，按照主左客右分列两边。主客双方人数应该大体相同。主持人、致辞人和翻译分别站在各自的位置上，面向外，其他人则面朝里。

2. 主持人宣布开幕式正式开始。

3. 奏国歌。涉及两国时，应奏两国国歌。

4. 由主办方的负责人致开幕词。其内容主要是简要说明活动概况和主要目的、意义。

5. 合作方的负责人致辞，主要是祝贺活动成功举办和祝愿活动成功。

6. 开幕仪式剪彩活动能免则免，有些开幕式会邀请东道主或来宾中身份最高的官员、知名人士剪彩。

7. 剪彩完毕后进行参观活动。有时也在参观结束时举行招待酒会。

二、闭幕庆典

闭幕庆典是组织重要活动的闭幕仪式或者活动结束时的庆祝仪式，包括各种博览会、运动会和文化节日的闭幕典礼，重要工程竣工或落成典礼，学校学生的毕业典礼，组织的重要活动或系列活动的总结表彰或者为活动圆满结束举行的各种庆祝活动等。闭幕庆典是各种活动的尾声，同开业、开幕庆典相比，重要的程度和隆重的程度相对弱些，它强调活动的有始有终、圆满结束。当然，有的活动从不同的角度来看，可以作为闭幕式处理，也可以看作开幕式，如何开展活动，要根据其内涵和意义来选择。如公路的建成也就意味着开始通车，一般举行通车典礼；大型客船完工就要投入航运，通常举行首航仪式等。

(一) 闭幕式的准备

闭幕式的准备工作和开业、开幕式大体相同，只是会场上的标语、横幅等应作相应改动。

(二) 闭幕式的举行

闭幕式的基本程序如下：

1. 主持人宣布闭幕式开始。

2. 领导发言。

先是主办方的领导人作简要总结，并对有关方面尤其是合作者方面表示感谢。然后由合作方的领导人致辞，祝贺活动的圆满成功。在场人员在双方领导致辞时都应鼓掌响应。

3. 双方可互赠礼品或纪念品。

4. 宣布整个活动结束，奏轻松欢快的音乐。

三、周年庆典

周年庆典是指组织在发展过程中的各种内容的周年纪念活动，包括组织“生日”纪念，如工厂的周年厂庆、学校的周年校庆等,还包括组织或企业之间友好关系周年纪念,某项技术发明或某种产品的问世周年纪念活动。组织利用周年庆典举办庆祝活动,在对内振奋员工精神,对外扩大宣传效应,协调公众关系,塑造企业形象等方面都有重要的意义。周年庆典可以在组织内部举行(上一章已经叙述),也可以对外或者内外一起举行仪式庆典。

(一) 周年庆典准备

周年庆典是开展公关活动的良好时机,几乎所有成功的组织都十分重视以周年庆典来扩大企业影响。

1. 成立筹备组

组织应当成立对此全权负责的筹备组织。组成人员通常由各方面的有关人士组成,要求具备较强的办事能力、沟通能力和协调能力。在庆典的筹备组之内,应根据具体的需要,下设若干专项小组,在公关、礼宾、财务、会务等各方面各负其责,互相配合。

2. 出席者的确定

出席者应当包括上级领导、社会名流、大众传媒、合作伙伴、社区关系、单位员工。名单确定后需及早发出邀请。

3. 来宾的接待

负责礼宾工作的接待小组是每次庆典不能缺少的重要组成部分。庆典的接待小组,原则上应由年轻、精干、身材与形象较好、口头表达和应变能力较强的男女青年组成。其具体工作有以下几项:(1) 来宾的迎送,在举行庆祝仪式的现场迎接或送别来宾;(2) 来宾的引导,专人负责为来宾带路,将其送到既定的地点;(3) 来宾的陪同,对于年事已高或重要的来宾,应安排专人陪同照顾;(4) 来宾的招待,指派专人为来宾送饮料、上点心以及提供相应的关照。

重要来宾的接待应该由组织领导亲自完成。要安排专门的会议室或接待室,以便在正式活动开始之前让来宾休息或与组织领导交流。入场、签到、剪彩、留言等都要有专人引导和领位。

4. 环境的布置

在选择举行庆祝仪式的现场时,应当牢记并非越大越好。现场物资的准备与前面所提的开业典礼类似。

5. 形象准备

参加庆典的本组织人员要整洁干净,男士应刮胡须。有统一式样制服的组织,以制服作为本组织人士的庆典着装。无制服的组织,应规定届时出席庆典的本组织人员必须穿着礼仪性服装,男士应穿深色中山装套装或深色西装套装,配白衬衫、素色领带、黑皮鞋。女士应穿深色西装套裙,配长筒肉色丝袜、黑色高跟鞋。

(二) 周年庆典的进行

仪式礼仪规定,拟定庆典的程序时,时间应以一个小时为其极限。这既为了确保其效果良好,也是为了尊重全体出席者,尤其是为了尊重来宾。程序不宜过多,否则会加长时间,还可能分散出席者的注意力,让人感觉庆典内容过于凌乱。

庆典的进行程序具体如下:

1. 参加庆典的所有来宾、组织成员与公众进场、就座,由主持人介绍来宾。

2. 宣布庆典正式开始，全体起立，奏国歌，唱本组织之歌。

3. 本单位负责人致辞。其内容主要是对来宾表示感谢，介绍介绍此次周年庆典。

4. 嘉宾讲话。出席庆祝的上级领导、协作单位及社区单位、有关单位等最好都有代表讲话或致贺词。对外来的贺电、贺信等，可不必一一宣读，但对组织名称或个人姓名应当公布。在公布时，可依照"先来后到"的顺序，也可以按其名称的汉字笔画的多少为序。

5. 文艺演出。这项程序可酌情取舍，如果安排，应当慎选内容，注意不要有悖于周年庆典的主旨。

6. 来宾进行参观。如有可能，安排来宾参观本组织的有关展览品、样品间、生产车间等。有时此项程序亦可略去。

7. 安排重要来宾留言、题字。该活动也可安排在庆典活动之前。此项程序亦可略去。

8. 之后，还可以安排舞会、宴会答谢来宾。可以准备纪念品赠送给自己的员工和来宾，使员工感到主人翁的优越意识，使来宾们有受到尊重的感觉，以此达到感情的交流；还可以进行职工文艺表演，以示庆祝；也可以举行大型促销活动。

(三) 注意事项

1. 在周年庆典举行前后，播放一些欢快的乐曲。对于播放的乐曲，应先期进行审查，切勿随意播放那些凄惨、哀怨、让人心酸落泪的乐曲，或是那些不够庄重的诙谐曲和爱情歌曲。

2. 遵守时间。上到主办组织的最高负责人，下到级别最低的员工都不得姗姗来迟，无故缺席或中途退场。如果庆典的起止时间已有规定，应当准时开始，准时结束。

3. 表情庄重。在举行庆典的整个过程中，要表情庄重、全神贯注、聚精会神。如果庆典中安排了升国旗、奏国歌的程序，要依礼行事：起立、脱帽、立正，面向国旗或主席台行注目礼，认真、表情庄严肃穆地和大家一起唱国歌。

4. 态度友好。遇到来宾，主动热情地问好。对来宾提出的问题，要立即予以友善的答复。当来宾在庆典上发表贺词时或随后进行参观时，要主动鼓掌表示欢迎或感谢。

5. 行为自律。每一位到场主办方人员都应注意自己的行为举止，维护本组织的形象：不到处乱走、乱转；不找周围的人说悄悄话、开玩笑；不有意无意做出对庆典毫无兴趣的姿态。

6. 发言简短。上场时沉着冷静，不慌不忙，开口讲话前，平心静气。讲究礼貌，在发言开始不要忘了说一句"大家好"，在提及感谢对象时应目视对方，郑重地欠身施礼。对于大家的鼓掌，应以自己的掌声来回礼。讲话结束，应当说一句"谢谢大家"。发言一定要在规定的时间内结束，宁短勿长。应当少做手势。

★★★★★ 本章小结 ★★★★★

公共关系专题活动是社会组织围绕某一明确的目的而展开的活动，是一项操作性、技术性、应用性很强的工作。除了新闻发布会、展览会，宴请活动、接待参观活动、联谊活动、签字活动、赞助活动、庆典活动等也是重要的公共关系专题活动，同样需要公共关系部、公共关系人员精心计划与组织，实务操作中应把握具体的操作礼仪要点。只有这样，才能真正有声有色地搞好公共关系的专题活动，才能真正使公共关系专题活动在实践中得到应用，并在公共关系工作中起到巨大的推进作用。

★★★★★ 章末思考题 ★★★★★

1. 简述公关宴请的分类。
2. 何谓新闻发布会？举办新闻发布会需要哪些条件？
3. 简述展览会的特点和分类。
4. 签字仪式的准备工作有哪些？
5. 赞助活动的分类有哪些？其具体步骤又是什么？
6. 简述开业典礼和开幕典礼的异同。

★★★★★ 案例分析 ★★★★★

一场签字仪式的准备工作

1. 签字仪式名称：××学院与美国××公司合作举办涉外秘书培训签约仪式

2. 准备工作：

(1) 签字文本

正本一式两份，副本若干。

标题：××学院与美国××公司关于合作举办涉外秘书专业培训的协议书

(2) 参加人员

签字人员：××学院院长(授权签字)、美国××公司总裁(授权签字)。

领导：××市教委主任、美国驻沪总领事；××学院董事长(中文致辞)、美国××公司董事长(英文致辞)；××学院外语系主任、美国××公司上海分公司经理。

主持人：1名，事先写好主持词。

记者：摄影摄像，2名；采访报道，2名。

翻译：2名，1名中文翻译，1名英文翻译。

群众代表：20人。

(3) 签到准备：签到桌、签到簿

(4) 现场布置：

书写会标；

安排签字桌、签字座椅和其他人员座位；

摆放签字用品和文本；

布置国旗和鲜花。

3. 模拟签字仪式过程：

(1) 入场签到。

(2) 全体参加人员先在台下就座，主要领导坐在前排。

(3) 主持人按职位高低先主后宾、一主一宾介绍双方主要领导；介绍的领导逐一上台，在礼仪人员引导下在指定位置就座。

(4) 主持人宣布签字仪式开始。

(5) 双方签字。助签人翻开文本,指明签字处,用吸墨器吸干;双方交换文本。

(6) ××学院董事长、美国××公司董事长先后致辞(事先写好讲话稿),由翻译人员当场翻译。

(7) 主持人宣布签字仪式结束。

4. 总协调人:1名。

5. 所需主要物品清单:

(1) 签字桌一张,签字人座椅两把,现场人员座椅若干;

(2) 中国国旗和美国国旗各一面;

(3) 旗架两个;

(4) 展板一块(布置会标);

(5) 话筒和扩音机一套;

(6) 签到簿一本,文件夹两个;

(7) 鲜花若干。

案例思考题:

1. 请检查该签字仪式准备工作中有无缺少的环节?

2. 准备的物品有无缺少?

第六章 组织涉外公关礼仪

学习目标

- 了解涉外公关礼仪的特点、作用和基本原则；
- 掌握礼宾次序的排列方法；
- 学会运用涉外公关接待的基本技巧。

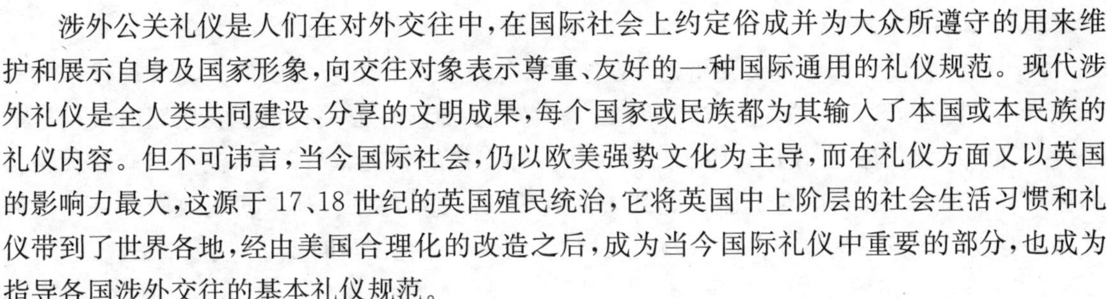

第一节 组织涉外公关礼仪概述

涉外公关礼仪是人们在对外交往中，在国际社会上约定俗成并为大众所遵守的用来维护和展示自身及国家形象，向交往对象表示尊重、友好的一种国际通用的礼仪规范。现代涉外礼仪是全人类共同建设、分享的文明成果，每个国家或民族都为其输入了本国或本民族的礼仪内容。但不可讳言，当今国际社会，仍以欧美强势文化为主导，而在礼仪方面又以英国的影响力最大，这源于17、18世纪的英国殖民统治，它将英国中上阶层的社会生活习惯和礼仪带到了世界各地，经由美国合理化的改造之后，成为当今国际礼仪中重要的部分，也成为指导各国涉外交往的基本礼仪规范。

一、组织涉外公关礼仪的含义与特点

组织涉外公关礼仪是指组织在与公众进行国际交往中应遵守的公关礼仪规范。组织涉外公关礼仪不同于一般意义上的公关礼仪，因其应用于涉外交往场合，所以它受到了不同的历史文化、社会环境、宗教信仰等因素的影响和制约，使得涉外礼仪既要顾及国际通用性也要考虑不同民族礼俗的特殊性，既要维护我们国家自身的尊严，同时也应尊重其他民族与国家的尊严。

(一) 涉及国家尊严

在涉外公关活动中，礼仪是否恰当得体，不仅关系到组织的形象，也关系到国家的尊严与荣誉。只有遵守涉外礼仪规范，别人才会尊重你，积极与你交流、沟通。因此，遵守涉外公关礼仪不仅有助于个人间的沟通与互动，而且可以树立国家和组织良好的国际形象。如果不够慎重，处理不当，不仅组织声誉会遭破坏，国家尊严也可能会遭到损害，严重的甚至还会引发国际纠纷。因此在运用涉外公关礼仪时，要严肃谨慎。

案例 6-1：国旗的故事

1990年5月，联合国儿童基金会邀请北京中学生梁帆去荷兰参加“世界儿童为和平为未来”的活动。梁帆带着中国儿童的重托，飞往荷兰。她被安排在舒适的宾馆里，同来自世界各国的小兄妹相会，那是一种多么幸福的事情！活动开始了，宾馆门前升起了50多个国家的旗帜。梁帆在各国国旗中寻找中华人民共和国国旗，但是她始终没有找到。为什么在这样大型的国际会议上，却没有中国国旗呢？梁帆立即找到会议组织者，严正要求：“一定要升起中国国旗，因为我是代表中国来的！”临到吃午饭，会议组织者也没有把中国国旗升起来，梁帆把会议组织者拉到餐桌前，指着餐桌上的粉红色桌布说：“如果你们找不到中国国旗，好办，我就把桌布染红，做一面中国国旗！”梁帆的爱国行为深深地打动了会议组织者，这件事很快传开，受到组委会的重视，他们马上安排人找到一面中华人民共和国国旗，把它升起在宾馆前。梁帆的行为也因此受到各国与会代表的敬佩，纷纷称赞她是“合格的中华人民共和国的代表”。

案例中梁帆同学非常具有国家尊严感，国旗是一个国家与民族的象征，在国际会议中是代表身份的表征，没有国旗，等于没有身份；而主办方居然忘记了悬挂我国国旗，这是一种失礼的行为，缺少对与会代表的尊重。

(二) 具有时代特色

涉外公关礼仪作为一种文化形态，是随着社会的发展而不断发展的。随着现代社会科学技术的迅猛发展，人们的生活方式在不断发生变化，而涉外公关礼仪也在紧跟时代前进的步伐，不断革除原有的礼仪形式中不适应现代涉外交往的繁文缛节部分，注入富有时代精神的涉外礼仪理念。如美国对英国宫廷式贵族礼仪的改造与发展，马来西亚政府允许本国海外穆斯林女性官员在官方场合可与外国人握手，也是涉外礼仪与时俱进、发展的表现。

(三) 尊重习俗差异

涉外公关礼仪不仅要符合各个行业的礼仪要求，符合国际化的礼仪要求，而且还要遵守国家相关的涉外政策。不同的国家或民族在习俗、应酬、交际等方面均有不同的礼仪规范和要求，同样一个问题，在不同国家、不同地区、不同民族，往往存在不同的处理方式。所有这一切均对涉外交往活动产生了重要的影响。因此，要本着“求同存异”的原则，理解彼此习俗观念上的差异，消除彼此可能产生的误解。

(四) 适用对象广泛

随着科学技术的飞速发展，通信手段的不断进步，全球化成为人类不可逆转的发展趋势，世界各国人民在经济、政治、文化等诸多领域开始了史无前例的交流与合作。各种组织、个人间的交往越来越多，进而涉外礼仪早已不再是仅适用于代表国家、政府的外事工作人员的礼仪，从政府到民间、从组织到个人共同组成了涉外礼仪广泛的适用对象。

由上述涉外公关礼仪的特点不难看出，涉外公关礼仪较之于一般公关礼仪要复杂得多。此外，我国加入 WTO，国际交往范围的不断扩大，涉外公关礼仪的对象也越来越多样化，势必会进一步增加其复杂性。

二、组织涉外公关礼仪的作用

(一) 内强素质，外塑形象

涉外公关礼仪人员了解掌握涉外公关礼仪，一方面，这是其进行涉外交往活动所必备的一种素质，只有这样才能在涉外交往中受到别人的尊重与礼遇；另一方面，公关人员在进行涉外活动时，不仅体现个人的气质与修养，更是在展示其所代表的国家和组织形象。因此，遵守涉外公关礼仪与惯例，已成为强化公关人员素质，在国际交往中树立国家、民族、组织形象的重要手段。

(二) 增进交往，促进交流

进入 21 世纪以来，国家间的政治沟通与合作，经济往来，文化交流已成为世界发展的根本趋势。随着我国改革开放的进一步发展，双边或多边涉外活动不断增加，中国作为国际社会中日益重要的一员，不仅推动着国际社会的和平与发展，而且由于中国在经济增长速度和市场发展方面的巨大潜力，使得国际社会也越来越离不开中国这样一个大国，中国也越来越多地参与到国际社会中去。涉外公关礼仪作为国际交往的基本规则，学习涉外礼仪，对于人们更好地融入国际社会，增进各国间的了解，加强国际交往，互通有无，在经济上进行商务往来，加强技术合作，加快经济发展，促进各民族文化的融合等，都有着重要意义。

（三）维护尊严，协调关系

在国际交往中，遵守涉外公关礼仪除了维护本国、本民族尊严，塑造本国良好的国际形象外，同样还表现了尊重对方的国家尊严与风俗习惯。大到尊重对方的国家元首、外交代表，小至尊重该国每位普通公民。只有建立在充分尊重彼此国家、民族及公民尊严基础上的双向沟通式的涉外公关礼仪，才能更好地体现相互交流、相互理解、相互信任的公关礼仪本质，才能更有利于增进彼此的了解与合作。

三、组织涉外公关礼仪的基本原则

（一）尊重主权，人人平等

现代国际关系以公认的“主权平等”为基础。国家不论大小，都应具有独立自主处理本国内外事物、管理自己国家的权利。国家之间是平等的，所有国家都是国际社会的平等成员。“主权平等”既然是现代国际关系的基本准则，作为国际交往中行为规范的现代国际礼仪，当然也必须遵循这一准则。在国际交往中，公关人员应注意对大小国家要平等相待，不论大国小国、强国弱国、富国贫国，礼仪安排均应平衡统一，不得厚此薄彼。

人人平等，是涉外公关礼仪的一项基本原则。公关人员要以自尊、自重、自爱、自信为基础，不卑不亢，自然稳重。一方面需要尊重外国的风俗习惯，虚心学习外国人士的长处，但切忌崇洋媚外，妄自菲薄，失去民族自尊心，认为外国的月亮比中国的圆；另一方面在与外宾交往时，不可骄傲自大，目中无人，应尊重对方礼俗，热情相待。

（二）尊重习俗，求同存异

涉外公关礼仪具有地域性，因而涉外公关人员在面对那些千差万别的风俗习惯时要做到“求同存异”，所谓“求同”即遵守国际通行的一些礼仪规范来处理涉外事务；“存异”则是对对方所独有的风俗习惯予以尊重，学会尊重对方，理解对方。

尊重对方不仅要尊重对方国家的风俗习惯、民族个性，还要尊重那些与我国有明显差异的礼仪规则与禁忌。如国人所习惯的为了解对方基本情况的谈话方式，对外国人士特别是西方人士是绝对行不通的。西方文化崇尚个人主义，因此，尊重他人隐私在与西方人士交往中显得尤为重要。

（三）承诺慎重，遵时守信

公关人员在对外交往过程中，言行一定要谨慎，不管是答应对方所提出的要求，还是自己主动向对方提出建议，或者是向对方许愿，都一定要深思熟虑，量力而行。一切要从自己的实际能力及客观可能性出发，切勿草率从事，许下自己兑现不了的诺言，最终失信于人。

守时是国际交往中最起码的礼节，它事关形象与信誉。不管参加何种外事活动，都应该按照约定的时间准时到达。过早抵达，会使主人准备不及而难堪；迟迟不到，让主人和其他客人久候不至也是非常失礼的;因故迟到应该向主人和其他客人做出解释并表示歉意。

(四) 维护形象,体现尊严

在国际交往中,人们对交往对象的个人形象倍加关注,因为每个人的个人形象都真实地体现着他的个人修养与品位,同时也反映了他对交往对象的重视程度,同时更重要的是在涉外公关活动中,公关人员的个人形象代表着其所属国家、民族和组织的形象。因而,在涉外交往中,每个人都应该维护自己的个人形象,充分体现个人的良好修养与道德品质,身体力行地维护国家良好的国际形象与祖国尊严。

(五) 女士优先,尊卑有序

“女士优先,以右为尊”是在国际交往中被普遍认可的礼仪所应遵守的一条重要原则。“女士优先”主要是指在社交场合中,每位男士都应具备绅士风度,自觉地尊重、礼让、保护女士。在社交应酬中,每位男士都应时刻谨记这一原则,若有不尊重女士的行为,不仅失礼,而且会被别人视为缺乏教养。

在涉外场合中,还应注意位置的左右也有尊卑高下之分。一般说来,“以右为尊”。不论国家间的政治磋商,跨国间的商务往来,还是私人间的交往,有必要确定具体位置次序时都要遵循“以右为尊”的基本国际惯例。

(六) 实事求是,不必过谦

在涉外交往中,讲求实事求是,不必过谦,不说过头话。在涉及自我评价时,不应该一味地抬高自己,但是也绝对没有必要妄自菲薄,过度地对外国人进行谦虚、客套。在实事求是的前提下,公关人员要敢于并善于对自己进行正面的评价和肯定。

(七) 注重环保,爱护环境

礼仪是人类共同的文明行为,每个人都有义务对人类所赖以生存的环境,自觉地加以爱惜和保护,这是文明行为的重要组成部分,也是礼仪之根本——对自然的尊重与对人的尊重是同等的礼遇。在国际交往中,“爱护环境”既是作为人所应具备的基本的社会公德,也是当今国际社会关注的焦点问题,它是一个国家文明程度的具体体现。

第二节　组织日常涉外接待礼仪

日常涉外接待礼仪,通常是指在国际交往中组织成员或公关人员在具体接待工作时所必须遵守的礼仪规范。日常涉外接待工作会与到各种相关的问题,比如礼宾次序、迎来送往、陪同参观、用餐等。

一、礼宾次序

所谓礼宾次序,是指国际交往中对出席活动的国家、团体、人士的位次按某些规则和惯例进行排列的先后顺序。它体现东道主(东道国)对宾客所给予的礼遇。礼宾次序在国际性集会上还体现各国的平等地位。

(一) 礼宾次序的排列

1. 按宾客的身份与职务高低来排列

国际交往活动中,礼宾次序主要按宾客的身份与职务的高低来依次排列。其中又分为两种情况:一种是单独接待一个国家代表团,一般以对方提供的正式名单或正式通知中来宾的身份的职务高低为依据;另一种是同时接待多个国家代表团,按每个代表团的规格(即代表团团长的身份高低)来排列。比较代表团之间的规格,应当坚持各国平等的原则,不分国家大小,一律按国家元首、副元首、政府总理(首相)、副总理(副首相)、部长、副部长等顺序排列。由于各国的国家体制不同,部门之间的职务高低不尽相同,要根据各国的规定,按相当的级别和官衔进行安排。

2. 按字母顺序排列

有的多边活动对来宾的礼宾次序的排列,可以参加国的国名字母(一般以英文字母为准)为排列顺序。在国际会议和国际体育比赛中,一般都采取这种方法。联合国大会的席位次序排列和会员国旗的悬挂也是如此。

为了避免一些国家总是排列在前,也可采取抽签的办法决定排列本次会议席位次序,使各国机会均等。有时国际性会展活动也可按其他语种的字母顺序排列礼宾次序,如2004年希腊雅典举办的第28届奥运会的开幕式上,各国运动员的入场仪式就是根据各国名称的希腊文拼写来确定入场次序的。

案例6-2:第29届北京奥运会开幕式代表团入场顺序①

第29届北京奥运会运动员入场式的最新顺序,将依照204个代表团名称的简化汉字笔画顺序进行排列,以中国翻译的第一个汉字的笔画为准。

第29届奥运会开幕式代表团入场顺序名单如下:

1 Greece 希腊

2 Guinea 几内亚

3 Guinea-Bissau 几内亚比绍

4 Turkey 土耳其

5—203(略)

204 China 中华人民共和国

历届奥运会都是以举办国家的字母表顺序确定开幕式入场顺序的。1988年首尔奥运会时也是按照韩语字母表顺序入场,首先入场的是希腊,之后依次是加纳和加蓬。在2008年4月举行的国家奥委会联合会(ANOC)全体会议上,北京奥组委表示,将按照汉语拼音字母表顺序制定入场顺序。但是由于汉字是表意文字,不存在字母顺序,因此只能按汉字笔画制定顺序。因此北京奥运会开幕式,首次按照各代表团第一个汉字的笔画数顺序安排入场。因此,除了按惯例第一个出场的希腊代表团和最后一个出场的东道主中国代表团次序不变外,其他代表团大多有了与往届奥运会开幕式不同的出场顺序。

---

① 《第29届北京奥运会开幕式代表团入场顺序(名单)》,中国新闻网,http://www.chinanews.com/olympic/news/2008/08-08/1341168.shtml。

3. 按日期先后排列

按通知代表团组成的日期先后排列礼宾次序，也是常用的礼宾次序排列方法之一。第一，东道国对同等身份的外国代表团，按派遣国通知东道国该国代表团组成的日期排列。第二，按派遣国决定应邀派遣代表团参加该活动的答复时间先后排列。第三，按各国代表团抵达活动地点的时间先后排列，即人们所常说的“先来后到”。目前，驻各个国家的其他各国大使的位次，即采用“先来后到”的排法。

4. 不进行明显的尊卑顺序的排列

在难以排列礼宾序列时，干脆不进行排列，也是一种行之有效的方法。国际上通行的“圆桌会议”，所借鉴的实际上就是这种方法。

当然，采用何种排列方法，东道国在致各国的邀请信中均应加以注明。礼宾次序的排列往往不能用一种方法，可几种方法交叉，考虑包括国家之间的关系、活动性质与内容、对活动所作的贡献及参加活动者的资历、威望等因素。礼宾次序所体现的是东道国对各国来宾的礼貌和尊重。它是一个极为敏感的问题，不分大国小国、强国弱国、富国穷国，都要求平等和尊重，所以在涉外工作中考虑接待问题时，必须反复对此加以推敲。在一般情况下，如果外宾的身份、职务相仿，则应以声望、资历和年龄为礼宾次序，我方亦应由与外宾身份、职务相等者出面接待。

案例 6-3：G20 峰会领导人合影按就任时间排位①

图 6-1 G20 峰会领导人合影

G20 峰会有一个传统项目，那就是在午餐会之前安排领导人进行全家福拍摄，在俄罗斯的圣彼得堡举行的最新一次的 20 国集团领导人第八次峰会的全家福拍摄项目共有 34 位领

① 《G20 领导人合影普京居中　习近平站前排偏左》，腾讯网，http：//news. qq. com/a/20130907/000524. htm。

导人参加，包括G20国家的21位领导人，欧盟有2位领导人，另外还有6个特邀国家和7个国际组织的领导人，总共是34位。大家都很感兴趣领导人站位该怎么排，这其实有一定的规则，规则基本上就是主办国的国家领袖站在中间，剩下的各个国家领导人按照就任的时间年限长短，从中间往两边排，由于习近平就任国家主席的时间只有6个月，所以这次是站在了左边的第二位，这个位置在墨西哥总统和文莱苏丹的中间，所以其实站不站在中间并不显示其重要性，而是按照就职的年限来进行排列的。

（本案例在原报章报道的基础上改写）

（二）礼宾次序的要求

1. *以右为尊*

但凡国际交往中涉及位次排列时，约定俗成都讲究以右为尊。具体表现为：身份较低者居于左，较高者居于右；主人居于左，客人居于右；男士居于左，女士居于右；晚辈居于左，长辈居于右；未婚者居于左，已婚者居于右。

2. *身份对等*

这也是外交礼仪中应用甚多的一条规则。它的意思是，东道主在外交活动中接待来宾时所给予来宾的礼遇，一定要与对方的实际身份相称。其基本含意是：在正式向外国来宾发出邀请时，我方出面邀请人士的职务、地位、身份应当大体上与被邀请者的职务、地位、身份相仿。与此同时，还应考虑到我方人员前往对方所在国进行访问时所受到的礼遇，以及我方给予其他国家来访的与来宾身份相符者的礼遇。打破常规或是不够规格，都是非同寻常的，而且也未必适当。如果宾主双方职务、地位相差悬殊，身份根本不对等，又无任何合理理由，就有轻视来宾之嫌。

二、涉外迎送礼仪

涉外迎送礼仪是国际交往中常见的礼仪，在涉外接待中具有举足轻重的地位。无论是在正式的国事访问还是非官方的民间访问中，对外国来宾，东道主一般都是根据其身份、地位和访问性质及两国或组织间的关系安排相应的迎送活动和礼仪规格。

各国对外国国家元首、政府首脑的正式访问，往往举行隆重的迎送仪式；对军方领导人的访问，也举行一定的欢迎仪式，如安排检阅仪仗队等。对其他人员的访问，一般不举行欢迎仪式。然而，对应邀前来的访问者，无论是官方人士、专业代表团还是民间团体、知名人士，在他们抵离时，均安排相应身份人员前往机场（车站、码头）迎送。对长期在本国工作的外国人士和外交使节、专家等，他们到离任时，各国有关方面亦安排相应人员迎送。

（一）迎送准备

迎接是涉外公关交往礼仪开头，它将影响到之后的公关活动的正常开展，因此必须重视涉外迎接礼仪规范。

1. *确定邀请规格*

在正式对外方发出邀请之前，按惯例，首先必须考虑来宾的具体身份与来访的主要目的，明确邀请的规格。一般发出正式邀请时，要讲究规格对等。但由于各种原因（例如国家体制不同，当事人年高不便出面，临时身体不适或不在当地等），不可能完全对等。遇此情况，可灵活变通，由职位相当的人士，或由副职出面。当事人不能出面时，无论作何种处理，应从礼貌出发，向对方做出解释。其他迎送人员不宜过多。

2. 拟定接待计划

在接待外国来宾前，应认真草拟一份周密的接待计划，使接待工作按部就班地进行。在拟定之前，要充分了解来访者有无特殊的要求，本着互助互利、交往对等的原则，在力所能及的情况之下，尽可能地满足来访者一切正当、合理的要求，并将其列入接待计划之中。

在一般情况下，一份外事接待活动的计划，大体上包括膳宿安排、交通工具、会见会谈、参观访问、文娱活动、异地浏览、新闻报道、记者招待会、安保、突发事件、礼品准备、人员配备、经费预算等基本内容。正式的接待计划一经拟定，应尽快报请上级主管部门批准。此后，应立即报送与接待工作相关的外事、公安、安全、新闻、接待等具体工作部门。在必要时，还须告之我驻外机构。同时，应将我方接待计划主要内容通报给外方，并听取建议、意见或要求。

3. 掌握抵达和离开的时间

迎候人员应准确掌握外宾抵达时间，提前到达机场、码头或车站的站台，以示对来宾的尊重。送行则应在客人登机之前抵达（离去时如有欢送仪式，则应在仪式开始之前到达）。如客人乘坐班机离开，应告知其按航空公司规定时间抵达机场，办理有关手续（身份高的客人，可由接待人员提前前往代办手续）。

4. 确定接待人员

首先，必须对来访者主要人物的基本情况有所了解，包括对方的姓名、性别、年龄、婚否、籍贯、民族、宗教信仰、政治倾向、所属党派、职务级别、学历学问、业务能力、专长爱好、主要禁忌等。若来访者曾经来华访问过，最好对当时我方的接待规格、接待方案进行必要的借鉴。

此外，还要选择负责接待工作的人员。必要时，须组成专门的接待班子。在挑选接待人员时，尤其是那些直接面对外国来访者的迎送人员、翻译人员、陪同人员、安保人员以及司机时，要优中选优，切勿滥竽充数。除了仪表堂堂、身体健康、政治可靠、业务上乘之外，还应具备反应敏捷、善于交际、责任心强等基本素质。接待人员一经确定后，要进行专门的业务培训，并进行必要的外事纪律和国际礼俗等方面的教育。

（二）迎送过程

1. 介绍

一般由我方迎候人员中身份最高者，率先将我方迎候人员按顺序一一介绍给客人，然后再由客人中身份最高者，将客人按一定顺序一一介绍给主人，若宾主早已相识，则不必介绍，仅向前握手，互致问候。介绍完毕后，可进入机场、港口、车站的贵宾接待室，请贵宾稍事休息，也可请来宾直接乘坐事先安排好的交通工具，前往住宿处。若外宾系一般身份，主人可主动帮助客人提取行李，但不要主动要求帮助男宾拿公文包、帮助女宾拿手提包。

2. 献花

如果是贵宾，可安排献花仪式。安排献花，须用鲜花，并注意保持花束整洁、鲜艳，忌用菊花、杜鹃花、石竹花、黄色花朵。有的国家习惯送花环，或者送一二枝名贵的兰花、玫瑰花等。通常在参加迎送的主要领导人与客人握手之后，由儿童或女青年将花献上。

3. 陪车

客人抵达下榻宾馆，应安排迎送人员陪同乘车，重要外宾一般安排开道车以示重视。陪车时，一般要按先主宾后随从、先女宾后男宾的惯例，要让客人先坐，待客人全部坐好后，自己才上车。如陪同客人乘同一辆轿车时，主人应帮助客人上车，可帮客人打开右侧后门，一手拉车门，一手遮挡车门上框，做"护顶"姿势，以防宾客头碰到车门框。但要注意有两种宾客不能遮挡：一是信仰伊斯兰教的，二是信仰佛教的。因为他们认为这样做会把"圣光"遮住。主宾同车时，客人从右侧门上车，主人从左侧门上车，避免从客人座前穿过。遇客人先上车，坐到了主人的位置上时，则不必请客人挪动位置(由礼宾官事后告诉客人)。如是三排座的轿车，译员坐在主人前面的加座上；如是二排座，译员坐在司机旁边。

4. 送至下榻酒店

一般将身份重要的外宾安排到条件优越、设施完备、安全可靠的涉外宾馆住宿。选择地点时应当注意：其一，是为外宾安排住宿所需的经费预算状况。其二，是拟住宿地点的实际接待能力。其三，是拟住宿地点的口碑与服务质量。其四，是拟住宿地点的周边环境。其五，是拟住宿地点的交通条件。其六，是拟住宿地点距接待方及有关工作地点的距离的远近。

将外宾送至下榻饭店后，应陪同他们至客房，到达后，不要马上安排其他活动，要给外宾休息的时间。迎候人员可暂时离开，走前应告诉外宾下一步的活动计划，并求得其同意。应为外宾留下主人的电话号码，以便为之提供及时帮助。

5. 设宴招待

外宾安顿好后，按照中国的传统就要设宴招待以示欢迎。招待外国宾客应该根据各国风俗习惯和物产情况区别对待。最好以对方国家的稀缺之物待客。例如，对日本客人来说，甜瓜是很珍贵的，但是对南美客人来说则是一种极为便宜的水果；用香蕉、菠萝招待欧美客人可以，但若用来招待东南亚客人则不大合适；对日本客人来说，牛肉价格很贵，而对欧美一些客人来说，这便是一种便宜之物。

除水果、菜肴外，酒类也是宴请中不可缺少的东西。大部分外宾都比较重视酒的等级，往往根据其品级来判断宴会的标准。接待单位可以用中国茅台、五粮液、竹叶青、汾酒、洋河大曲、董酒等名酒，或者用绍兴酒、金奖白兰地等具有中国特色的酒待客，客人们会感到满意。因为用中国生产的酒来招待客人，特别是初次来华的客人，他们会感新鲜稀奇，效果会更好。

设宴招待外宾不要在对方下榻的旅馆进行，因为外宾对于住宿旅馆的菜肴可以随时品尝。再有外宾大多数将自己下榻的旅馆当作自己临时的家，所以若在对方投宿旅馆设宴招待，无异于在客人家中招待客人。

6. 送别

送别外宾亦应考虑周全，大体上要依照迎候的规格来确定送别的规格，主要迎候人应参加送别活动，送行人员可前往外宾住宿处，陪同外宾一同前往机场、码头或车站，亦可直接前往机场、码头或车站恭候外宾，必要时可在贵宾室与外宾稍叙友谊，或举行专门的欢送仪式。在外宾临上飞机、轮船或火车之前，送行人员应按一定顺序同外宾一一握手话别。飞机起飞或轮船、火车开动之后，送行人员应向外宾招手致意。直至飞机、轮船或火车在视野里消失，送行人员方可离去。

(三) 迎送工作中的注意礼仪事项

1. 如有条件,在客人到达之前将住房和乘车号通知客人。如果做不到,可印好住房、乘车表,或订好卡片,在客人刚到达时,及时发到每个人手中,或通过对方的联络秘书转达。这样既可避免混乱,又可以使客人心中有数,主动配合。

2. 指派专人协助办理入出境手续及机票(车、船票)和行李提取或托运手续等事宜。重要代表团,人数众多,行李也多,应将主要客人的行李先取出,最好请对方派人配合,及时送往住地,以便更衣。

3. 不能将外宾安排到非涉外宾馆下榻。

4. 准备中外文日程,如有变动,要及时通知有关人员。

三、陪同参观礼仪

接待外宾来访,通常会安排陪同参观游览,通过陪同参观,可以加深交流与合作,增进友谊,促进双方关系的进一步发展。陪同参观礼仪主要需要以下几项工作的准备:

1. 参观项目的选定

依照“主随客便”的原则,根据访问目的、性质以及客人的意愿与兴趣,选择当地有特色、令客人满意的游览项目。对于外国的大财团、大企业家一般应安排参观反映我国经济发展情况的经济开放区、重点招商项目。对于一般企业家、商人和有关人员可安排参观与其有关的部门、单位,同时安排一些有地方特色的游览项目。

2. 安排布置

参观项目确定之后,应作出详细计划和日程,包括参观的过程、路线、时间安排,交通工具等,并及时通知有关接待单位和人员,以便各方密切配合。

3. 陪同

外宾前往参观时,一般都有身份相应的人员陪同,如有身份高的主人陪同,应提前通知对方。根据需要,安排翻译、解说、导游人员以及必要的工作人员。参观过程中,客人问话,有礼貌地回答,陪同人员不得中途离去,更不能不辞而别。

4. 介绍情况

陪同参观人员或被参观的单位,应对被参观事项一一向外宾介绍。参观项目概况尽可能事先发给书面材料,节约参观介绍时间,让客人尽可能多的实地参观。陪同人员要了解外宾要求,对外宾可能提出的各种问题有所准备,不要一问三不知。介绍情况时,要实事求是,但对一些重要细节及关键问题要遵循保密制度,面对外宾的提问,根据实际情况灵活回答。

5. 摄影

通常可以参观的地方都允许摄影。遇到不让摄影的项目,应先向来宾说明,并在现场竖外文的说明标志。

6. 用餐安排

参观地点远,或是外出游览,要考虑用餐时间和地点,如果郊游,则应准备食品、饮料、餐具等。有的地方还要预订休息室。

案例 6-4：不要随便宴请

中国江苏某企业老板在参加宴会中认识了美国某企业老板，双方都愿意在今后的日子里有所往来。在美方来临时，中方热情接待，领美方老板及其随从参观了厂房、机器设备、办公楼等硬件设施，美方对此非常满意，并表示愿意合作，之后双方签订了一份协议，美国企业老板说要等归国后与董事会商量后再与中国企业签订正式的合约。

这时，已经是下午 2 点钟，中国企业老板盛情邀请美方到酒店就餐。美国企业老板说自己在 6 点钟还有一个约会，所以就算了吧。但是中国企业的老板执意如此，美国企业老板无法，但要求要一切从简。中方带领美方到了本地最负盛名的酒家，点了整整一桌的酒菜，而参与者仅为 4 人，宴会整整持续了 2 个小时，此时已是下午 4 点钟，而到达另一个约会地点需 2 个小时，不巧的是中国企业的老板由于兴奋过度喝多了，他的司机不得不先送他回家，再送美方到达指定地点参加宴会。等美方到达时，已经整整晚了 1 个小时。美方企业老板在归国后非常气愤，这是他有生以来第一次失约，他视为奇耻大辱，所以就终止了与中方的合作。

7. 做好安全工作

组织外宾参观游览活动中的安全工作，主要是指人身安全、行车安全、饮食安全、财物安全等方面，特别是安排外宾赴外地参观访问，时间长、路线远、环节多，容易发生各种问题。因此，组织外宾参加参观访问活动时，要把安全防护工作放在重要位置，切实落实各项措施，必要时，应委派专人负责，并主动与当地公安保卫部门协调，共同做好此项工作。

四、西餐礼仪

（一）席位排列礼仪

西餐席位的排列与中餐有许多相似之处，同样是“右尊左卑”、“面门为上”、“中座为尊”、“左侧进出”等，同时也有不少不同之处。

1. 女士优先

非官方接待时，用餐席位以女主人的席位为准。一般女主人为第一主人，主位就座；男主人为第二主人，第二主人的位置就座。男主宾排在女主人的右侧，女主宾排在男主人的右侧，按右高左低的原则，依次排列。三人就餐时，陪同一位女士就餐，女士应坐在两位男士的中间。

2. 观景为佳

在一些高档餐厅用餐时，在其室外往往有优美的景致或高雅的演出，可供用餐者观赏。此时，应以观赏角度最佳之处为上座。

3. 靠墙为好

某些中低档餐馆用餐时，为了防止侍者和其他食客的干扰，通常以靠墙之位为上座，以靠过道之座为下座。如果男女同去就餐，那么靠墙的位置应该请女士就座，男士坐在女士对面。如果是两对夫妻就餐，夫人们应坐靠墙的位置，先生则坐在各自夫人的对面。

4. 席位排列

在绝大多数情况下，西餐宴会席位排列，除了极其盛大的宴会，一般不涉及桌次。西餐的席位一般都用长桌或方桌，因此，席位的排列方法主要分长桌或方桌两种。

长桌的席位排列有两种方法：其一，男女主人在长桌的中央相对而坐，餐桌的两端可以坐人，也可以不坐人；其二，男女主人分别坐在长桌的两端。如下图。

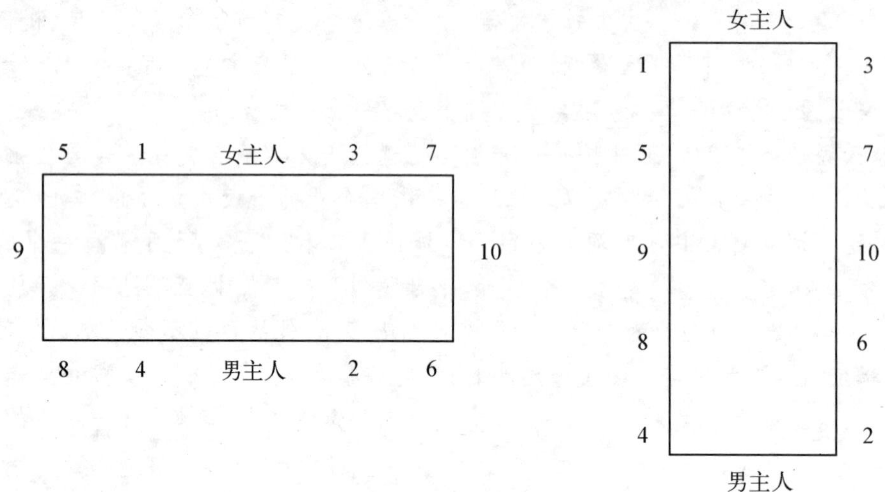

图6-2 西餐的座次席位图之一

以方桌排列位次时，就座于餐位四面的人数应相等。一般情况下，一桌共八人，每侧各坐两人的情况比较多见。在进行排列时，应使男、女主人与男、女主宾对面而坐，每一位均与自己的恋人或配偶成斜对角。如下图。

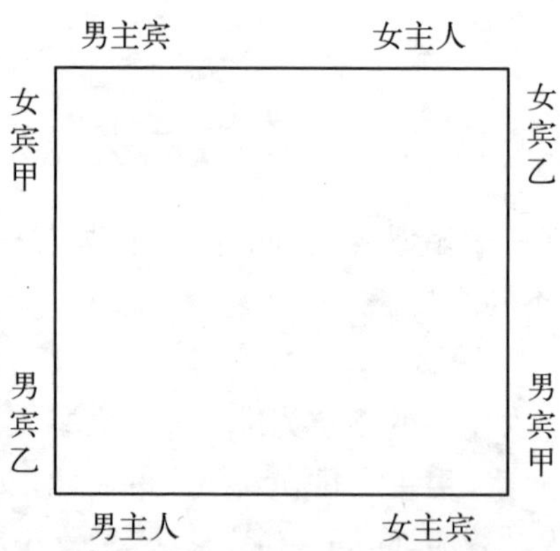

图6-3 西餐的座次席位图之二

(二) 桌次排列

西餐宴会桌次的安排一般有："一"字形、"T"字形、"口"字形和"U"字形等。西餐桌次讲求左右对称，出入方便。见图6-4。

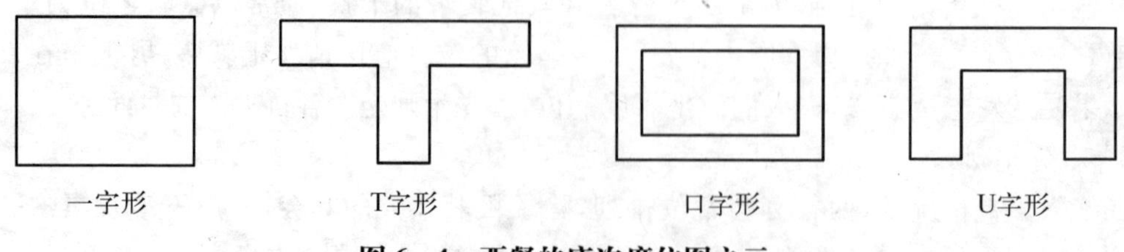

图6-4 西餐的座次席位图之三

(三) 西餐菜序

西餐有正餐和便餐的菜序之分，二者有很大差异。西餐的正餐，尤其是正式场合的正餐，其菜序讲究甚多。在大多数情况下，西餐正餐的菜序由八道菜肴构成，即：开胃菜、面包、汤、主菜、点心、甜品、果品、热饮等。而一顿普通的便餐，则由五道菜肴构成，即开胃菜、汤、主菜、甜品、咖啡等。

(四) 酒菜的搭配

在正式的西餐宴请中，酒水是主角，不仅是因为它最贵，而且它与菜肴的搭配也十分严格。一般来讲，吃西餐时，每道不同的菜肴要搭配不同的酒水，吃一道菜便要换上一种新的酒水。

西餐宴会中所上的酒水，可分为餐前酒、佐餐酒、餐后酒三种。它们各自又拥有许多具体的种类。

1. 餐前酒

别名开胃酒。它是在开始正式用餐前饮用，或在吃开胃菜时与之配对。这类酒主要有：鸡尾酒、味美思、比特酒和茴香酒。

2. 佐餐酒

又叫餐酒。它是正式用餐期间饮用的酒水。西餐里的佐餐酒均为葡萄酒，而且大多数是干葡萄酒或半干葡萄酒。

选择佐餐酒有一条重要的讲究，即“白酒配白肉，红酒配红肉”。这里的白肉，指鱼肉、海鲜、鸡肉等。这里的红肉，即牛肉、羊肉、猪肉。

3. 餐后酒

在餐后饮用，是用来助消化的酒水。最常见的有利口酒，最有名的是白兰地。

(五) 餐具的摆放和使用

西餐餐具有刀、叉、匙、盘、碟、杯等。西餐讲究吃不同的菜要用不同的刀叉，喝不同的酒要用不同的酒杯。刀可分为食用刀、鱼刀、肉刀、奶油刀、水果刀；叉又分为食用叉、鱼叉、龙虾叉；匙有汤匙、茶勺；杯有茶杯、咖啡杯、酒杯等。酒杯又有啤酒杯、白葡萄酒杯、红葡萄酒杯、香槟酒杯、鸡尾酒杯、白兰地酒杯、威士忌酒杯等。宴会上几道酒，就配几种酒杯。公用刀叉一般大于食用刀叉。

世界上高级的西式宴会摆台是基本统一的。共同原则是：

(1) 垫盘居中，叉左刀右，刀尖向上，刀口向内。

(2) 盘前横匙，主食靠左，餐具靠右，其余用具酌情摆放。

(3) 酒杯的数量与酒的种类相等，摆法是从左到右，依次摆烈性酒杯、葡萄酒杯、香槟酒杯、啤酒杯。

(4) 西餐中餐巾放在盘子里，如果在宾客尚未落座前需要往盘子里放某些物品，餐巾就放在盘子旁边。

图 6－5 西餐餐具的摆放

1. 刀叉

使用刀叉进餐，是西餐的最重要的特征之一。学习西餐礼仪，必须从正确使用刀叉做起。刀叉用法分美国式和欧洲式两种。美式用法是将切完肉的刀放在盘子上，叉子从左手换到右手，然后用叉子叉起切好的肉。欧式用法则始终为左手拿叉，右手拿刀。可以用刀往叉子上放食品。

餐桌上摆放的刀叉有一定顺序，一般以三套刀叉居多，用餐时由外向内依次取用。冷盘用叉，吃鱼用银刀叉，吃肉用钢刀叉，吃生菜用叉，布丁或点心用叉或匙，水果用刀叉。只用叉时，可用右手。

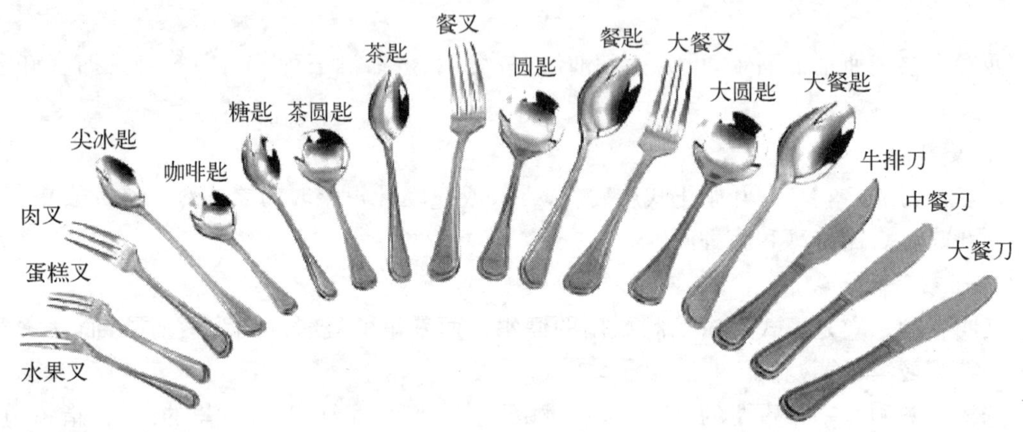

图 6－6　西餐各类餐具

使用刀时，不要将刀刃向外，更不要用刀送食入口。切肉应避免刀切在瓷盘上发出响声。吃面条可以用叉卷起来吃，不要挑。不要把自己的餐具伸进供全桌用的大容器中，应用公用叉匙，用完归位不要顺手将其放入自己的盘子中。中途放下刀叉，应将刀叉呈“八”字形分别放在盘子上。如果把刀叉放在一起，表示用餐完毕。如下图。

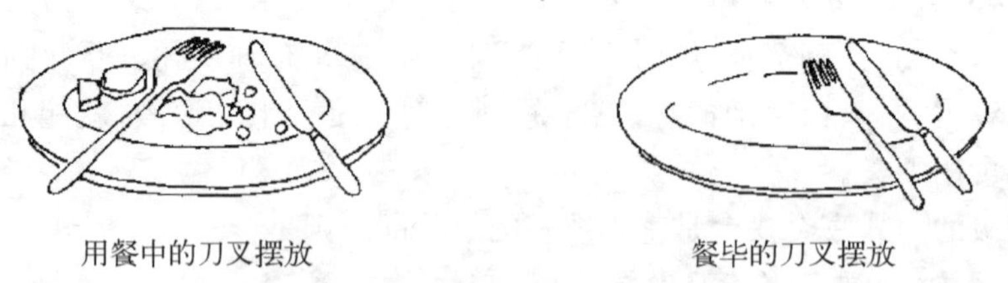

用餐中的刀叉摆放　　　　餐毕的刀叉摆放

图 6－7　用餐过程中餐具的摆放

2. 餐匙

在西餐的正餐里，一般会至少出现两把餐匙，它们的形状不同，用途不一，摆放的位置也有各自的既定之处。

个头较大的餐匙叫汤匙，通常被摆放在用餐者右侧的最外端，与餐刀并列纵放。另一把个头较小的餐匙就是甜品匙，一般情况下，它应当被横向摆放在吃甜品所用刀叉的正上方，并与其并列。如果不吃甜品，用不上甜品匙的话，有时它会被个头同样较小的茶匙所取代。

3. 餐巾

西方人用餐，第一件事就是打开餐巾平铺在自己的膝盖上。餐巾是用来擦嘴和手的，切勿用其擦脸或鼻子。进餐中，餐巾应该始终放在腿上，如果暂时离开，可将餐巾折起，放在位子上或餐盘旁。餐毕离席时，应把餐巾叠好放在桌上。

4. 牙签

用过的牙签可以放在托盘上，千万不要再放回去。蘸过酱的牙签也不能放到酱里再蘸。

5. 洗指碗

用餐期间，有需要用于拿取的食品上桌时，侍者会送上一只洗指碗。它一般是玻璃或水晶做的碗，里面盛着水，水上漂浮着柠檬片或玫瑰花瓣，千万不要误会为饮料或是水而把它喝掉，这会被人当作笑话的。应该端起洗指碗，放在左侧，将手指浸入水中，然后用铺在腿上的餐巾拭干。用手指拿东西吃完后，将手指放在碗里洗干净，注意洗手时要轻轻地洗，然后再用餐巾擦拭干净。如果吃一般的菜把手指弄脏了，也可请侍者端洗手水来。

(六) 用餐礼仪

一般情况下，在全体客人面前都上好了菜，女主人示意后才能开始用餐。在女主人拿起她的刀或叉之前，客人不得食用任何菜肴。当女主人从座位上起立，则表示用餐结束。西餐的用餐礼仪在文明举止礼仪上和中餐需要注意点基本上是通用的，但是也有不同，主要需要注意以下几点。

1. 照顾他人

西餐就座时，往往自己对面及两侧都为异性，因此，男宾还有照顾女宾的义务。入席时，男宾应替身边女宾移开椅子，等她入座后自己才坐下；进餐时，也得随时照顾她，女宾接受服务后，不要忘了道谢。

2. 讲究西餐的食用方法

喝汤时，如汤过热，可以等待稍凉后再喝，不要用嘴去吹。吃鱼、肉等带刺或骨的菜肴时，不要直接外吐，可用餐巾捂嘴轻轻吐在叉子上，放进盘中。吃面条时要用叉子先将面条卷起，然后送入口中。面包一般切成小块送入口中，不要拿着整块面包去咬。吃鸡腿时，应先将骨头去掉，不要用手拿着吃。吃鱼时，不要将鱼翻身，要吃完上层后，用刀叉将鱼骨剔除后再吃下层。吃肉时，要切下一块吃一块，肉块不能切得太大，或一次将肉切成块。

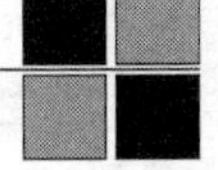

第三节 国宾礼仪

国宾礼仪，主要是指在国家之间的相互交往中，为了体现一国对来访国领导人应享有的尊容而安排的礼遇形式。

一、国宾迎送

国宾迎送是一种较隆重的迎送仪式，适用于各国国家元首、政府首脑的正式访问。

(一) 国宾欢迎仪式

当国宾正式到访时，东道国通常会为对方举行一定规格的欢迎仪式，以热烈而友好地迎接对方的光临。从外交礼仪方面来讲,欢迎仪式往往比送别仪式更为隆重,因而也较其更为复杂。

1. 欢迎仪式的准备

首先要确定迎送规格,主要依据来访者的身份和访问目的,适当考虑相互间的关系,同时要注意国际惯例,综合平衡。

(1) 确定迎送人员

确定迎送人员关键是要确定主要迎送人。主要迎送人身份要与客人身份对等。在特殊情况下,为了两国的外交关系或政治需要,可打破常规,给予较高的礼遇。但是,为避免造成厚此薄彼的印象,一般都按常规办理。

(2) 掌握来宾抵离时间和地点

(3) 确定欢迎仪式的地点

在一般情况下,正式的欢迎仪式大都安排在固定的地点进行。有的正式的欢迎仪式安排在国宾抵达的机场、港口或车站举行,有的则改在另外的特定地点举行。这类特定的地点,主要有王宫、大会堂、国宾馆、总统府、总理府、议会大厦等。我国举行此类仪式的地点是,每年4月至11月,欢迎仪式安排在人民大会堂东门外广场;冬季及天气不佳的时候,欢迎仪式安排在人民大会堂室内举行。

在举行正式欢迎仪式的现场,循例应当在地面上铺设红色地毯,悬挂来访国与东道国两国国旗,安排一定数量的群众欢迎队伍。

(4) 其他事项准备

要严格挑选服务接待人员,并进行必要的培训。迎送人员应布置好迎送场所;安排好车辆、鲜花;安排好开道和护行接待工作;预订来宾下榻的酒店;做好安全保卫工作;并了解对方的背景以及途中所交流的话题等。

2. 正式欢迎仪式

按照外交惯例,东道国为前来访问的国宾所举行的正式欢迎仪式一般包括引见、献花、鸣礼炮、合影、检阅、国宴等。

(1) 引见

通常先由礼宾接待人员将前来欢迎的人员介绍给来宾,也可由东道国的迎接人员中职务最高者向对方介绍自己和主要迎接成员。然后,由来宾职务最高者将自己来访团主要成员介绍给东道国欢迎人员。介绍时应从职务高的人开始逐一介绍。介绍后的见面礼节是握手礼还是拥抱礼、鞠躬礼等,应根据国际惯例和来访者所在国家地区和民族的风俗习惯而定。

(2) 献花

(3) 合影

当国宾与东道国国家领导人正式会面之后,通常应当安排宾主双方合影留念。在许多国家,这类合影往往要当众进行,以供新闻记者拍照。

(4) 陪车

国宾车队和大型代表团,车队事先要编号;国宾车队的主车要挂两国国旗;多国使节代表团同团时,可以轮流乘坐一号车(轮流当团长);或者一个代表团中有两个地区的外方领导在访问不同地区时,可轮流乘坐一号车,轮流当团长。

(5) 欢迎仪式的举行

仪式由东道国的国家元首、政府首脑或作为其代表的副职亲自主持。主要程序如下：

第一，宾主见面介绍。

东道国元首与来访国元首见面、握手致意后，主人向来宾介绍前来欢迎的其他高级官员，客人也向主人介绍主要随从人员，并与欢迎群众见面。一般来访国驻当地外交使节也参加欢迎仪式。

第二，奏国歌。

当东道国元首或政府首脑陪同主宾登上检阅台或其他指定位置立正站立后，军乐团依照先宾后主的顺序演奏两国国歌。

第三，鸣礼炮。

在演奏两国国歌的同时，开始鸣放礼炮。且两者应该是同时进行，即歌起炮鸣，歌落炮停。按国际惯例，鸣放礼炮响数的多少应根据受礼人身份的高低而定，通常在欢迎国家元首时，鸣礼炮二十一响，这也是最高规格的接待；欢迎政府首脑时，鸣礼炮十九响；欢迎其他身份者，鸣礼炮的响数一般都要根据其具体身份依次递减。在我国，一般只为外国元首或政府首脑鸣放礼炮。

第四，检阅仪仗队。

检阅仪仗队又称阅兵式。当演奏完国歌、鸣放完礼炮后，仪仗队开始接受来宾的检阅。仪仗队队长趋前报告，请求检阅。来访国宾在主人陪同下检阅陆、海、空三军仪仗队。

具体来讲，检阅又分为阅兵式、分列式两个部分。阅兵式，一般是指国宾在东道国国家领导人、受阅部队指挥员的陪同下，步行通过受阅部队之前。经过受阅部队之间的军旗时，检阅人必须向其行鞠躬礼。分列式，则是指国宾在东道国国家领导人的陪同下登上检阅台，站在台上观看受阅部队列队通过。

第五，双方分别致辞。

在检阅完后，东道国和外方元首或首脑分别致欢迎辞和感谢辞。

第六，国宴。

在国宾抵达的当天或次日晚上，或者是在欢迎仪式末了，东道国领导人会为国宾举行一次正式的欢迎宴会。

(二) 送别仪式

送别仪式是指国宾访问结束、离开东道国时，或者是在离开东道国的首都时，由东道国为其举行的送行活动的具体程序。送别仪式的内容与欢迎仪式的内容很相似，同样强调热烈、隆重、欢快、友好。只是在目前各国的外交实践中，送别仪式往往在一定程度上有所简化。

送别仪式的主要程序有：国宴、话别、送行、告别。在实践中，有的程序往往有可能被省略。

1. 国宴

在国宾临行的头一天晚上，或者其他方便的时间里，东道国国家领导人将主持为其送行的正式宴会。其具体规格，通常略同于欢迎宴会。在宴会上，宾主双方一般要先后致辞。

2. 话别

国宾临行之前，东道国国家领导人往往会专程前往对方下榻的宾馆，一方面是要看望一下对方，另一方面则主要是为了与对方热情话别。话别的时间，可以是在国宾离开下榻的宾馆，前往机场、港口、车站之前，也可以是在国宾临行前的头一天晚上。

3. 送行

当国宾搭乘轿车前往机场、港口、车站之际，东道国一般应当派遣官员一道前往，为对方送行。在送行时，东道国除安排摩托车车队和警车为护送开道之外，有时也会安排高官陪车。从2004年1月1日起，中国取消为国宾车队安排礼仪性摩托车护卫礼仪。

4. 告别

国宾抵达机场、港口或车站之后，东道国一方为其送行的官员，须列队与对方见面。在双方正式见面时，不仅要互作介绍，一一握手，热情交谈，而且还须由东道国一方向国宾献花。有时，宾主双方还会在现场先后发表口头或书面的讲话。在有的国家，有时还会为其安排护航。按照惯例，在告别国宾的现场，应铺设红色地毯，悬挂两国国旗，并可酌情安排送行的群众队伍。

二、国宴礼仪

外国国家元首或政府首脑访华，中华人民共和国主席或国务院总理为来访国宾举行正式欢迎宴会，称国宴。国宴通常在国宾抵京当晚或次日晚上6时30分或7时在人民大会堂或钓鱼台国宾馆举行。

国宴还有其他领导人和有关部门的负责人以及各界名流出席作陪，有时还邀请各国使团的负责人及各方面人士参加。

(一) 准备工作

1. 请柬准备

国宴使用镶有国徽图案的请柬。请柬在国宾抵达前印就并及时送至被邀请者手中，包括来访国驻华使馆被邀请的外交官，来访国周边国家的友好使节，以及出席国宴的中方陪席人员。请柬上措词因不同来访国宾而异，对国宾冠以尊称，主人落款为中华人民共和国主席或中华人民共和国国务院总理，请柬印有英文译文或来访国的文字，同时请柬还注明出席者桌次和服饰的要求。

2. 会场布置

国宴从宴会厅环境到宴会乐队，与会人员和服务人员的服装、言谈、风度，都必须显示出隆重的气氛；国宴厅内要悬挂国旗、会标。对环境进行绿化、美化，装饰既要豪华、气派，又要庄严、隆重。

3. 菜单准备

国宴菜单由中方礼宾官员精心制订，根据来访国宾的生活习惯和宗教信仰，有针对性地安排菜肴。一般来说，菜单包括冷盘或称拼盘、四菜一汤（或两菜一汤、三菜一汤）、点心、甜食、水果，夏季通常将甜食改为冰淇淋。

国宴实行分餐制，一人一份。按中国习惯，宴会的进餐具为筷子，如客人不习惯用筷子，可在宴席上摆刀叉，外宾随时随手可用。饮料多种多样，宾主可按本人爱好选择。国宴上用酒视国宾爱好而定。

4. 音乐准备

国宴上军乐团演奏的席间乐包括来访国宾所喜爱乐曲、来访国民间音乐。席间乐增添宴会之气氛、典雅庄严之格调。

(二) 国宴程序

宾主双方出席国宴者身份较高,程序严谨。在人民大会堂西大厅举行的国宴程序如下:

1. 迎接

参加欢迎宴会的国宾和主要随行人员按时抵达人民大会堂,其他随行人员和来访国驻华使馆外交人员提前一刻钟到达。中方领导人在宴会厅门口迎接国宾,并陪同进入宴会厅。

2. 入场

入场时,军乐团奏欢迎曲。

3. 奏国歌

入席后,军乐团即奏两国国歌,奏国歌时全体肃立。席间,军乐团演奏席间乐。

4. 致辞或祝酒

国宴上宾主双方是否致辞或祝酒,均事先双方商定。

5. 告别

宴会结束后,中方领导人陪同国宾及主要随行人员至宴会厅门口,握手告别。离席时,军乐团奏欢送曲。

国宴的程序并非一成不变,变化或调整常有发生。例如近年来中方安排国宾在宴会开始前在人民大会堂新疆厅与出席宴会的中方高级官员见面寒暄,简短会见后宾主步入宴会厅。宴会上通常双方不发表正式讲话。

案例 6-5: 周恩来总理的神奇国宴①

1972 年 2 月 21 日中午 11 点 30 分,美国总统尼克松一行乘坐专机准时降落在北京东郊机场。当晚,在人民大会堂举办的盛大国宴。宴会开始,周恩来发表了热情洋溢的祝酒词。用来招待尼克松这样的贵宾用的茅台酒,据说已贮存三十年以上。

图 6-8 周总理招待尼克松的国宴

双方祝酒后,周恩来举着酒杯向美国官方代表人员逐一敬酒。随后,中国人民解放军军乐团现场演奏的《美丽的亚美利加》和《牧场上的家》两首美国乐曲,尼克松在晚年撰写回忆录时,曾这样描述当时的情景:"当我听到这首我熟悉的美国民歌时,心头不禁涌起一股暖流。因为这首曲子正是我在就职仪式上选择演奏的乐曲。"

中国方面除了在宴会流程上做了细致、周到的安排之外,为招待好来自大洋彼岸的贵宾,此次国宴排菜更多达几

① 王建柱:《周恩来总理的神奇国宴》,《文史精华》2012 年第 5 期,第 4—7 页。

十道。其中包括冷盘九道、热菜六道、点心七道及甜品、水果、酒水饮料等。

在告别晚宴上，周恩来还给尼克松夫人带来一份意外惊喜，将中国的大熊猫作为礼品送给美国。国宝大熊猫成了中美两国之间的友好“使节”，也把这场告别晚宴推向了高潮。

（本案例在原报章报道的基础上改写）

三、会见与会谈礼仪

在涉外交往活动中，会见与会谈是一种十分重要的交往方式。历史上，一些国家领导人之间的会见与会谈，曾经对当时攸关各国人民命运的重大问题，达成妥协和谅解，成为具有深远影响的历史事件。如 1972 年毛泽东与尼克松的会谈，为中美关系打开了大门。

（一）会见礼仪

会见在国际上一般有两种情况：其一是接见，又称召见，指的是身份高的人士会见身份低的人士，或是主人会见客人；其二是拜会或拜见，指的是身份低的人士会见身份高的人士，或是客人会见主人。拜见君主也可称为谒见或召见。我国国内不作上述区分，统称为会见。接见或拜会后的回访，称回拜。

会见就其内容来说，有礼节性的、政治性的和事务性的或兼而有之。礼节性的会见时间较短，话题较为广泛。政治性会见一般涉及双边关系、国际局势等重大问题。事务性会见则有一般外交交涉、业务商谈、经贸、科技及文化交流等。

一般说来，礼节性拜会，身份低者往见身份高者，来访者往见东道主。如是正式访问或专业访问，则应考虑安排相应的会谈。外交使节到任后和离任前，还应对与本国有外交关系的国家驻当地使节作礼节性拜会。外交团之间对同等级别者之间的到任礼节性会见，按惯例均应回拜，身份高者对身份低者可以回拜，也可以不回拜。

1. 会见准备

（1）提出会见

东道国应根据对方身份及来访目的，在来访者抵达的当日或次日，安排相应的领导人或部门负责人会见。来访者及外交使节亦可根据两国关系和本人身份及业务性质，主动提出拜会东道国某些领导人和部门负责人。

（2）确定陪同人员

除特殊情况领导需要单独会见客人外，一般还应安排陪同会见的人员。领导会见客人或下属，要尽量安排与会见议题有关的专家或主管部门的人员参与。陪同会见的人员中，如果有对对方熟悉的或者关系密切的人员，会使会见气氛更加和谐；在一些敏感的会见中，与对方关系紧张的主方人员应尽可能回避。

领导会见客人时，主人陪同的人数要根据对方的身份、人数来确定，如果客人身份与主人身份相当，主方陪同人数应和对方大致相等，过多则没有必要，少则显得不礼貌。如果会见对象的身份较低，如领导接见下属或群众，则可根据会见的实际需要来确定陪同人数。

（3）挑选工作人员

会见的工作人员主要是记录员和翻译。记录员的职责是把会见时的情况和谈话内容真实完整地记录下来,以备整理和今后查阅。翻译人员的确定要与客方磋商,可以由主方派出,也可以由客方派出,也可宾主双方同时派出翻译人员。

(4) 确定时间

应尽可能在事先商定的客人访问日程中安排领导会见,尽量避免因推迟安排领导会见而延误客人的访问日程。一般情况下,应当优先安排会见客人,但也不能影响主方出面会见领导的其他重要公务,二者之间要权衡。如果主方安排了几位领导分别会见,还要事先安排好会见的先后顺序。

(5) 确定地点

会见的地点要根据会见的性质来确定。

第一,政治性会见和工作会见。一般安排在主人的办公地点举行,如主方的会客室、办公室等。比较重要的会见也可先同客方磋商具体地点,必要时可选择在第三方地点举行。

第二,召见。必须安排在主方的办公室或会客室进行,以体现召见的性质。

第三,礼节性会见或回拜。安排在主人的住所进行。

第四,接见。地点选择比较灵活,可根据实际情况安排在室内或室外,既可以在工作现场,也可以在专门的会客厅。

(6) 求见与通知

会见的安排一般都是在客人来访前事先商定的,但有时也会做临时性的安排。如果主方主动求见对方,应先打电话征得对方同意,并告诉对方自己一方参加会见的主要陪同人员。客方临时要求主方会见,主方如果同意,要及时打电话通知对方,并将会见的名单、地点、时间通知对方。

(7) 座位安排

会见的座位安排包含两个方面:一是座位的排列形状,二是座位的排列次序。

座位的排列形状有弧形、圆形、椭圆形、马蹄形、直角形、"T"字形和长方形等,可根据会见的性质、参与人数和会客室或会客厅的设施条件而定。涉外会见,应当按主左客右的惯例安排座位,宾主双方的其他人员按同样的方位各坐两边,并按职位高低从中间向两边排列。译员、记录员通常安排在主宾和客人的后面。

涉外会见常用弧形座位排列,主方派翻译,如参加人员多时座位可向两边扩展(图 6-9)。

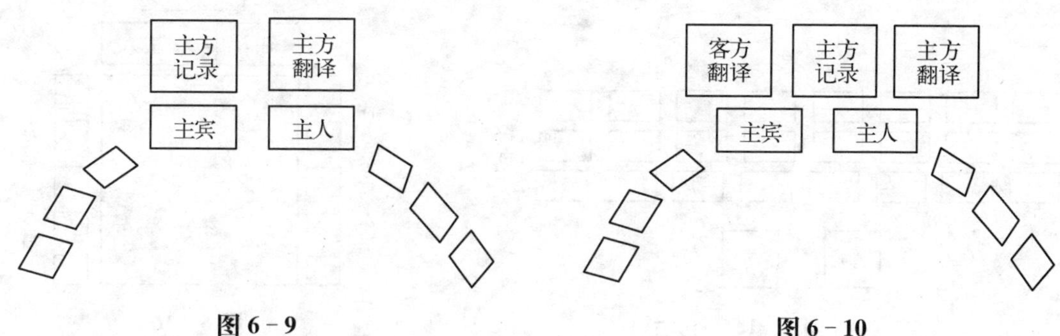

图 6-9　　图 6-10

半圆形座位排列适用于涉外会见,宾主双方同时派翻译(图 6-10)。

直角形座位排列适用于人数较少的涉外会见(图 6-11)。

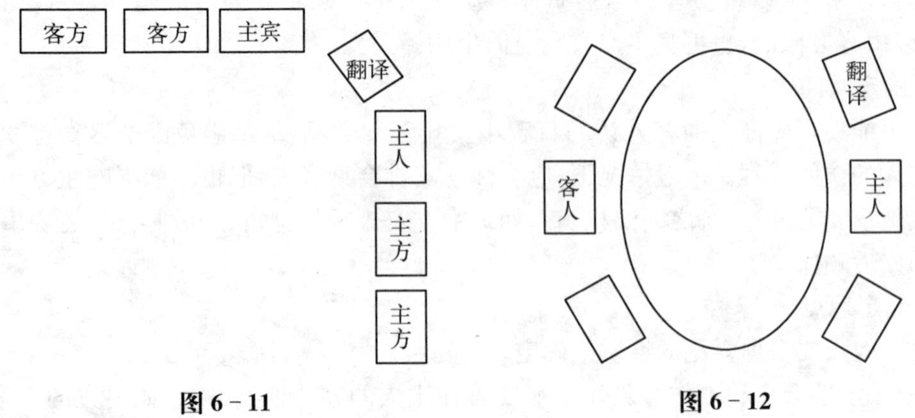

图 6－11　　图 6－12

椭圆形座位排列适用于人数较少的涉外会见(图 6－12)。

马蹄形 A 座位排列适用于人数较少的涉外会见(图 6－13)。

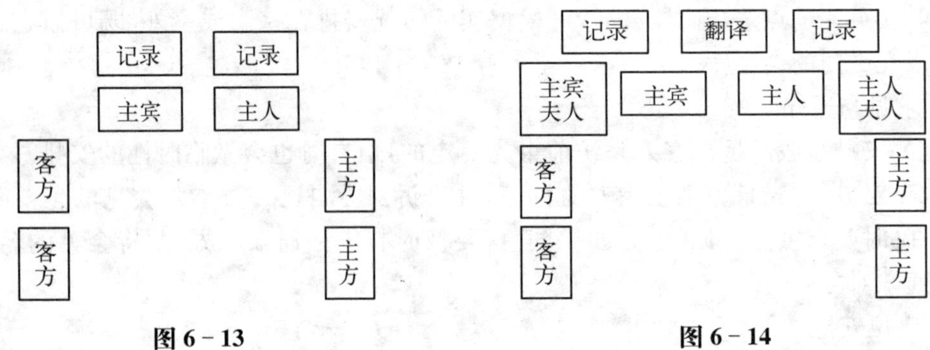

图 6－13　　图 6－14

马蹄形 B 座位排列适用于主人夫人与主宾夫人参加的涉外会见，双方各坐一边，有时也可交叉坐，即主人夫人坐在主宾的右侧，主宾夫人坐在主人的左侧(图 6－14)。

长方形 A 座位排列适用于接见会议代表、先进人物等。人数较多时要设话筒。如会见要安排合影，则安排中间要留出领导的座位(图 6－15)。

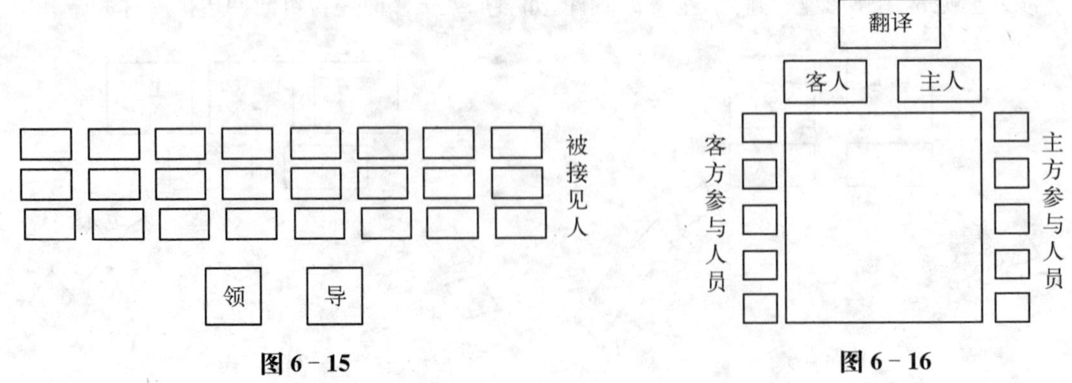

图 6－15　　图 6－16

长方形 B 座位排列适合接见外宾(图 6－16)。

长方形 C 座位排列适用于会见公众代表(图 6－17)。

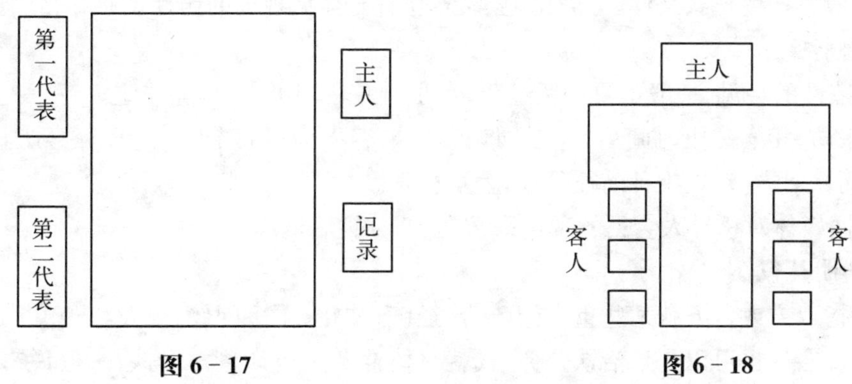

图 6-17　　图 6-18

“T”字形座位排列适用于接见下属人员或公关性会见(图 6-18)。

(8) 现场布置

涉外会见如果双方身份相同,为了体现会见的庄重,可在宾主的座位两侧放置两国的国旗。涉外召见应当悬挂主方的国旗,双方身份高低不同的会见不挂国旗或只挂主方国旗。国旗可以用落地旗架悬挂,也可以用小旗架放置在宾主之间的茶几上。

会客厅较大、会见人数较多时,应放置扩音设备,供主人、主宾讲话时使用。如有合影,事先排好合影图,人数众多应准备架子。合影时一般由主人居中,按礼宾次序,以主人右手为上,主宾双方间隔排列。第一排人员既要考虑人员身份,也要考虑场地大小,即能否都摄入镜头。一般来说,两端均由主方人员把边。

会见时招待用的饮料,各国不一。我国一般只备茶水。夏天加冷饮。会见现场摆放一些鲜花能使气氛更加友好。

2. 会见过程

(1) 迎候

会见客人,主人要提前到达会见场所,并在门前迎候客人。对于一般的客人,主人可在会客厅或会客室门口迎候;重要的客人,主人可在大门口迎候,或派工作人员在大门口迎候客人,并引入会客厅或会客室。

客人到达时,迎接人员要迎上去自我介绍,并主动同客人握手以示欢迎,会见的客人较多时,主方人员一般应在前厅或门口列队迎接客人,并按身份高低一一握手。

接见会议代表、先进人物时,领导人不必亲迎,而是先由工作人员将接见对象按合影图排好位置,然后安排领导出场。

(2) 介绍

主客双方如果是初次见面,可由秘书或翻译人员进行介绍。通常先向主宾介绍主方人员中身份最高者,然后再介绍主宾。主客双方身份最高者经介绍后,再按先主后宾的顺序介绍双方其他人员,有时也可由主方身份最高者出面介绍。

(3) 合影

(4) 送别

会见结束后,主方应视情况将客人送至接见厅、会客室门口或车前送别,目送客人离开。

(5) 整理会谈文件

会见一般不产生正式文件，但会见记录必须归档，会见现场的照片也一并归档。

3. 注意事项

(1) 礼节性的会见，一般不要逗留过久，半小时左右即可告辞，除非主人特意挽留。日常交往，客人来访，相隔一段时间后，应予回访。如果客人为祝贺节日、生日等喜庆日来访，则可不回访，而在对方节日、生日前往拜望，表示祝贺。

(2) 新闻媒体对领导人会见的现场采访 3—5 分钟后退出。

(二) 会谈礼仪

会谈是指双方或多方就某些重大的政治、经济、文化、军事问题，以及其他共同关心的问题交换意见。会谈也可以是指洽谈公务，或就具体业务进行谈判。会谈，一般说来内容较为正式，政治性或专业性较强。

1. 会谈准备

(1) 确定议题

相对会见来说，会谈的议题更加明确。会谈的议题往往需要双方磋商来确定，议题分歧太大会使会谈无法启动。

(2) 收集和分析信息

由于会谈是双边或多边的，因此为了达到己方的目标，应首先了解对方的信息，从而为制定己方的目标策略提供可靠的依据。

案例 6-6：会谈中的致命过失

比尔·里查得森是前墨西哥的议员，20 世纪 90 年代中期以援救美国人质屡战其功而成为著名人士。1995 年，他去伊拉克企图说服萨达姆释放两名误由科威特越境到伊拉克的美国公民。会谈进行三个小时后，里查得森无意间将一条腿搭到另一条腿上，并将翘起的一只脚的脚底朝向萨达姆。这一行为在阿拉伯文化中是一种侮辱性行为。萨达姆立即离开了房间。当谈判恢复进行时里查得森请求萨达姆出于人道释放两个美国人，最终，伊拉克决定释放犯人。这时，里查得森立即双手抓住萨达姆的手臂以示感谢，这又是一个错误，萨达姆的警卫立即用枪指向里查得森。

案例所示，除了了解与掌握通常的会谈礼仪外，对会谈对方的文化背景与风俗习惯的了解也非常重要，这是涉外公关礼仪中的重要环节，不容忽视。

(3) 统一口径

在会谈中，内部口径的统一非常重要，内部口径不统一，一方面容易造成不好的政治影响，另一方面可能被对方钻空子而导致被动。因此会谈的目标一旦确定，参加人员应当统一口径。

(4) 确定参与人员

参加会谈的人员常以代表团的组织形式出现，主要包括：主谈人、专业人员、翻译人员、秘书(兼记录员)。

其中主谈人的确定非常重要，需要考虑两个因素：一是主谈人的全权代表资格。由于会谈是法定组织之间正式交换意见的方式，因而必须明确授予主谈人全权代表的资格，这点极其重要。按国际惯例，在涉外会谈中，除国家元首是国家的当然代表外，其他官员参加会谈或者签署条约都必须持有全权证书，政府首脑和外交部长也不例外。例如，1978 午 8 月，中国和日本缔结了和平友好条约，当时，双方的谈判者和条约的签署者都是外交部长，但在条约的序言却有“双方全权代表互相校阅全权证书，认为妥善后达成协议如下”的文字，这说明在当时，外交部还不是一个国家的当然代表，仍需出具国家元首签署的全权证书。二是主谈人的级别。主谈人的级别要看会谈的内容和具体的议题，身份应与对方主谈人的身份大致相当。

(5) 确定时间

会谈的时间安排应征求对方的意见，任何一方如果要变动时间，必须征得另一方的同意。

(6) 确定地点

国际性会谈的地点选择有时是个比较敏感的问题，很有讲究。如没有外交关系或处于战争状态的国家之间，往往选择第三国进行会谈。为方便客人，一般会谈可安排在客人所住的宾馆会议室，也可以将会谈地点安排与拜会和回拜综合起来考虑。

(7) 会场布置

会谈桌上常放置两国国旗，也可以用落地旗架将国旗悬挂于两侧。现场设置中、外文座位卡，字体应工整、清晰，以便与会者对号入座。会谈场地正门口还需安排人员迎送客人。如果参加会谈人数较多或是公开举行会谈，允许记者采访或旁听时，需要安装扩音设备，调试好，以确保会议使用。

(8) 座位安排

会谈分为双边会谈与多边会谈。双边会谈通常用长方形或椭圆形桌子，多边会谈采用圆形或摆成方形。不论是什么形式，均以面对正门为上座。

双边会谈时，宾主相对而坐，主谈人居中。我国习惯把译员安排在主谈人右侧，但有的国家亦让译员坐在后面，一般应尊重主人的安排。其他人按礼宾顺序左右排列；记录员可安排后面，如参加会谈人数少，也可安排在会谈桌就座。如会谈长桌一端向正门，则以入门的方向为准，右为客方，左为主方(图 6－19)。

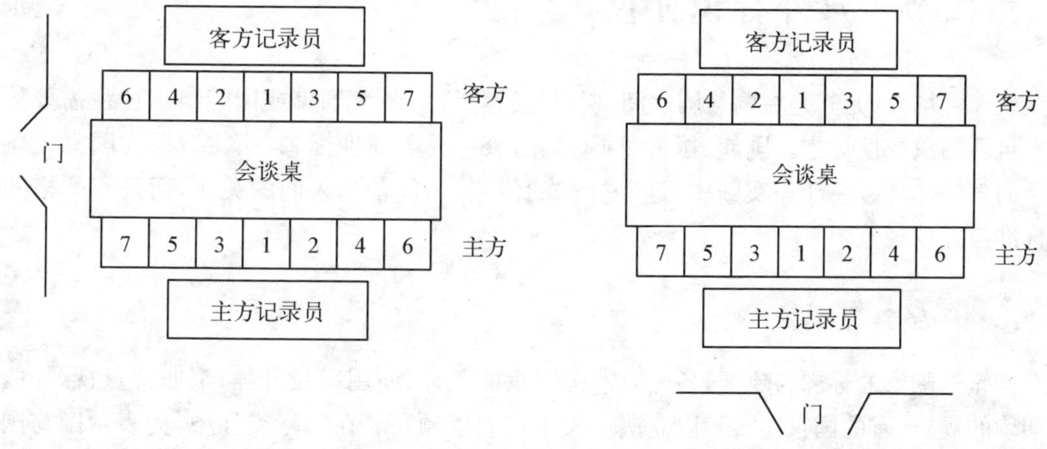

图 6－19

多边会谈，座位可摆成圆形、方形等。小范围的会谈，也有不用长桌，只设沙发，双方座位按会见座位安排(图 6－20)。

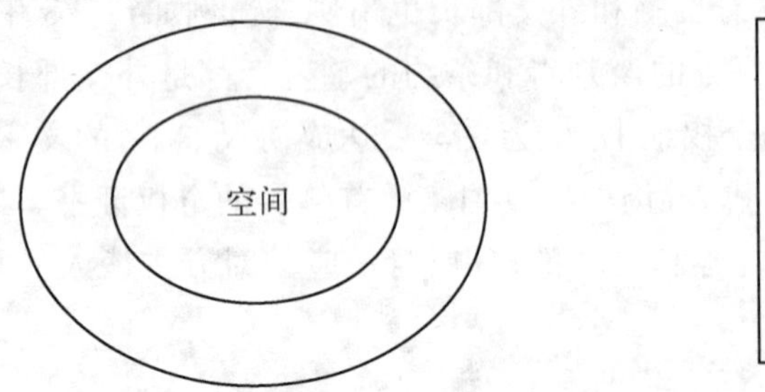

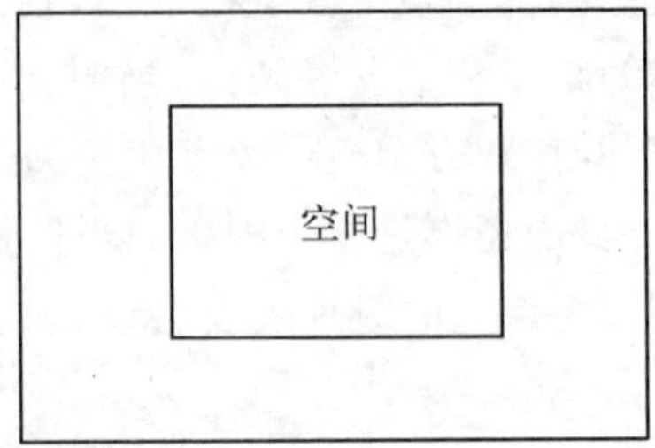

图 6－20

2. 会谈过程

(1) 迎送。

(2) 合影。合影一般安排在会谈之前。

(3) 新闻发布。

比较重要的会谈常常需要以一定的方式发布消息，如接受媒体采访、举行新闻发布会等。具体以何种方式接受采访或发布消息，应当在会谈的准备阶段拟定出方案，报领导审批，并与会谈的对方进行协商。

会谈开始前，可安排几分钟的记者采访和摄影时间。如果是不公开的会谈，在会谈开始后，除特别安排的电视采访外，应要求其他采访人员一律退场。会谈结束后，根据情况双方会见记者或分别举行记者招待会。

(4) 整理会谈文件。

会谈如果成功，就会产生各类形式的文件，签字后的文件以及原始记录，应当一起整理后归档。

第四节　涉外标识礼仪

在涉外场合，尤其是在国与国之间进行外交活动时，各个国家或国际组织往往需要使用代表自己的象征性标志。国旗、国徽、国歌是国家主要象征性标志，往往被视为国家主体与尊严的直接体现。在涉外实践中，这些标志的使用，不仅备受人们的关注，而且有严格的使用标准与礼仪规范。

一、国旗礼仪

国旗是国家的标志与象征，各国对本国国旗的制作、使用以及升挂，都非常重视，一般都有明确的规定，有的国家还特意以立法形式正式加以颁布。在国际交往中，为表示国与国之间的相互尊重，各国对国旗的悬挂也都认同并遵循相应的一些国际惯例。

(一) 国旗悬挂条件与场合

按国际惯例,人们通常以悬挂国旗的形式来表示对本国的热爱和对他国的尊重。涉外交往中悬挂本国国旗是一种外交特权,而外宾到访时按惯例悬挂该国国旗则是一种外事礼遇。

出于维护国家尊严的考虑,在任何一个主权国家的领土之上,均不得随便升挂外国国旗,或是国际组织的旗帜。特别是未建交国的国旗不得任意升挂。按照外交惯例,只有在下述情况下,才存在在本国领土上升挂或使用外国国旗和国际组织旗帜的可能性:

第一,外国国家元首、政府首脑或其他重要领导人正式到访时,在其居所以及乘用的交通工具上,可以升挂该国国旗。有的国家元首拥有特制专用的元首旗,可准其在居所及交通工具上升挂。

第二,外国贵宾到访期间,往往会举行一系列的礼仪性活动,诸如迎送仪式、会见会谈等。在这类活动中,根据对等原则,应同时升挂来访国与东道国国旗。此处所指的外国贵宾,除国家元首、政府首脑外,往往还包括国家副元首、政府副首脑、议会议长、议会副议长、外交部长、国防部长、军队总司令、军队总参谋长、率政府代表团来访的正部长、国家元首或政府首脑的特使等。

第三,国际组织的常设办公地点及其正式派出的办事、代表机构,准予升挂国际组织的旗帜。国际组织负责人及其办事、代表机构负责人的居所和交通工具上,亦可升挂国际组织的旗帜。

第四,各建交国的使领馆及其工作人员的居所,及其使团团长所使用的交通工具,可升挂该国国旗。

第五,外国派驻国际组织的代表团、代表处的居所,代表团、代表处负责人的居所,及其执行公务时所乘用的交通工具上,可升挂该国国旗。

第六,国际会议的会场,各与会国政府代表团团长的驻地,准许升挂国际组织的旗帜以及各与会国国旗。

第七,举行重大的国际性经济、科技、文化、体育、卫生、军事活动时,各参加国可升挂本国国旗。

第八,举行重要的国际经济合作项目的奠基、落成、开工、开业、剪彩、揭幕时,可同时升挂东道国与其他有关国家的国旗。

第九,各国商船、军舰均可升挂本国国旗。外国军舰在通过一国领海时,升挂本国国旗,意在表明无害通过,因而是十分必要的。

第十,按照国际惯例,在战争期间升挂国旗,主要表明本国处于中立或者与他国敌对的状态。作为一种策略,允许交战国暂时升挂中立国或敌对国的国旗,但战斗一旦开始,即应立即悬挂本国国旗。此外,为了保证人身安全,通常允许外国人在战乱或内乱期间,在其办公场所与私人住所升挂其所在国国旗。

(二) 国旗升挂礼仪

在一般情况下,国旗应当被升挂在固定的旗杆上。除此之外,国旗还可以被摆放在桌面上、悬挂在墙壁上、插放在旗架或交通工具上。升挂本国国旗,一般应在清晨升起,傍晚降下。天气恶劣时,可不升挂国旗。

升挂国旗的标准做法是：应在直立的旗杆上将其徐徐升起直至旗杆顶端。在许多国家里，升挂本国国旗，大都需要举行专门的升旗仪式。仪式举行时，在场者应面向国旗肃立致敬，并目视其徐徐升起。同时，应当奏国歌或唱国歌。

其他方面的礼仪规范还有：

1. 区分各国国旗

必须区分不同国家的国旗。目前，世界上有不少国家的国旗在色彩、图案等方面非常相似。比方说，以三色旗作为国旗的国家就有数十个之多。这些国旗之间的不同，主要在于具体色彩的选择、竖排或横排以及具体顺序的排列上。假定在升挂外国国旗时辨认出现差错，张冠李戴，就会酿成事端。

案例 6－7：英国伦敦奥运上失误连连

2012 年 7 月 26 日凌晨，在英国格拉斯哥汉普顿公园球场，原定于北京时间凌晨 2 时 45 进行的奥运会女足 G 组的哥伦比亚对阵朝鲜的比赛中，出现了朝鲜女足拒绝参赛的一幕。原因是，赛场的大屏幕上错误的出现了韩国国旗。奥组委随后公开道歉，比赛在推迟了一个小时之后重新开始。

2012 年 7 月 30 日，在伦敦奥运会男子 200 米自由泳决赛中，法国选手阿格内尔获得冠军，中国选手孙杨和韩国选手朴泰桓并列亚军。但在颁奖仪式上升国旗，中国国旗被置于韩国国旗之下，进而引起中国国民的普遍不满。

上述案例表明，涉外场合对于代表国家标志性的国旗的使用非常重要，它体现了国与国的尊重与重视，不然就是失礼，失去对他国的尊重，也同样对自身国家的尊严与荣誉有所损害。

2. 制旗要规范，旗面要整洁、完整

国旗是一个国家和民族的象征物，不得使用受污染和损坏的国旗。国旗不能倒挂，也不能反挂，但是允许将其竖挂。需要将两国国旗并列竖挂时，可以使二者皆为正面。有时，亦可使居右者为反面，居左者则为正面。有些国家的国旗由于文字和图案的原因，竖挂需另制旗，将图案转正。悬挂双方、多方国旗时要尺寸、大小一致。在墙壁上悬挂国旗时，不得竖挂或是将两面国旗交叉悬挂。

3. 国旗并列升挂时的正确做法

东道国在本国领土上同时并排升挂本国国旗与外国国旗时，通常应当令外国国旗居于较为尊贵的位置。需要同时悬挂东道国国旗与联合国旗时，做法亦是如此。具体而言，其方法有：

(1) 两国国旗并排升挂

标准的方法，是应以旗身面向为准，外国国旗居右，东道国国旗居左。需要在轿车上升挂两国国旗时，则以汽车行进方向为准，驾驶员左手为主方，右手为客方。

这里所谓的主方和客方，不是以活动在哪个国家举行为依据，而是以活动由谁来举办为依据。例如，东道国举行欢迎会议宴会，东道国为主人，东道国的旗帜置于左侧；来访者为东道国举行答谢会议宴会,这时来访者是主人,东道主反而成了客人,东道国的国旗要置于右侧。

两国国旗并挂有三种常用的排列方式:

第一是并列升挂,中外两国国旗不论是在地上升挂,还是在场上悬挂,皆应以国旗自身面向为准,以右侧为上位(图 6－21)。

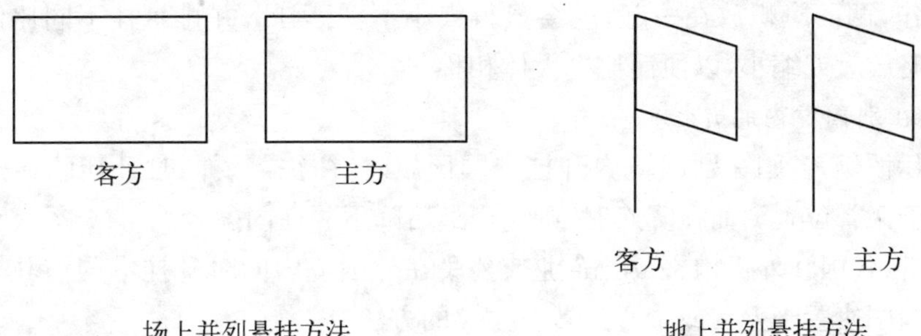

图 6－21

第二是交叉悬挂。在正式场合,中外两国国旗既可以交叉摆放于桌面上,又可以悬空交叉升挂。此时,仍应以国旗自身面向为准,以右侧为上位(图 6－22)。

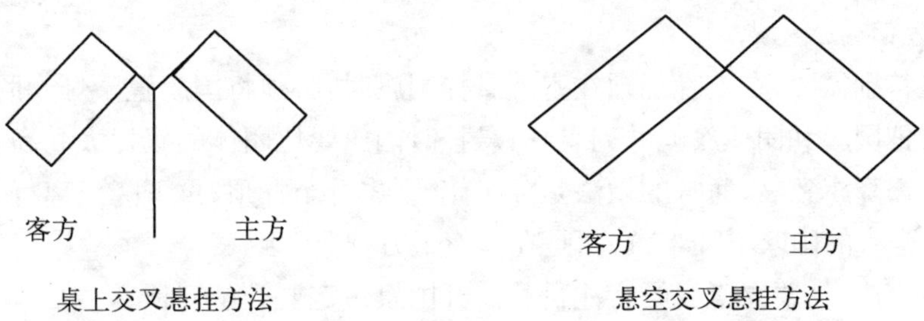

图 6－22

第三是竖式悬挂。有时,中外两国国旗还可以进行竖式悬挂。此刻,也应以国旗自身面向为准,以右侧为上位。竖挂中外两国国旗又有两种具体方式,即或二者皆以正面朝外,或以客方国旗反面朝外而以主方国旗正面朝外(图 6－23)。

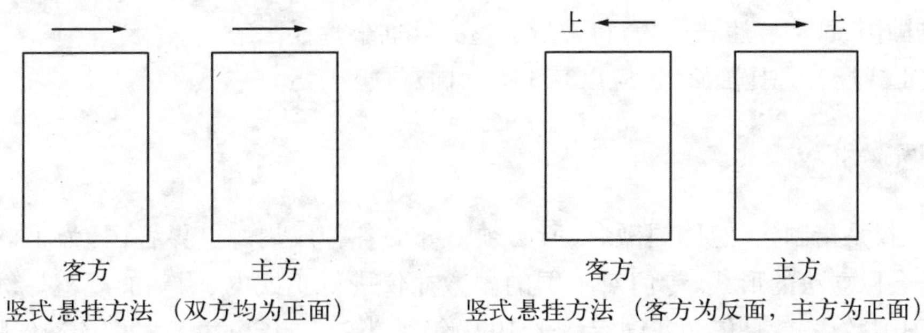

图 6－23

(2) 多国国旗并排升挂

所有的国旗,应以旗身面向为准,自右至左,依次进行排列。一般而言,东道国国旗应当居于最左侧，以示对他国的尊重。不过在举行国际会议时，通常不分宾主，因而无所谓东道国。

当各国国旗并列升挂时，所有旗杆高度应当相等。在同一旗杆上，不得升挂两国或两个以上国家的国旗。同时，还应当使之保持各自的长宽比例，大体上应令其面积相等，以示相互平等。各国国旗图案、式样、颜色、比例均由本国宪法规定，不同国家的国旗如比例不同，同样尺寸制作，两面旗帜放在一起，就会显得大小不一，因此，并排悬挂不同比例的国旗，应将其中一面略放大或缩小，以便使比例大体相称。

4. 国旗在别国境内的升挂

按照国际惯例，各国在别国境内升挂本国国旗时，往往需要同时升挂驻在国国旗，并且应当将其置于荣誉位置。而在降旗时，则应当最后降下驻在国国旗。

具体来讲，各国驻外机构、公司、企业或公民在外国境内同时升挂本国与驻在国国旗时，必须将驻在国国旗置于上首或中心位置。主要的方法有：

(1) 单行排列时，应当使驻在国国旗居前。

(2) 并排排列时，应当使驻在国国旗居右。

(3) 圆形排列时，应当使驻在国国旗居于主席台或主入口处对面的中心位置。

(4) 弧形或从中间向两侧排列时，则应当使驻在国国旗居于中心位置。

5. 其他方面的注意点

(1) 如有特别需要，在夜晚仍须在室外悬挂国旗时，必须将国旗置于灯光照射之下。

(2) 不得把国旗和团体旗帜并列悬挂，悬挂时国旗要比团体的旗帜大和高。

(3) 遇到需降旗致哀，通常的做法是降半旗，既先升至杆顶，再下降至离杆顶相当于杆长1/3的地方。也有的国家不降半旗，而是在国旗上方挂黑纱致哀。

(4) 升降国旗时，要立正脱帽行注目礼。升国旗一定要升至杆顶。

(三) 注意事项

1. 国旗代表一个国家，地位至高无上，因此不允许任意升挂、使用国旗，不得利用其制作广告、商标，不得随意将其使用于私人性质的喜庆、丧葬活动。在正常情况下，破损、污浊、褪色或者不符合标准规格的国旗，一律不得正式升挂。

2. 为了维护本国国旗的尊严，在许多国家里，于公共场合任意焚烧、毁损、涂划、玷污、践踏、辱骂本国国旗，均属违法行为，将被依法追究其刑事责任。

3. 在正式场合升挂国旗，皆应以其正面面向观众。

二、国徽礼仪

国徽礼仪是指制作、使用国徽时，所必须恪守的各种成规。世界各国，为了体现国徽的尊严，通常会以立法的形式，专门对本国的国徽礼仪进行正式的、明确的规范。例如，《中华人民共和国国徽法》就是依照我国宪法于1991年3月2日制定，并于1991年10月1日起正式施行的。

(一) 国徽的使用

为了维护国徽的崇高地位，世界各国对于用国徽的使用范围、使用方法都有一定的严格限制。

1. 本国国徽使用的条件

在涉外活动中,使用本国国徽的图案,亦不得任意行事。根据惯例,只有在下述情况下,本国国徽的图案才准予使用:

第一,国家元首或副元首、政府首脑或副首脑、议会议长或副议长、武装力量最高负责人、最高法院院长、最高检察机关负责人、外交部长、国家或政府特使、驻外使领馆或其他外交代表机构的馆长,以其职务名义,在外交活动中所使用的外交文书、信笺、请柬、贺卡、赠礼卡等。外交部副部长以其职务名义使用的外交文书,亦可如此。

第二,国家元首办事机构、政府、议会、最高法院、最高检察机关、外交部、驻外使领馆以及其他外交代表机构,在外交活动中所使用的外交文书、信笺和信封。

第三,国家元首、政府首脑、议会议长、最高法院院长、最高检察机关负责人、外交部长、国家或政府特使、驻外使领馆或其他外交代表机构的馆长,以其职务名义,在外交活动中所使用的印章。

第四,国家元首办事机构、政府、议会、最高法院、最高检察机构、外交部、驻外使领馆以及其他外交代表机构,在外交活动中所使用的印章。

第五,国家办理签证的机关和签发出入境证件的机关所使用的印章。

第六,边境重镇以及边境重要交通干线等地树立的界碑上。

第七,以国家、政府或者政府部门的名义,对外所缔结的条约、协定,可以加封刻有国徽图案的火漆印。上述条约、协定的批准书、核准书、接受书、加入书、文件夹的封面,则应印有国徽图案。

第八,本国护照和其他具有护照性质的证件,国家办理签证的机关颁发的签证,外交部业务部门为外国使领馆、其他外交代表机构、国际组织办事机构的工作人员和外国新闻机构、工作人员颁发的有关证件,外交信使、领事信使的有关证件和外交邮袋、领事邮袋的封印,驻外使领馆颁发的船舶国籍临时证书等证件,应当印有国徽图案,或是盖带有国徽图案的印章。

第九,国家体育代表团、代表队参加国际体育比赛时,可以按照有关规定,在其人员的服装上使用国徽图案。

2. 外国国徽使用的条件

在正常情况下,世界各国在本国境内,均不允许随意使用外国国徽。即使是在礼宾活动中,外国国徽的使用也十分少见。一般来说,各主权国家大都不会在本国国境之内使用外国国徽。只有在下述三种情况下,外国国徽才会得以使用:

一是,外国使领馆、其他外交代表处。

二是,外国派驻国际组织的代表机构。

三是,外国使领馆、其他外交代表处、派驻国际组织的代表机构的主要负责人的寓邸及其所乘用的交通工具。

(二) 国徽礼仪

1. 了解各国国徽

世界各国的国徽,都有其法定的形状、色彩、文字、图案与尺寸。对于其具体含义,各国也有着专门的解释。在外交活动中，对于本国和外国的国徽，务必都要有所了解，免得在重要的场合里弄巧成拙。

在有些君主制国家里，没有正式的国徽，而是代之以皇徽或王徽。在外交活动中，皇徽或王徽往往与国徽具有相同的功能。例如，在泰国皇徽即国徽，目前，泰国驻外代表机构的建筑上悬挂皇徽，驻外机构所使用的国书、正式照会、公函、请柬上也都绘有皇徽图案。

需要说明的是，不少国家的国徽，往往以动物、植物、神像为主要图案。仅以狮子与雄鹰为国徽核心图案的国家，在世界上便有几十个之多。有鉴于此，在外交活动中，外交人员应当有意识地避免对其说三道四，免得被人误认为指桑骂槐。

2. 国徽的悬挂

(1) 国徽要悬挂在突出而醒目的位置，与此同时，还应当注意，其悬挂之处不应有碍于国徽的尊严。

(2) 国家机关、使领馆和其他外交代表机构，有必要在室外悬挂国徽时，通常应当使之位于机关正门上方的正中之处。

(3) 有必要在室内悬挂国徽时，一般应当使国徽居于正厅面对正门的墙壁上方的正中央。在任何情况下，都不得让国徽偏居一隅，更不允许将国徽置于地面上。

(4) 在印章、界碑等处雕刻国徽时，必须使之居于正中或者正上方的位置。在其他情况下，需要采用国徽时，也应照此办理。只有将国徽置于上述荣誉位置，才是对国徽最好的尊重。

3. 使用国徽的禁忌

使用国徽的主要禁忌有：

第一，不准悬挂破损、污蚀、褪色或不符合规格的国徽。

第二，不得在公共场合故意以焚烧、毁损、涂划、玷污、践踏、辱骂等方式对待国徽。

第三，不许使悬挂国徽有不端不正，出现歪斜、倒悬甚至脱落在地的情况。

第四，不可使正式场合所使用的国徽图案出现明显的残缺、重叠、变形、走样或者含糊不清的情况。

第五，不能在私人性庆祝、丧葬活动或日常生活的陈设布置中使用国徽。

第六，不能在商标、广告或营利性活动中使用国徽。

第七，不能在正式场合随便悬挂外国国徽或使用其图案。

(三) 注意事项

1. 各国对本国国徽均有口径统一的正规化解释，不允许对国徽或外国国徽乱作解释。根据规定：我国国徽“象征中国人民自‘五四’运动以来的新民主主义革命斗争和工人阶级领导的以工农联盟为基础的人民民主专政的新中国的诞生”。

2. 接触印有国徽图案的文书、出版物时，不得对其乱撕、乱丢、乱写、乱画或将其乱用。穿着带有国徽的服装时必须令其干净、端正。

3. 在任何情况下，都不允许侮辱我国国徽及其图案。《中华人民共和国国徽法》明确规定：在公众场合故意以焚烧、毁损、涂划、玷污、践踏等方式侮辱中华人民共和国国徽的，依法追究刑事责任；情节较轻的，参照治安管理处罚条例的处罚规定，由公安机关处以 15 日以下拘留。

4. 涉外交往时，均不能以个人言行有意无意地对外国国徽及其图案加以侮辱。任何焚烧、毁损、涂划、玷污、践踏外国国徽及其图案的行为，不仅是失礼的行为，也会直接破坏中外双方之间的交往，甚至严重损害两国政府之间的关系。

三、国歌礼仪

在国际交往中，国歌在礼仪上和正式的活动中，有着至高无上的、神圣不可侵犯的崇高的地位。如果对一个国家的国歌掉以轻心，甚至有意对其表示不恭、不敬，通常会被理解为是对该国的失敬，或严重的话，可被视为对该国的蓄意挑衅，对该国国家尊严的存心冒犯。

案例 6-8：击剑颁奖礼国歌走调　匈夺金选手奖台上目瞪口呆①

伦敦时间 2012 年 7 月 30 日，男子个人佩剑的比赛落下帷幕，匈牙利选手，此前淘汰中国选手仲满的斯拉奇为匈牙利队获得了宝贵的第一枚金牌。但是在颁奖典礼中却发生了一件尴尬的事情。当时，三位得奖运动员已经站上了领奖台。国旗在他们的目光前方缓缓升起，耳边也响起了“令人熟悉的国歌”。可是事实并没这样发生，现场放出的匈牙利国歌声奇怪而刺耳，有明显的跑调现象，这也让正跟着国歌唱的匈牙利金牌获得者目瞪口呆。只见现场画面中，他目光闪烁，断断续续地跟着国歌低声吟唱，脸上露出怪异的神色，像是对组委会的再一次的失误表示费解和失望。

图 6-24　2012 年伦敦奥运会男子佩剑个人决赛匈牙利选手斯拉奇夺得金牌

颁奖礼本身不仅要表达对一位金牌运动员祝贺与尊敬，也应当对这个运动员所代表的国家的祝贺与尊敬，而颁奖礼上播放的国歌走调，不和谐的声音让典礼失去了光彩，让人对该组织方十分失望，心目中的敬意也大打折扣。

(一) 国歌演奏或演唱的场合

1. 本国国歌的使用场合

世界各国对于演奏和演奏国歌的场合，通常都有着明确的规定。根据惯例，在如下几种场合里一般得演奏或演唱本国国歌：

第一，举行正规的升挂国旗的仪式时。

第二，举行隆重的庆典仪式时。

---

① 《击剑颁奖礼国歌走调　匈夺金选手奖台上目瞪口呆》，中国日报网，http://www.chinadaily.com.cn/micro-reading/dzh/2012-07-31/content_6593428.html。

第三,举行重要的政治性集会。

第四,召开盛大的体育运动会,或者进行重要的体育比赛。

第五,进行重大的外交活动。

第六,情况较为特殊的、需要维护国家尊严与荣誉的场合。

按照常规,在任何一个主权国家的管辖范围之内,都只能演奏或演唱本国的国歌。对于其他国家的国歌,通常都不准随意进行演奏或演唱。未建交国的国歌,更是不准擅自演奏或演唱。

2. 外国国歌的使用场合

根据国际惯例,适用外国国歌的场合:

第一,举行正式的官方外交活动,尤其是举行正式的外交仪式时。

第二,举行重要的国际会议时。

第三,举行形式正统、内容严肃的文艺演出时,特别是举行主题既定的专场演唱会。

第四,举行国际性体育运动会或国际性体育比赛时。

(二) 国歌礼仪

在实际操作中,公关人员既要了解国歌演奏或演唱时的要求,又要检点国歌演奏或演唱时的表现。

1. 了解各国国歌

在一般情况下,许多国家的国歌一经制定,便未曾发生过任何变化。但是,也有一些国家由于政治发生变动,或者发生了这样或那样的变化,从而使本国国歌随之发生了变化,或者出现了不同的版本。在世界上,有一些国家同时拥有两首国歌。此外,还有一些国家共同使用一首相同的国歌。各国国歌通常都有曲有词,然而也有少数国家的国歌仅仅有曲而无词。因此,要尽可能地对其交往对象所在国家的国歌具有一定程度的了解,既可以开阔眼界,增长知识,又可以更为充分地、更加合乎礼仪地向对方表示己方的友好与善意,以免因误用国歌而出现的尴尬场面。

2. 演唱或演奏本国国歌时的礼仪

国歌的演唱,就一般状况而论,各国国歌只适合在本国境内演唱,而且只适合在正式场合演唱。演唱国歌时,每一个人都必须认真对待,确保演唱的正确。

众人齐唱国歌时,还必须力求节奏适当,与大家保持一致。吐字清楚,声调高亢,节奏适中,演唱准确。不准在唱国歌时含糊不清、丢三落四,或者自由发挥、随口乱唱。不许在唱国歌时击节、鼓掌、跺脚、狂叫、拖腔、改变节奏或歌词,或者怪声怪气、摇头晃脑、手舞足蹈。

每当在正式场合演奏或演唱本国国歌时,在场的全体本国公民均须起身肃立,除身体欠佳者之外,任何人都不得或坐或卧。肃立之时,一般人还须脱下帽子,摘下太阳镜等物。神态要庄重,立姿要端正,双眼要目视正前方,且要聚精会神。若须同时升挂国旗,还应向国旗行注目礼。不允许此刻瞻前顾后,左顾右盼。国歌旋律响起的时候,要么认真聆听国歌庄严的旋律,要么一丝不苟地轻声应和,要么认真地放声高唱国歌。

3. 演奏或演唱外国国歌时

本着相互尊重的原则,在演奏或演唱外国国歌时,一般的要求是应当起身肃立,但通常不要求对外国国歌随声附和。

(三) 注意事项

按照国际惯例,在各类非正式场合特别是娱乐消遣场合和其他一切不够严肃的场合,均不得演奏、演唱本国国歌或外国国歌。

在世界各国,国歌的曲调、配器、歌词均有一系列严格的规定。在演奏或演唱国歌时,任何人均不得擅自对其进行变动、更改。不准许为国歌乱改乐曲,不准许为国歌乱配歌词,更不准许以戏谑、玩乐的方式在公共场合演奏、演唱本国国歌或外国国歌。

★★★★★ 本章小结 ★★★★★

本章通过对国际交往的礼仪通则、涉外接待礼仪的基本规范、会见会谈的礼仪程序、对外标识的运用等方面的阐述,较全面地介绍了公关人员在国际交往中的礼仪常识,以能更好地帮助公共关系从业人员在处理涉外事务时处处遵守礼仪规范。所谓"外事无小事,事事是大事",每一名公关涉外人员在参与国际交往的过程中,都应该树立起基本的责任心,在遵守国际交往基本原则的基础上,尽心竭力地把涉外工作做好。

★★★★★ 章末思考题 ★★★★★

1. 简述礼宾次序几种排列方法。
2. 简述日常涉外迎送的基本程序。
3. 会见的座位安排应注意哪些?
4. 国旗有哪几种悬挂方法?

★★★★★ 案例分析 ★★★★★

2009 年 16 日下午奥巴马一行乘"空军一号"专机从上海飞抵北京。国家副主席习近平前往机场迎接。一名中国女孩向奥巴马献花。前来机场迎接的还有外交部长杨洁篪、中国驻美国大使周文重等官员。奥巴马主要随行人员美国驻华大使洪博培、国务卿希拉里·克林顿、常驻联合国代表苏珊·赖斯、总统国家安全事务助理詹姆斯·琼斯等同时抵达。

17 日胡锦涛主席主持欢迎仪式。因正值北京冬季,欢迎仪式按例在室内举行。北大厅正中摆放着检阅台,检阅台前左右分列五星红旗和星条旗。鲜红的地毯一侧设有记者席,早上 8 点多就被来自世界各国的一百多名记者占领。

9 点 40 分,中国人民解放军军乐团和仪仗队步伐整齐地走进北大厅,肃立就位。检阅台正对面,北京奥运会时首次亮相的长城苏绣图徐徐合拢。一直热闹喧腾的记者席渐渐安静下来。记者们纷纷起立,长短镜头一齐对准北大厅入口处。

5 分钟后,出席欢迎仪式的中美双方官员走进北大厅。商务部长骆家辉和能源部长朱棣文两位美国华裔部长来得最早。他们与陆续走来的中国国务委员戴秉国、外交部长杨洁篪、商务部长陈德铭等中国官员一一热情握手寒暄。

9 点 50 分许,胡锦涛和奥巴马出现在大家面前,两人在入口处握手合影后很快走进北大厅，摄影记者的快门声顿时响成一片。胡锦涛和奥巴马都选择了深色西装和红色领带。

在与出席欢迎仪式的对方官员礼节性握手后，两国元首共同走上检阅台。中美两国国歌响起。当军乐团奏响美国国歌时，奥巴马抬起右手轻轻按在心口处。随后，仪仗队队长正步走到检阅台前，向奥巴马报告："总统先生，中国人民解放军仪仗队列队完毕，请您检阅！"之后，在胡锦涛主席的陪同下，奥巴马走下检阅台，踏上红地毯检阅了中国人民解放军仪仗队。

欢迎仪式大约进行了 10 分钟。之后，胡锦涛与奥巴马先后举行小范围和大范围会谈。预计约 2 小时的会谈结束后，胡锦涛将和奥巴马在人民大会堂西大厅共同会见来自中美以及世界各国的四百多名记者。

17 日下午，奥巴马与全国人大常委会委员长吴邦国举行会见。当晚，胡锦涛主席在人民大会堂金色大厅摆下别具一格的盛大国宴，欢迎奥巴马的到来。

此外，奥巴马 17 日下午还"忙中偷闲"，花一个多小时去领略北京故宫的博大精深与恢宏壮观。

案例思考题：

在上述案例中，体现了公关涉外礼仪的哪些知识？

第七章
公关语言礼仪

学习目标

- 了解公关语言礼仪的基本概念、作用和类型；
- 掌握公关口头语言的基本要求，运用合理的口头语言礼仪加强人际交往；
- 熟悉公关体态语言礼仪，掌握人际交往中正确使用体态语言的方法技巧；
- 了解标识语言礼仪的相关内容。

开篇实例

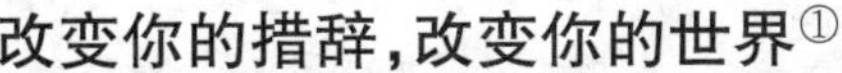

改变你的措辞，改变你的世界①

图7-1 视频《改变你的措辞，改变你的世界》原文 Change your words, change your world

这是一段网上广为流传的视频，画面中是一位盲人乞丐坐在一栋大楼前乞讨，乞讨铁罐旁上面用英文写着“我是一个盲人，求大家帮助(原文：I’M BLIND. PLEASE HELP)”，附近有人在喝咖啡、抽烟、闲谈聊天，还有行色匆匆的行人从他身边经过，视而不见，只是偶有行人驻足往铁罐中扔上一个硬币。此时，有一位身着黑色套装、脚蹬高跟鞋、戴着墨镜的女士经过了此处，但这位女士忽然回转身来走向盲人乞丐，她并不是给他硬币，而是拿起了那张写有“我是一个盲人，求大家帮助”的硬板纸，翻到背面，拿出一支笔，在上面疾书起来，然后放回原处，转身离开。当这位女士在写字的时候，盲人乞丐感觉到前面有人，于是他摸着她的脚，知道是一位女士在帮他做些什么。过了没多久，盲人乞丐前面的地摊上硬币不断在增加，因为每一位过往的人都在这位盲人乞丐面前放上一枚硬币，硬币越来越多了……此时，这位女士又回到此处，乞丐摸了她的脚，知道是她，便问：“这是怎么回事？你做了什么啊？”女士回答：“我没有做什么，只是改变了你的措辞。”视频上显示“多么美好的一天，可是我却看不见。(原文：IT’S A BEAUTIFUL DAY AND I CAN’T SEE IT.)”乞丐说：“噢，谢谢！”

案例中那位女士用的语言是多么的奇妙，它反映了人们内心至深至柔的一面，激发了人们内心的恻隐之心，启发了人们的良知。正如俗语所说，良言一句三冬暖。措辞稍作改变，世界完全不同，原来乞丐少人理睬，而措辞改变了，关心乞丐的人骤增起来，这就是语言的魅

① *Change your words, change your world*，优酷网，http：//v. youku. com/v _ show/id _ XNTExNjQ1Nzky. html。

力。看似语言并不复杂，也没有太多的修饰，然而它却传递了人们内心的善意，这就是语言的礼仪。

公关语言是语言在公关实务中的具体运用，它在公关活动中具有沟通组织与公众之间的信息交流、协调组织与公众的关系，并且帮助组织树立良好形象，提高其知名度、美誉度、忠诚度的功能。公关语言礼仪是公关礼仪的重要组成部分，学会礼貌用语，发挥语言特殊的魅力，可使组织塑造形象的工作事半功倍，反之，则是事倍功半，甚至损害组织的公关形象。

第一节　公关语言礼仪概述

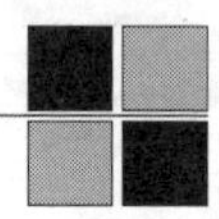

语言是一种特殊的社会现象，是人类最重要的交际工具和思维工具。语言学家对语言所下定义是：语言是一种声音与意义相结合的符号系统[①]。公关语言是20世纪80年代后期随着公关和公关语言研究热而出现的一个属于实用语言学领域的概念。那什么是公关语言呢？

一、公关语言的含义

公关语言是从公关实践出发，组织向公众表情达意所发布的各类信息，其中包含了公关有声语言、书面语言、体态语言与组织的标识语言。因此，公关语言是指社会组织在进行公关活动时，为实现确定的公关目标，在向公众传递公关信息过程中，所运用的有意义的、承载有公关信息的语言。

二、公关语言礼仪的含义及特征

公关语言礼仪作为公关礼仪的重要组成部分，是指组织成员或公关人员在从事公关活动，与公众进行沟通、协调、适应，树立良好形象时所要遵循的与各种形式语言相关的礼仪规范。公关语言礼仪侧重组织与公众沟通过程中的言语表达，包括有声语言礼仪、无声的书面语言礼仪、体态语言礼仪以及组织的标识语言礼仪。

公关语言礼仪是在公关活动中产生的现象，它除了具有一般语言礼仪的特点，也具有其公共关系的特殊性：

(一) 公关语言礼仪的功用性

公关语言礼仪具有明确的功能性和实用性，首先是因为公共关系的最终目的是树立组织美好形象，求得组织更好的发展，因而公关语言不同于日常交际语言和一般生活语言朴实的特点。公关语言礼仪的功用性表现在公关语言礼仪对于建立、维持和巩固组织与公众的良好合作关系具有重要作用。

---

① 黎运汉主编：《公关语言学》，暨南大学出版社2004年版，第5页。

公关语言礼仪自身的体系结构也体现了公关语言礼仪的实用性。公关交际活动中的语言礼仪如商务活动语言礼仪、组织内部与外部专题活动中的语言礼仪等，都是直接为公关活动目标服务的。公关体态语言、标识性语言的运用也是如此，公关人员的表情、手势、站姿还有公关活动中标识的运用，都要与具体的公关活动需要结合起来，体现了公关语言礼仪鲜明的功用性。

(二) 公关语言礼仪的礼节性

礼节指的是在日常生活中，特别是在人与人交往时的礼仪规范，是礼貌在语言行为、仪表等方面的具体规定。公关语言礼仪的礼节性通过各种语言表达的态度、内容与形式而体现出来。

俄国杰出的哲学家、作家赫尔岑曾经说过："生活中最重要的是有礼貌，它比最高的智慧，比一切学识都重要。"公关以协调、沟通组织与公众关系为职责，公关活动中的文明礼节显得尤为重要。公关语言礼仪就体现了公共关系的这一要求，具有鲜明的礼节性。公关语言礼仪的文明礼节性特点首先可以通过公关语言表达中的"真"与"诚"而表现，"真"指发出的信息要真实可靠，"诚"指公关语言表达、表现的态度要诚恳诚心；其次，注重谦虚的语言表述也是公关语言礼仪的文明礼貌性的重要体现。

公众利益意识是最重要的公关意识，组织或公关人员的任何言行都必须要首先考虑到公众的愿望和利益，以及该言行的社会影响。为了争取公众的理解、同情和支持，与之进行积极有效的合作，组织成员或公关人员在运用公关语言时，必须展现充分的礼节性。

(三) 公关语言礼仪的规范性

公关活动中的语言运用，归根结底是为了塑造良好的组织形象，推动活动目标的实现。在信息传播过程中，公关人员语言表达方面的词不达意、错别字、句子不通顺，体姿展示方面的无意或误用而形成歧视、不友好甚至是侮辱性等，不仅会影响到信息传播效果的好坏，损坏组织形象，影响公关目标的实现，处理不当还会引起更恶劣的后果与纠纷。因此，对公共关系活动中的语言礼仪也具有一些规范性的要求。广义来说，公关语言礼仪的规范性是指公共关系语言礼仪在具体的运用过程中要遵守法律法规，遵循国际、国内公认的语音、词汇、语法标准，此外，公关语言礼仪还必须符合各国各族的风俗习惯、语用习惯和体态语标准、标识语标准。具体来说，主要表现在：

1. 遵循语言规范。这既是语言准确运用的需要和保证，同时也是规避语言运用上的错误和因这种错误而造成组织形象受损的一种必需的手段。

2. 注重语言运用的针对性。在具体的语境和情境中，要针对不同环境、氛围、对象、时机，选择相适切的语言表达形式、体态展现方式和标识等。

3. 选择合适的语体风格。公关用语必须通俗中不失典雅，平易却又生动。这一规范是由公关交际领域和公关人员角色身份的特殊性所决定的。

(四) 公关语言礼仪的情感性

情感是人类言语表达不可缺少的功能要素，在公关语言表达上，感情这种因素体现地更为明显。公关语言礼仪的情感性，首先是指公关语言的运用过程中应当注重情感体验，以情动人，达到组织与公众的心理共鸣。除了抒发个人情感，公关语言的情感性还体现为公关语言蕴含着社会组织及个人所传达的平等、公正、尊重、真诚等情感信息。例如：在公园里，通

常可以看到两种不同类型的宣传标语:

"严禁践踏草坪!""严禁折枝,违者罚款!"

"小草给我一片绿,我给小草一份爱。""一草一木皆生命,一枝一叶总关情。"

以上两种宣传语,虽然表达的意思相同,但是采用了不同的表达措辞和语气,使得达到的效果迥然不同。第一类显然是一种命令、硬性规定的警告语,显得冷冰冰、不近人情,疏远甚至隔绝了组织与公众的关系。而第二类充满了温情的话语,容易打动人,激发了公众对草坪的怜惜、爱护之情。

"通情"才能"达理",融情动心、以情取胜是公关实践活动的重要语言策略。但需要注意的是,公关语言礼仪中,情感的成分必须把握"适度"原则,情感色彩过多或者过少,都会对信息传播带来负面影响。

三、公关语言礼仪的表现形式

一般说来,语言具有口头语言、书面语言、体态语言等不同的表现形式,公关语言作为语言的一种特殊形式,也具有不同的表现方式。根据常用的语言形式,结合公关活动的实际情况,公共关系语言可以分为公关口头语言、公关书面语言、公关体态语言和公关标识性语言,以下将会按照这一逻辑顺序针对不同形式的公关语言礼仪展开详细叙述。其中,由于公共关系书面语言在公关交往中具有特别的地位,故将公关书面语言礼仪(公关文书礼仪)于下一章具体论述。

第二节 公关口头语言礼仪

公关口头语言,简称"口语",即有声语言,是一种自然语言。"口语"是公关语言最基本的表现形式,口头语言的运用能力,往往最鲜明地体现了一个人的文化修养、思维方式、实践能力和社会阅历,是一个人综合素质的体现,在公关活动中,也是个人公关能力的集中表现。公关口头语言的礼仪则是在公关口头交流时应注意的礼仪规范。

一、公关口头语言概述

公关活动离不开口头语言,公关口头语言贯穿于公关活动的全过程,时时都有,处处都在。无论是和内部员工及领导的交流,还是与顾客、大众、新闻媒体、政府机构的沟通,甚至和竞争对手的交往,都离不开口头语言,公关口头语言礼仪具有重要意义。

(一) 公关口头语言运用的影响因素

1. 文化背景

语言是文化的一部分,所以公关语言的使用也反映了背后的深刻的文化背景。不同国家和地区的文化内容、日常生活习惯、民族风俗、宗教信仰等都会影响公关口头语言的选择、使用和理解。

案例7-1：老外学中文

有一位外国友人苦学汉语，到中国参加汉语考试，试题如下：

题目：请解释下文中每个“意思”的意思：

阿呆给朋友送礼物时，两人的对话颇有意思。

朋友：“你这是什么意思?”

阿呆：“没什么意思，意思意思。”

朋友：“你这就不够意思了。”

阿呆：“小意思，小意思。”

朋友：“你这人真有意思。”

阿呆：“其实也没有别的意思。”

朋友：“那我就不好意思了。”

阿呆：“是我不好意思。”

朋友：老外泪流满面，交白卷回国了……

这则小笑话就表现了同样的一句话、一个词，在不同国家的文化背景中可能也具有不同的含义。例如在中国，熟人见面，开口就是一句亲切的“吃了吗?”这样单纯的问候，与内容无关，相当于“你好啊”的意思。而在面对外国人时，如果这样交流，恰好外国友人又不明白中国这句问候语的真正含义时，他可能会认为你有请他吃饭的打算，那么，无论他是“笑纳”还是拒绝，都会使你处于尴尬的境地。另外，在与外国人交往时，也不宜询问对方的年龄、家庭住址、收入等比较私人的问题。

中西方不同的文化思想学说也造就了不同的口头礼仪用语。在西方社会，由于妇女解放运动开展的较早、发展地较为成熟，尽管女性在社会竞争中仍处于相对弱势的地位，但是至少在礼节上，妇女是受到优待的。在公开的场合，开场白总是会先称呼“女士们”，接着才是“先生们”，出入电梯和上下车时，也总是女士优先，在公开场合对女士表现尊重是绅士应当具有的品格。

中国文化讲究“中庸之道”，以谦虚、贬抑自己为美德，而西方文化追求“竞争”，认为过于谦虚便是虚伪。这一点体现在送礼文化方面，也有不同的语言应用结果。在中国，不管多贵重的礼物，送礼者也会说是“一点薄礼，不成敬意”，而收礼者也会在再三推让后勉强收下，并且不会当面打开，这是为了避免万一自己不喜欢对方所送礼物时的尴尬，也是为了表示自己看重的是对方送礼的心意，而不是所送的礼品。但是在国外，西方人在接受礼物后则会当面打开表示惊喜并道谢：“啊，我很喜欢，谢谢你!”

2. 思维方式

语言反映思维，是表达思维的工具，而思维又在某种程度上决定一个人的语言表达和语言礼仪。总之，思想的深度决定语言的力度，思维与语言互相影响。

从思维决定语言的方面来看，一个思维混乱的人，说出来的话必然也是杂乱无章、令人费解的；而一个思维缜密的人所表达的内容则往往条理清晰、逻辑性强，容易让人理解。

而从相反方面来看，语言也同样反映了一个人的思维方式，并且经过锻炼还可以影响人的思维。如心理学上著名的皮格马利翁效应就是佐证。由此可知，公关人员和组织可以运用语言去影响公众的思维方式和思考重心，从而处理好内外部的各种关系。

3. 心理因素

根据公元前五世纪古希腊医生希波克拉底的看法，人体内有四种体液，每种体液所占比例的高低决定了人可以分为四种不同的气质类型：多血质、胆汁质、粘液质和抑郁质，不同的人具有不同的语言交流特点。例如多血质、胆汁质的人语音高、精力旺盛、语速快、决断力强，而属于粘液质的人说话会显得犹豫不定，具有抑郁质的人语言表达时倾向于表现得多疑、敏感。也就是说，语言可以反映说话人的性格。例如，性格冲动的人，讲话比较直接、说话也比较冲动；而性格优柔寡断的人说话则倾向于犹豫不决、吞吞吐吐；性格外向的人，说话速度较快且话题变换不定；慢性子的人说话速度慢而且发音清晰；胆小的人，说话发音低，唯唯诺诺，显得谨小慎微。

同样，语言还可以反映说话人当下的心理状况。比如：气愤时人们会不自觉地提高音量、加快语速，更清晰地发音吐字或直接以沉默应对；在紧张、焦虑不安的时候，人们使用无意义的词语的次数会增多，语无伦次、重复的现象也会增多，语速还会加快；在向别人倾诉内心的不满时，许多人也会降低语速并且表现得欲言又止。

公关人员应该培养自己的外向型性格，做到热情、真诚、友好、尊重他人、平等、宽容等，并且要适时调适自己的心理，保持良好的心理状态，这样才能有利于公关目标的实现。

4. 其他因素

其他因素主要包括时间、地点、场合、对象、上下文等。

(1) 时间因素

语言表达受时间因素的影响，时间因素主要包括时代特征和具体时机的把握。公关人员和组织要注意与时俱进，所表达的内容要切合当下时事，提高交流的时效性。同时，还需要把握好什么时候说什么话、该怎么说的时机，这也是需要经过实践锻炼而提高的。

(2) 地点与场合

地点和场合也是对公关语言具有影响的因素。地点主要是指言语交际时所处的地理位置和周围环境的特点。比如在自己家里谈话时，人们就容易处于放松状态，谈话时也更具主动性。而场合不仅仅是指地理位置，还含有特定时间在特定空间举办的事宜等含义。公关人员在交际时一定要注意场合和气氛，不同的场合要注意说话内容、措辞和方式，例如在喜庆场合要避免提及不吉利的话题。

案例 7－2：说话要看场合

鲁迅先生有一篇散文《立论》，非常生动地揭示了说话应注意场合："一家人家生了一个男孩子，合家高兴透顶了。满月的时候，抱出来给客人看——自然是想讨点好兆头。一个人说：'这孩子将来要发财的。'他于是得到一番感谢。一个人说：'这孩子将来要做官的。'他于是收到几句恭维。一个人说：'这孩子将来是要死的。'他于是得到一顿大家合力的痛打"。

这篇故事性散文里，孩子满月是喜事，主人这时愿意听赞美之词，尽管言过其实；而说孩子将来必死虽是有据之言，却使主人反感。因而在轻松的场合言语也要轻松，在热烈的场合言语也要热烈，在清冷的场合言语也要清冷，在悲哀的场合语言也要忧伤。一句话概括就是：说话要看场合，到什么山唱什么歌。

(3) 交往对象

公关人员在公关活动中必须要对交往对象或公关语言使用对象有一定的了解，比如年龄、性别、职业、性格、文化程度等方面，从而有针对性地展开交流。

(4) 上下文

上下文指的是谈话者应保持内容前后一致，这是对公关交流的最基本的要求。此外，公关人员还要注意自己的情绪起伏，调整好状态进入公关语言交往活动。

(二) 公关语言礼仪的功能

公关语言的使用不仅存在科学化问题，还具有艺术性，科学而有艺术地使用公关语言，就是合宜的公关语言礼仪。公关语言礼仪就是要借助于社交传播中的语言符号来达到良好交际的目的。

中国自古以来就对语言礼仪问题极为重视，《周易·系辞》中就认为“言行，君子之枢机。枢机之发，荣辱之主也。言行，君子之所以动天地也，可不慎乎！”因此主张将“慎言”作为一个人处身立世的根基。荀子也说：“故与人善言，暖于布帛；伤人之言，深于矛戟。故薄薄之地，不得履之，非地不安也，危足无所履者，凡在言也。”所以在日常生活，尤其是公关交往中一定要注重公关口头语言的正确合理使用。公关口头语言礼仪的功能主要有：

1. 畅通信息传播

在公关活动中，口头语言交际具有基本的信息沟通的作用，是公关交往中各种活动开展的基石。

2. 和谐人际关系

公关口头语言礼仪运用得当，就能以愉悦的方式让交往对象获得精神上、心理上的舒适，缩短彼此之间的距离，从而使人际关系达到和谐。由于各人所处地位、所拥有的资源、所具有的性格习惯的差异，所以社会交往中矛盾在所难免。而良好的公关口头语言艺术可以帮助解决或缓解这些问题，调整人际关系。

知识链接 7-1：用语言营造气氛①

日本人说话离不开“谢谢”。据统计，一个在百货公司工作的日本员工，一天平均要说571次“谢谢”，否则就不是一个好的职员。经验表明，人们都愿意光顾洋溢着亲切和尊重气氛的商店。

英国人最常用的词汇是“对不起”。凡事稍有打扰，便先说声“对不起”。警察对违章司机进行处理时，先要说声“对不起”；两车相撞时，相互说声“对不起”。在这样的气氛中，双方的自尊心都得到了满足。

---

① 陶应虎主编：《公共关系原理与实务》，清华大学出版社2010年版，第366页。

中国人爱用的敬语，如表示尊敬之意可用：请问、敢问、借问、动问、请教、指教、见教、赐教等；打扰他人时可用：打扰、劳驾、相扰、劳神、费心、烦劳、辛苦、费神、为难等。

3. 改变他人态度

任何想要加强人际关系、改善交往氛围的人，都会遇到改变他人态度的问题，说服别人并不是一件容易的事情。注重公关口头语言能力的培养，提升自己的公关口头语言修养，可以帮助自己缩短与对方的“观点距离”。语言礼仪运用得好，例如在说服、劝说时，表现对他人的理解与尊重，将有助于达到好的效果。

4. 塑造组织形象

公关活动一般而言总要借助于语言，一个组织要树立良好的形象，不能不特别注意语言的运用，特别是面临不利于组织发展的舆论时，如何通过公关活动来挽救、改善形象，其中关键的一条就是发挥公关口头语言的作用。同样，对于公关从业人员来说，语言是一种力量，优秀的口语表达能力是树立良好形象、提高威信从而获得成功的重要工具。

(三) 公关口头语言礼仪的运用原则

公关口头语言礼仪运用时应遵循的原则：

1. 真诚原则

早在两千多年前的《易经》中就有了“修辞立其诚”的说法，意思就是“立言重在诚”，可见，“真诚”作为语言运用的基本原则，在我国是早已确立的。现在常说的“言为心声”，也表明了语言使用的“诚”是内心真诚的表现。对于公关口头语言来说，“真诚”尤其有着特殊而重要的意义。

真诚，即真实可靠。公关活动中的语言交谈时，具体要注意：

(1) 内容要“真”。即公共关系语言传递信息内容的真实性，它要求社会组织如实地向公众传递真实而准确可靠的消息。只要是涉及公众利益的信息，无论是好的还是不好的，都应该如实相告，既不因为好而添枝加叶，也不因为坏而遮遮掩掩。

(2) 态度要“诚”。不论是什么形式的公共关系活动，以诚待人至关重要。“精诚所至，金石为开”，只有诚的语言才能打动公众、感召公众，赢得公众的信任和支持，而这些正是一个社会组织确立形象和信誉的基础。所以说，真诚的公关语言能有效地促进公关目标的最终实现。

案例 7-3：您认错人了①

某大公司招聘总经理助理，由总经理亲自面试。应聘者小钱来到总经理办公室。总经理一见到小钱就说：“咱们好像在一次研讨会上见过，我还读过你发表的文章，很赞赏你所提出的关于拓展市场的观点。”小钱一愣，知道总经理认错人了。但转念一想，既然总经理对那人那么有好感，不如将错就错，对我肯定有好处。于是就接着总经理的话说：“对，对。我对那次研讨会也记忆犹新，我提出的观点能对贵公司有帮助，我感到很高兴。”

第二个来应聘的是小高，总经理对他说了同样的话。小高想：真是天助我也，他认错人了。于是说：“我对您也非常敬佩，您在那次研讨会上是最受关注的对象。”

---

① 周霄，穆容主编：《新编实用礼仪教程》，清华大学出版社 2008 年版，第 248 页。

第三个来应聘的是小孙。总经理再次说了同样的话。但小孙一听就站起来说:“总经理先生,对不起,您认错人了。我从来没有参加过那样的研讨会,也没有提出过拓展市场的观点。”总经理一听就笑了,说:“小伙子,请坐下。我要招聘的就是你这样的人。你被录用了。”

真诚是礼仪的核心,是个人或者组织展开公关交往的首要原则,各种礼仪的技巧都无法与真诚相媲美。

2. 理智原则

面对复杂、严肃且有着特定目的的公关活动,组织成员或公关人员需要理智地运用公关语言,以避免消极的后果,达成公关活动的目标。简单地说,公关口头语言的理智原则是指使用公关语言时要有很强的理性控制,不能任性而言、信口开河、肆意发泄。具体来说,应当遵守如下的要求:

(1) 围绕公关活动的总目标,科学、审慎地明确运用公关语言希望达到的具体目的。

(2) 针对不同的对象和目标,慎重选择话题,严格控制交谈内容,理智地选择和维持、转变公关交谈内容。不谈涉及他人隐私和过错的内容,不谈有损于国家、政府和本组织利益及形象的内容,不谈容易激怒对方或令人不愉快的内容。

(3) 要理性地采用恰当的词语、句型、语气,采用理智的策略和方式来引导对方与自己交谈,灵活控制口头语言运用的整个过程。

(4) 如果在公关过程中发生令人不快的突发情况,作为优秀的公关人员,需要理性地运用公关口头语言来化解、挽回僵局,促进公关活动顺利地完成。

3. 得体原则

语言运用要讲究得体。公关语言运用,关系到组织的声誉、形象和公关目标能否实现,所以尤其要讲究得体。

得体原则,即语言要恰如其分,强调公关语言的运用要适度,把握好用语的分寸,巧妙地处理语言运用中的主客、褒贬、直曲、多少等辩证关系,同时还要适应对象与场合。

首先,要明确公关活动的目标,树立说得体话的意识。

其次,在向别人介绍事实、情况、问题时,要尽力表现出客观、准确、恰如其分,真正博得他人信服,不要随意加入自己的主观色彩。

再次,在与他人对话时,要以客为尊,多谈大家,少谈自己,多肯定对方,少进行否定。肯定对方时多从主观努力和才干上谈,谈及对方的缺点、不足时要懂得适可而止,并且要含蓄委婉,不要直截了当地揭对方伤疤。

4. 适合原则

适合指的是在运用公关口头语言时,要适应对象、场合、氛围、时机、相互之间关系状况等。

适合公关对象是其中最重要的一点,公关人员为了达成公关目标,需要认真研究并掌握公关对象的性别、年龄、职业、社会地位、性格、阅历、兴趣爱好、语言接受和理解能力乃至禁忌等,以便更好地与之进行语言交流。

适合场合与氛围主要是指所谈论的内容要切合所处的场景。例如,在开放的场合就不该谈论有一定保密要求或只有在封闭场合才能谈论的话题和内容;在舞会、宴会等轻松的场合就不适宜谈论严肃的谈判、会议等场合才谈论的内容。具体的要领就是要在有相关人员在场的情况下谈论相关的问题，这样才是恰当的。

此外，比较重要的就是要把握好谈论问题的时机。

5. 亲切原则

亲切原则就是要站在对方的立场和角度上多思考，营造亲切温馨的谈话环境，并且要平易近人，便于理解。

首先，尽可能选择、布置一个温馨的语言传播环境，例如布置背景和鲜花、摆饰等。还要考虑音响、灯光、色彩、座次等。

其次，要注意口头语言与非口头语言的配合，恰当地运用亲切的姿势使对方放松和信服。

最后，要以一种平等待人、不卑不亢、温文尔雅的态度与对方交流，同时要选择通俗易懂、便于拉近双方距离的言辞来表达自己的想法。

6. 简洁原则

事以简为上，话以简为当。所谓公关口头语言的间接性，通俗地说就是"讲短话"，言简意赅的话语是深刻思想与精炼语言有机结合的产物。公关交际中，简洁明了的语言表达体现了一个人的修养与水平，要做到"长话短说"，关键在于加强学习，提高自身的综合素质，同时，公关人员还要在开展公关语言交往前对所交流话题做广泛涉猎和深入研究。

案例 7-4：说话简短的邓小平[①]

表达简洁，是一门高超的语言艺术。世纪伟人邓小平就是这方面的高手，他从不喜欢滔滔不绝地高谈阔论，简洁的语言却蕴含着丰富的内容。

邓小平之女邓榕曾问他："长征的时候你都干了些什么工作？"邓小平回答就三个字："跟着走。"又问，在太行山时期都做了哪些事时，邓小平回答两个字："吃苦。"长征时，邓小平并不是党和军队的核心领导，但他响应党的号召，支持长征的正确路线。跟着走，既表明了他的身份，又表明了他当时的鲜明态度。在太行山时期，深入敌后，创立革命根据地，条件十分艰苦，而刘邓大军则克服一切困难，取得了一个又一个胜利。"吃苦"既说出了当时条件的恶劣，又表现了邓小平的乐观精神。

二、交谈礼仪

语言是交谈的主要工具，在组织的公关活动中，交谈中的语言运用非常重要，比如话题的选择、交谈的内容等，都必须遵守公关礼仪规范。

(一) 话题与礼仪

1. 选择和引入话题

在公关活动中，交谈的话题有着重要的地位和作用，交谈时要注意维护整体氛围，围绕中心议题展开。而话题的选择和引入也具有一些礼仪和注意事项。

---

① 刘华：《邓小平十一个字回答五个问题》，《演讲与口才》2013 年第 2 期，第 19 页。

(1) 选择合宜的话题。根据场合、氛围和对象选择合适的话题，避免忌讳的话题。同时，还要注意言之有物。交谈不仅要根据公关实务活动的宗旨和目标，紧扣中心主题，而且要有的放矢，切忌不着边际的漫谈。

知识链接 7－2：五种适宜的话题

既定的主题：公关活动双方约定的主题，如求人帮助、征求意见、传递信息、讨论问题、研究工作等。

高雅的主题：内容文明、格调高雅的话题，如哲学、历史、地理、艺术、建筑。忌讳不懂装懂。

轻松的主题：让人不容易感到疲劳的主题，如休闲娱乐、旅游观光、名胜古迹、风土人情、电影、电视、体育比赛、天气状况等。

时尚的主题：流行的、大家都关注的话题，如住房改革、股市动荡、汽车降价、教育改革等。

对方擅长的话题：选择一些对方擅长的领域展开讨论，给对方展示的机会，体现了对他人的尊重。

知识链接 7－3：交谈中忌讳的话题①

在交谈中，还要注意避开一些忌讳的话题：

忌谈与疾病、死亡有关的话题；

忌谈容易引起争议的话题；

忌谈涉及别人隐私的话题；

忌谈评价、议论他人的话题。若双方是初次交往，则有关对方年龄、收入、家庭、婚恋、经历和健康状况这一类涉及个人隐私的话题，不宜加以谈论。

受文化背景影响，不同国家的人在交往时也有一些避讳交谈的话题。澳大利亚人忌谈本国土著人与现代社会的关系以及宗教、个人隐私等敏感话题。英国人忌谈个人年龄、职业、婚姻、收入和宗教问题，还忌以英国皇室的家事作为谈话内容。另外，死亡、疾病等问题基本是所有国家和地区的人们所忌讳的话题。

(2) 保持轻松自然。交谈时不要过分拘谨，应当轻松对待，营造民主平等的氛围，自然引入话题。例如可以从当前的事物，如双方都看到、感受到的事物谈起，也可以从对对方仪表的某一细节谈起，或者从当下社会时事谈起，自由联想开来，还可以在谈话内容中加入个人的生活经验，这样，不仅使话题真切生动，同时也更好地拉近了二者的距离。

案例 7－5：服务生妙答梁实秋②

有一次，梁实秋的幼女文蔷自美返台探望父亲，他们便邀请了几位亲友，到某地“鱼家

---

① 张荷英：《人际关系与公共礼仪》，首都经济贸易大学出版社 2012 年版，第 269 页。

② 周霄，穆容主编：《新编实用礼仪教程》，清华大学出版社 2008 年版，第 81 页。

庄"饭店欢宴。酒菜齐全,唯独白米饭久等不来,经一催二催之后,仍不见白米饭踪影。梁实秋无奈,待服务小姐入室上菜之际,戏问:"怎么饭还不来,是不是稻子还没收割?"服务小姐见状答道:"还没插秧呢!"本是一个不愉快的场面,经服务小姐这一妙答,举座大乐。

(3) 善用幽默。幽默是交谈中实现情感沟通、营造良好气氛的催化剂,又是个人智慧、爱心和灵感的结晶。在引入主题时,多用幽默可以帮助众人在轻松愉快的情绪下进入主题,还能增加语言的感染力,从而增强对公众的吸引力。英国小说家萨克雷曾说过:"可以说,诙谐幽默是人们在社交场上所穿的最漂亮的服饰"①。

案例 7-6: 我没有钱,只好带来了雨

得克萨斯州是美国南方最大的一个州,是美国重要的粮食产地。卡特总统在职时,得州遭遇了百年不遇的大旱,他亲自前往视察。凑巧的是,就在卡特总统的飞机降落前,大旱的得州竟然下起了雨。卡特踏上机场跑道以后,微笑着对聚集在跑道上欢迎他的农民们说:"我知道,我这一来你们或许向我要钱,或许向我要雨。我拿不出钱来,就只好把这场大雨给你们带来了!"

卡特总统在飞往得州时,或许正绞尽脑汁地准备自己的演讲稿。但当他发现及时雨到来时,连忙抓住时机适当地开了个小玩笑,不仅活跃了现场的气氛,更拉近了和民众的距离。这样的时机可谓是"机不可失,失不再来"。

2. 转换话题

在公关活动时,当一个话题使双方兴趣索然的时候,及时灵活地转换话题也是重要的言谈礼仪。

一般来说,转换话题要尽量自然而不着痕迹,基本有两种方法:

第一种,从旧话题中引申出新话题。例如,当大家聊到最近的一本畅销书,谈到差不多的时候,你可以说:"这本书是写得不错,这个作者的另一本书内容也非常引人入胜,还有被某某导演翻拍成电影的打算。"这样,另一本有趣的书和可能被改编的电影又将吸引大家的注意,几句话就转变了话题,可是大家的思绪却还是连贯的,不会觉得突兀,这是一个比较稳妥的办法。

第二种,让旧话题自行转入新话题。当你感到双方对已谈论的话题没有深入的兴趣时,可以尝试停止发表相关的意见,让大家保持片刻的沉默,然后开始另一个话题。

有时候,即使最有趣味的谈话由于客观条件的影响,也非要结束不可,这时就应该及时结束谈话,不要忽略对方结束交谈的暗示,否则会让对方产生厌烦焦急的情绪。

话题是一次成功语言公关的核心,面对熟悉的话题,我们才能轻松的驾驭,所以在平时多注意积累知识和信息、多和别人进行交流是具有基础性作用的。

(二) 提问与回答礼仪

1. 提问语言礼仪

在公关交际中,提问是"了解对方、获得信息、沟通感情、促进交流的有效手段,在交际中

---

① 张万祥:《"班主任提高专业素质漫话"之六:做一个有幽默感的班主任》,《班主任》2009 年第 10 期。

发挥着重要作用”[①]。同时，及时合理的提问能够打破一言堂和僵局，是转交语言权、使对方开口讲话的有效形式和营造和谐人际关系，创造友好交谈环境的重要手段。

提问的礼仪规范有：

(1) 提问要有明确的针对性。根据不同的场合，切合公关对象的实际情况来提问是第一要义。公关人员要考虑提问对象的年龄、职业、社会角色、性格、气质、心态、文化程度、生活经历等。提问时，首先要关注提问对象的个人情况和兴趣点以及忌讳的话题，避免提一些尖锐、隐私或避讳的问题，尽量提一些对方感兴趣并擅长的问题，这样才能赢得对方的好感，促进交谈顺利进行。

(2) 注意把握提问的时机。交谈是一个动态的过程，提问者要准确掌握交谈的进程，把握好提问的恰当时机。当对方正在滔滔不绝地表达观点时，要尽量让对方把话讲完，不要以提问打断讲话，那会被当作不尊重对方的表现；若一个话题谈的差不多了，没有补充的更多内容时，可以通过提问适当地转移话题；另外，当遇到冷场的局面时，恰当的提问还可以活络气氛，改变僵局。

(3) 抓住关键提问。提问要有中心，不能抛出一个问题，使对方感到云里雾里，不能理解你的问话。提问要抓住问题的关键，例如，敏感问题正面提出可能效果不佳，可以采用分解法，将一个大问题转化为几个相关的具体小问题，环环紧扣，侧面进行提问，这样做也可以缓解对方压力，减少被拒绝回答的阻力。

(4) 提问要注意方式的选择。面对性格不同的提问对象和开放程度不同的问题，公关人员要做好充分准备，选择合适的方式进行清晰的表达。例如有的人性格外向，谈锋甚健；有的人寡言内向，不善言辞。对于前者，提问可以开门见山，直截了当；对于后者，则要善于启发，由浅入深地诱导对方回答问题。而对于开放性的问题，就可以开放姿态提出，但若是较为敏感隐私的问题，则需要注意自己的措辞，谨慎提出问题，同时也不要勉强对方回答。

一般来说，在实际的公关交际中，常用的提问方式有以下几种：直接式提问、诱导式提问、启示式提问、选择式提问等。

(5) 提问要得体礼貌。所谓得体礼貌，就是问话不要伤害对方、使对方难看。这是与人交往沟通的前提与基础，只有体现尊重，表达善意，以合作的姿态才能获得合作的可能性。

此外，要先深思熟虑再提出合宜问题，问题应简明扼要。发问要懂得适可而止，不能穷追不舍，打破砂锅问到底。如果出于某些原因，对方不便回答你所提的问题，或者没有给你一个满意的答复，此时，你就应该懂得察言观色，及时调整话题，避免尴尬。

知识链接 7－4：提问的技术要点

美国明尼苏达大学拉尔夫尼科尔博士制定了一套提问技术要点，对我们很有借鉴作用。

(1) 忌提明知对方不能或不愿作答的问题。

(2) 用对方较适用的“交际传媒”提问，切不可故作高深，卖弄学识。

(3) 适当运用幽默语，一开始提问，不要限定对方的回答，不要随意搅扰对方的思绪。

---

① 何成：《提问的艺术》，《公关世界》2011 年 9 月号，第 48 页。

(4) 力避你的发问或问题引起对方“对抗性选择”,即要么避而不答,要么拂袖而去。

2. 回答语言礼仪

在公关实务活动中,提问和回答是通常必要的环节,回答问题也具有一些具体而实用的礼仪要求。

首先,在回答之前,要听清楚对方问题的含义,经过足够的思考,理智地进行回答。

其次,尽量明确对方提问的意图,把握应该说什么,不应该说什么,视情境、气氛等综合情况,以清楚明白、不卑不亢的语气回答对方的提问。

再次,回答还有一些可采用的技巧。

(1) 如果你想让对方明确知道你的回答,就应该简洁回答。

(2) 如果被要求当即作出回答,就需要揣测、鉴别对方提问的动机和目的,谨慎地确定答案,选择合适方式予以回答。

(3) 如果遇到难以正面回答的问题,可以以礼貌的方式回绝,例如反问对方:“您认为呢?”“您怎么看呢?”“如果是您,您会怎么做呢?”

总之,回答问题需要做到有礼有节,既不伤害提问者的感情,也不委曲求全,共同维持谈话的继续。

案例 7-7: 周总理妙语斥对手

周总理在几十年的外交生涯中,一直以德高望重,幽默风趣著称,不管在何种场合,遇到什么样的对手,周总理都能唇枪舌剑,以超人的智慧,应酬自如,对手甭想占到便宜。有一次周总理应邀访问苏联。在同赫鲁晓夫会晤时,批评他在全面推行修正主义政策。狡猾的赫鲁晓夫却不正面回答,而是就当时敏感的阶级出身问题对周总理进行刺激,他说:“你批评得很好,但是你应该同意,出身于工人阶级的是我,而你却是出身于资产阶级。”言外之意是指总理站在资产阶级立场说话。周总理只是停了一会儿,然后平静地回答:“是的,赫鲁晓夫同志,但至少我们两个人有一个共同点,那就是我们都背叛了我们各自的阶级。”出其不意地将赫鲁晓夫射出的毒箭掉转方向,朝赫鲁晓夫本人射去。此言一出,立即在各共产党国家传为美谈。

(三) 倾听礼仪

交谈的礼仪由两方面组成:既要有善于表达的礼仪,又要有善于倾听的礼仪。良好礼貌的谈吐有一半表现在聆听方面。

1. 倾听的意义

具体来说,有效的倾听具有以下作用:

(1) 使说话者得到被尊重感,增强人际关系

卡耐基曾说过:“专心地听别人讲话,是我们所能给予别人最大的赞美。”人们总是希望获得别人的关注,当别人愿意听你谈论和说话,你就会油然而生出被重视的感觉,并且拉近交谈者之间的距离。

(2) 有利于缓和紧张关系增进沟通、解决冲突

耐心的倾听可以缓和人与人之间紧张的关系，加强相互理解，使不必要的纠纷或冲突得到顺利的解决。面对怒气冲冲的人，如果你能愿意听他抱怨自己的想法，便为解决矛盾奠定了初步的基础。

(3) 可以解除他人的压力

现代社会的快节奏生活使得越来越多的人具有心理障碍或焦虑症，心理学研究证明，向人诉说心中烦恼之事能够有效减轻心理压力。当人们有了心理负担或烦恼时，如果有一个友善、富有同情心的听众愿意听他诉说，对他来说将是一个非常好的解决或缓解问题的办法。

(4) 使人更加明智

交谈是人们获得信息与知识的重要渠道，做一个耐心的听众可以让我们学到很多的东西，捕捉到宝贵的信息，获得重要的知识和见地。

2. 倾听应注意的礼仪

汤姆·彼得斯在其《追求优秀的热情》一书中说："倾听是礼貌的最高形式。"古希腊先哲苏格拉底说也曾经说过："上天赐人以两耳两目，但只有一口，欲使其多闻多见而少言。"寥寥数语，形象而深刻地说明了"听"的重要性。倾听是成功的公关礼仪的要素之一，它作为一种技巧和交流的手段，在交谈过程中必须注意以下礼仪：

(1) 专注有礼，给予尊重

良好的聆听不仅靠耳朵，还关涉所有的感官。作为倾听者首先要正视对方，并以赞许性的点头或微笑表示你在认真倾听，从而鼓励对方说下去。与人交谈要集中注意力，不要因为自己的精力不集中而总是迫使对方复述谈过的内容，或者曲解了对方的意思。

倾听者不能做无关的动作，比如左顾右盼、心不在焉，或者伸懒腰、看手表，表现出不耐烦的样子，这样既影响了对方的热情，又是一种失礼的行为，在公关交谈中一定要避免。

如果我们真的没有时间或由于别的原因而不愿听人谈话，最好客气委婉地提出，这也比勉强去听或边听边走神更容易被人接受。

(2) 不轻易打断对方

当对方正讲得兴致勃勃时，你突然插嘴，贸然打断对方的谈话，即使你所谈内容很精辟，很有独到见解，可是你打断了别人的思路，你也不会赢得对方的好感。即使讲话者语言表达零散混乱或者所持观点为你所不认同，你也不应该匆忙、立即打断他，而应尽量等他把话讲完再阐述你的意见，不要无意中伤害了他人的自尊心。

(3) 时有反应，及时反馈

漫不经心的倾听会给人以不受尊重感，讲话人期待及时给出的反馈。反馈的形式可以是用自己的语言复述对讲话人所表达信息的理解，或者是提出自己的评论，如"我同意你的说法"、"我也深有同感"，还可以是适时提出的一个相关的问题，甚至可以是一个赞许的眼神、认同的微笑或手势，及时给出的反馈能够让讲话人得到极大的鼓舞，使他饶有兴致地继续话题，并对你产生好感。

(4) 冷静思考，慎重评价

在日常的人际交往中，有人会口是心非，往往将自己的真实意图给隐藏起来了，所以，在倾听时就需要冷静、认真地品味对方话语中的言外之意、弦外之音，以便正确判断对方的意图。

知识链接 7-5：不做面无表情的倾听者

学会听人说话，是社交中最容易做的事情，不过在现实生活中，这却是很多人最容易忽略的。在听别人讲话时，目光要与讲话者对应，面部表情应该根据对方谈论的内容而有所反应；身体前倾，以表示你对他人正在讲的话题感兴趣或者专注；点头或者摇头，以表示肯定或者否定；要时不时地报以"嗯"、"是"、"对的"、"哦"，这样简短的语气词来表示你在认真倾听；对别人提出的问题应该及时并且诚恳的回答。

此外，在交谈中，当对方议论某件事或某个人时，不宜轻易做出评价，如果被要求谈谈自己的看法，要懂得巧妙地表达自己的意见，尤其是可能与对方相左的意见，应该尽量客观公正地表述自己的看法，同时又要考虑对方的接受程度，不要急于妄下定论或乱提建议，以免给对方造成不好的印象。

(四) 插话的技巧

一般来说，在与他人交谈时不应经常打断他人谈话，但有时插话是不可避免的，适当而有礼貌的插话可以进一步活跃气氛，有利于转换话题，使谈话更好地进行下去。

插话也有一些注意事项：

第一，要控制插话的次数和时间。插话是交谈中的辅助环节，所以在谈话过程中要尽量减少插话的次数，而且所插的话语要简练，不可拖沓冗长，以免喧宾夺主，引起他人的不快。

第二，插话要服从谈话的主题，不能破坏谈话的连贯性或远离主题。也就是说，插话也要有明确的目的性或意图，不能游离于话题之外，打破交谈的整体性。

第三，插话要先征得对方或大家的同意，例如礼貌地向对方说："对不起，请允许我打断您一下"、"对这个问题，我想谈几句"、"请原谅，我能插句话吗？"等，切忌粗暴地打断对方的讲话。

第四，插话要看准时机。插话前要明确对方、大家在谈论的主题是什么，然后在适当时机切入其中，以免误人交谈。例如，如果你想加入他人的谈话，可以在恰当时机礼貌地说："对不起，我可以加入你们的谈话吗？"如果你是想补充另一方的观点，也可以见机说道"我插一句"，或者"请允许我补充一点"，经过同意后再说出自己的意见。

总之，插话也要讲究技巧，否则就会容易弄巧成拙。

三、拒绝的礼仪

拒绝是语言表达的一种逆势，容易招致对方的不满和怨恨，但拒绝行为有时又不可避免。为了减少由我们的拒绝所引起的对方的心理抗拒以及由此而产生的消极情感，拒绝更需要技巧和礼仪。

通常来说，拒绝的语言艺术主要包括：

(一) 做好拒绝所必需的心理准备

要有意识地形成拒绝所必需的心理准备，培养拒绝所必需的足够勇气。如果这种心理准备太软弱，那么不仅不能拒绝对方，恐怕反被对方说服。为了从容又理智地提出拒绝，将对方的抗拒心理降低到最小限度，首先应当建立起能够拒绝成功的自信心。

(二) 选择好场合、环境和时机

拒绝别人要选择合适的场合与时机,切忌在大庭广众之下或有他人在场的情况下拒绝别人,这样不管你的理由有多么充分,都会容易伤害到对方的自尊心,甚至会造成双方的情感破裂。

(三) 要善于措辞

直截了当地向对方说"不"去拒绝别人并不是一种合适的方法,在拒绝时一定要照顾对方的情绪,还要懂得肯定对方,"善意"地拒绝比直截了当的拒绝更能减少对方的挫败感,容易被对方接受。重要的是要尽量做到不说"不"字却使人体会到"不",将拒绝变得更加具有人情味。可以采纳的方法有:

1. 用敬语扩大与对方的心理距离

敬语一般是关系不熟悉者所使用的言语,以敬语相称,往往会拉大心理距离,暗示性地传达了拒绝对方的隐含意义。

2. 巧妙的逻辑诱导

在对方提出问题或请求后,不要急于直接拒绝,而是通过类比、摆事实、讲道理等方式来反问对方问题,或者诱使对方自我否定,从而最终使对方自动放弃自己的观点或请求。

3. 沉默拒绝法

这种方法在使用时,要旨就是要求一直注意倾听对方请求的话语,一旦有机会发言时,或者对方在期待自己做出答复时,以沉默作答,表现出自己的为难,以示拒绝或否定。

4. 利用幽默拒绝法

幽默,是一种调谐人际关系的润滑剂。运用幽默风趣的语言表达来婉言拒绝别人,更容易让对方理解和接受。

案例 7-8: 美国总统罗斯福妙答下级军官①

美国前总统罗斯福在担任海军重要职务时,掌管许多重要的军事情报,一次,一个下级军官在一个集会上遇见他,很随意地向他打听美国海军在加勒比海的某个岛屿建海军基地的计划。罗斯福手持酒杯,在他耳边低语道:"您能保守秘密吗?""当然能。"下级军官兴奋地回答。然后,罗斯福微笑着说:"我也能。"

5. 婉转推托

对于不想或不便回答,但又不想扫了对方兴致的问话,可以借助一些辞令加以拒绝,例如"无可奉告"、"不好说"、"这个我也不懂"、"这很难说"等。

还可以借助于一些不伤感情但又难以苛责的理由去拒绝他人的请求,比如想要推掉约会,可以说"抱歉,但我已和家人约好一起吃饭"等。切记,拒绝他人时态度要诚恳,语言要温和,使他人理解并接受自己拒绝的苦衷。

6. 用替代方案说"不"

以另一个相当的方案来尝试性地替代对方的要求不失为一个很巧妙的拒绝方法,它是

---

① 阮兴树等编著:《公共关系语言艺术》,高等教育出版社 2000 年版,第 53 页。

以可以解决问题的另一种措施回答对方，从而使自己摆脱困境。美国人际关系大师卡耐基有一次被邀请做演讲，但可惜那天他的日程已被排满了。他向对方说："很遗憾，我实在排不出时间来，某某先生对这方面很有研究，而且很会演讲，说不定是比我更适合的人选呢！"这种方法可以同样帮助解决对方的难题，同时也补偿了对方因被拒而产生的不满情绪。

四、道歉的礼仪

人非圣贤，孰能无过？在公关活动中，错误、误解、隔阂在所难免，而道歉也是大有语言艺术可言的，具体来看，道歉语言礼仪主要有：

1. 道歉应当及时

道歉的首要原则就是要做到及时，意识到自己错了，马上就要向对方表达歉意，说"对不起"，否则，越拖越久，对方会更加生气，并且容易引起更大的误会。道歉及时能够帮助当事人尽释前嫌，避免因小失大。如果是事情过去了很久才道歉，那么道歉也就失去意义了。

2. 道歉的态度要真诚

只有发自内心的道歉，才会获得对方的谅解与信赖；也只有真诚、恳切的话语，才能敲开对方的心门，驱散笼罩在对方心头的愤懑，并获得其友好、善意的回应。

3. 道歉的方式要规范

道歉的方式和语言要具有规范性。有愧对他人的地方，应该说"深感歉疚"、"非常惭愧"；渴望得到原谅，应说"请您原谅"、"多多包涵"；有劳他人，可以说"打扰了"；一般的场合，可以说"对不起"、"很抱歉"、"不好意思"等。

如果觉得有些话难以启齿，也可以采用书面致歉的方式，或者再附送上一束鲜花，这些同样可以表现道歉的真诚。

案例 7-9：日本人在迟到时的道歉

日本人是对时间敏感的人群，从小到大，人们就非常有时间观念，很多人都会随身携带记录生活安排的记事本，进行简单的时间管理。但不管如何进行管理，肯定会有起晚或者生病等情况发生。

作为公司的一员，每个人对于时间更是小心谨慎，都要承担自己的一份责任。例如，公司里一名老员工非常罕见的迟到了。在电话里和社长道歉后，30 分钟后来到了公司。当然，这时候他进行的道歉，也不是简单地说一声。他从包里拿出一大袋子饮料，走到每个人的桌子前，放上一瓶饮料，然后说："对不起，我迟到了。"

由此可见，对于自己行为的过失要进行道歉，除了用语言致歉之外，最好还有表现歉意的行为来表达，以示诚意。

4. 道歉要显得大方而坦荡

错误方要敢于正视自己的错误，勇于道歉。为了说错话、说错事而道歉并不是什么耻辱的事情，相反，它正是反映了致歉者内在的涵养和豁达的心胸。道歉应当大大方方、堂堂正正地进行。不要遮遮掩掩、支支吾吾，也不要过分地贬低自己，这不仅可能会让自己被轻视，还有可能被人得寸进尺、遭受欺负。

五、致谢的礼仪

在生活中,接受他人的恩惠与帮助是常有的情况,不要吝啬于“谢谢”二字,它体现了一个人的智慧、涵养和境界。致谢礼仪是感恩情感的表现形式,按照方式可以分为口头致谢和书面致谢两种。

致谢能够传递内心深处的感激之情,使对方真切地感受到,还可以延续你与他人的深情厚谊。懂得感恩与道谢的人,一定是具有谦逊品格、尊重他人的人,是一个善于感恩和付出的人。致谢在公关活动中也具有重要的意义。一般说来,口头致谢分为当面感谢和使用各种媒介来致谢,比如使用电话、网络致谢等。

1. 当面致谢

在你与人交往过程中,要及时表示心中高兴、接纳和感谢的情感。无论是在收到礼物还是在受到夸奖和赞赏时,无论是受到服务人员的帮助和服务还是在受到领导、上司的提拔时,都应及时对他人道一声真诚的“谢谢”。

2. 电话或网络致谢

在收到礼物、帮助时,如果因故不能当面道谢,那么一通充满感恩之情的道谢电话,或者通过网络对话致谢,来传达出内心的感激情愫。一句简单却满载诚挚之情的“谢谢你的礼物(或帮助)”,也可以使对方感到欣慰、欢喜,也调谐了相互之间的关系。

无论是当面致谢还是电话或网络道谢,都有一些基本的注意事项。首先,要注重日常生活的细节,要学会正确使用语言表达感谢。其次,道谢要出自真心实意。再次,道谢时要加上被感谢者的称呼,还要讲明道谢的缘由。最后,在几种不同的致谢方式中,相对来说,以当面道谢效果最佳。

六、赞美的礼仪

生活中需要赞美,调研证明,“经常接受称赞的人,更愿意赞美别人,而更愿意赞美别人的人拥有更好的人际关系和幸福指数”①。赞美使人愉悦,可以消除紧张情绪,可以获得真挚的友谊。在公关活动中,恰当的赞美是组织与公众进行良好的沟通重要方式,它可以增强人际交流的润滑度与认同感。当然,赞美也不是随意无心之言,而是应当遵循一定的礼仪原则。

(一) 赞美要真诚,切忌言不由衷

对他人进行恰当的赞美是社交成功的秘诀,能够维护他人的自尊心,给自己带来愉快的心情,也能更容易获得他人的信赖和友谊。以诚待人是夸赞成功的基本保证,也是赞美的灵魂。真诚的赞美,才能使人感到别人是真的发现了他的优点,或者自己真的有值得赞美之处,而不是认为赞美者是以功利性手段希图从他那里获得利益。好的称赞会使他人如沐春风,而偏离事实的虚伪赞扬则可能弄巧成拙、招来误解。

真诚赞美与阿谀奉承有着截然不同的区别。赞美具有诚意,发自内心,并且不带有功利

---

① 佚名:《孩子礼仪教育,应从父母学起》,《公关世界》2011 年 11 月号,第 69 页。

性，而奉承则是没有诚意，言不由衷，只是口头说说，而且带有强烈的目的性、功利性。

案例7-10：用赞美去教育

在非洲的巴贝姆巴族中，至今仍然保持着一致独特的生活习惯。当族里的某个人犯了错误的时候，族长便会让犯错误的人站在村落的中央，公开亮相，以示惩戒。每当这时，整个部落的人都会放下手中的工作，从四面八方赶来，将这个犯错误的人团团围住，用赞美来教育他。围上来的人们，会自动分出长幼，然后从最年长的人开始发言，依次告诉这个犯错误的人，他曾为整修部落做过哪些好事。每个族人都必须将犯错误的人的优点和善行，用真诚的语调叙述一遍。叙述时，既不能夸大事实，也不允许出言不逊，而且不能重复别人已经说过的赞美。整个赞美的仪式，要持续到所有族人都将正面的评语说完。

巴贝姆巴族这种看似离奇的教育人的方式，其实隐含着深刻的正面教育道理，更闪现着人性的光辉。

(二) 赞美要明确具体，注意细节

夸赞必须要用准确的语言，具体要求就是赞词必须准确到位，能够突出反映一个人某一方面的重要特征。夸奖的面要窄，夸赞的事项越具体，指向越明确，真实感就越强，对方就越感到愉悦，效果就越明显。

从小事上赞美别人，不仅可以给人惊喜，而且可以树立你明察秋毫、体贴入微的形象。别人的闪光之处，哪怕非常细微，经过你的赞美，其意义就会明显地显现出来，给对方以愉快的感觉。另外，对他人的赞美应真正表明他们的价值。你对一个女士说"你的衣服很漂亮"，还不如说"你的衣服颜色和款式都很适合您，您有很好的审美"，对方一定会非常高兴。

(三) 赞美要恰当，避免忌讳

赞美别人之前，要对他人的基本情况起码有个大致的了解，如对方的优点和长处、缺点和不足，还要熟悉对方的兴趣爱好、性格、人品等，这样才能避免泛泛而谈，使赞美的语言缺乏力量。

同时，还要了解对方的忌讳和所在国家、地区、民族的禁忌，在赞美他人时一定要避免触碰他人的忌讳，否则，极易造成交际的失败，并引起他人的反感。例如，不要当着残疾人的面赞美别人："我佩服得五体投地。"或者夸奖谢顶的人："你真是聪明绝顶。"

(四) 赞美忌陈词滥调、夸大其词

赞美应该贴合实际，不应千篇一律。一些人的赞美言辞充满了陈词滥调，如"久仰大名"、"如雷贯耳"、"百闻不如一见"、"生意兴隆"等，别人已听惯了这些赞誉之词，听后多反应不大，收效甚微。对别人使用千篇一律、缺乏针对性和感情的公式化的赞美语言，是很难打动人心的。

虽说赞美是一种修饰，但是过分夸大的赞美就会给人以阿谀奉承之感，让人感受不到真诚，只留下虚浮和矫揉造作。溢美之词、胡吹乱捧等动机不纯、言过其实的赞美也是人们深恶痛绝的。

(五) 赞美要选准时机，注意场合

有些赞美要注意及时性，一旦时过境迁便失去夸赞的必要了。多人在场时赞美要特别慎重，不能忽略其他人的感受。

赞美他人需要讲求用灵活的方式，“夸人有法，但无定法”，赞美要视场合不同而随机应变，才能实现最好的效果。

赞美作为一种交际手段，也存在礼尚往来的问题。被夸者受到夸赞后不能心安理得地接受并表现地无动于衷或理所应当，而应该对夸人者说一声“谢谢”、“过奖”、“不敢当”、“承蒙夸赞”等酬谢话。

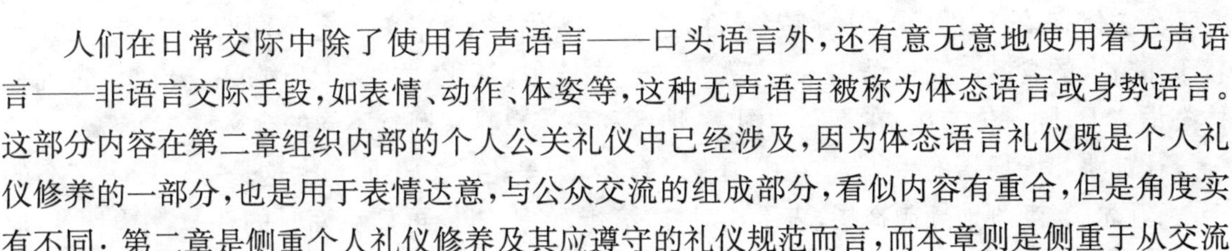

第三节 公关体态语言礼仪

人们在日常交际中除了使用有声语言——口头语言外，还有意无意地使用着无声语言——非语言交际手段，如表情、动作、体姿等，这种无声语言被称为体态语言或身势语言。这部分内容在第二章组织内部的个人公关礼仪中已经涉及，因为体态语言礼仪既是个人礼仪修养的一部分，也是用于表情达意，与公众交流的组成部分，看似内容有重合，但是角度实有不同：第二章是侧重个人礼仪修养及其应遵守的礼仪规范而言，而本章则是侧重于从交流与沟通层面来谈这个问题。因此，在本节中，与第二章内容有所重复的部分就作简略处理了。

一、公关体态语言概述

(一) 公关体态语言的含义与特征

体态语，又叫做“人体语言”、“动作语言”、“态势语”或“行为语”，它是用表情、动作或体态来交流思想的辅助工具，是一种伴随语言[①]。

公关人体姿态语言，简称公关体态语言，或称公关态势语，是一种通过表情、动作、界域的变化来表达人们的思想和感情，传递和交流信息的语言方式[②]。

在公关沟通和交流中，口头语言和书面语言是两种最常见的语言形式，但是人体的表情、动作、体姿和距离是最典型、最真实的能够传递人们感情和信息的方式。

公关体态语言具有以下特征：

1. 直观性

公关体态语言的直观性是指它是通过外在形象体现出来的语言符号，是一种包含特殊语义的视觉形式。心理学家研究发现：人类的听觉和视觉的作用占各种感觉器官的90%以上，其中，87%的感觉印象来自眼睛。体态语言可以真实直观地反映人们的感受，使人一目了然。

---

① 黎运汉主编：《公关语言学》，暨南大学出版社2004年版，第151页。

② 阮兴树等编著：《公共关系语言艺术》，高等教育出版社2000年版，第143页。

2. 伴随性

相对于自然语言(口头语言和书面语言)来讲,公关体态语言属于非自然语言,是一种无声的伴随语言。所谓伴随语言,是指公关体态语言在一般情况下,不能独立完整地完成表情达意、协调沟通的功能,大多数情况下是伴随口头语言产生并在口语的进行中来发挥作用。也就是说,交谈时,口头语言是主要的交流工具,体态语言的配合,如眼神的接触、距离的远近、坐姿的采纳,都是伴随口头语言发生并起到辅助作用的。口头语言和体态语言联系紧密,互相促进。

3. 情境依附性

公关体态语言和有声语言一样,也具有多义性。一种表情、一个姿势在不同的情境或语言环境下往往具有不同的含义。例如"点头"这个简单的动作,在不同的场合中可以有"同意"、"赞许"、"认可"、"明白"、"肯定"、"满意"等多种解释。所以说,根据语用情境的区别,公关体态语言能具有不同的内涵,需要仔细辨析。

4. 民族差异性

公关体态语具有鲜明的民族差异性,这是由文化背景、审美观念不同所造成的,比如相较于东方人的含蓄、儒雅、谦虚,西方人更加追求竞争、征服,强调创新、自由、开放。表现在体态语言上,同一体态语,在不同的国家、地区和民族也具有迥然不同的含义。

比如跷起大拇指的手势语,在中国表示夸奖、赞美;在美国、加拿大这是一种请求搭车的手势;在希腊,急剧地翘起拇指,表示让对方"滚蛋"的意思。再如见面时的礼节,中国人习惯握手;美国人喜欢拥抱;在日本、韩国、朝鲜,一般习惯于鞠躬致意;在印度,男女之间甚至连握手都不允许。因而与外国人交往前,要了解他们的风俗礼节,包括熟悉对方惯用与忌讳的体态语言,这是成功交际的第一步。

5. 时代性

体态语并不是一成不变的,它将随着时间的推移、社会的发展而发展和演变。例如在我国古代,下级见上级、晚辈见长辈,需要跪拜;男子平辈之间见面施拱手礼或作揖。这些都打上了封建社会的时代烙印。辛亥革命后,脱帽礼在我国比较流行。而如今,繁文缛节得到了剔除,见面时,人们一般点头握手就能表示问好了。

(二) 公关体态语言的功能与形式

公关体态语言具有以下主要功能:

1. 反映内在心理和情绪特征的功能

公关体态语言可以作为情绪的晴雨表,通过表情等身势语可以显露出内心的真实情感,人的心理变化会通过体态语言表现出来,被人们的感官直接感受到。例如,一个人说谎时,就会有一些明显的体态反应:脸色变红、出汗、摸鼻子、不时清喉等。公关体态语言的这种表露功能,有助于在公关活动中,组织与公众更好地了解对方的心理状况与情绪特征,使公关交流和沟通能够更有效地进行。同样,在公关活动中,组织成员或公关人员也应当注意克服不当情绪与心理变化,以免被自身体态语言所表露出来。

2. 传递和交流信息的功能

用体态语言来描述事物或动作,既形象生动,又清楚明了。心理学家研究表明:人类信息的总效果有三个来源,分别是文字、声音和无声语言,其中文字所占比例为 7%,声音所占比例为38%,而无声语言,即各种体态语言所占比例最高,达55%。因此,组织成员或公关人员应当重视公关体态语言在信息传播中的重要作用。

3. 辅助口语,增强口语表达效果的功能

公关体态语言使口头语言具体化、形象化和情感化,体态语言可以有效地配合、辅助有声语言传递信息,弥补口头语言的不足,尤其是在口头语言难以表达或者表达不清的情况下,体态语言可以确定口语的含义,增强口语的效果。比如当讲到事物的数量或者罗列事物种类时,可以用手指的动作来比划;而抒发胸中的激情时,可以用手掌或手臂的动作来辅助抒情。

4. 调节替代功能

公关体态语言可以帮助维持和调节双方的谈话节奏。例如在交谈时,通过手势或表情,可以示意对方继续说话、停止说话,或者影响对方的话语速度,重复或忽略某些内容。

公关体态语言还具有替代功能,意思是说体态语言可以暂时离开有声语言,仅用表情、手势、体姿、距离等传递信息、交流感情。在公关活动中,有时在不便使用有声语言时,体态语的运用可以达到"此时无声胜有声"的效果。例如朋友到访,相谈甚欢,但天色已晚朋友仍没有离开的意思,那么主人抬头看一眼钟这样一个微小的动作,就给予对方足够的暗示,既不伤害朋友感情,又达到了预期的效果。

总之,公关体态语言具有表达和传递信息的功能,是影响公共关系效果的重要因素,它不仅丰富了公共关系语言的结构体系,而且使公共关系的沟通更具体、更形象、更生动。

从体态语的表现部位和表现力来看,可以将其分为表情语言、手势语言、体姿语言和界域语言几种。

二、表情语言礼仪

表情语言是指通过面部不同的肌肉活动和面部器官的变化所传递的信息来交流内心丰富的情感的语言形式。研究表明人的表情语达到25万种之多,罗曼·罗兰曾说:"面部表情是多少世纪培养成功的语言,是比嘴里讲的更复杂到千百倍的语言。"[①]面部表情语言表达意义丰富,其中尤其以眼神和微笑最具有代表性。

(一) 目光语的运用礼仪

目光接触是最传神的非语言交往,眼神语言指的就是运用眼神、目光来传递信息、参与交际的语言。心理学家认为:在人的体态语言中,视线活动占了70%,可见眼神和目光在公关体态语言中的地位和作用。目光语会反映人的内心真实想法和情绪,公关人员要掌握运用目光语言的艺术。

1. 注意眼神注视的部位

根据对象的亲属程度,目光注视的部位分为三种,分别具有相应的使用场合礼仪。

---

① 吴天赐:《怎样运用自然得体的态势语,让交际会话魅力无穷?》,《语言文字周报》2013年7月第3期。

(1) 亲密注视区。视线停留在对方的双眼和胸部之间的三角部位,这是一种用于亲人或恋人之间的注视范围。

(2) 社交注视区。视线停留在对方双眼与嘴部之间的部位,一般用于比较轻松的社交场合,这种目光语的交流可以收到较好的效果。

(3) 公事注视区。视线停留在对方双眼到前额之间,这种注视范围能够保持距离感,以便于掌握主动,特别适用于谈判、辩论、洽谈等严肃、正式的公事场合。

2. 控制好目光注视的时间

正确控制目光接触的时间也很重要。与人交谈时,目光接触的时间应占全部谈话时间的20%—60%。超过这一平均值的话,可认为是对谈话者本人比对谈话内容更感兴趣,而且长时间地盯着别人,可能被认为是一种失礼或挑衅的行为;如果低于这一平均值的话,意味着对谈话内容以及谈话者都不感兴趣,而且谈话过程中长时间不看对方,回避视线接触,也可能被当作心不在焉、心事重重的表现。此外,公关活动中,异性之间也不宜长时间的对视,否则容易造成误解。

3. 注意目光注视的方式

目光注视方式不同,代表了不同的语言用意,会达到不同的效果。目光注视方式多种多样,其中,仰视表示仰慕、尊敬;俯视,既含关怀之意,也有可能被认为是居高临下,给人以压力;斜视表示轻蔑;扫视显得不尊重。在公关活动中,如果是个别交谈时,可以选择正视,表示尊重和庄重;如果是面对众多听众时,就要既正视、又环视,使各个角落的公众都不被冷落,从而拉近与公众的距离。

知识链接 7-6:目光禁忌

第一,不能对关系不熟的人长时间凝视;

第二,与陌生人谈话时,不能不看对方;

第三,眼光不能游移不定,或飘东飘西;

第四,不能眯视、斜视、瞟视、瞥视。

总的来说这几种注视方法都是既不健康也不礼貌的。

(二) 微笑的礼仪

微笑是国际性的语言,是可以令人愉快的面部表情。微笑语是指通过微笑来表达内心情感、传递信息、进行沟通的语言表达方式,它具有强化有声语言沟通、增强交际效果、改善形象、拉近距离等多方面微妙、奇特的功能。在公关活动中,微笑发挥着重要的作用,世界知名的希尔顿旅馆业之所以保持强劲的财富增长势头,秘诀之一便是服务人员"微笑的影响力"。

案例 7-11:"你今天对客人微笑了没有?"

世界著名的希尔顿饭店经营的座右铭是:"你今天对客人微笑了没有?"饭店的创始人希尔顿在世的时候,每天至少会到一家希尔顿饭店与服务人员接触,向各级人员,从总经理到服务员,问得最多的一句话,必定是:"你今天对客人微笑了没有?"

正是希尔顿旅馆服务员的美好微笑,使希尔顿旅馆系统在经济萧条刚刚过去之后,领先进入新的繁荣期,跨入了经营的黄金时代。因此,每当希尔顿坐专机来到某一国境内的希尔顿旅馆视察时,服务人员都会立即想到一件事,那就是他们的老板可能随时来到自己面前再问那句名言:"你今天对客人微笑了没有?"

图 7-2 希尔顿饭店创始人

微笑的含义丰富、魅力无穷,正确掌握也具有一些注意事项。

首先,在公关交往过程中,微笑应该发自真心,避免冷笑、皮笑肉不笑等不诚恳的笑容。

其次,要力戒傻笑、憨笑等不成熟的笑容和大笑、狂笑等不稳重的笑容,这些都是失礼的笑。微笑不一定要发出声音,公关交往推崇柔和、文雅、安静的笑容。

再次,要注意微笑维持的时间长度。一般来说,微笑的最佳时间长度以不超过三秒钟为宜,时间过短显得不够真诚,而时间维持过长则会让人觉得虚假和不礼貌。

总之,要注意掌握微笑的动作要领和方法。简单来说,微笑时,口腔打开到不露或刚露齿缝的程度,嘴唇呈扁形,嘴角微微上翘,使得仪表、气质的美和谐一致。

三、手势语言礼仪

手势语言通过手部动作传递信息,是人际交往中不可缺少的、最具有表现力的一种"体态语言",手势的美是动态的美。这里主要介绍握手语、挥手语的使用礼仪。

(一) 握手语礼仪

握手是生活中常见的体态语言,也是公关实务中使用频率最高的体态语言之一。握手语通过交际双方互伸右手彼此相握以传递信息。

握手语是一种承载着较丰富的交际信息的体态语。相见时,握手传递了彼此间的问候;告别时,握手寄托了彼此间的祝愿;他人成功时,握手是一种祝贺;当他人陷入痛苦时,握手是一种安慰。

握手时的要求在第二章已经叙述,在此简略不述。

(二) 挥手语礼仪

通过手臂向上方或者斜上方高高举起,频频挥动来传情达意的体态语言被称作挥手语。挥手语的使用场合众多,例如,挥手语常用来辅助有声语言来表达树立理想、弘扬精神的含义;还可以被具有号召力的人用来发出倡议;在演讲时,挥手可以增强说服力,渲染气氛;挥手语还可以用在告别的场合。

案例 7-12: 挥手之间[①]

作家方纪的《挥手之间》一文对毛泽东同志赴重庆谈判时与送行的人挥手作别的一瞬作

---

① 李夫编著:《中华礼仪》,湖南人民出版社 2010 年版,第 23—24 页。

了非常细致的描述："主席也举起手来，举起他那深灰色的盔式帽，举得很慢很慢，像是举一件十分沉重的东西，一点一点的，等到举过头顶，忽然用力一挥。"

主席的这一手势语中既包含了强大的决心，也包含了与送行的延安人民难舍难分的深情。

挥手语在更多的场合下是作为一种伴随语而发挥作用的。其动作要领主要有：(1) 身体站直，不要摇晃不停；(2) 目视对方，不要东张西望、看着别处；(3) 可用右手，也可双手并用，不要只用左手挥动；(4) 手臂尽力向上前伸，不要伸得过低或过分弯曲；(5) 掌心向外，指尖向上，手臂左右挥动；用双手道别时，两手同时由外侧向内侧挥动，不要上下摇动或举而不动。

总之，挥手语是使用者内心情感的强烈抒发和自然流露，运用得好，有利于增进感情、达成公关目标。相反，脱离内容的需要或者在不需要抒情的时候，片面追求挥手的态势动作，就会显得虚矫，反而会适得其反。

四、体姿语言

体姿语言是以身体在某一个场景中的静态姿势来传递信息的体态语言形式。身体的各种不同的姿势都能表达一定的意义，正确、优美的姿势可以体现人们的内在修养，给人以愉悦和美的享受，在公关活动中具有表情达意、增强语言表达的作用。体姿语言可以分为站姿语、坐姿语、行姿语与蹲姿语等，这些在第二章已经陈述，因此简略。

五、界域语言礼仪

界域语言，又称空间语言、人际距离语言，是人们利用空间位置和距离来传递信息的体态语言形式。在公关活动中，选择正确的界域语，有利于增强公共关系语言运用的效果；反之，会破坏公关交往的气氛，造成不好的印象。界域语言可以分为位置界域语和距离界域语。

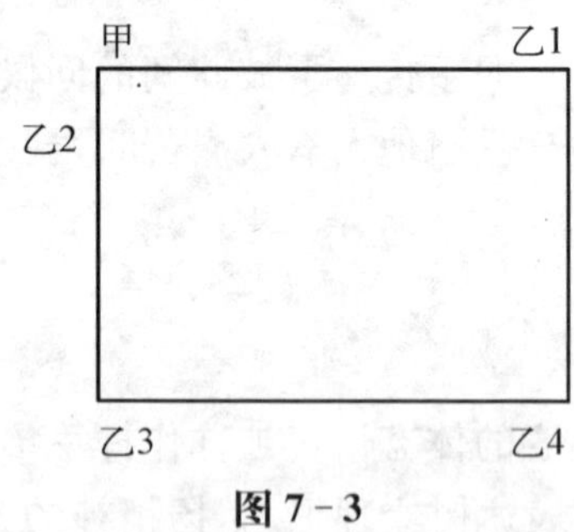

图 7-3

(一) 位置界域语

位置界域语是指在公关交往过程中，交际者之间位置的采纳或安排能够传递一定的信息。如图 7-3 所示：

一般说来，相对于甲，乙 1 是友好位置，表示交谈氛围"亲切、可信赖"，显示出双方的亲密、平等的关系，多用于征求公众意见和与员工谈心等场合；乙 2 是社交位置，体现"友好、诚挚"的交谈氛围，有利于观察对方的体语变化，多用于与客户谈生意、向领导汇报工作等场合；乙 3 是竞争位置，表示警惕、防御、探究，一般用于谈判等场合；乙 4 是公共位置，又叫独立位置，表现双方间无沟通的需要，用于安排交谈中一般人员，在图书馆阅览、在公共食堂就餐，一般也都会选择这样的位置。

在公关事务活动中，要根据参与者的地位、相互关系安排好相互之间的座次。

(二) 距离界域语

距离界域语又称区域界域语，是指通过人与人之间身体的距离或空间长度来传递信息。人际关系不同，人与人之间保持的距离长短也会不同，作为公关人员需要明白各种人际距离，为有效公关活动打下基础。这部分内容在第二章也已经叙述，在此省略。

第四节 公关标识语言礼仪

公关标识语言是组织塑造形象的重要手段与方式，是组织区别于其他组织的一种识别标志，这种标志经过设计，将组织文化浓缩为一种特殊的符号，以便于公众识别，并由此对组织产生认识、好感，这便达到了推广组织形象的目的。要做到这点，组织应当遵守相应的公关标识语言礼仪规范。

一、公关标识性语言的含义

公关标识性语言是一种新型的公共关系语言，它是使用具体事物或直观形象表示某一组织信息，用以与社会公众沟通的符号系统。具体来说，标识性语言是指“由特定的文字、图案、字母、色彩等构成的组织的形象标志，主要包括商标、图标、品牌名称、代表色等”①。

组织的公关标识性语言是宣传组织形象的一种重要的视觉语言，其显著特征就是形象生动、寓意深刻，通常由简洁独特的抽象图形、符号，或简明凝练的文字所组成，是展示组织品牌个性的重要工具。如李宁体育用品的“L”标志、奥迪汽车的四环标志、箭牌糖果的“箭”状标志等。

根据构成要素的不同，标识性语言可以分为三类，分别是文字符号标识语、图形标识语和图文结合标识语。比如巴黎欧莱雅“你值得拥有”就是由纯粹文字构成的标识语，大众汽车的三个“V”所组成的车标就是图形标识语，而中国联通的品牌标识“China Unicom 中国联通·让一切自由连通”则属于图文结合标识语。

图 7-4

图 7-5

二、公关标识性语言的运用

公关标识性语言广泛应用于公关事务及其活动中，用以将组织的目标、品质告知公众，

① 陶稀主编：《公共关系礼仪》，上海中医药大学出版社 2008 年版，第 64 页。

求得公众的理解、赞誉、支持，标识性语言不仅是单纯的形象标识，更蕴含着深刻的文化寓意，承载着一定的公关目的。以世博会吉祥物为例，每一届的世博会吉祥物作为代表东道国特色的标志物，是一个国家文化的象征，它从各个层面反映了东道国的历史发展、文化观念、意识形态以及社会背景，并在政治、经济、文化等多个领域的传播中扮演着十分重要的角色。例如2010年第41届上海世界博览会吉祥物“海宝”，以“人”字为核心创意，配以代表生命和活力的海蓝色的“海宝”让人耳目一新。首先它的欢笑展示着中国积极乐观、健康向上的精神面貌；它抬头挺胸的动作和双手的配合，显示着自信、包容和热情；它翘起的大拇指，是对来自世界各地朋友发出的真诚邀请。其次，海宝的形象通过创意提炼、造型设计、理念阐述、动作演绎等手段，充分表达了上海世博会“城市，让生活更美好”的主题。海宝的“人”字造型进一步突出了“以人为本”的民本思想，强化了人与地球、与自然的关系，揭示了城市的主体是人，创造美好生活的主体是人，享受美好生活的主体也是人，国家和社会的发展要“以人为本”。总之，“海宝”是上海世博会的重要标志，既强化了世博会的主题，宣传了上海世博会，同时又表达了上海对世界人民的热情和欢迎。从此例可以看出，标识性语言通过传递组织形象能达到宣传推广的重要作用。

图 7-6　　图 7-7

与众不同、风格鲜明的标识性语言可以传播公关组织和产品的信息，起到形象展示作用，引起公众的兴趣，从而对该组织、产品或服务产生好感乃至忠诚度。比如韵味深厚的中华老字号“全聚德”、“胡庆余堂”、“张小泉”等，能够使人自然地联想到标识背后悠久的历史和品质可靠的产品，从而对其产生满意度和信赖感。可以说，标识性语言对于塑造组织形象、提升产品形象、宣传品牌独特风格，发挥着不可替代的作用。

图 7-8　　图 7-9　　图 7-10

此外，公关标识性语言具有显著的识别作用。例如“海宝”简单明了、憨态可掬的形象就能够产生强大的视觉冲击力，使人过目难忘，留下深刻的印记。每个组织之所以要设计出具有自己本组织特色的独一无二的标识，就是因为标识不仅仅是一个图标、一行文字，而是代表着组织对内对外的一致形象，在社会交往中能起到"广告"的作用。标识语通过美好的含义、独特的字形、鲜艳且区分明显的图案颜色来展现与同类产品或服务品牌的差异和联系，使公众能够轻易地分辨开来。比如人们会容易地区分开由慈祥老人所代表的肯德基"KFC"和由年轻的金黄色小丑叔叔所代表的麦当劳"M"两家餐饮机构。

图 7－11

图 7－12

总之，标识性语言对于提高组织的知名度，提高产品的销售量和促进组织的发展等都具有不可忽视的作用。

三、公关标识性语言礼仪的基本要求

公关标志性语言礼仪主要是指在公关活动中设计和推广使用标识性语言时所需要遵循的礼仪规范和要求。标识性语言礼仪的基本要求有：

首先，公关标识性语言要准确合宜。标识性语言展示的内容必须与组织和产品的实际情况相符合，语义清晰，语言准确，不能虚夸、欺瞒公众。只有做到准确并且名副其实才能有助于标识的推广和组织产品的宣传。

其次，公关标识性语言的形式要新颖独特，引人注目，便于记忆。独特是标识设计的基本要求，在视觉上要形成与众不同的视觉感受。标识性语言不能平庸、落入俗套，也忌与其他组织的标识雷同，否则会大大减弱标识性语言的识别功能。然而在我国，商标、口号等标识性语言相近、相似的例子不胜枚举，例如我国存在以各种"啄木鸟"、"鳄鱼牌"、"长城"为品牌标识的产品，缺乏行业的个性特色。

标识性语言要避免过于晦涩、深奥，过于复杂的形象不便于识别、记忆和传播。例如苹果公司就根据市场的需要设计标志，其经典标志也经历由繁到简的过程，如图 7－13。

最后，公关标识性语言的设计和使用不能违反法律法规，同时要顾及各个国家、地区和民族的历史和具体情况。标识性语言的设计不能违反基本的法律法规，不得有害于社会道

(1) (2) (3)

图 7-13

德风尚，造成不良影响，侵权的商标、口号在市场经济是难以为继的。此外，十里不同风，百里不通俗。标识性语言的使用要注意不同民族、地区的公众对于语言、颜色、图案、数字等的禁忌。例如中国知名品牌“白象”电池、“白象”方便面等，进入英语国家的市场时如果翻译成“White Elephant”就难以受到欢迎，因为“White Elephant”在英文中的意思是大而无用的东西。还有风靡整个欧美的法国“Opium”香水，商标翻译为中文即“鸦片”香水，这一译名让中国人自然地联想起屈辱的鸦片战争，强烈的民族自尊心使得该香水在中国一上市就受到消费者的猛烈抨击，并最终因违反中国的商标法而被禁止销售。可见，组织的标识性语言在设计和宣传推广时，不仅要充分挖掘其能具有的积极意义，而且还要考虑产品销售市场的民俗民风，避免造成消极影响。

★★★★★ 本章小结 ★★★★★

公关口头语言是交际双方信息沟通的最主要桥梁，在人际交往中占据最重要的位置，口头语言礼仪要做到礼貌谈吐、态度诚恳、精神专注、亲切动听、周到体贴，并有所忌讳。体态语言与口头语言及书面语言共同构成完整的人类语言表达系统，而且体态语言能准确、形象、全面地表达主体的思想感情，体现主体的内在气质、风度与人格。体态语言的运用要与有声语言同步进行，不能脱节，还要做到恰到好处，切合语境且符合身份。而标识语言不仅展示形象，而且寓意丰富，在使用和推广时要遵守一系列的标识性语言规则。

★★★★★ 章末思考题 ★★★★★

1. 什么是公关口头语言礼仪？公关口头语言礼仪主要有哪些内容？
2. 公关体态语言的意义是什么？人际交往中，站姿有哪些要点？
3. 标识性语言设计与宣传推广的规范是什么？

★★★★★ 案例分析 ★★★★★

王峰在大学读书时学习非常刻苦，成绩也非常优秀，几乎年年都拿特等奖学金，为此，同学们给他起了一个绰号“超人”。大学毕业后，王峰顺利地获取了在美国攻读硕士学位的机会，毕业后又顺利地进入了美国公司工作。一晃八年过去了，王锋已成为公司的部门经理。

今年国庆节，王峰带着妻子女儿回国探亲。一天，在大剧院观看音乐剧，刚刚落座，就发现有三个人向他们走来。其中一个边走边伸出手大声地叫："喂！这不是'超人'吗？你怎么回来了？"这时，王峰才认出说话的人正是他的高中同学贾征。贾征大学没考上，自己跑到南方去做生意，赚了些钱，如今回到上海注册公司当起了老板。今天正好陪着两位从香港来的生意伙伴一起来看音乐剧。这对生意伙伴是他交往多年的年长的香港夫妇。

此时，王峰和贾征彼此都既高兴又激动。贾征大声寒暄之后，才想起了王峰身边还站着一位女士，就问王峰身边的女士是谁。王峰这才想起向贾征介绍自己的妻子。待王峰介绍完毕，贾征高兴地走上去，给了王峰妻子一个拥抱礼。这时贾征他想起了该向老同学介绍他的生意伙伴。大家相互介绍、握手、交换名片和简单的交谈后，就各自回到自己的座位上观看音乐剧了。

案例思考题：

1. 贾征在与王峰的交际中违反了哪些公关语言礼仪？
2. 在公共场合和有他人在场的情况下，朋友重逢应当怎样招呼、寒暄？

第八章
公关文书礼仪

学习目标

- 了解常见公关文书礼仪的相关知识；
- 理解常见的公关文书文体结构和写作要领；
- 掌握撰写常见公关文书礼仪各项规范。

开篇实例

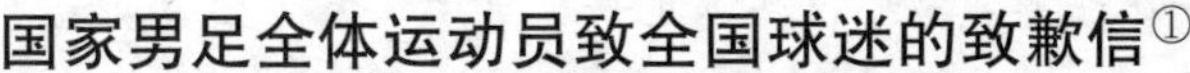

国家男足全体运动员致全国球迷的致歉信[①]

图 8－1 2013 年 6 月 15 日，中国队队员在赛后向现场观众致意。当晚，国足 1∶5 惨败于泰国队，创造了中国队输给泰国队的一个纪录。

尊敬的球迷朋友们：

大家好！

在 6 月 15 日进行的中国国家队与泰国国家队的比赛中，中国国家队以 1∶5 惨败，在全国球迷中引起强烈反响。国家队在比赛中所表现出来的技战术水平、精神状态、比赛态度，引起了广大球迷的强烈不满，在社会上造成了极坏的影响。

国家队作为中国足球的排头兵，作为中国足球形象的窗口，每一场比赛，无论什么性质，无论比赛大小，都是代表国家的形象。作为国家队队员，我们的一举一动，深受全国球迷关注。我们非常感谢广大球迷长期以来对我们的关注和鼓励，尽管中国足球水平不高，但大家仍然为我们每一次比赛的胜利而欢呼，为我们每一次比赛的失利而沮丧；我们的球迷们又很宽容，大家对我们实力不如对手输掉比赛可以理解，与我们风雨同行，不离不弃。但是，6.15 我们以这样的精神面貌，这样的比赛态度败给对手，是全国球迷不能接受的。通过深刻反思，我们认识到，全国球迷对我们的批评，不仅仅是技不如人，而是对我们精神作风，斗志及在比赛中所表现出来的态度的强烈不满。

我们深刻剖析自己，虽有联赛刚刚结束，连续打三场比赛，精神、注意力、体能都有所下降的因素，但是，这绝不能成为我们失利的借口。我们对这场比赛从内心中未引起高度重视，没有表现出积极向上的比赛态度，没有表现出代表国家奋勇拼搏的精神和斗志，从而导致了大比分失利，我们向大家表示真诚的道歉！

---

① 《中国足协、国管部及国家男足致歉》，中国报道网，http：//www.chinareports.org.cn/zz/xwlb/news351404.htm。

我们深刻认识到，国家队的每一场比赛都会万众瞩目，无论是正式比赛还是友谊赛，都会给整个中国足球、中国体育乃至中国社会带来多方面的影响。在此，我们深知，造成如此大的损失，我们必须要承担责任，我们真诚地接受批评，我们也知道，对于这一切我们无论如何道歉，也难以挽回影响，但恳请大家相信我们，我们会以此为鉴，从思想上深刻反省自己，牢记耻辱，汲取教训，振奋精神，全身心的打好未来的每一场比赛。真诚地希望广大球迷朋友继续支持我们，关心中国足球，看我们今后的实际行动吧。

中国国家男子足球队全体队员

2013 年 6 月 24 日

这是一封国足写给球迷朋友的致歉信，就自身在球场上的失误与过错向球迷公众道歉。由此可见，无论是什么团体或组织，无论在何种情况，都应当以自己的真诚之心与公众交流沟通，这在组织公关工作中非常重要，这种沟通的方式有多种，书信就是一种非常好的沟通形式，也就是通过公关文书的形式来向公众表达一种心意，在这个过程中，还应该注意其中的礼仪规范，即公关文书礼仪。

第一节　公关文书礼仪概述

公关文书是公关实务的重要组成部分，是组织与公众进行沟通交流的重要载体，具有不可替代的宣传和协调功能，是组织成员或公关人员对公众施加影响的重要方式和有力手段。因此，作为从事公关活动的组织成员或公关人员，掌握一定的公关文书写作技能和礼仪规范十分必要。

一、公关文书礼仪的含义

公关文书是指组织成员或公关人员用来进行对内对外、对上对下沟通与联系的各种文字媒介的总称①。确切地说就是组织成员或公关人员在社会交往、礼仪活动和商务活动等公关活动中使用的书面应用文体，是在各种不同场合，根据不同的情况，遵循相应的习俗和人情所撰写的书面文字材料。

公关文书礼仪指的是在撰写公关文书时，语言运用、文体使用、体裁格式等所要遵循的礼仪规范与要求。即公关文书应当准确、适当、真诚表情达意，根据不同的时机和对象，力求把文档写得恰如其分、恰到好处，以符合礼仪规范。

二、公关文书礼仪的特点

(一) 功能的交际性

公关文书是为了达到一定的公关目的，在公众中树立良好的组织形象而写作的，所以写

---

① 杨秀英，傅琼，章永进：《公关与礼仪》，复旦大学出版社 2006 年版，第 100 页。

作者必须认真了解和揣摩交际对象的需求，运用恰当的表达方式，力争通过语言文字展现自己的良好素质，在交际过程中使对方感到愉快，不仅能展现组织良好的形象，更能表现出对公众的尊重，让公众感受到在与组织交往中的愉悦，有助于公关活动的开展和进行，最终达到塑造组织良好形象、赢得公众的理解和支持的目的。

（二）结构的模式性

公关文书与一般文书一样，在写作上有较固定的格式，即比较固定的结构层次并对标题、称呼、正文、结尾、落款等各组成部分在语言运用都有具体的规范要求，极力实现内容与形式的统一，做到言词规范，便于书写、阅读。

（三）语言的礼节性

语言的礼节性主要体现在用语和措辞的文明礼貌性，公关文书礼仪要求撰写文书要根据不同的需要，在不同的场合，针对不同的对象，运用恰当的文字处理各种社交中的人际关系，真正做到文辞典雅、称谓谦恭、祝颂礼貌。例如在写邀请函时，要求对象的名称前加表示敬意的修饰语，如“尊敬的”、“亲爱的”等，名称后可加“先生”、“女士”等尊称。

（四）表达的情感性

公关礼仪文书是用来调整、改善、发展主客体之间相互的关系，联络感情，沟通信息，增进友谊，故而，为了更好地促进公关活动的开展，公关文书礼仪撰写要带着真挚的情感，让对方感受到被重视。例如祝词、欢迎词、欢送词和答谢词要传递的是表示庆贺、欢迎、惜别、感谢的感受，所以具有强烈的情感色彩。

（五）使用的广泛性

公关文书是公关活动中“无所不在的交通工具”，就公关文书的文体而言，几乎所用的常用文体都会涉及；从使用范围来看，公关活动的各个环节都必须使用公关文书。

三、公关文书礼仪的类别

一般来说，公关文书写作内容较多，涉及面较广，从应用的场合来概括，大致分为四个方面，即公关日常工作类文书、信函类公关文书、演讲类公关文书与新闻稿类公关文书。其中，在运用范围上值得注意的是公关日常工作类文书，主要是内部公关运用到的文书；新闻类主要是对外公关文书，而信函、演讲类则是对内对外皆可的公关文书。

公关日常工作类文书是指组织在日常处理各种公关事务中所形成的体式完整、内容系统的各种书面材料。如公关简报，公关计划，公关日志等。

信函类公关文书就是在日常工作中组织与组织，组织与目标公众之间进行信息传递、实现沟通而编制的文书，如邀请函、慰问信、感谢信、表扬信等。

演讲类公关文书就是为了宣传组织良好形象，促进组织内外部之间的良好关系，为组织正常运作和发展营造有利的内外部环境而制作的文书，如欢迎词、欢送词、答谢词、主题演讲等。

新闻稿类公关文书就是组织宣传的一种推广方式，是指关于最近发生的新鲜而重要的公关事实的报道或者述评。其目的就是促进企业产品销售，打造企业品牌形象，提升企业的品牌知名度和美誉度。

四、公关文书写作的基本礼仪

公关文书是应用文，它同一般的应用文具有共同性，例如主题鲜明、结构紧凑、层次分明、语言流畅等，但是由于其强烈的实用性，所以除了上述的要求外，它还带着自身的一些特殊要求，可以归结为“六要”：

（一）目的要明确

首先要明确文书撰写的目的，要根据不同的交往对象和具体的事由，表达特定的内容，传达特定的信息。不能“眉毛胡子一把抓”，模棱两可、含糊不清，要有明确的目的，提倡什么，反对什么，说明什么观点，解决什么问题，都需要十分明确，只有这样，才能有的放矢地开展工作。

（二）措辞要贴切

公关文书礼仪要求文书写作要力求用词准确，同时要强调言语的规范、敬谦和雅重，尽力做到“庄重而不矜持，亲切而不妩媚”，以达到预期的效果。

（三）文字要简洁

公关文书礼仪要求文字简短，简洁明了，不宜过长。如简报的字数要求千字以内，最多不超过 2 000 字；广告、新闻更明确要求文字精练，篇幅简短有力。此外，为了使语言简洁，在信函中还经常使用“此复”、“函告”等习惯用语。

（四）语言要质朴

公关文书是应用文书，因此公关文书礼仪要求要求写作内容实事求是，语言平实质朴，做到易看、易读、易懂，但是语言平实质朴也不等于枯燥无味，有些文体，如请柬的语言就要求富有感情色彩，情真意切，大方有礼；公关广告则要求运用适当的修辞手法使语言具有感染力，以达到引人注目的效果。所以在运用语言时一定要灵活多变，不拘一格。

（五）格式要规范

所谓格式，包括书写、排印、行款式样、结构层次、习惯用语、称谓、签署等。礼仪文书用于不同社会交往活动，也就有相对的文种形式，不同的文种形式有各自不同的写作格式和要求。

（六）表达要得体

公关文书大都是在广大公众中传递，散发面广，而且从文书上可以看出组织成员的文化修养和知识水平，所以表达要注意得体。公关问题涉及的文体较多，而各类文体都有自己的格式，不可逾越和混淆，否则会见笑于公众。如请柬对语言的要求方面要做到文雅、庄重、有礼，还要表现出邀请者的诚意；演讲稿要根据听众和场合的不同，采取不同的表达方式。例如要激扬斗志的演讲要用铿锵有力的语言，解决危机状况时要诚恳淡定。总之，公关文书的语言一定要得体，这样才能发挥其实际作用。

另外，公关文书就像是组织的“门面”，无论书写、外观设计上，还是在传递方式和时机上的礼仪都要严格地把关，不可草率从事。

第二节 公关日常工作类文书礼仪

公关日常工作是指公关人员搜集和传播信息、协调公众关系、组织开展各种专题活动等的日常工作。公关日常工作文书即是指在日常公关工作中应用的文书。广义而言，凡是公关工作中应用的文本都属于公关文书的范畴；狭义而言，公关日常工作类文书是指公关人员处理的常规工作文书，大致包括公关日志、公关简报、公关工作计划书、公关剪报等。

一、公关日志

日本松下电器公司创始人松下幸之助曾经说："坚持记好工作日记，会让你事半功倍！"日志即是日记，是人们记录每天生活和情感的写作方式，这种写作方式也常常应用到工作中，公关工作也不例外。

(一) 公关日志的含义

工作日志首先运用在电影工作领域，可以说是电影工作方面的每日心志大向。如，在制作一部影片的过程中，每天对各项细节和活动的记录。后来逐步推广到其他领域。公关日志是指公关工作人员对于每天工作的安排和记录，是对工作的心得感悟与展望等的文字表现。

(二) 公关日志的作用

1. 提醒备忘的作用

公关日志是记录公关人员工作任务、职责及任务成果输出的过程，因此，对于组织成员来讲，工作日志的提醒作用就体现得非常明显。组织成员一般在实际操作过程中，可能会同时进行多项工作（尤其组织高层的管理者），有时在实际操作过程中，可能会因注意小的现象而忽略重要的事情，所以及时的查看工作日志，并进行标注，对组织成员有重要作用。

案例 8-1：秘书的工作日志①

沈先生是三星公司的部门秘书，他做事认真、头脑灵活，平时就养成了记工作日记的习惯。他将工作中遇到的事情，如重要数据、老板指示都记在工作日记上，并随身携带，以备不时之需。有一次，老板作报告，临时需要两个数据，忙问身边的员工，可是这几个人并不能及时报出数据。这时，沈先生掏出工作日记，报出了老总需要的精确数字。大家不约而同地向沈先生投以钦佩的目光，老总也开始对他另眼相看。

2. 回顾跟踪的作用

组织的管理者常常把工作日志作为回顾与跟踪的重要手段。组织管理者可以根据工作日志所记录的内容，对相关的重要事件进行回顾与跟踪，在回顾中，可以重新激活之前的想

① 乔小敏：《世界 500 强企业培训经典全集》，人民邮电出版社 2012 年版，第 45 页。

法，再次发现之前的信息，而在跟踪中可以增加资源支持的优势，把风险降低到最低限度。

3. 效率提升的作用

组织成员或公关人员可以在自己的工作团队中公开工作日志，建立一个公共工作平台，如此组织成员在同一个平台上共事，信息共享，相互交流，相互督促，更有利于提升组织成员或公关人员的工作效率。

案例 8-2：公关经理的一天

海星，是某公司的公共关系部经理，工作已经两年半了，他主要是对外宣传，顾名思义，不在公司的时间就比较多。对于坐在办公室、受限于朝九晚五的其他工作人员来说，海星的这份工作可着实让人羡慕。

不过，看一看，海星的工作的一天，不知道他的“粉丝团”会流失多少呢？

上午：会议形式多样

又是一个周一，这也是一周中最繁忙的一天了。今天上午必须得先去单位，今年的 4 期内刊工作已经完毕，9:30 要和部委的相关部门电话沟通，商量明年的内刊计划。受上级党委海淀企业工委的安排，党支部要在公司的 100 多名党员中抽出一部分党员参与文化演出。海星已经和公司的各党小组组长约定 10:00 开视频会议，讨论各小组的报名情况以及参与演出的形式。海星赶紧把会议的要点整理完毕，10:30，部门主管的例会准时召开。11:30，部门间还有个通气会，海星所在的市场公关部总共 4 个人，一个同事主要负责宣传、会展等工作，还有两个新人，工作都是海星给他们安排的。

下午：事情接二连三

短暂的午餐之后，13:00，海星开始了下午的工作。主要是与政府协调事宜，刚出政府大楼，一看时间已经是 15:20 了。看着飞速流走的时间，海星最头疼的就是公司在东北旺软件园，而政府和协会都在市里。为了能够省时间，海星总是把一堆事情集聚到一块，这样，在有限的工作时间里，尽可能地提高办事效率。等到办完事回家的时候已经是下班时间了，海星宁可牺牲自己的时间也愿意让工作效率最大化。

今天情况不一样，最近公司会有一些新的动向，海星的手机上不同媒体打来的电话络绎不绝。16:30，海星这座连接公司高层和记者沟通的桥梁，感到了很大的压力。

晚上：加班说来就来

17:20，海星从西四环招商大厦往回赶，回到家已是 20:00 点。刚要吃饭接到领导的指示，一边打开笔记本电脑，一边拿起笔，记好领导的要求、框架，迅速地投入了晚上的工作中。首先按照老总的要求顺了下思路，往什么方向，做出什么效果，然后就开始迅速地拟了个初稿。时间已是 21:50，将细节修改完，赶紧把 PPT 和 word 文档发给老总，这时已经是 23:00，海星说：“谢天谢地，这一天的活总算是在当天干完了。”

公关经理忙碌的一天，公关日志则会使他的效率更高。

(三) 公关日志的写作格式

公关日志不同于一般的文书，它的写作格式比较自由，通常的写法是按照：常规工作及完成程度，改进措施，工作建议，下周计划这几方面来写的。

1. 开头

一般写时间，如××年××月××日，对于每一个工作岗位来说，具体的工作内容和承载的工作职责是既定的，但是在周而复始的工作中，所体会和感知的是不一样的，所以日志还是强调时间性。

2. 主体

这一部分主要写工作内容，即工作日程安排，可以以工作任务为线索或者以时间为条理，清晰明了地呈现出自己的工作状态及完成的情况。

3. 小结

主要是对于自己的工作进行总结，看到不足，提出改进方案，或者展望接下来的工作等。

(四) 公关日志写作礼仪

★条理清晰，重点突出，兼顾一般。

★记录严谨，切勿记流水账。

案例 8－3：公关日志表

部门： 职务：

姓名： 填表日期：

<table>
<tr><td colspan="3">记录
分类</td><td>工作项目记录</td><td>完成状况</td><td>待解决问题</td><td>工作时间量(分钟)</td></tr>
<tr><td rowspan="12">工作内容</td><td rowspan="10">日常例行工作</td><td rowspan="5">上午</td><td></td><td></td><td></td><td></td></tr>
<tr><td></td><td></td><td></td><td></td></tr>
<tr><td></td><td></td><td></td><td></td></tr>
<tr><td></td><td></td><td></td><td></td></tr>
<tr><td></td><td></td><td></td><td></td></tr>
<tr><td rowspan="5">下午</td><td></td><td></td><td></td><td></td></tr>
<tr><td></td><td></td><td></td><td></td></tr>
<tr><td></td><td></td><td></td><td></td></tr>
<tr><td></td><td></td><td></td><td></td></tr>
<tr><td></td><td></td><td></td><td></td></tr>
<tr><td colspan="2">当日工作总结</td><td colspan="4"></td></tr>
<tr><td colspan="2">明日工作展望</td><td colspan="4"></td></tr>
<tr><td colspan="3">建议或说明事项</td><td colspan="4"></td></tr>
</table>

备注：

一、每日工作报表请用当日日期命名，不敷填写时请自行增列。

二、请于每日下班前填写，如遇紧急或外出事务于第二天补回。

填表人签字： 部门主管：

二、公关简报

(一) 公关简报的含义与特点

1. 公关简报的含义

公关简报是一个统称,它又叫"动态"、"简讯"、"情况反映""内部参考"等。公关简报是一种以迅速报道组织管理工作中的简明情况为主要任务的内部交流、情况汇报的文字材料或刊物,它及时报道内外公众动态、生产运营状况、近期工作重心、计划安排及集体性活动等,报告消息,汇报工作,研究问题,总结经验,帮助决策者及时掌握情况与动态,沟通信息,协调工作,改进组织与上级公众、平级公众乃至下级公众之间的关系①。

公关简报旨在帮助组织领导掌握情况,熟悉内部环境,便于组织内部公众认清形势,产生凝聚力,也使外部公众了解组织的新情况、新变化,提高组织的知名度和美誉度。

公关简报和公关新闻的不同,并不在于文体格式上,而在于传播媒介和传播对象上。前者尽管可以向上下左右各有关单位发送,发文对象具有广泛性,但它毕竟不是通过广播、报纸、电视等媒体公开传播,它只是在内部交流,所以,它的读者对象、传播范围远没有公关新闻广泛。

2. 公关简报的特点

公关简报的特点是有公关工作的性质和任务决定所决定的,归结起来,主要有以下四个方面:

(1) 时效性

公关简报的任务是把情况迅速地、及时地反应给上级相关部门,或传达给下级有关人员,在这方面,它与新闻一样要快编、快写、快印、快发,这样才能起到它应有的作用。

(2) 真实性

公关简报所用的材料必须十分可靠,客观地反映组织和外界的客观情况,不可靠的,道听途说的材料不能上简报。材料确凿,反复核实,表述讲究语法逻辑。

(3) 简明性

简而明,是简报赖以存在的根基。如果搞得冗长、烦琐的话会拖延时间,就失去了简报迅速传递的功效。但是它的简明是建立在说明问题的前提下,因此,要求写作时,必须做到内容集中,篇幅简短,一般最好不要超过两千字。

(4) 新颖性

公关简报要反映新情况、新问题、新信息,能给人以启发与借鉴,所以立意要新,情况要新,如果刊登已经过时或者陈腐的东西,就失去了简报该有的作用。

公关简报的四个特点是相互联系,相互依存的,缺一不可。

(二) 公关简报的种类

公关简报的种类繁多,按不同的标准有不同的种类。从具体作用分有:工作简报、动态性简报、会议简报、专题简报等。

---

① 彭小平,韩红:《实用公关文稿写作》,中国水利水电出版社 1998 年版,第 149 页。

1. 工作简报

工作简报是一种反映组织日常工作或问题的常规性简报,又称情况简报。它涉及的内容较广。如工作具体情况,取得的成绩、存在的问题、表扬先进、批评错误、肯定方向、交流经验等。还可反映对上级某些方针、政策贯彻执行的步骤、措施等情况。

2. 动态简报

动态性简报在公关简报中占的数量最多。它主要是用来向组织决策部门汇报正在进行的某项工作的进展情况,其内容主要包括情况动态和思想动态、时效性、机密性较强。一般对组织决策影响较大,故反映的情况要准确、客观。

3. 会议简报

会议简报主要是反映大型、重要会议进行的情况,包括会议动态,讨论中提出的意见、建议以及会议决议的事项等。

4. 专题简报

专题简报是一种阶段性的简报。一般是对公关工作中某时期内某项中心工作、某项中心任务的报道,内容非常集中。该项中心工作一旦完成,简报往往也就可以停办了。

(三) 公关简报的写作格式

公关简报一般有比较固定的格式,主要包括:报头、行文、报尾三个部分。

1. 报头

包括简报名称、期数、编报单位、印发日期等内容。简报名称有各种命名,如"公关简报"、"公关反映"、"公关动态"等,一般用较大的红色字体标注在报头中间。简报名称的下面,写上期数,一般按顺序编列。期数下一行左边写编报单位,一般用编报单位的名称,在系统内部分发的,可用单位办公室的名称。期数下一行的右边,写上印发日期。

2. 行文

这部分一般包括标题和正文组成。

(1) 标题

标题是简报文章的题目。一般用比正文大一号的字体印在正文上端的中间。要求贴切、简明、生动、新颖,要准确、精练地概括文章内容,吸引读者。

(2) 正文

通常由导语、主体、结尾三部分组成。

导语是正文的开头,要用简明精炼的语句概括全文的中心或反映的主要事实,使读者有一个总体的概念。一般要交代清楚时间、地点、人物、事件、原因、结果等要素。

主体是正文的主要部分,也是简报的重点所在。主体要紧扣标题,承接导语,用有说服力、典型的材料,把导语提出的内容具体化。主体的结构安排一般采用两种方式,一种是按时间顺序来写;另一种是按逻辑顺序来写,即按事物的内在联系来写。

结尾是正文的结束语。结尾要简短有力,给读者留下深刻印象。常见的结尾用一句话或一段短语点明主题,小结全文;或者扼要指明事情发展趋势;也可提出问题或希望。

3. 报尾

报尾在正文后面。通常在两条横线内注明发放范围及报、送、发的单位名称或个人姓名。有些重要的简报还应注明印发份数。机关内部印发的简报常常没有报尾部分。

(四) 公关简报写作礼仪

第一,简报的写作要用第三人称。

第二,简报的写作要求重点突出,有明确主题思想,做到主题单一,内容集中。

第三,简报的写作必须及时、准确、客观,内容真实,据事直说,不夹杂评述性意见,但编者按除外。

第四,简报的写作必须简明扼要,短小精悍,重点突出,叙述清楚,分析精确,用语简洁,文风朴实,切忌一切不能说明问题的废话、空话和套话。

案例 8-4: 会议简报范文

政协××市六届×次会议

简　　报

(第 24 期)

大会秘书处

1998 年 3 月 18 日

今年政府应办几件实事

××委员说:建议市长要有相应的任期目标,要像×××那样一年办几件实事,年终总结,有哪些完成,有哪些没完成,为什么。

改"三公开一监督"为好

×××、×××委员说:报告在谈到廉政建设时,提出实行"两公开一监督",我们认为应改为"三公开一监督",即再增加公开市、县两级主要领导的经济收入,以便接受人民群众的监督。

不能再走大投入低效益之路

×××委员认为:1998 年我市社会总产值为 180 亿元,国民收入为 74 亿元,而全市的财政收入只有 9.15 亿元,很明显,经济效益是很低的。而 1998 年的计划数字,基本上是按比例同步增长,经济效益无明显提高。这是我市多年来生产发展的一个关键性的问题,即大投入,低效益,致使财政拮据,入不敷出。市领导应着眼长远,从当前入手,立足于大力提高经济效益和增强生产后劲(包括政策、体制、发展规划、产业结构、环境整顿、提高管理水平、提高劳动力的素质、提高劳动生产率、大力发展科技、教育等多方面综合治理)。只有这样,才能使我市的经济进入高一层次的发展,形成良性循环。这才是提高经济效益的真正出路。

注:因为是会议简报,是在会议期间发的,所以不要报送发给单位和个人

三、公关工作计划

(一) 公关工作计划的含义、特点

1. 公关计划的含义

公关计划是组织对未来一定时间内,为实现预定的公关目标或完成某项公关任务所做

出的预想性部署和安排。具体来讲就是根据组织的现状和战略目标要求，对公关活动的行动方案所做的规划和书面文字形式，也称公关计划书。这也就是组织公关人员在开展公关活动之前，必须制订好全面、具体、严密的总体公关计划和每一种单项公关活动的实施计划，并形成文本，然后再按照计划文本具体实施。

2. 公关计划的特点

(1) 预见性

公关计划是在公关活动开展前对任务、目标、方法、措施所作出的预见性确认。但这种预想不是盲目的、空想的，而是以组织部门的指示为指导，以组织的实际条件为基础，以过去的成绩为依据，对今后的发展趋势作出科学预测之后制订的。这种预见性对于组织计划的成败具有重要的作用。

(2) 可行性

如果制订的计划没有被落实到实践中，就相当于做了无用功。所以，组织公关人员在制订计划的过程中要从实际出发，提出切实的指标、严密的步骤、正确的方法、得力的措施，做到既先进可靠、切实可行，又要留有余地，切忌急躁冒进的情绪和急功近利的妄想，也要防止僵化保守、无所作为的消极因素。

(3) 可变性

我们常说："计划不如变化。"很多时候不是我们考虑不到，只是环境变化得不在我们掌控范围内。所以，制订计划的过程中要考虑多种可能性，如果发现原计划的某些内容和实际情况不符，或客观情况发生变化，则应及时调整、修改、补充，甚至放弃原计划，重新制订。

(二) 公关计划的种类

公关计划的种类，因角度不同，划分也不一样，一般分为：

根据性质分为：整体计划和个别计划。

根据时间分为：长远计划和短期计划。

根据内容分为：发展计划、生产计划、经营计划、科研计划等。

根据范围分为：个人计划、部门计划、单位计划、区域计划、全国计划等。

根据功能分为：宣传计划、交际计划、服务计划、社会公益计划、咨询计划。

(三) 公关计划书的写作格式

一份完整的公关计划书的基本格式大致包括五个方面：

1. 封面

一般公关计划书都需要一个封面，它的设计不需要像书籍的装帧那么精致、讲究，但是文字的排版要清晰、布局要合理。封面的内容一般包括：

(1) 标题。又叫计划书，一般由制订计划的单位名称、计划时限、计划的性质组成。如《××公司10周年庆典活动计划书》，标题中也可以不出现单位名称，只在正文结尾处注明即可。

(2) 策划者单位和个人名称。如组织完成可署名"某公司公共关系部"，对其中起主要作用的人也可以在单位名称后面署名，如"总策划某某"，如是个人完成的话可以直接署名"策划人某某"。

(3) 策划方案完成日期。××年×月×日。

（4）编号。比如根据策划方案顺序的编号，根据方案的重要性或保密程度编号或方案管理的分类编号。

（5）在需要的情况下，可考虑在封面上简洁地加上说明文字或内容摘要。

2. 序文

扼要说明策划背景，概括提炼策划书的要点，篇幅不宜超过400字，但是并非所有的计划都要加序，一般方案内容较复杂时才需要简短文字阐明。

3. 目录

目录是标题的明确化和具体化，将计划的内容以扼要的方式列出，以便让读者通过标题和目录直接对整个计划有一个整体的把握。和序文一样，一般在方案较复杂的计划书中目录才有存在的价值。

4. 正文

正文是计划的主体，一般包括前言，内容，措施三部分。

（1）前言。简要阐明制定公关计划的缘由、指导思想、目的和意义，介绍组织目前的状况。

（2）内容。明确写出公关活动的主要内容、项目，要做到在数量上，质量上，时间上的具体要求。

（3）措施。详细说明完成活动的具体措施，行动步骤，时间分配，人力，物力，财力等安排。此外还要说明应注意的问题。

正文部分内容较多，因此要写得层次清晰，段落分明。在写作方法上可以采取叙述性，也可以采用条文式，表格式或者综合运用各种形式。

5. 结尾

结尾的内容一般包括执行计划应注意的事项或需要说明的问题，提出的要求等。

结尾之后是落款，注明制定计划的单位名称和日期，加盖公章，标注在正文结束后的右下方，此外与计划相关的材料可在正文后面附文、附表说明。注意如果标题中已标明单位名称、落款时通常不再标注，直接写上日期即可。

（四）公关计划的写作礼仪

第一，实事求是，切实可行；

第二，明确具体，切记空谈；

第三，语言简明、文风朴实。

案例8-5：公关部协调社区关系的工作计划书

日期：2010年10月28日

送达：公司其他部门

来自：公关部经理

主题：针对此次危机事件的应对方案

序言：

据反映本厂由于废水没得到及时处理而流入附近水域致使鱼类大量死亡，以捕鱼为生的渔民于是愤怒地涌入化工厂，而引起纠纷。作为公关部经理，必须出面解决这起社区纠纷，为此，我们进行了相关的调查。我们咨询了一些渔民和一些员工，向他们了解了一些情况，并收集了一些水和死亡的鱼类拿到相关部门进行化验。对调查的结果进行了总结，并找出了一些存在的问题。如下：

1. 领导不重视环保，无环保机构。

2. 员工环保意识淡漠，环保知识贫乏。

3. 技术设备陈旧。

4. 长期忽视厂与社区的关系。

为此，我部制订了针对此纠纷的公关计划书。

一、策划目的：

解决我厂与渔民的纠纷，塑造组织良好形象，争取获得在一个良好的客观环境中发展。

二、公关对象：

(一) 外部公众——渔民代表、环保局工作人员

(二) 内部公众——我厂主要领导及员工代表

三、公关目标：

(一) 赔偿渔民损失，与渔民达成和解意见；

(二) 改善社区水质，保障渔业可持续发展；

(三) 改造旧设备，改善生产技术；

(四) 全厂普及环境保护基本知识；

(五) 建立工厂与社区的环保相互监督机制；

(六) 协调社区关系，优化企业形象。

四、沟通方式：

(一) 直接沟通：走访渔民家庭，设立渔民环保监督员，组织渔民进厂参观等。

(二) 间接沟通：通过请求环保局、渔业社团组织的帮助与渔民达成一致解决意见。

五、沟通场合：场合选择上应体现平等，由双方协商确定。

六、传播模式和传播媒介：

(一) 传播方式

1. 人际传播：成立危机事件处理小组，由相关人员开展各方面的沟通活动。

2. 组织传播：请环保局的专业人员对员工进行环保教育，对员工进行环保知识讲座。

(二) 传播媒介：

1. 我厂制作环保题材的海报和宣传单。

2. 运用电视、广播等媒介进行环保宣传教育。

3. 设立意见箱，在我厂内外收集环保意见。

七、时间安排：

(一) 整体时间跨度：

2010 年 11 月 1 日—2010 年 12 月 15 日

(二) 具体时间安排：

11 月 1 日—5 日，改造旧设备和污水排放系统；

11 月 6 日，走访渔民中的较有权威者；

11月7日,与渔民代表进行协商,确立和解协议;

11月8日—15日,一周电视环保法教育;

11月16日—23日,一周电视环保专题节目;

11月24日—30日,制作环保标语和安装意见箱;

12月1日—8日,组织渔民分批参观工厂;

12月9日—11日,慰问社区贫困家庭;

12月12日—15日,评估结果、总结经验教训。

八、人员安排:成立危机事件处理小组

(人员见附表)

九、公关活动项目:

(一)迅速建立危机事件处理小组,制定危机处理方案及其方针和工作程序。立即停止废水排放,查清事件原因,收集有关情况,尽快遏制危机的扩散;

(二)请环保局的专业人员在公司会议室员工进行环保教育,普及环境保护基本知识,并由办公室人员印制环保宣传册分发给全体员工;

(三)每季度举办一次全厂工作人员环保知识讲座;

(四)在员工中开展"环境卫士"荣誉称号评选活动;

(五)在工厂内外设置环保标语及环保意见箱;

(六)改造旧设备;

(七)走访渔民,组织渔民进厂参观,设立渔民环保监督员,做到人人参与环保工作;

(八)为社区办实事,为社区孤寡老人排忧解难,定期慰问社区贫困家庭。

十、经费预算:

环保教育1 000元;一次环保讲座500元;环保宣传册200元;标语50元;意见箱3个共100元;改造旧设备10 000元;慰问贫困家庭3 000。费用总计14 850元。

十一、效果预测:

(一)社区居民环保意识明显提高;

(二)"废水事件"不良影响消除,并且化工厂与社区的友好关系更近了一步;

(三)由于环保机构的建立和废水处理设备更新,类似的事件发生概率大大降低。

策划部门人:公关部经理

时间:2010年10月28日

四、公关剪报

剪报,是一种成本低、功能强,收效大的文字资料。随着时代的发展,剪报的工作不仅仅局限于收集报纸、杂志等纸质的素材,随着互联网技术的发展,剪报的裁剪方式、范围都可以向更大的空间扩展,可以从互联网的大资源库中索取自己所需的资料。

公关剪报是指针对组织内部成员的经验性材料汇集,一般可以收集公关策划的经典案例、公关计划的成功执行案例等。一般可通过新闻媒体、网络媒体的报道来收集。

在制作剪报中,应注意如下三个方面:

其一,确定与组织公关相关的主题进行剪报。要根据组织的实际情况与公关工作的特点,确定关注的范围,精选剪报内容来收集编辑。

其二,注意剪报资料的分类。在每天浩如烟海的信息中,应当注意与组织发展密切相关的信息,及时做好信息的分类与编撰工作。

其三,关注剪报的时效性与实效性。组织要与时俱进地发展,必须关注新信息、新事件,这需要组织公关人员对信息的敏感度;此外,要关注对组织的发展带来真实效益的信息资料,及时加以分析提炼。

对上述剪报三个方面注意事项的了解与把握,有利于组织公关工作中信息沟通与交流的开展,便于组织公关工作更富有成效。

第三节 信函类公关文书礼仪

我国历史文化悠久,是有名的礼仪之邦,人们的社会交往和思想感情交流,大多通过一定的礼仪形式和一定的文化活动方式来进行。在古代,信函是相隔较远,暂时见不到面的人们相互交流情感与思想的工具。然而,这种交好的礼仪范式被我们应用到现代的生活交往中,成为组织交流思想、互通信息、沟通情况、磋商事宜等所采用的一种书面谈话形式。在公关活动中,这种形式更是起着不可低估的作用。

一、请柬/邀请函

(一) 请柬及邀请函的含义

请柬和邀请函同属于组织和个人对他人发出活动邀请的礼仪性专用信函。请柬又称请帖,是组织或个人邀请客人在预定的时间和地点参加某项重要的或有意义的活动的礼仪性信件①。比如在晚会、典礼、仪式、展览、舞会、演出、新闻发布、宴会、聚会或各种喜庆、纪念活动而制发的一种专用的告知类文书。邀请函又称邀请信,是邀请他人参加洽谈业务、访问、进行技术交流、课题及项目工程的合作研究而发出的一种请约性书信。

邀请函是邀请亲朋好友或知名人士、专家等参加某项活动时所发的。在国际交往以及日常的各种社交活动中,这类书信使用广泛,更正式,可以盖公章。

邀请函作为对客人发出邀请的另一种专用函件,一般用 A4 纸印制,可套色,也可单色,外观形式上自然不如请柬考究。但邀请函最大的优点是:它有足够的篇幅(一页或多页),可对一次会议或活动的背景情况、具体内容以及规模和形式等方面作较为详尽的介绍和说明,从而引起被邀请者的关注,激发被邀请者的兴趣。

邀请函与请柬有相似之处,它们都是由于邀请而发出的社交文书,但是二者也有明显的

① 金正昆:《公关礼仪》,北京大学出版社 2005 年 8 月第 1 版,第 136 页。

区别，邀请函实际上就是一种比较复杂的请柬，它使用范围比请柬更广泛，信息容量更大，除了起请柬的作用外，还有向被邀请者交代有关需要做的事情的作用。另外，请柬比邀请函庄重、典雅，表达的礼仪、情感色彩更浓一些。

在公关活动中，请柬/邀请函与其他公关文书不同，它有四个显著的特点，就是庄重、恭敬、典雅、简洁。尽管请柬和邀请函在一定程度上存在差异，但是其格式基本是一致的。

(二) 写作格式

1. 标题

正中写“邀请函/请柬”。如果请柬是折页纸，封面要设计精美的图案，“请柬”两字一般要做一些艺术加工，用美术体或手写体的文字，色彩可以烫金，也可以有图案装点等。邀请函可以由发文的原因和文种名称组成，如《关于产品新闻发布会的邀请函》。对于一般的邀约来说，可以直接从文化用品商店购买请柬，但是如果是重大的活动或是极具特色的专门活动，这显然是不够的，这时最好是自己设计，自己印制。

图 8-2

图 8-3

2. 称呼

要顶格写被邀请的单位或个人的名称，名称前加表示敬意的修饰语，如“尊敬的”、“亲爱的”等，名称后可加“先生”、“女士”等尊称。

3. 正文

交代所举办活动的内容、活动的目的、活动的时间、地点、方式，邀请对象及邀请对象所做的工作，如请准备发言、准备节目等其他相关注意事项。注意一般请柬是简短的表述，而邀请函要展开表达。

4. 结尾

要求写上礼节性的问候语或恭候语。如“敬请光临”、“祈请赐复”、“致以敬意”等。

5. 落款

要署上发文单位名称或发文个人姓名，另起一行署上发文日期。邀请单位还应加盖公章，以求慎重。另外，有些邀请函和请柬除其本身以外，还要有其他的附件。比如除了写清地址之外，另附一张路线图，这对于方便来宾来说也是必要的；再如请人参观展览或者音乐会可附入场券等凭证。

(三) 写作礼仪

请柬和邀请函的礼仪主要表现在制作、写作和发送的环节上，具体内容是：

1. 制作典雅别致、美观大方

一般公关请柬、邀请函的款式和设计要美观、制作要精巧,无论在款式上还是装帧设计上,都要注意其艺术性,使它不仅是一种实用的公关文书,更是一张漂亮的美术画片,即使人感到亲切快乐,又具有一定的观赏保存价值。同时,请柬和邀请函都是代表一个组织的形象,为了更贴切地体现组织的文化内涵,在请柬和邀请函的设计上可以特别加注组织的标识,这样,既可以更好地宣传组织形象,同时也让对方更容易记住组织名称。

2. 语言诚恳大方、礼貌典雅

邀请函和请柬都是告知性风格的文书,但又不同于通知带有命令式态度,所以措辞要热情、真诚有礼,力求达雅兼备,不要过分堆砌华丽辞藻或者套用公式化语言,竭力表达出邀请对方的盛情而不显浮华。需要注意的是如果需要被邀请人在活动中讲话,也可在请柬中写清讲话的内容,时间要求。

3. 涉及事项要准确无误

邀请函和请柬都是所邀请对象参与活动的依据,文中的时间、地点、人名等各方面的表述要准确无误。

4. 掌握好发送邀请函/请柬的时间

一般邀请函和请柬要在活动前提前发送,让被邀请者可以对各种事务有一个统筹安排的时间,而不会由于来不及准备或拿到邀请发文时已过期了而参加不了举办的活动。但是,一般不能发太早,太早容易让人忘记,要根据轻重缓急的程度和被邀请者居住地的远近综合考虑发送时间。最好在所要求时间的前 2—3 天送达。

案例 8-6: 邀请函

智慧协同　掌控由我

——2011 致远软件协同新品发布会

邀　请　函

尊敬的女士/先生,您好:

“智慧协同 掌控由我——2011 致远软件协同新品发布会”将于 4 月 20 日盛大召开。会上我们将为您倾情推出致远软件全新一代协同办公软件——A6-m 和移动产品 M1。为了凸显新产品之“新”,我们绝弃传统产品发布会的单调、被动与无聊,联手《开心麻花·甜咸配》编导关旭为您精心准备了一场情景剧,让您在超酷超炫的体验中感受新品的重要特性,在轻松幽默的氛围中,让您了解新品将如何改变您的工作和生活。

届时,每位到场的嘉宾都有机会获得非常精美的礼品。活动结束后,您还可以凭本邀请函免费欣赏精彩艺术展览,并可报名参加雅歌公益基金举办的《关爱员工能力发展计划》。

我们期待您的光临!

北京致远协创软件有限公司

2011 年 4 月

案例 8－7：请柬

尊敬的　何淑华　先生(女士)：

您好!

首先感谢您在过去的时光里对柯菲公司的关注和支持！感谢您对我们所有工作的理解和肯定！在此，总经理李华平携公司全体员工为您送上最真挚的问候和最衷心的祝福！

我公司将于 2011 年 12 月 13 日(星期二、农历十一月十九日)举行开业庆典，诚挚邀请您的莅临。

时间：2011 年 12 月 13 日　9 点 28 分

地点：浙江省台州市黄岩区柔极路 2 号

邀请人：李华平

浙江柯菲过滤器有限公司

2011 年 11 月 28 日

从以上的范文中可以看出，请柬的内容较为简约，只需说明会议或活动举办的基本要素即可，而邀请函内容翔实，需要详细介绍会议或活动的主要内容。另外请柬在款式和装帧设计上多追求精致、美观，邀请函则可忽略这些因素。请柬使用的范围更广泛，而在公关商务活动中，邀请函要更为正式。

二、感谢信

(一) 感谢信的含义

感谢信是得到某人或某单位的帮助、支持或馈赠后向对方的关心、帮助表示谢意而写的书信。当感谢信用于商务活动中的许多非协议的合同中，一方受惠于另一方，应及时地表达谢忱，使对方在付出劳动后得到心理上的收益，它是一种不可少的公关手段。

(二) 感谢信的写作格式

1. 标题

可在正中只写“感谢信”三字，也可加上感谢对象，如“致丛飞同志的感谢信”，还可再加上感谢者，如“张林全家致虹梅南苑社区居委会的感谢信”。

2. 称谓

开头顶格写感谢对象的单位名称或个人姓名，然后加上冒号，如果是感谢个人，则可以在个人姓名后面加“同志”或“先生”等尊称。

3. 正文

主要写两层意思，一是写感谢对方的理由，二是直接表达感谢之意。

首先，感谢理由。首先准确、具体、生动地叙述对方的帮助，交代清楚人物、时间、地点、事迹、过程、结果等基本情况；然后在叙事基础上对对方的帮助作贴切、诚恳的评价，以揭示其精神实质、肯定对方的行为。在叙述和评价的字里行间要自然渗透感激之情。

其次，表达谢意。在叙事和评论的基础上直接对对方表达感谢之意，根据情况也可在表达谢意之后表示以实际行动向对方学习的态度和决心。

4. 结尾

结尾要写上敬意、感谢的话,如"此致敬礼"或"再次表示诚挚的感谢",也可自然结束正文,不写结语。

5. 落款

写发文的单位名称或个人姓名以及成文的日期。

(三) 写作礼仪

1. 语言要精练、简洁

感谢信的遣词造句要把握一个度,切勿夸大其词、过分雕饰,否则给人一种华而不实的虚夸之感。要简练地把对方对自己或本单位帮助的时间、地点、原因、结果以及事情经过叙述清楚。

2. 说话要得体

感谢信要包含感激,既要符合被感谢者的身份,也要符合感谢者的身份。话要少,但在于精,要通过真诚、朴素的话语让对方感受到谢意和诚意。

3. 感谢信以说明事实为主,切勿不着边际地大发议论

案例 8-8: 致客户的感谢信

尊敬的客户及所有消费者:

您好!

十年绿洲十载情,在新的一年即将来临之际,为了感谢对鼎湖绿洲的支持与厚爱,我们全体员工向您表示衷心的感谢和美好的祝福!

鼎湖绿洲饮用水有限公司自成立以来,一直得到您的信任与支持,公司在过去十余年的发展历程中,一贯秉承"产品千万炼,服务客为先"的宗旨,以优质的产品,规范的经营,一流的服务在广大的消费者中赢得了口碑,产品在历次由政府权威监督机构组织的市场监督抽查中全部达标及格。

饮水思源,我们深知,绿洲所取得的每一点进步和成功,都离不开您的关注、信任、支持和参与。您的理解和信任是我们进步的强大动力,您的关心和支持是我们成长的不竭源泉。您的每一次参与、每一个建议,都让我们激动不已,促使我们不断奋进。有了您,我们前进的征途才有源源不绝的信心和力量;有了您,我们的事业才能长盛不衰地兴旺和发展。

在今后的岁月里,希望能够继续得到您和所有消费者的信任、关心与支持,欢迎您及所有消费者向我们提出建议和批评,我们将以诚心、诚信、真诚和热情为每一位客户服务。客户的满意是我们永恒的追求!我们将继续为您提供最真诚的服务,并不断努力做到"没有最好,只有更好"!

再一次感谢您的信任和支持!

祝您身体健康!阖家幸福!事业兴旺!万事如意!

此致

敬礼!

肇庆市鼎湖绿洲饮用水有限公司

2010 年 12 月 1 日

借着新年来临的际遇给广大消费者致谢，并对自己的发展进行新的展望是企业进行公关的强力手段，不仅让消费者有一种受到重视的感觉，对企业“饮水思源”的品质给予赞誉，更能清晰地看到企业的真诚，有利于塑造对消费群体对产品的追寻。

三、慰问信

(一) 慰问信的含义

慰问信是向对方(一般是同级或上级对下级单位、个人)表示关怀、慰问的信函。它是有关组织或者个人，以组织或个人的名义在他人处于特殊的情况下(如战争、自然灾害、事故)，或在节假日，向对方表示问候、关心的应用文。

(二) 慰问信的类别

慰问信包括三种类别：

1. 表彰慰问

上一级组织常常会对某些在组织发展中作出卓越贡献的个人和单位表示慰问。如慰问在抗洪救灾中保卫人民财产安全的人民解放军、公安干警，表彰其英勇行为和先进事迹。

2. 受灾慰问

慰问由于某种原因或突发事件(自然灾害、事故伤亡)而遭受重大损失的人民群众，对其表示同情和安抚，并鼓励他们战胜困难。

3. 节日慰问

这是组织公关文书最常用的。主要是指组织借着节日的气氛，向对组织建设的有功之臣，如老红军、离休老干部给予节日慰问；教师节向教育工作者表示节日问候和祝贺。

(三) 慰问信的写作格式

1. 标题

在正中写“慰问信”三个字，可加上慰问对象一起构成，如“给抗争救灾部队的慰问信”，也可以加上慰问者，如“温家宝总理致灾区人民的慰问信”。

2. 称呼

开头顶格写慰问对象的单位名称或个人姓名，然后加上冒号，如果是慰问个人，则可以在个人姓名后面加“同志”或“先生”等尊称。

3. 正文

慰问信的正文一般由三个部分组成，即：发文的目的，慰问缘由，关切的意愿。

首先，发文目的。该部分写清楚发此慰问信是代表组织或者个人向集体或个人表示慰问。

其次，本部分要概述对方的先进思想、先进事迹，或战胜困难、舍己为人、不怕牺牲的可贵品质和高尚风格，或者简要叙述对方所遭受的困难和损失，表达对此的关切程度。

再次，行文中要饱含对对方的钦佩或同情之情。

4. 结尾

用铿锵有力的语言给予对方一定的鼓励，表现出美好的寄望和决心。如“困难是暂时的，胜利最后一定属于我们”。

5. 落款

写发文的单位名称或个人姓名以及成文的日期。

(四) 写作礼仪

要根据所慰问的不同对象,确定其内容。对有重大贡献的组织和个人应该侧重于赞颂他们的功劳;对遭到暂时困难的组织和个人,则应侧重于向他们表示关怀和支持。尤其注意的是在慰问时切勿指责对方的过失,切勿勾起对方痛苦的回忆。

行文要诚恳、真切。要通过文字传达的情感充分体现出组织的关心和温暖,使受慰问者在精神上得到安慰和鼓励,增强克服困难的勇气和继续前进的信心。

语言要精练、朴实、亲切。可适当运用抒情的表达方式,切忌概念化、公式化的词语,也不宜套用刻板的公文语言。

案例 8-9:慰问信

联合社系统厂长(经理)们:

东风吹出千山绿,春雨洒来万象新。在新春佳节到来之际,向全社系统厂长、经理们献上节日里最诚挚的祝福!并通过你们向坚守在工作一线的员工和家属们表示亲切的慰问并致以崇高的敬意!

过去的一年是稳步发展的一年,在市委、市政府的领导下,联合社党委带领所属企业以科学发展观为指导,切实贯彻落实海西《规划》,继续"打好五大战役",融入福州工业跨越发展,统筹规划,群策群力,同心同德,规范管理,有效促进企业运转和谐稳定,员工收入逐步提升,企业各项工作取得了新进展,谱就了一曲可持续发展的恢宏乐章。这些成绩的取得与厂长经理们的开拓创新和广大在岗职工的辛勤工作分不开的,在此向你们表示衷心的感谢。

一元复始,万象更新,我们迎来了更加充满希望的 2012 年。2012 年是实施"十二五"规划承上启下的重要一年,也是在新的起点上加快推进省会中心城市建设的关键一年。在新的一年里,希望广大企业厂长、经理们继续增强使命感和责任感,按照市委提出的"建设开放、文明、和谐、幸福新福州"的目标,在"敢为"上动真格,在"能为"上下工夫,在"有为"上见实效,进一步解放思想,鼓足干劲,扎实工作,开拓创新,确保稳定,谋求发展,力求各项工作有新突破、新提升、新成效,为全面促进工业企业的科学发展、跨越发展而努力奋斗,以一流的业绩向党的十八大献礼!

祝大家新春愉快,身体健康,家庭幸福,万事如意!

福州市城镇集体工业联合社
二〇一二年一月十九日

对于员工的慰问,在企业中是特别常用的一种公关方式,从上面的慰问信中可以看到,通过对经理们的慰问,不仅仅是一种问候,更多的是对他们的所作所为进行了陈述,这样有利于员工了解他们的付出是被关注的,他们的辛劳是有意义的,从而更有利于员工努力工作,更好地实现自己的岗位价值,更好地为组织创造财富!同时,也能体现出组织与员工的良好关系，更好地塑造组织的形象。

四、表扬信

（一）表扬信的含义

表扬信是用来表彰某组织或个人的先进思想、先进事迹、高尚风格，用以弘扬正气的一种专用书信。这种信件可以是领导机关、群众团体表扬其所属的某一单位以及某一个人的，也可以是群众之间的互相表扬。表扬信可以使受表扬者受到鼓舞继续努力，同时也使广大群众得到教育，激发其以受表扬者为榜样，向着更好的方向发展。

（二）表扬信的写作格式

1. 标题

正中写“表扬信”。

2. 称呼

表扬信的称呼应在开头顶格写上被表扬的组织的名称或个人的姓名。写给个人的表扬信，应在姓名之后加上“同志”、“先生”等尊称，后边加冒号。若直接张贴到某机关、单位、团体等组织的表扬信，开头可不必再写受文单位。

3. 正文

首先，用概括性的语言着重叙述所要表扬事迹的发生、经过、结果及其意义，然后在叙述的基础上对行为进行评价、定论，赞颂行为的价值。

4. 结尾

该部分要提出对对方的表扬，或者向对方的单位提出建议，希望对某某给予表扬。

5. 落款

写发文的单位名称或个人姓名以及成文的日期。

（三）写作礼仪

叙事要实事求是，对所要表扬的人和事的叙述一定要恰如其分，既不夸大其词，也不缩小。

措辞要真诚恳切，文字要朴素精炼，篇幅不宜过长，否则成记流水账。

案例 8-10：关于对××同志的表扬信

“我在马路边捡到一分钱，把它交到警察叔叔手里面……”

当我们许多人打小起就哼唱这首童谣时，就知道捡了东西要归还的道理。千百年来，拾金不昧作为一项传统美德，就是这样在潜移默化中不断传承。而我公司加工车间员工××正是这一传统美德的传承者之一。

12月14日晚，××和几个同事去澡堂洗澡，洗完澡出来回宿舍的路上，××看见地上放着一个东西，他捡起一看是钱包，打开钱包内有人民币近千元和一张身份证。几个同事就说，今天可以好好吃一顿了，可××说：“不行，这不是我自己的东西，而且丢了钱包的人也一定很着急呢！”同事们都以为他要独享这笔意外之财。可没想到第二天一大早，他就把钱包和身份证交到了公司办公室，请求公司帮助寻找失主。

15日上午公司办公室和当地派出所联系，××亲自将钱包和证件交到民警手里，他说："东西丢了，失主很着急的，我们捡了要及时上交，送还人家。"面对金钱，××表现得很坦然。虽然，他的家庭并不富裕，上有老下有小，生活负担比较重，但当民警提出要他留下联系方式时，他说不用了，他交还物品并不需要别人的感谢，这是自己的为人准则。

"拾金不昧"其实是反映一个人、一个单位和一个地方道德水平的一面镜子。××同志拾金不昧的行为，充分表现出了一名普通职工的高尚人格品质和良好社会公德，也是我们整个公司的荣誉。公司主要领导在获知了此事后，做出批示，号召公司全体职工学习他这种拾金不昧的精神，为公司各项事业的发展作出自己应有的贡献。

××仪表有限公司

二〇一一年十二月十八日

对一个人或一个群体、一种现象的表扬，其实是想要号召更多的人、更多的事能以此为标杆去作为。这种激发式的作用是表扬信的最大特点，通过表扬，一方面能使当事人对所从事的充满干劲；另一方面，能使大多数人向其学习，有利于组织内部的凝聚、和谐，更好地实现公关目的。

五、祝贺信

(一) 祝贺信的含义、特点

1. 祝贺信的含义

祝贺信，它泛指在各种喜庆场合中对事情表示祝贺的言辞或文章。今天我们在使用的时候，无论是事情未果时表示的一种祝愿或者希望，还是事情既果时表示的庆贺与道喜，一般都合称为祝贺信。

2. 祝贺信的特点

(1) 感情的祝愿性

要用富有感情色彩的语言，充沛地表达出祝贺、祝愿的情意。

(2) 表达直陈性

祝贺词是在特定的社交场合当众宣读发表，直接陈述出祝贺的感情和希望。

(3) 语言的真挚性

言辞恳切，语气诚恳，表达演讲者真挚的祝福、祝贺、祝愿。

(4) 功能的鼓舞性

祝贺信既对对方的成功表示祝贺，同时更鼓舞人们的斗志，激发人们的再接再厉的感情，深化相互之间的了解与情谊，激励人们进一步加强团结与合作。

(二) 祝贺信的写作格式

1. 标题

祝贺信的标题一般在正中写"祝贺信"。也可以"致××公司的贺信"的形式为题。

2. 称呼

顶格写明被祝贺的单位名称或个人姓名，如是写给个人的，要在姓名后面加上相应的礼仪尊称，例如“同志”，称呼后加冒号。

3. 正文

首先，总结对方所取得的成就，客观的分析其成功的原因。然后，写明自己的祝贺之情，由衷地表达自己真诚的慰问和祝福，并对对方寄予更高的厚望。

4. 结尾

要写上祝愿的话，如“谨祝取得新的胜利”，“祝能取得更大的成就”。

5. 落款

写明发文的单位名称或个人姓名，并签署上成文的日期。

(三) 写作礼仪

祝贺信由衷地表现出对对方诚挚的祝福，所以要多用褒扬、赞美、激励之词，但是不可滥用，以免造成阿谀奉承之嫌。

内容要真实，立足于主客观方面分析对方取得的成绩，切不可空发议论。

语言精练，简洁明快。

案例 8－11：祝贺信

三一重工股份有限公司梁稳根董事长：

衷心祝贺三一重工进入全球500强上市企业名单，并成为中国机械行业唯一一家进入世界500强的企业。

贵司在您的领导下，秉承自强不息，产业报国的企业精神，企业由小变大，由弱转强，全面进入机械领域，产品水平达到世界一流水准，企业市值六年间增长了三十余倍。真正实现了“创建一流企业，造就一流人才，作出一流贡献”的企业宗旨，是机械行业的骄傲，民族工业的脊梁，我们学习的榜样。

我司福建龙溪轴承(集团)股份有限公司是专业生产经营关节轴承的上市公司，拥有全国唯一的关节轴承研究所和国家级关节轴承检测实验中心，是关节轴承国家标准和行业标准的起草单位。产品水平和质量水平居世界先进水平，产品品种数和产销量居全球第一。

感谢贵司长期以来对我司的关心和支持，贵司的“疾慢如仇，追求卓越”的精神，值得学习与效仿，我司将不断创新，不断超越自我，与贵司建立长期的战略合作伙伴关系，为贵司提供高性价比的产品与服务。

此致

敬礼！

福建龙溪轴承(集团)股份有限公司

董事长　曾凡沛

2011年7月18日

从例文中可以看出，祝贺信一般能加深彼此之间的关系，增进彼此之间的感情，尤其是组织在和对方有过合作或者建立合作的情况下，更利于为组织创造一个好的外部环境，有利于组织的发展。

六、致歉信

(一) 致歉信的含义

致歉信是写信人对未尽之事向收信人表示歉意,一般是因自己工作的失误或者拒绝对方的请求,从而引起对方的不快,以表示赔礼道歉,消除误解,增进友谊和信任的信函。

(二) 致歉信的写作格式

1. 标题

在行文正中写“致歉信”,或者具体表明“××致××的致歉信”,例如“蒙牛致消费者的致歉信”等。

2. 称谓

开头顶格写致歉对象的单位名称或个人姓名,然后加上冒号,如果是向个人致歉,则可以再个人姓名后面加“同志”或“先生”等尊称,如果是向广大公众道歉,可以加“尊敬的”尊称,如“尊敬的客户及所有的消费者”等。

3. 正文

首先要诚恳说明造成对方不快的原因,要向对方陈述自己不当行为给对方造成不利影响的歉意,或者无法答应对方不违常理的所托的原因。对不愿为的事,可声明自己的一贯主张,对不能为的请托,更应陈述理由,说明自己为什么不能为。并表示深深的歉意,请求对方的原谅和理解。

4. 落款

写发文的单位名称或个人姓名以及成文的日期。

(三) 写作礼仪

致歉信要写的及时。时间拖得太久才写就难以起到消除对方的误解、减轻对方的痛苦并给予对方安慰的作用,故而,致歉信的写作要“趁热打铁”,迎合人们的情绪需求。

致歉信要简要说明出差错的原因,并真诚地请求对方的谅解,要认同对方的感受,并给予安慰。值得注意的是,在某种特定的情况下可能要给予对方一定的赔偿,那么写致歉信时为了表示对于问题处理的重视程度,可以写:“经××研究决定××”。

切忌长篇大论,否则只会让对方觉得你在辩解。一定要明确致歉的目的是什么,希望得到对方的谅解,不要因为此事改变对你方的友好态度,希望对方一如既往地支持你方。

案例 8-12: 腾讯公司给广大网友的致歉信

尊敬的网友:

2009 年 1 月 5 日,国务院新闻办等七部门发起了整治互联网低俗之风专项行动。腾讯网因搜搜图片、相册栏目及个人空间对新增低俗内容删除不及时而被曝光批评,我们虚心接受此批评并高度重视,对于我们存在的问题和由此给广大网民带来的不便,腾讯公司表示最诚挚的歉意。

接到通知后,我们已迅速采取措施,进一步强化监管队伍、优化监管流程,加强对网络信息的监督和清理工作。我们郑重承诺：将尽一切努力，严格信息审查机制，对各种低俗有害信息做到防患于未然，为广大网友创造一个健康、和谐的网络空间。

为了更好地响应党和政府的号召，我们将进一步净化网络文化环境，保护未成年人健康成长，推动互联网健康有序发展，我们也真诚希望广大腾讯网友对我们的工作进行监督。广大网友可随时拨打0755－83765566或通过电子邮件alarm@tencent.com举报低俗信息，腾讯将第一时间核查处理。

腾讯公司

2009年1月6日

从例文中，腾讯公司揭露存在的问题，并对由此给网民带来的不便表示诚挚歉意，除此还对以后工作的全面性作出承诺，带着这样的诚意，不仅能得到对方的理解，相信还会收获到对方一如既往的支持。

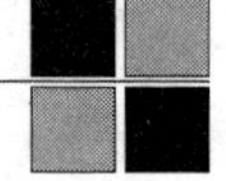

第四节　演讲类公关文书礼仪

演讲是指在公众场所以有声的语言为主要手段，以体态语言为辅助手段，针对某个具体问题，鲜明、完整地发表自己的见解和主张，阐明事理或抒发情感，进行宣传鼓动的一种语言交际活动。

公关演讲则是指组织成员或公关人员主要通过语言的表达，来发表自己的思想与情感，以此把公关信息传播给公众，将演讲者及代表的组织给公众留下良好与深刻的印象，让公众更进一步地了解演讲者及其所代表的组织。

公关演讲文书即是演讲的书面文本。这些文本按照不同的公关场合大致可分为公关主题演讲词、欢迎词、欢送词、答谢词、祝酒词等。不同场合的公关演讲词有不同的礼仪要求，组织成员或公关人员应当注意遵守相应的公关礼仪规范。

一、公关主题演讲词

（一）公关主题演讲词的含义、特点

1. 含义

这里讲的主题演讲主要是指在特定公关活动中，组织成员或公关人员为了树立组织良好的形象，争取公众的对组织的了解、支持，面向公众而发表的公开演讲。据此而形成的书面文稿即是主题演讲稿，所以，它是有声语言，是书面化的口语。一般在集合、会议等公开场合发表。

2. 特点

主题演讲是一门艺术，它不仅带着塑造组织形象的任务，更是增强组织内部凝聚力的有力手段。主题演讲有它自己的特点。

(1) 针对性

主题演讲是组织根据社会的客观需要和听众的要求来安排演讲的内容,所以演讲稿要有明确的主题,有针对性地阐述组织的目的。

(2) 传声性

主题演讲是将书面语言转化为有声的口头语言的过程,因此主题演讲稿所具有传声性是它的重要特点。

(3) 鼓动性

演讲本身是一种有声的感染艺术,它需要以情感人,以理服人。而演讲稿作为演讲的依托,必须用文字把情感融汇到稿子里,使其形象、生动、富有感染力,通过鼓动性的语言来影响听众,最后达到听众同意并采取行动以支持公关人员的观点。

(4) 真实性

公关人员撰写的演讲稿内容必须是真实的,因为公关人员演讲本身就是组织的形象或组织的产品、服务等向公众进行宣讲,不能说一套,做一套,只有内容的真实性,才能赢得公众的信任与合作。

(二) 主题演讲稿的写作格式

主题演讲稿的结构一般包括标题、称呼、开头、主体、结尾五个部分。

1. 标题

主题演讲稿的标题不同于一般文书,它的标题应是演讲者和听众思想沟通的共鸣点,同时是听众选择听讲与否的关键。一般来说是对论题内容、形式、风格等的直观表达。一个新颖而富有吸引力的标题,不仅能在公关演讲前激发听众的兴趣,还能在演讲后留给听众深刻的印象,有利于组织形象的塑造。可以说题目的选定对公关演讲效果起着至关重要的作用。因此,公关演讲中应选取一个有吸引力的标题。

2. 称呼

在演讲中,称呼尤其重要,首先,要考虑听众对象,称呼要根据与会者的身份而随之变化,一般而言,泛用"女士们、先生们"、"同志们"、"各位领导"等;但如果有重要的客人或者嘉宾在场,务必要特别提起,最后,为了表示对与会者的尊敬与重视,可在称呼前加"尊敬的"、"亲爱的"等敬辞。

3. 开头

主题演讲带有强烈的目的性,故而通过精彩的演讲来吸引听众的注意,"第一印象"至关重要。瑞士作家温克勒说:"开场白有二项任务:一是建立说者与听者的同感;二是如字义所释,打开场面,引入正题。"好的演讲稿,一开头就应该用最简洁的语言、最简短的时间,把听众的注意力和兴奋点吸引过来,抓住听众的注意力和兴趣,然后再清晰地阐述主要观点,得出强有力的结论。

在公关演讲的开头要注意紧扣主题、适合听众心理和意境,切忌讲一些毫无必要的客套话,诸如"水平有限"、"欢迎批评指正"等,这些名为谦虚,实则虚伪。更不能讲空话、套话,"在××领导的关怀下,我们发展的形势一片大好"等只会弄烦听众,最后东拉西扯、离题万里也是万万要不得的。

知识链接 8－1：演讲稿开场“八字法”①

奇思妙语，出人意料；
即景生情，巧妙过渡；
幽默自嘲，营造气氛；
制造悬念，激发兴趣；
讲述故事，自然入题。

4. 主体

演讲词的主体就是演讲的中心内容所在，一篇演讲稿是否内容充分，论证严密，主要看这部分写得怎样。在纂写演讲稿时要求紧扣演讲主题，陈列的观点鲜明，逻辑严密，通过真挚的感情构筑演讲的“高潮”，入情入理，论理充分自然。

公关演讲旨在说服，作为中坚力量的主体部分，要紧扣开场白，突出公关演讲的重点，注意处理好划分段落之间、前后内容的过渡与照应。

5. 结尾

古人云“结句当如撞钟，消音有余”，一篇好的公关演讲稿，如果开头、正文都很精彩而结尾平淡无奇，那么就会功亏一篑，影响整个演讲效果。

主题公关演讲的目的或是加深认识，提高题旨；或是鼓舞斗志，促使行动；或是抒发感情，感染情绪；或是富有哲理，发人深思。总之，结束语应给听众以深刻的印象，收拢全篇，首尾呼应。常见结尾有以下三种：

(1) 总结式。即在演讲的最后，简短、有力地总结归纳自己的见解、主张，强化演讲的中心内容，以给听众留下深刻的印象。

(2) 号召式。即在演讲结束时，提出希望和要求，发出呼吁、号召。

(3) 出发式。即在结尾时，提出问题，启发听众，使之留有思考的余地。

无论以何种形式，切忌公关演讲稿平淡无力、草草收场、虎头蛇尾、画蛇添足。

(三) 写作礼仪

公关主题演讲词的写作应当注意如下礼仪规范：

第一，主题突出。主题演讲稿要有一个明确的主题，并且能运用多种论据，融合各种手法，证明中心论点，突显主题，清晰层次，达到过渡自然，衔接紧密，浑然一体。

第二，行文起伏。主题演讲不能平铺直叙，罗列数据，要充分利用各种技巧，使行文富有变化，波澜起伏，具有感染力。

第三，结构简单。演讲的内容是通过语言传达给观众的，因此结构不能太复杂，否则会引起听众的反感，所以演讲稿不宜写得过长，适可而止。

第四，感情真挚、材料生动。如果说使人信服靠内容的充实和准确的话，那么要打动人则需要充沛的感情。这包含两个方面：其一，不管是宣传自己的策略和主张，还是介绍自己企业和产品，都不应纯是现象罗列，而应该包含着对自己企业和所追求事业的一片真情，而

---

① 周裕新：《公关礼仪艺术》，同济大学出版社 2004 年 2 月第 1 版，第 170—172 页。

这种真情的表达是要寓于论据和事实之中。那么,选择材料应具体、生动,切忌空洞的说教。其二,态度要宽厚、从容。公关主题演讲实际上是面对公众谈心,应该让正确的主张在娓娓动听的词语中,春风细雨般地传达到听众心中,最后引起演讲者与公众的心灵共鸣。

知识链接 8-2:演讲类型

★慷慨激昂式。一般用于政治和体育演讲。总调强烈而奔放,动作干劲有力,语言明快精悍,具有强烈的感染力和说服力。

★规劝动听式。一般用于介绍自身经历或成长过程,感情真挚,语言生动、内容得体,大多用一些小故事勾连起来,能抓住听众的注意力。

★传播知识式。一般用于介绍某学科知识和取得的成就,语言风趣、幽默,可适当穿插一些与主题有关的名人轶事等。

案例 8-13:网易首席执行官丁磊演讲稿

图 8-4 广州网易互动娱乐有限公司首席执行官丁磊在一次高峰论坛上的发言

在传统中实现创新

各位来宾、同行、媒体朋友大家下午好:

很高兴跟大家在今天分享一些想法,我的主题关注创新和传统。

今年的 Chinajoy 有点特别,虽然年年在上海,但是今年不寻常,因为今年有上海世博会的召开。1987 年巴黎世博会,31 岁的爱迪生带来他发明的留声机,当时荣获了当届世博大奖,翻阅世博百年这样的例子举不胜举,世博给我们的印象就是创新两个字,就是因为创新人们才有不断创新的理想。

今天在 Chinajoy 探讨的不仅仅是我们在做什么的话题,背靠世博百年舞台,我们有义务共同思考属于整个行业的重大课题,十年以后的中国游戏将何去何从,我们来推断我们今后要干什么,该干什么,我的答案就是创新。中国网游唯有创新才有自己发展之路,我希望呼唤大家的一些思考。

我们的工作,今年是网易游戏的第十个年头。

网易的游戏是坚持创新的十年,我们从诞生那一年就希望自己不断壮大,成为百年老店。我们的《梦幻西游》已经六年了,现在有70%的内容更新。上个月我们还推出了经典版和唯美版,希望满足不同玩家的需求。在3D方面也坚持突破,比如《天下Ⅱ》,让游戏空间更大的宏大,我们做《天下Ⅱ》前后历时六年,第一次推出我们感觉不理想,我们决心回炉重新做,从《天下Ⅱ》重新上市,现在反响不错,当年的所有牺牲是值得的。

我们愿意成为这个行业的守护者,我们立足传统,心平气和,不搏眼球,不哗众取宠,希望达到完美和统一这两个看起来矛盾的概念。

传承文化的担当,引领先进文化的担当,塑造和谐社会的担当,对中国下一代的担当。我们非常谨慎选择代言人,《梦幻西游》请的是周杰伦,我们非常关注他的个人品行,比如周杰伦工作敬业,孝敬妈妈,带有青春时尚感,我们希望选择代言人通过共同的价值观来推广真善美的文化,复兴中华文化。曾经是报纸后来是广播电视,现在网络和游戏可以成为这一使命的载体,我们希望把中国文化的精华挖掘出来,通过游戏时代化的方式体现,展示几千年的文化和价值观,让用户,尤其是未成年用户在娱乐的同时也可以接受文化的熏陶。

我脑海里面浮现出大家非常熟悉的卡通形象——功夫熊猫,它艰苦付出,走正道,学先进,最终成正果,网易愿意学习功夫熊猫,让我们为中国网游的明天共同努力。谢谢大家。

丁磊

2010年7月28日

二、欢迎词

(一) 欢迎词的含义

欢迎词,是指客人光临时,主人为表示热烈的欢迎而在活动场合所发表的热情友好的讲话(致辞)。

(二) 欢迎词的写作格式

1. 标题

在行文正中"欢迎词",或者在"欢迎词"前加欢迎仪式内容或活动庆典的名称;如"在××学术年会上的欢迎词"。

2. 称呼

要求写在开头顶格处,写明欢迎对象的姓名称呼,为了表示敬意,可以在称呼前加注"尊敬的"、"亲爱的"等敬语。如果来宾来自不同的领域,要尽力做到一一顾及,如果来访者中有身份或地位比较重要的人,一定要特别强调,让所有来宾都能感受到欢迎仪式的亲切、庄重和热烈。称谓之后通常加问候语"你们好"。

3. 正文

首先,开头用简洁的语言说明发言人以何种身份代表何种组织向宾客表示热烈的欢迎,诚挚的问候和敬意；接下来，欢迎词要概括以往取得的成就以及变化和发展，阐述来宾对于双方之间的合作所作出的贡献，并强调本次活动对宾主今后的友谊与合作交流的现实意义。然后，展望合作前景，表达美好祝愿。最后，再一次向来宾表示诚挚的欢迎，并预祝来宾作客愉快。

4. 落款

要签上致辞单位名称、致辞者的身份、姓名以及致辞的日期。

(三) 写作礼仪

欢迎词是出于礼仪的需要而使用的一种文书，因此要十分注意礼仪规范细节，切勿画蛇添足。具体而言，要注意以下几点：

1. 语言要朴实、热情、简洁，语气要亲切、诚恳，感情要真挚，宜多用短句。
2. 篇幅要精悍短小，回顾以往的叙述要简洁，切勿长篇大论，使人厌烦。
3. 感情要真挚，诚恳，恰到好处地表达出主人对宾客的尊重和礼貌。

案例 8-14：欢迎词

尊敬的各位领导：

大家下午好！

非常高兴迎来了各位领导、专家在百忙之中莅临我们风电场检查指导工作。各位领导、专家的到来不仅是对我们工作的检查指导，更是给我们提供了一次极好的学习交流机会。在此，我代表公司及全体员工对各位表示最真挚的感谢和最热烈的欢迎！

山西风电场由山西玉龙集团与北京新能投资有限公司共同投资兴建，项目设计总装机容量 100 MW，一期工程装机容量 49.5 MW，一期工程共安装 33 台单机容量 1.5 MW 的金风风力发电机组，设计年发电量 1 亿 kWh。

我们将以这次会议为契机，认真学习借鉴各方面的先进经验，取长补短，开拓创新，不断强化员工业务技能培训，建设一支业务精良、纪律严明、思想高尚、作风过硬的四有员工队伍，为推动山西新能源良性循环发展，为山西电力的长远发展建设，贡献一份力量！

最后，欢迎各位领导、专家多提宝贵意见。祝大家身体健康，万事如意，谢谢大家！

山西风电场厂长：××

2012 年 12 月 5 日

中国有句古话是“有朋自远方来，不亦乐乎”，所以致欢迎词当有一种愉快的心情，言词用语务必富有激情和表现出致词人的真诚。本案例中的遣词造句显示出了对来宾的真诚与热情，而不显得客套空白，这样让客人有一种“宾至如归”的感觉，为下一步各种活动的完满举行打下好的基础。

三、欢送词

(一) 欢送词的含义

欢送词，是指客人应邀参加了活动，主人为表达对客人的欢送之意在活动结束时的讲话。除应用的时间场合、行文内容不同于欢迎词外，二者并无实质性的区别，格式写法大致相同。

(二) 欢送词的写作格式

1. 标题

在行文正中“欢送词”，或者以活动内容和“欢送词”两部分共同组成。如“在××研讨会上的欢送词”。

2. 称呼

要求写在开头顶格处，写明欢送对象的姓名称呼，为了表示敬意，可以在称呼前加注“尊敬的”、“亲爱的”等敬语。

3. 正文

开头首先说明此时在举行何种欢送仪式，发言人代表什么身份向来宾表示欢送；接下来，要回顾双方交往的历程、取得的成绩，表达对宾客的由衷的谢意和殷切的赞美；最后，再次向来宾表达真挚地欢送之情，并表达自己对今后再次合作的心愿。

(三) 写作礼仪

1. 体现惜别性。欢送词是对来宾离去的感受，所以依依惜别之情要溢于言表，但是不要营造过于低沉的气氛把握好言辞的分寸。

2. 突出口语性。同欢迎词一样，语言要亲切、朴实、诚恳，注意使用生活化的语言，使送别既富有情趣又自然得体。

3. 注意简洁性。行文要言简意赅，篇幅不宜过长。

案例 8－15：欢送词

尊敬的××先生：

再过半小时，您就要起程回国了。我代表×××集团公司，并受×××副部长之托，向您及您率领的代表团全体成员表示最热烈的欢送！

我十分高兴地看到，近一个星期以来，我们双方本着互惠互让的原则，经过多次会谈，达成了四个实质性协议，取得了令人满意的成果。在此，我们对您在洽谈中表现出的诚意和合作态度，深表感谢！我衷心地希望您和您的同事们今后一如既往，为进一步发展我们双方的经济贸易往来而不懈努力！

我们期待着您和您的同事们明年再来这里访问。

谨致最良好的祝愿！

×××集团公司总经理：×××
二〇一一年七月九日

这篇欢送词在向客人表达欢送之意的同时，突出了两方面的内容。其一是与客人会谈的所取得的成果、收获，表达感谢和祝愿。“近一个星期以来”一句，点明客人的访问时间长度。“再过半小时，您就要起程回国了”一句，又点明欢送的缘由。其二是主人的希望、要求和祝愿。全文感情诚恳，用语巧妙，语言精练，是一篇不错的欢送词。

四、答谢词

(一) 答谢词的含义

答谢词是对主人表示感谢之情的，一般是指特定的公共礼仪场合，主人致欢迎词或欢送词后，客人所发表的对主人的热情接待和多关照表示谢意的讲话。也指客人在举行必要的答谢活动中所发表的感谢主人的盛情款待的讲话。

(二) 答谢词的写作格式

1. 标题

在第一行居中的位置上写“答谢词”。一般要是强调事由，标题可以拟为致辞人＋事由＋文种，即“××在××会上的答谢词”或者省略性的“在××招待会上的答谢词”等。

2. 称呼

顶格写致辞对方的姓名、头衔，既可以是广泛对象，“女士们、先生们”、“朋友们”等，也可以是具体对象。称呼后加可加表示敬意的修饰语，“尊敬的”、“亲爱的”。

3. 正文

首先对主人的盛情表示由衷地感谢，并对对方的优越性予以肯定，表达出自己的荣幸与激动。这是答谢词的写作重点。另外，要对对方的情况做较详细的介绍，以示尊重。第三，应提出希望与之进一步发展关系的强烈意欲。

4. 结尾

用恳切之语再一次表达自己的感激之情。

5. 落款

致辞者的身份、姓名及致辞的日期。

(三) 写作礼仪

答谢词的写作应当遵守如下礼仪规范：

第一，感情要真挚、坦诚而热烈。

既然要“答谢”，就应该动真情、吐真言，这就是所谓“真挚、坦诚”；虚情假意、言不由衷或矫揉造作，只能引来对方的反感。

第二，篇幅要简短、语言要精练。

“话不在于多，而在于精”，把自己的表达凝聚在简约的语言之中，更易于别人接受而不会产生排斥反感之意。

案例 8－16：答谢词

尊敬的董事长彼特先生及夫人，女士们、先生们：

晚上好！此次中国××有限公司赴法国考察代表团一行7人来到贵公司进行业务考察和商洽合作事宜，受到贵公司的热情接待和友好款待，我谨代表中方代表团向董事长彼特先生及夫人，以及有关接待人员表示衷心的感谢。

通过这次参观考察和业务谈到，我们对法国同行的一流的生产技术、先进的工艺设备和管理水平感到由衷的敬佩，特别是对贵公司开诚布公、真诚协商、友好合作的谈判态度和工和作风留下了深刻印象，使我们最终确立了合作的初步意向。我们回去后，将进一步认真研究合作方案，尽快与贵公司达成合作协议，实现双方的友好合作。

明天，我们即将结束此次考察行程，启程回国，在此，我谨代表我的同事，并以我个人的名义，对贵公司在我们访问期间所给予的热情款待再次感谢。最后，祝董事长彼特先生与夫人，以及在座各位朋友身体健康！

祝贵公司兴旺发达！

祝中国××有限公司与法国××有限公司合作成功！

祝中法两国人同的友谊万古长青！

中国××公司总经理：××

2011 年 10 月 9 日

从例文中可以看出，对于公关活动中的答谢词，不仅仅是为了感谢对方的招待，更多的是通过对对方的赞颂，融洽彼此之间的感情，从而实现更好地合作。

五、祝酒词

(一) 祝酒词的含义

祝酒词是在酒席宴会的开始前，主人对宾客表示热烈的欢迎，亲切的问候，诚挚的感谢，并表示衷心祝愿的应酬之辞，是招待宾客的一种礼仪形式。

(二) 祝酒词的写作格式

1. 标题

第一行正中写“祝酒词”，或者可以由致辞者、活动内容与文种一起构成标题，如“××在××宴会上的祝酒词(讲话)”。

2. 称呼

称呼一般用泛称，可以根据到会者的身份来定，如“各位女士、各位先生”、“朋友们”、“同志们”等。为了表示热情和亲切、友好之意，前面可以加修饰语“亲爱的”、“尊敬的”、“尊贵的”等。

3. 正文

致词人(或代表谁)在什么情况下，向出席者表示欢迎、感谢和问候；谈成绩、作用、意义；展望未来，联系面临的任务、使命。

4. 结尾

常用礼节性的言语来结尾，例如“请允许我，为谁、为什么而干杯”。“让我一起举杯，祝愿××”。

(三) 写作礼仪

祝酒词的写作应当遵守如下礼仪规范：

第一，篇幅要简短，突出祝愿性，主要表达对合作的美好祝愿。

第二，语言强调口语化，用充满热情而风趣幽默的语言，来活跃宴会的气氛，令客人感到轻松愉悦。

案例 8－17：在新年晚会上的祝酒词

各位女士、各位先生、各位朋友：

大家晚上好！喜悦伴着汗水，成功伴着艰辛，遗憾激励奋斗，我们不知不觉地走进了2012年，今晚我们欢聚在××公司成立的第10个年头里，我和大家的心情一样激动。

在新年来临之际，首先我谨代表××公司向长期支持和关心公司事业发展的各级领导和社会各界朋友致以节日的问候和诚挚的祝愿！向我们的家人和朋友拜年，我们的点滴成绩都是在家人和朋友的帮助关怀下取得的，祝他们在新的一年里，身体健康，心想事成！向辛苦了一年的全体员工将士们拜年！感谢大家在2011年的汗水与付出，用你们辛勤的汗水浇铸了××不倒的丰碑。借此机会，我向公司各条战线的员工表示由衷地感谢！

展望2012年，公司已经站到了一个更高的平台上，新的一年，公司将继续遵循“市场营销立体推进，技术创新突飞猛进，企业管理科学严谨，体制改革循序渐进”的方针，并在去年的基础上继续深化，目的只有一个：全面提升公司的核心竞争力。我相信2012年是风调雨顺，五谷丰登的一年，××公司会更加强盛，员工的收入水平一定会更上一个台阶。

雄关漫道真如铁，而今迈步从头越，让我们以自强不息的精神、团结拼搏的斗志去创造辉煌的业绩！新的一年，我们信心百倍，激情满怀，让我们携手起来，去创造更美好的未来！干杯！

×××

2012年1月3日

在公关活动中，祝酒词不仅能活跃宴会的气氛，更是能通过这个环节，让大家都看到取得的成果，付出的努力，对未来发展的展望。

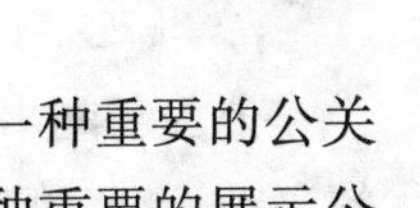

第五节　新闻稿类公关文书礼仪

新闻传播媒介是现代公共关系实务中最重要的沟通工具。新闻稿则是一种重要的公关书面语言，在当今各类组织的公关活动越来越丰富的情况下，新闻稿作为一种重要的展示公关形象的书面媒介，也越来越凸显它的重要性。

撰写新闻稿，发布与组织相关的重要讯息，是组织利用新闻传播媒介对公众施加影响的重要手段，也是组织与新闻界各重要媒体保持密切联系的纽带和桥梁。

一、公关新闻稿的含义及特点

(一) 公关新闻及公关新闻稿的含义

公关新闻必须是以树立组织的良好形象为出发点，是公关主体把组织新近发生的、为内外公众所普遍关心的重要事件及时报道给内外公众的文体。公关主体借助报纸、刊物、广播、电视和自办传播媒介向内外公众报道公关信息。

公关新闻稿一般都由公关主体的专职或兼职公关人员撰写，是以组织的身份表述，以目标公众为宣传对象，是有利于建立和发展与内外公众的良好关系，提高自身的知名度，以争取内外公众的理解、合作与支持，创造最佳环境，树立组织自身在公众中的良好形象的文字作品，包括提供给各媒体的消息和通讯。

（二）公关新闻稿的特点

尽管新闻类型有很多种，但它们都有共同的特点，公关新闻也不例外。这些特点主要是：真实性、时效性、准确性、简明性、接近性。

1. 真实性

真实是新闻的生命。真实性是新闻稿最基本、也是最重要的特点，新闻稿件必须坚持一切从实际出发，实事求是、主观与客观有机统一的原则，真实、准确、全面地反映组织实践活动中的事实。用事实说话，是新闻写作的一个基本要求，它不同于文艺创作，不允许虚构和想象。对于事实的背景和历史条件，以及事实本身具体细节、具体场面等的表现，都不能随意编造；对事实的说明和解释，也必须符合事实的本来面目，不能有任何曲解和掩饰。公关新闻一旦失实，它的生命也就终止了。

2. 时效性

新闻讲究时效性，它所报道的内容只有在一定时间内所发生的事情方可能被新闻媒介聚焦，故写作要迅速及时，这样才能有吸引力，起到有效传播信息的作用。新闻的时效是新闻报道价值的体现。

3. 准确性

新闻事实中的时间、地点、人物、事件、因果等都必须真实、准确。作品中引用的各种资料，如数字、史料、背景材料等也必须确切无误，这些情况若有出入，将会带来许多不必要的麻烦。

4. 简明性

新闻的简明性即用最简洁的文字，写出充实而精彩的内容，能真正达到通俗明了、简洁凝练。

5. 接近性

公关新闻事实与受众在心理上、利益上、地理上、职业上的距离越近，就越容易引起受众的兴趣，新闻价值就越高。

二、公关新闻稿的类别

公关新闻有广义和狭义之分，广义的公关新闻是新近发生的公关事实的报道，狭义的公关新闻仅指公关消息。本节所述的是狭义的公关新闻。

从不同的角度可以分出不同的类别，从公共关系对媒体的要求来看，公关消息大致可以分为以下几种：

（一）动态新闻稿

动态新闻是对已经发生，正在发生或将要发生的事件，迅速、简明的报道。这种新闻要善于抓住事件的新动态，发现事物的新闻价值。这种新闻大致可以分为三种，一是对已经发生的独立的事件的报道。二是对连续性事件中一个阶段的报道,即许多这样的动态新闻连起来,就是一个事件发展的完整过程。三是对将要发生的事件的报道。动态新闻是新闻报道中最常见的,它最大的特色是短、快、新,是各类新闻的"先行官"。

(二) 简明新闻稿

简明新闻又称简讯、短讯,也属于动态新闻,只是文字更加简短。它以最快的速度将事件的简要情况或事件的结果报道出来,这种报道形式一般没有导语、结尾等成分。

(三) 综合消息稿

这种新闻围绕一个主题,集中地报道一个企业,一个单位的有关信息,覆盖面大,观点集中,材料充分,点面结合。

(四) 典型报道稿

典型报道又称经验报道,是专门对组织或主要报道某个组织,某个地区在工作中取得成功的典型、方法,这种新闻往往具有指导意义,因此写作时应有针对性、说服力。

此外,新闻种类还包括评述性新闻、通讯稿、特写性新闻、公报式新闻、答记者问。

知识链接 8-3: 新闻题材的挖掘①

一个组织的活动中会发生许许多多,纷纭复杂的事情,但是并非所有的事情都能成为有价值的公关新闻。就一个企业来说,一般可以从以下几个方面挖掘新闻题材。

1. 企业的庆典,如企业大型奠基典礼、开业典礼、举办的各种有意义的纪念活动或庆祝活动;厂名、厂徽、商标的更换等。

2. 企业的新成就,如某种产品或技术在某项评比中获奖;企业在产值、销售、利润等经济效益的大幅度提高;企业产品打入了国际市场;添置了某项引起人们兴趣的新技术设备等。

3. 企业与社会的关系,如国家、地区的领导人或社会各界知名人士到企业参观、指导工作、发表讲话或题词;企业积极参加社会公益活动、热心社会福利的良好表现等。

4. 企业的管理和改革,如企业高级管理人员的变动;企业改革方面的成功经验;企业积极提高职工素质所采取的新政策;企业对各种突发事件、特殊情况的妥善处置等。

5. 企业中各类人物的活动,如员工获得了某项特别的奖励,为企业争得荣誉;员工的学习、娱乐、保健等有特色的活动;员工优良的服务态度、与名流交往的情况等。

三、新闻稿的写作方法

一般来讲,新闻有五大部分组成:标题、导语、主体、背景、结尾。

(一) 标题

公关新闻的标题是新闻内容的概括、主旨的浓缩,它是新闻的眼睛,可以吸引读者的注意力,为读者选择新闻提供路标,在实现新闻目标的过程中发挥着重要的作用。

新闻的标题常常由引题,正题和副题多行标题组成,正题就是新闻的主题目,也叫实题。

① 彭小平,韩红:《实用公关文稿写作》,中国水利出版社 1998 年版,第 126 页。

它反映的是新闻的主要事实或中心思想。引题也叫眉题或肩题,标在正题上面,用以引出正题,往往起交代背景、烘托气氛的作用。副题也叫子题或辅题,标在正题下面,它是正题的补充,往往是一则新闻的主要事实或结果的提要。

不是所有的新闻都必须由三行标题组成,为了表达新闻主题的需要,有的只有正题,有的只有两行标题,或由引题和正题组成,或由正题和副题组成。

(二) 导语

导语是公关新闻中具有可读性或启发性的富有吸引力的开头。一般是新闻的头一句话或头一段话。主要用简洁的语言概括新闻的主要内容,并指示新闻主题。它将新闻事实中最重要、最精彩、最生动的部分置于消息之首,以便公众能迅速抓住消息的主旨。导语是指导和吸引公众阅读消息的媒介,导语写得好坏,直接影响消息的传播效果。

导语的写法很多,常见的主要为叙述式导语,疑问式导语,评述式导语,摘要式导语,描写式导语。尽管导语有许多类型,但写导语时一定要灵活多变,不能死搬硬套,落入俗套。

(三) 主体

主体是新闻的主要部分,进一步报道新闻的具体事实。揭示事实的主体思想,或回答导语提出的问题。由于主体是新闻的中心部分,因此在写作时一定要围绕中心,编排材料,做到层次分明。材料的安排一般要按照逻辑顺序,有时按时间顺序。无论哪种安排,都要写得结构合理,条理清晰,简洁明了,以达到充分揭示主题的目的。

(四) 背景

背景材料是新闻所报道的事实形成的时间、空间条件以及产生的原因,也就是有关新闻事件的历史和环境的材料。因为任何事情都不是孤立存在的,都具有它的发展变化过程,都与周围的事物发生联系。因此,在消息中写这些方面的情况,有助于读者明白其来龙去脉。认识其意义和作用。背景不是新闻的独立部分,它可以放在导语之后,也可以暗含在主题中间,也可以放在结尾部分。

(五) 结尾

结尾是新闻的结束语。好的结尾,可以增加消息主题的深度和消息的信息量,增强消息的可读性,也可以起到深化主题,发人深思,耐人寻味的作用。常见的消息结尾方式有总结式、激励式、提问式、评论式、自然式、号召式等。

四、新闻稿的写作礼仪

(一) 主题明确

公关新闻与通常的新闻还是有差别的,并非所有具有新闻价值的事件都可以作为公关新闻。公关新闻必须以树立组织的良好形象为出发点。因此撰稿的公关人员要根据公关活动的总目标,深入挖掘主题,抓住实质问题,较好地突出新闻点的价值,以便更好地选择与组织素材。

(二) 内容完整

公关新闻稿的要素可概括为“6W”,即 When(何时)、Where(何地)、Who(何人)、What(何时)、Why(何故)、How(如何),在写作时未必全部列出,但是也要做到有头有尾,布局合理，把公关事实论述完整以达到稿件所要达到的整体效果。

（三）语言精练

用语要简洁精练，切忌拖沓冗长，不能使用模糊性、歧义性、缺乏思想内涵的语言。论述中，段落分明、使用短句、排版清爽，切忌偏离事实、交代不清、内容空洞。

（四）要抓有感情色彩的东西。情能感人，要善于把人的喜怒惊思忧悲恐的感情恰到好处地表达出来，让情融于事中，使情满而不溢。

（五）要运用较多的描绘手法，把已逝的情景写得栩栩如生，但必须严格遵守新闻真实性的原则，不能夸张、虚构，更不能合理想象。

案例 8－18：蒙牛 13 年来首次换包装，只为点滴幸福

2012 年 9 月 20 日，蒙牛集团在北京召开品牌新形象发布会，公布了名为“只为点滴幸福”的新口号，以及新的主视觉、品牌广告及产品包装。首批更换新包装的产品包括纯牛奶与基础功能奶两大品类，它们将在全国市场同步切换。据悉，这是蒙牛集团成立 13 年来首次大规模的形象切换。

蒙牛总裁孙伊萍在活动上表示，蒙牛要从每一滴原奶的品质抓起，让更优质安全的乳制品创造的点滴幸福陪伴着每一个家庭，这是蒙牛工作的价值之所在，也是蒙牛的使命。蒙牛发布的新形象、新理念不是单纯外在的视觉转变，而是蒙牛对企业使命和核心价值观的回归和重温。

据悉，自 9 月 21 日起，蒙牛将在全国 100 余万个销售网点逐步上架新包装牛奶，“点滴秀幸福”的大型消费者互动活动也同步在全国 300 个城市开展。

在三聚氰胺食品安全问题的风口浪尖上，蒙牛打出了新的旗号，引起大众对其“革面”更需“洗心”的大讨论，不仅又一次吸引了大众的眼球，更是体现了企业对于社会责任的解读，有利于重塑组织形象。

★★★★★ 本章小结 ★★★★★

公关礼仪文书是组织在公关活动中不可缺少的情感交流纽带，它不仅仅要求知道注意什么样的礼仪，更重要的是在撰写中能够全面详实地把握。本章节主要探讨了公关礼仪文书的含义、特点、写作要求等问题，并介绍了几种常用的公关礼仪文书的写作范式和礼仪要求。

在这个信息高速发展的社会中，作为一个现代的公共关系工作者，必须具备相应的专业写作能力，要能够按照业务工作的需要，及时、准确和得心应手地撰写各类公关文稿，高效地把大量信息输送到人们生活与工作的各种领域，以利于公众更好地了解组织，塑造组织良好形象！

★★★★★ 章末思考题 ★★★★★

1. 如何理解公关礼仪文书的情感性特点？

2. 公关文书礼仪有什么语言上的要求？
3. 公关简报有哪些种类？
4. 公关日志的作用是什么？

★★★★★ 案例分析 ★★★★★

装错的请柬

王芳是天地公司的销售秘书。这天销售部经理交给她一项任务，为了庆祝公司成立4周年，将举办大型客户联谊会，以宣传公司形象，增进与各地客户之间的联系。届时，将举办一系列的庆典活动，销售经理列出了邀请名单，让王芳负责拟请柬并按照名单发送。王芳上街买了精美的请柬若干，按照名单填写好之后急忙寄出。由于填写时忘记了写上每人的桌号，并且有几个信封由于匆忙装错了，所以到庆典当天，宴会厅里好多人找不到自己得座位，有些客人由于收到了不是寄给自己的请柬而没有出席，使得这次庆典活动的效果大打折扣。公司领导对此十分恼火，王芳心里则惴惴不安，她不知道会有怎样的命运等待着自己……

案例思考题：

1. 发送请柬时应该注意什么礼仪？
2. 怎样才能避免类似错误的发生？

第九章
网络公关礼仪

学习目标

- 了解网络公关礼仪的含义与特点；
- 熟悉各种网络平台的运行与操作；
- 掌握各种网络公关礼仪的规范与要求。

开篇实例

神曲效应

图 9-1 鸟叔凭借一曲《江南 Style》在全球大红大紫

一首《江南 Style》自 2012 年 7 月中旬在网上推出以来，MV 点击率超过了一亿，于 2012 年 12 月 21 日迎来了在 YouTube 网站 10 亿次点击量的里程碑，是韩国历史上关注度最高的流行音乐，直到现在还霸占着韩国各大音乐榜单的首位。甚至是美国的流行乐坛，也被这首神曲所征服，在美国的流行音乐排行榜上，《江南 Style》成了首个夺取冠军的韩国歌曲，甚至连美国乐坛当红歌星贾斯丁·比伯的新歌，都甘拜下风。包括小甜甜布莱尼、"水果姐姐"凯蒂·佩里、好莱坞影星安妮·海瑟薇都是鸟叔的忠实粉丝。甚至，引起商业和政治领导人的注意，包括联合国秘书长潘基文也承认这首歌曲"为世界和平带来强劲力量。"在联合国总部大楼会见 PSY 时，潘基文说道："你知道，联合国的一些谈判很艰难。遇到这种情况，我就想如果放一下《江南 Style》，每个人都开始跳舞。也许你可以带来联合国 style。"2012 年 11 月，美国现任总统奥巴马表示："我觉得我也能跳骑马舞。不过我觉得在就职典礼上跳这个舞并不合适。也许我会私下里给米歇尔跳跳。"据报道，《江南 Style》的 MV 中，大叔模样的朴载相，被一群帅哥美女簇拥着，在豪华的马场、桑拿房、游艇、室内网球场里，跳着无厘头的"骑马舞"，而且，他动作夸张却一本正经，派头十足又滑稽可笑，时不时甩出一句"Oppan Gangnam Style"，昭告天下"哥是无敌江南范儿"；所以，《江南 Style》是凭借其深刻的思想内涵以微博的力量来火遍全球；因而，在全球化的国际社会中，可以通过微博以最快速度的夺人眼球、让全世界观众都能参与进去。

韩国鸟叔在短短几个月的时间内，全球家喻户晓，上至政界大腕下至平头百姓，人人趋之若鹜，竞相模仿，势头旺盛，不可阻挡。这足见网络传播已经日渐成为影响人们生活方式的重要途径。目前,组织网络公关如雨后春笋般层出不穷。而在组织网络公关中,组织与公众在网上沟通状态是否良好,则与组织网络公关礼仪有关,因为礼仪可以为网络公关传播与交流提供良好的渠道与方式,如此有利于组织在网络中与公众进行友善和谐的沟通,从而在网络中塑造组织良好的公关形象。

第一节 网络公关礼仪概述

随着信息技术的不断发展和计算机应用的普及化,网络在人们的生产、生活中扮演着越来越重要的角色,它开始深刻地改变着人们的生活、思维、知识和文化,大大加快了知识经济和信息时代的形成、发展。网络已逐渐成为组织执行任务时所使用的一种高效便捷的基本工具。

随着网络的普及以及社会公众对网络的使用越来越频繁,网络对社会的舆论导向,对公共事件的评价都有巨大的影响力。网络已经成为消费者对某一品牌或商品影响、评价的第一来源,而且网络上信息传播迅速,短时间内就能产生巨大的影响力,网络日益成为组织日常公关活动的主阵地。网络公关的作用极为显著,它不仅可以扩大对外宣传,树立组织良好形象,而且网络宣传成本相对较低、针对性强、效率高,对于组织口碑的形成也有重要推动作用。

此外,网络公关意在为改善、促进公众关系和谐发展,在利用互联网传播方式的同时以互联网的形式跟公众交流互动,接受网民建议,用互联网铭记组织与个体真实的历史。

一、网络公关礼仪的含义

(一) 网络公关的含义

所谓网络公关(public relations on line),又叫线上公关或 e 公关,它不仅是借助网络平台来开展传统的公共关系活动,更重要的是它是依托网络平台和网络技术,来实现组织特定公关目标的一种传播管理。网络公关即是指社会组织为了塑造组织形象,借助互联网络,为组织收集和传递信息,在电子空间中实现组织和公众之间双向互动式的全球沟通来实现公关目标,影响公众的科学与艺术。开展网络公关的组织需要通过自身网站、网络新闻媒体或者相关的网络信息中心对公众施加影响,以达到宣传组织、促进沟通、树立良好形象的目的。

(二) 网络公关礼仪的含义

“网络礼仪”的词汇来源于 netiqueue,是 network(网络)与 ettqu 以 te(礼节)的结合,是伴随着人们对互联网的使用而逐渐发展起来的在线行为规范,是现实生活中的礼仪迁移到网络情境下所产生的新名词,是一般礼仪的网络延伸。网络礼仪是网络文明行为与文明程度的标志和尺度。

网络礼仪既可以表示对他人的尊重,又可以展现自己使用网络时的负责态度,还可以避免产生误解或给他人带来不便。网络礼仪要求网络使用者遵守“网络公约”,做一个有礼貌、有教养，既懂得保护自己，又避免伤害他人的“网络公民”。而网络公关礼仪是指组织利用互联网这一现代传播媒介实现与受众之间的信息沟通，开展公关活动，塑造组织良好形象过程中所应遵循的礼仪规范。

在网上，由于地理位置的消失，出现了“地球村”、“中国村”的概念，打破时间、地域的限制，为现代生活开拓了五彩的虚拟空间，然而在这个空间里存在的人还是现实的，那么行为规范就要符合人们网络交往的需求，因此，作为公关人员，为了更好地提升组织形象、树立良好信誉、赢得受众信任，掌握一定的网络公关礼仪显为重要。

二、网络公关礼仪的特点

(一) 时代性

网络公关礼仪是伴随着网络公关的发展而产生的，它作为一种新的行为规范是会随着社会的发展而发展，随着时代的变化而变化的，具有超强的时代性。随着网络公关的不断完善和发展，尤其是经济全球化时代，人际交往越来越频繁，很多组织都开拓新的网络资源来发展自己的业务，通过多渠道来提升自己形象，增强与受众的良好互动交流，如电子留言板、聊天室、网上论坛、微博、微信等。这样促使网络公关礼仪不断拓展范围，完善内容。

(二) 地域性

不同的国家、不同的民族或者同一国家的不同地方，都有着不同的礼仪规范，有的甚至截然相反，网络公关礼仪也是如此。尤其是互联网是从西方传输进来的技术，很多设置更多的是从西方的习惯和文化出发，基于东西方文化的差别，呈现了各自的地域特色。如在电子邮件中，中西方格式要求不一。地域文化的不同，礼仪也有不同，组织公关必须应当注意这个特点来开展公关活动。

(三) 针对性

网络公关礼仪具有明确的指向性，即针对性。主要是在网络公关中，公关客体在整个公关过程中的地位得到了很大的提高，网络互动的特征使得受众者真正参与到整个公关过程。对同一个事件、同一个策略，每个受众者都会有不同的感受、评价和行为，面对多方位的受众组织要设定不同的礼仪规范。

(四) 弱强制性

从一般礼仪的特征来看，礼仪都具有不同程度的强制性，是规格化的行为方式，在某种程度上必须“执行”、“遵循”，而网络公关礼仪基于网络本身的行为特点，不同于一般礼仪是面对面的接触，你的一切言行举止都在别人的视线监督下，它表现得更具有自主性和自由度。在今天，网络礼仪和规范很大程度上，只是对“在线”网民的一些建议，由此，它的“弱”可想而知。

(五) 不成文性

网络公关礼仪是新生的礼仪范式，它没有通过条文成形，只是把现实中的礼仪要求移植到虚拟的交往环境中。但是你必须感觉得到，你面对的不是冷冰冰的电脑屏幕，而是网络中许多活灵活现的生命体，网络中流动的是符号化的你，同样你看到的是符号化的人，它的不成文不代表它缺乏方式整齐划一的行为，反而可能会有更烦琐、更严的行为要求。

三、网络公关礼仪的原则

(一) 真诚的原则

被誉为“现代公共关系之父”的公关先驱,美国的艾·维李曾强调指出:“真诚是公共关系的最佳政策。”真诚原则是人与人友好交往的开端和基础,在人际交往中,交往双方都应以诚相待。

(二) 入乡随俗原则

在现实中,由于国情、民族、文化背景的不同,交往的各方必须坚持入乡随俗,尊重相互之间的风俗习惯,了解并尊重各自的禁忌。网络世界和现实世界一样,一方面,在与不同文化、不同地域的人交流时要注意差异;另外一方面,网络世界里划分为不同的版块,在每一个版块中都存在不同的礼仪要求,进入每一版块也要“入乡随俗”,如果不注意禁忌,就会在交际中引起障碍和麻烦。如不同的论坛要求不一,在这个论坛里可以的行为不一定适应所有论坛,在聊天室中打哈哈发布传言,在新闻论坛中或许会被认为是散布的谣言,对此也必须区别对待。

(三) 遵守规则,尊重他人

遵守规则是对行为组织提出的基本要求。组织是希望通过网络的平台更好地塑造形象,与受众沟通交流,那么当集聚在这个平台上对话的时候,人们不分职位高低、财富多寡,彼此在人格上都是平等的,有权利和义务去表达自己得利益诉求,组织要海纳百川,尊重多方意见,遵从规则,这样才能赢得他人的尊重,确保公关达到预期的目标。

(四) 网上网下行为一致的原则

当组织运用网络公关的形式进行形象塑造时,它所面临的不仅仅是虚拟世界中的人,而是与其利益切身相关的公众群体,那么组织的网络公关礼仪就必须把现实世界中的礼仪规范移植到虚拟世界里,在现实中时是如何遵守礼仪规范的,那么在网络上也要遵循相应的礼仪规范。

知识链接 9-1:美国计算机伦理协会为计算机伦理学所制定的十条戒律

1. 你不应用计算机去伤害别人;
2. 你不应干扰别人的计算机工作;
3. 你不应窥探别人的文件;
4. 你不应用计算机进行偷窃;
5. 你不应用计算机作伪证;
6. 你不应使用或拷贝你没有付钱的软件;
7. 你不应未经许可而使用别人的计算机资源;
8. 你不应盗用别人的智力成果;
9. 你应该考虑你所编的程序的社会后果;
10. 你应该以深思熟虑和慎重的方式来使用计算机。

美国的计算机协会的伦理道德和职业行为规范

1. 为社会和人类作出贡献;

2. 避免伤害他人；
3. 要诚实可靠；
4. 要公正并且不采取歧视性行为；
5. 尊重包括版权和专利在内的财产权；
6. 尊重知识产权；
7. 尊重他人的隐私；
8. 保守秘密。

四、网络公关礼仪的作用

(一) 有利于塑造组织良好形象

良好的组织形象是任何组织所可以追求的目标，组织形象问题是影响组织生存和发展的关键问题，组织拥有良好形象就相当于拥有一笔无形资产。网络是组织塑造形象的重要途径和平台，在这个平台上讲究规范礼仪，有利于组织更好地塑造形象。

(二) 有利于广泛传递组织信息

网络公关强调双向沟通，公关界的权威人物卡特利普和森特提出“双向对称”的原则。即组织应把信息准确无误地传递给公众，与此同时，也要把公众的信息及时反馈给组织。网络的便捷性、快速性、高效性为双向沟通创造了有利条件，而在这个过程中突破了传统的沟通定势，突破仅仅依赖广播、电视、广告、报纸、杂志等媒体传播的模式，以更新颖、更独特的方式吸引公众的眼球。网络公关礼仪恰恰能发挥它的优势，以新颖的方式传递组织信息并能吸引公众的注意力。

(三) 有利于扩大组织的宣传力度

网络是点、线、面、体全方位信息涵括平台，信息包含量大，传送速度快，更新便捷，能够及时地反应并传达组织的相关信息动态，也便于组织及时接收大众的信息反馈，从而更好地完善服务。

(四) 有利于组织拓展对外友好交往

依附于网络的便捷性，组织可以随时随地与各行业之间实现合作互动，建立友好的伙伴关系。在合作交往中，可能立足于不同的利益点，各方之间会存在冲突，而礼仪有利于促使冲突各方保持冷静，缓解已经激化的矛盾。如果人们都能够自觉主动地遵守礼仪规范，按照礼仪规范约束自己，就容易使人际间感情得以沟通，建立起相互尊重、彼此信任、友好合作的关系，进而有利于各种事业的发展。

网络公关是展示组织公关形象的一把双刃剑，组织严格遵守公关礼仪规范，则对组织良好形象的塑造起到正向的作用，反之，则会造成严重的后果。

案例 9-1：杨达才，一笑误前程

“只因在人群中多看了你一眼，再也难以忘记你笑脸。不幸被‘围观’，很快被‘下马’。表哥，你好惨！”网友戏称，今日原陕西省安监局党组书记、局长杨达才被撤职，都是一张照片引发的“意外惨案”。

陕西省安监局党组书记、局长杨达才在延安车祸现场面露微笑的照片被人传到网上，引起了不满。该官员随后又卷入争议漩涡，大家的关注点转移到他在不同场合所戴的手表上，这些手表都价格不菲。

陕西省安监局局长杨达才在车祸现场“微笑”引发的“名表门”，随后继续发酵：8月29日晚杨达才通过微博作出回应，承认用自己的合法收入买过“5块手表”；次日，有网友从公开的新闻照片中，又挖出了杨达才的另外至少4块疑似名表。9月1日，湖北三峡大学在校生刘艳峰向陕西省财政厅寄送政府信息公开申请表，申请公开在延安特大车祸现场“微笑”的陕西省安监局局长杨达才2011年度工资。9月20日下午，刘艳峰收到陕西省财政厅寄发的复函，文件就其作出的信息公开申请给予答复，称“依据《中华人民共和国政府信息公开条例》，陕西省安监局局长杨达才的工资不属于财政厅政府信息公开范围”。

被网友戏称为微笑局长、浑身都是宝的“表哥”陕西省安监局局长杨达才被认为存在严重违纪问题，终于被撤职了。

上述案例表明，组织遵守网络公关礼仪的重要性，也许组织并没有在网上不遵守礼仪规范，但是面对网络时代与环境，组织成员的一言一行都会通过网络的传播起到意想不到的影响，网络放大的效果千万不可轻视。

本章主要从组织化形式和个体化形式的两个角度来介绍网络公关礼仪，以组织为依托的主要从论坛礼仪和门户网站礼仪展开；而个体化形式主要包括博客、电子邮件、微博和微信。

网络公关交流平台还有很多种，比如腾讯公司提供的QQ群、微软公司推出的即时消息软件MSN、全球最受欢迎最普及好用的网络通讯工具Skype、全球第一大社交网站并拥有约9亿用户的Facebook，特别是淘宝和阿里巴巴为商人量身定做的免费网上商务沟通软件，可以帮助用户轻松找客户，发布、管理商业信息，及时把握商机，与公众进行良好的沟通。这些平台也都是网络公关的重要阵地。如何在这些平台上进行礼貌地沟通，可以参见交谈礼仪的内容，这里不再赘言。此外，这些对话框比较多的会是笔谈，除了基本的礼仪用词外，要特别注意笔误问题，这虽然不是什么太大的错误，但还是会引起不必要的误会与麻烦。

案例9-2：淘宝上让人乐死的打字错误

—掌柜，我选的这个诱惑(有货)吗？

—诱惑(有货)。

—有大妈(码)吗？

—亲，客服最大的27岁。

—你能活(货)到付款吗？

—……我尽量。

—你们有尸(实)体店吗?
—亲,淘宝不让卖那个……

—你什么时候发火(货)啊?
—给差评的时候!

—一口气买了五件,能幽会(优惠)吗?
—……吃个饭应该还是可以的。

—马(码)子不合适咋办?
—额亲,小的只卖袜子,不谈感情。

—亲,给我保佑(包邮)吧~
—啊! 我不是菩萨。

—你们能发神童(申通)吗?
—亲,我们做正经生意,不贩卖儿童。

—我有个问题要吻(问)你一下。
—啊,这样不好吧。

(括号中为正确的字)

第二节 组织化形式的网络公关礼仪

组织化形式的网络公关礼仪是指以组织的名义开展网络公关时应遵守的礼仪规范。比如在欧美各国,大致有百分之九十以上的企业都建立了自己的网站,通过网络寻找自己的客户、寻找需要的产品。国内也有很多公司建立了自己公司的网站。那么,这样一个组织与公众相互交流的网络平台上,应该有一系列礼仪规范需要遵守。

组织化形式的网络公关大致包括论坛、门户网站等形式,在这些形式中的礼仪规范也各有不同。

一、论坛(BBS)礼仪

(一) BBS定义

论坛又名BBS,全称Bulletin Board System(电子公告牌)或者Bulletin Board Service(公告牌服务),是Internet上的一种交互性强,内容丰富而及时的电子信息服务系统。它提供一块公共电子白板，每个用户都可以在上面写，可以发布信息和提供看法。用户在BBS站点上可以获得各种信息服务，发布信息，进行讨论，聊天等。

网络论坛是组织向网络公众发布信息重要途径，也是公众信息交流的最重要的平台。一般组织能够从网络论坛中搜集和发布有关组织的宣传信息，尤其可以就某个主题发布主题帖，与社区中的公众进行互动交流，进而监测和引导舆论，并在公关危机发生时能够及时地作出反应。

(二) BBS公关礼仪

1. 准备进论坛礼仪

(1) 每一个论坛都有自己的相关规定，不管组织是直接进入还是开启新论坛，都必须要遵从相应的规范要求。

(2) 注意签名不要过长，一般包括姓名、职业、单位和网址，但不要超过四行。

2. 发表言论礼仪

(1) 不要使用过激过火的言辞，一般要礼貌、真诚、大方。

(2) 发表文件和信息时，语言简洁、精炼，内容简明、扼要。

(3) 每条信息集中于一个主题，尽量不要跨组发表言论。

(4) 要附带自己的联络方法，表明你将为该言论负责。

3. 回文礼仪

(1) 回文要符合大多数人的习惯。引言恰当，不要让读者读了两页才看到你的回复。另外，回文要回在原文相关段落的下面。

(2) 回复别人的言论时不要"惜字如金"，草草了事，不要只写几个字。

(3) 私人事务请寄站内信件。论坛是属于"公共场所"，不属于某个人，所以关于私事，一般通过站内信，否则会引起别人的不满。

(4) 对自己的回复负责。你代表的或许不仅仅是你个人，可能是组织、公司、单位等，你要就事论事，切勿指桑骂槐，含沙射影。

知识链接9-2：论坛"友情提醒"

1. 尽量不要发表："好"、"不错"、"不好"、"不喜欢"、"谢谢"、"顶"、"狂顶"、"嗯"、"啊"、"d"、"ddd"、"up"、"呵呵"等这样无关痛痒的回复。确实是看到好的帖子，说到心坎里的话语可以少量发表，过多发表按恶意灌水处理。

2. 请尊重别人的观点也对自己的观点负责，请多发表你自己对相关技术方面的见解或建议。网络是虚拟的，但人格不能虚拟，请注意自己的言行，说出去的话语不仅代表了你个人，还包括你的家人、朋友、家乡、甚至祖国的荣誉。

3. 如果帖子字数较多，为了方便读者看帖请也麻烦大家用2#或者3#字体编辑帖子。

4. 为了使版面更加洁净，请大家看到广告等违规帖用报告的形式发信息给超版和版主。

5. 如果您对本版面的规定还有好的意见和建议，请到会员意见频道跟帖，谢谢您的意见和建议。

(三) 禁忌事项

1. 钻 BBS 程序的漏洞，获取 BBS 虚假钱币。

2. 做让 BBS 系统负荷过大的事情。

3. 侵犯版权和违反出版条例。

4. 未经允许，把他人的电子邮件寄往论坛。

案例 9-3：合肥论坛合肥专区的新规定

合肥专区是合肥论坛热门分区之一，也是合肥论坛的窗口版面，因此合肥专区的帖子应当向健康性更好、可靠性更高、启示性更强、方便性更佳的方向发展。爱我合肥专区需要大家创造一个更好的交流平台，给论坛其他版面做一个良好的带头作用。随着论坛的不断发展，合肥也要做相应的版规的变化以便为了让专区更好的发展更好的服务每一位关心合肥生活的会员。

经斑竹峰会开会讨论，一致决定对于合肥专区在原有专区版规的基础上做如下新增规定：

1. 求助合肥有关的贴请发到合肥生活顾问区相应的版。顶老贴删除回复后关闭。

2. 前段时间因为论坛针眼时事板块被取消，大量的无关合肥的内容发在专区导致一些会员与斑竹间有了一点小小的矛盾，经斑竹会一致决定有关针眼时事的内容必须发在灌水区或合论杂谈版，我们希望每一个会员都能严格遵守爱我合肥和论坛的版规，这样论坛才能更好地发展，会员也才有更好的平台来交流！

3. 与合肥房产和合肥生活顾问区各版相关的帖子，必须发到相应的版面，虽然爱我合肥人气较高但是既然论坛有了相应的规划就应该发在相应的分区这样大家才能更好的讨论交流问题。不能因为想在专区赚取人气就什么贴都先发到专区，斑竹移动了又去投诉。今后专区不接受这样的投诉，请大家谅解！如讨论美食的帖子，必须发到餐饮美食区。

4. 如果有对斑竹的投诉请直接发到站务区，专区不受理此类投诉请大家理解。

5. 不允许任何形式的对会员和斑竹的辱骂和恶意讽刺，一经发现将严惩，马甲投诉骂人直接删除 ID(只要是骂人不管是你骂人还是别人骂你你回他，都要从严惩罚。因为你可以举报骂你的人，我们将给你奖励还会严惩骂人者！)

6. 凡是辱骂政府和未经证实的敏感新闻帖子一律删除，情节严重造成后果的可能被追查，责任自负。希望大家不要把专区作为发泄对政府不满的场合(论坛也没这个义务)，否则合肥论坛就有可能被封，这样对大家都是一个损失，也失去了一个好的交流场合，我想这是每一个爱合肥论坛的会员不想做的事，有事大家可以冷静的讨论。

违反新版规的前四条对于在线一个月以上的老会员三次编辑警告并做相应转移处理，三次警告无效再次违规就直接删除，严重者封号！对一个月以下的会员违规，做直接删除帖子处理，以避免注册新号故意违规(并不是歧视新会员)。

违反新版规第五条一个月以上的老会员封 ID 十天，一个月以下新会员直接删除 ID。

对于违反新版规的第六条的一经发现直接立刻删除、扣分，严重者将可能受到网监追查！

网络公关虽然是组织在一个虚拟的空间开展公关活动，但是背后却有真实的人操作，对象也是一个穿着“马甲”的公众，因此组织要遵守公关礼仪规范，并建立网络空间的礼仪规范，一方面尊重公众，另一方面也得引导公众，在一个文明礼貌的空间中进行善意的交流与沟通。

二、门户网站礼仪

门户网站等于是组织在网络世界的门面、招牌、接待室，甚至是展厅，为了让网站发挥作用，就必须与相关的读者建立良好的关系，营造良好的氛围。为了达到此目的，网站的内容规划设计、美工制作编排都要遵循一定的礼仪规范，必须从对方的角度出发，贴近对方的需求，才能赢得他们的信任，更好地吸引受众群的眼球。

（一）门户网站的含义及特点

1. 门户网站的含义

门户网站就字面意义上而言，“门户”就是大门、入口的意思，那么门户网站即通向互联网世界的大门，迈向网络社会信息、资源及服务的入口。现多用于互联网的门户网站和企业应用的门户系统。从广义上理解，这里的“门户”是一个应用框架，它将各种应用系统、数据资源、互联网资源集成到一个信息管理平台之上，并以统一的用户界面提供给用户，使组织可以快速地建立组织对受众、组织对内部员工以及组织对组织的信息通道，使组织能够释放存储在组织内部和外部的各种信息。从狭义上理解，所谓门户网站是指通向某类综合性网联网信息资源并提供有关信息服务的应用系统。它不仅仅局限于建立一个网站，提供一些信息，更重要的是要求组织能实现多业务系统的集成，能对公众的各种要求作出快速响应，并且能对整个供应链进行统一管理。其最突出的特性就是对信息交流的实时双向性的要求。

2. 门户网站的特点

(1) 开放性

开放性是网络媒体的共性之一，对门户网站来说，开放性主要体现在：

其一，对所有网民开放，即门户网站对网民的类型不作要求，只要能够与 Internet 建立连接即可实现对网站的访问与浏览，实现实时的互动。

其二，在地域与时间上的开放，无论何时、无论何地都可以登录网站主动获取所需要的信息，实现与组织低成本、高效率的交流。

(2) 超文本性

在门户网站中，通过超文本和超媒体链接，将一则信息的文字、图像、声音、视频等部分进行综合，从而使这则信息得到更全面地呈现，网民只需点击相应的文字、图像或视频进行链接，便可获得与整个专题相关的全部信息。

(3) 便捷性

依托互联网的支撑，使得门户网站所传播的信息能在瞬间遍布全球，也能让网民的反馈及时的到达。另外，包罗万象的互联网资源使得门户网站传播内容具有无限的丰富性，便利了网民对信息的获取。

(4) 互动性

网民可以主动选择信息并按自己的需要控制所获得的信息，还可对所获得的信息作出迅速、及时、有效的反馈，比如在同一时间与网络编辑主体进行互动交流和发表评论。

(5) 灵活性

门户网站是一个开放的网络媒体，它以网民的需求为出发点，以提升组织形象为目标，所以它能迅速地对新的技术和服务进行容纳并吸收，内容模式也随网民的需求和自身的发展而进行必要调整，因此，具有很大的灵活性。

(二) 门户网站的类别

1. 根据构建主体不同，可以分为个人门户、企业门户、商业信息门户和政府信息门户等。

个人门户主要是指那些没有注册公司的，因网民的兴趣爱好而创建的门户网站，其中最典型的个人门户网站是网址导航站，主要代表有 hao123、265 等网址导航网站。这类门户主要是将有代表性的网站网址通过各种分类统计整合在一个网站中，从而更方便地使访问者迅速进到自己想去的网站。

企业门户(Enterprise Portal)是指通过一个唯一入口，为企业员工、分销商、代理商、供应合作伙伴等同一价值链上的相关人员，提供的基于不同角色和权限的、个性化的信息、知识、服务与应用的系统平台。企业门户并非仅仅指建立一个企业网站，以及提供一些企业、产品和服务的信息，更重要的是，它还可以无缝地集成企业的内容、商务和社区。它提供的主要信息能及时反映客户的用电需求，以及企业的发展状况和企业文化建设。

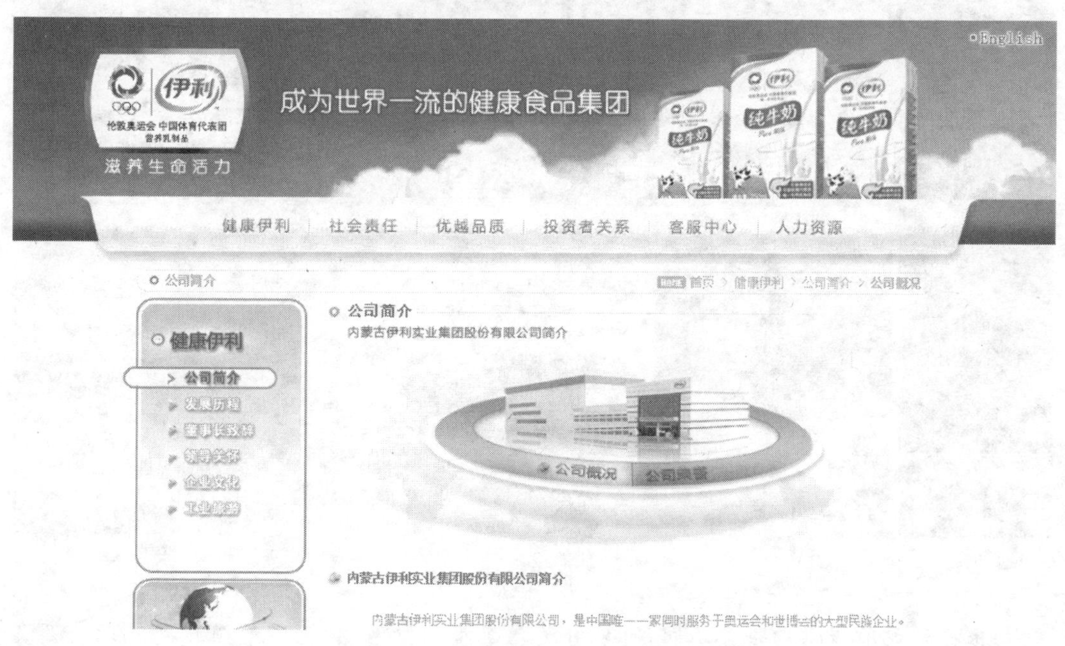

图 9 - 2

商业信息门户是指面向普通的网络用户，为其提供有价值的资讯、信息以及服务的门户网站，这一类型的门户网站主要是通过网络广告、网络游戏、无线增值等商业途径来盈利。

政府门户网站是电子政务系统的一项重要组成部分，是实现电子政务首先要解决的问

图 9-3

题。所谓政府门户网站就是由政府部门统一建立的门户网站，通过高速接入互联网实现资源共享，是电子政务统一的对外窗口，是为公众、企业或下属单位等提供信息和服务，并使用户以最简单的操作方法方便、快速地找到自己所需要信息的主要途径。

图 9-4

2. 根据网站所提供的服务不同，可以分为信息型门户网站、商务型门户网站以及商务信息型门户网站。

信息型门户网站主要是为受众提供有价值的信息，以信息来吸引浏览者，它所提供的主要服务是信息的发布、传播和交流，还提供虚拟社区等增值服务，如网易。另外，在信息网中，比较占有权威性的，比如新华网、人民网、南方网、CCTV. com 等网站，依托着传统媒体的优势,吸引着极大的客户浏览群。

商务型门户网站是指除为用户提供产品信息外,主要目的是促成双方的交易,其主要利润源于用户的交易。在这类网站中,买卖双方可以发布各自需求信息和供应信息,买方选择产品,提交订单,卖方提供支付,安排送货,进而达成交易。如当当网、京东商城。

商务信息型门户网站是指集中了信息型门户和商务型门户二者特征的门户网站,它既为用户提供其需要的有价值的信息,也为用户提供电子商务和交易平台。如雅虎、新浪等都属于此类网站。

3. 根据门户网站所提供的内容宽度,可以分为垂直门户网站和综合门户网站。

垂直门户网站是指针对特定的某一领域、某一特定的人群或某一特定的需求而提供的有一定深度的信息和相关服务的网站。一般此种网站的定位比较清晰,它主要关注有特殊需求的特定人群。比如中国美容网、太平洋电脑网等。

综合门户网站是指提供全面、广泛内容与服务的网站。比如搜狐、新浪、网易、TOM 等,这类媒体的特征是知名度高、网站各类信息比较全面,访问量大,往往覆盖各行各业,同时提供多种服务。

综上所述,门户网站是组织业务系统的一个重要组成部分。组织可以通过门户网站拓展自己的业务,塑造自己的形象,从而更好地发展。

近些年来,随着互联网的不断发展,各种问题也浮出水面,为了营造一个健康、良好的网络环境,提倡和建设门户网站礼仪是关键之一。

所谓门户网站礼仪是指组织在建立门户平台、利用门户网站开展公关活动所要遵从的礼仪规范,是对组织网络公关行为的具体化要求。

(三) 门户网站礼仪的要求及注意事项

1. 网站简洁干净,让人一目了然

如果开启你的访问之门需要等待十几秒的话,很多人可能就“过门不入”。因为,大多数网友都期待网页能在最短的时间里秀出真面目,千万不要把首页搞得花枝招展,又是图片又是动画的,如果你这样做的话,需要一段反应时间来呈现你的画面,因为等待而会错失一部分“观众”。但是,不要因简单而让内容索然无味,要通过了解受众的需求来增加网站的吸引力。

2. 内容真实、不弄虚作假

门户网站是受众了解组织的一个窗口,是为网民提供信息交流的平台,使网民从多种渠道获取多元信息,那么组织在甄选材料的时候要保证材料真实,不做假,不能因为增加影响度而虚假地创造事实。

3. 不能滥用权力,要尊重网民

门户网站从组织品牌标识和广告宣传,到其与公众交流互动的平台,通过这些途径,组织主要承担信息的发布、舆论的引导、形象的树立与展示等网络公关内容,利用门户网站开展公关活动的最大优点就是可控性,组织可以随时对内容进行更改、更新,这种先入为主的情况很容易使组织因为极力维护自己的利益而对网民的一些行为和言论作出限制。这就要求门户网站建设中组织不能滥用权力,侵犯或者限制网民行为。

4. 及时地更新信息、添加/删除版块

网站信息能否及时更新关系到其组织的及时性、全面性、权威性、准确性和严肃性等问题，关系到能否及时与公众进行互动。例如政府门户网站在发布新的行政法规、规章、规范性文件、各类会议、公示公告等重要信息，要及时更新概况信息。一方面便于民众的学习，另外一方面可以更好地开展政府的工作。

5. 编辑语言得体，切勿使用歧义词句

门户网站面对的每一个网民，文化知识水平差异大，年龄层次跨度大，一般不要使用有歧义或者晦涩词句，否则不利于交流，也起不到本该起到的效果。

6. 布局美观，条理清晰

要按照科学布局、重点突出的页面设计要求，做到设计风格美观大方、简洁庄重，页面层级规划合理、深度适中，栏目划分清晰有序、避免歧义，有利于更好地发布信息、提供在线服务、与公众互动交流。

第三节　个体化形式的网络公关礼仪

个体化形式的网络公关是指以个人的形式开展网络公关的方式，这个人可以是代表他自己，也可以理解为他所代表的集体，比如组织领导所写的个人博客，既展示了自己的才华，也在某种意义上代表了他所领导的组织。比如李开复先生现任创新工场的CEO，他在新浪网上开设了微博，关注他的公众成千上万，有关心他个人的，也有关心他所代表与管理的组织。由此可见，虽然个体化形式的网络公关以个体形式出面，但这样的形式仍然具有网络公关的特性。

个体化形式的网络公关在表现方式上有博客公关、电子邮件公关、微博公关与微信公关。

一、博客公关礼仪

(一) 博客的含义

博客是英文单词“Blog”的音译，来源于“WebLog”(网络日志)的缩写。它的原意是Blog的人，简言之，Blog就是以网络作为载体，简易迅速便捷地发布自己的心得，及时有效轻松地与他人进行交流，再集丰富多彩的个性化展示于一体的综合性平台。

据统计，中国网民有两亿多，而博客用户就有3 000万，在2006年“博客”一词在热门词汇中可以说是相当热门，以至于有人称2006年才是真正的“中国博客年”。当我们置身于这样一种博客环境中，要想更好地生存，就必须要懂得博客的礼仪。

(二) 博客的类别

一般按照博客的用户分为：个人博客和商业博客。

1. 个人博客

这种类型博客的成员主要由亲属或身边的朋友构成，他们拥有共同的生活圈、一个家庭或一群项目小组的成员抑或是具有共同的兴趣爱好等，开博的主要目的是通过共同讨论使得参与者在某些方法或问题上达成一致，通常允许任何人参与、发表言论、讨论问题的博客日志。

2. 商业博客

商业博客是以公关和营销传播为核心，是通过博客这个平台向受众者展示组织的具体情况，获得受众者的认可，最后达到塑造组织形象，提升组织能力等。主要包括：

高管博客。即以企业的身份而非企业高管或者CEO个人名义进行博客写作。它是组织专门建立了一个公关博客，专门用于与媒介的沟通。

产品博客。即专门为了某个品牌的产品进行公关宣传或者以为客户服务为目的所推出的“博客”。

“领袖”博客。除了企业自身建立博客进行公关传播，一些企业也注意到了博客群体作为意见领袖的特点，尝试通过博客进行品牌渗透和再传播。

知识库博客，或者叫K-LOG：基于博客的知识管理将越来越广泛，使得企业可以有效地控制和管理那些原来只是由部分工作人员拥有的、保存在文件档案或者个人电脑中的信息资料。知识库博客提供给了新闻机构、教育单位、商业企业和个人一种重要的内部管理工具。

(三) 博客礼仪及要求

互联网先驱web2.0概念提出者蒂姆·奥莱利说：“文化是一套我们赖以生存的共同协议，我们应当确保创造一种能让我们引以为豪的博客文化。我们遵从博客文化，因为它接受真诚开放的言论。但真诚并不意味着可以不遵循礼仪。”一般在交往中，博客礼仪包括：

1. 诚实公正

博客在收集、报道和编写信息和文章时应该诚实和公正，确保博客文章、引述、标题、图片和其他所有相关内容如实叙述，对可疑的信息加以明确说明，在没有披露修改内容的情况下绝不歪曲照片内容，让读者尽可能地了解所链接的消息来源的可靠性和真实性。另外，公正地对待主观评论的信息和客观事实的信息，确保任何评论和观点都不曲解事实。

2. 尊重他人，避免伤害他人

博客要明确和识别对于收集和报道可能造成伤害和不适的信息，把对他人的尊重放到主要位置，认真阅读和回复他人的评论，禁止谩骂、骚扰、攻击或者威胁他人的言论；中伤他人的、明知是错的、以个人偏好出发的、误传他人的言论；违反他人隐私的言论；违反机密性条例的言论。

3. 勇于承担责任

要敢于承认错误，并且能及时地采取补救措施进行纠正，对博客网站的每一项内容，要求读者参与内容和博客行为进行讨论时，必须给予明确的说明。应该拒绝对广告商和特殊利益者得到优待的权利，并且能够承受他们试图影响内容的压力，当例外情况发生时，应该向读者如实披露。

(四) 公众人物开博礼仪

作为公众人物，他代表的不仅仅是个人，更多的是一种行业、一种文化，他们的一言一行都会被暴露在阳光下，受到亿万网民的关注。从礼仪的角度来讲，一般在社会上具有很大的影响力，因此，开博客时除了要注意基本的博客礼仪要求外，还必须具备以下礼仪：

1. 首先要定位，是以什么身份开博客。如官员、明星、学者等公众人物开博，就必须注意到个人的公众影响力。

2. 注意博客中的言行对社会影响。

3. 要坚持真、善、美，努力成为社会良知的代言人。

4. 不过分追求点击量,不断从留言中反思自己,完善自己。

(五) 禁忌事项

1. 禁止侵权,复制、抄袭。
2. 发表评论、恶意中伤他人。
3. 侵犯隐私,违背基本文明标准。

图 9－5　马云的博客

在网络成为信息传播最快途径的今天,名人博客的出现促进营销观念和营销方式的转变,作为在企业中具有强大影响力的管理层,可以通过博客传播自己所希望发布的信息,更是可以依靠这个平台来实现与广大公众的对话!

案例 9－4: Stormhoek 麻雀变凤凰

Stormhoek 葡萄酒公司是英国一家生产葡萄酒的小公司,公司通过企业博客迅速扩大了产品知名度,打开了销售局面。Stormhoek 是家小企业,资金拮据,因此也没有在英国投放任何广告。但 Stormhoek 对博客非常倚重,Stormhoek 向 100 位博客免费提供公司生产的葡萄酒,并通过他们的博客向全世界传播。其企业网站就是一个博客,公司公告宣称只要博客满足以下两个条件就可以收到一瓶免费的葡萄酒:

➢ 住在英国、爱尔兰或法国,此前至少三个月内一直在博客网站上发表言论。读者多少不限，可以少到 3 个，只要是真正的博客。

➢ 已届法定饮酒年龄，收到葡萄酒并不意味着你有在博客网站上发表言论的义务——你可以写，也可以不写，可以说好话，也可以说坏话。

公告题目夺人眼目："Stormhoek：微软真正的竞争对手"，如果你口袋里装着 400 美元无所事事，你可以有多种选择，既可以买一台微软的 Xbox 360 主机，也可以买一箱葡萄酒。发放免费葡萄酒的公司都希望网上赞誉如潮，但 Stormhoek 品牌的不凡之处在于通过虚拟世界的闲聊引发了实际销量的攀升。

Stormhoek 公司认为，"我们很诚实，我们没有声称自己是南非最好的葡萄酒，我们只是告诉人们这里的酒品质不错，价格合理，然后请人们说出自己的看法。"

公司利用这个博客与其他的博客人群进行互动，通过向参加 100 个晚餐聚会，对自己的葡萄酒提出反馈意见的博客人群免费发放葡萄酒，迅速吸引了公众关注目光，从而以 100 瓶葡萄酒的极低代价在 100 多天后成功登陆了美国市场，赢得了产品知名度和销售市场的迅速扩大。整个营销过程的费用仅仅几千美元，2005 年 6 月他们的葡萄酒开始投放市场，不到一年就爆增到每年 10 万箱，而且博客营销为他们带来了源源不断地客户流。Stormhoek 公司的事例极好的诠释了博客营销的巨大价值。它能帮助小企业以极低的成本迅速扩大产品知名度。这可以给那些因为资金短缺而无力做广告的公司很好的启示。

Stormhoek 认为博客营销比普通销售有着更深远的意义，博客营销把消费者看作真正的人，而不是抽象的概念或者非人性化的销售目标。博客营销能够帮助商家超越形而上学的概念，从而提升品牌形象。

图 9-6 Stormhoek 网站

二、电子邮件礼仪

现在人们通过互联网进行联系沟通已经越来越普遍，在这个时代，你没有写过信是正常的，但不曾使用电子邮件的话，则说明你已经落伍了。通过电子邮件，领导与员工之间可以畅谈心事，沟通工作理念；通过电子邮件，企业可以将电子报寄发到每个受众手里，介绍最新产品和服务；通过电子邮件，我们可以进行大规模的受众调查。可见，电子邮件是进行网络公关不可或缺、也是最重要的沟通工具。

电子邮件，又叫电子信函或电子函件，英文名 E-mail，是 Internet 上的重要信息服务方式，它是利用电子计算机所组成的互联网来处理公务，进行公关交际、传递信息资料等远程通信，与传统的书信邮寄相比，它具有快速、方便、廉价、安全可靠、内容更丰富、容载量更大的特点。

(一) 发送电子邮件礼仪

1. 关于主题

每一封信都要标明一个主题，主题是接收者了解邮件内容的第一信息。为了让对方迅速地了解信件的内容主旨，判断信件的重要程度，要求主题：

(1) 尽量不要用空白标题，这是一种很失礼的行为。不仅表现出对所发送邮件的不重视，更是对接收者的不尊重。

(2) 主题要简短，不宜太冗长，不要使用含混不清的词汇。

(3) 一封邮件不宜谈及太多事情，订立很多主题，要从主题中让接收者感知到事情的轻重缓急。

(4) 可用大写字母或者适当的特殊符号(* 、!)来突出主题，引起收件人的注意，切勿画蛇添足。

(5) 双方如果多次接连回复，可根据回复内容不断更改主题，不宜用一连串“Re Re……”

2. 关于称呼和问候

邮件的开头要称呼收件人，这样既显得礼貌，同时也是对收件人的一种提醒，让他对邮件引起注意。对于收件人的称呼要视不同情况而定，如果对方有职务，则根据职务来称呼，如“××经理”、“书记”等，如不清楚，则可尊称的“××小姐”、“××先生”；如果是给多个人的邮件，则可以称呼“各位××”。邮件的开头和结尾，一般都要写问候语和祝福语，如“您好!”、“祝你生活愉快/工作顺利”之类即可。

3. 关于正文

(1) 正文的内容要简洁明了，行文通顺。邮件要简要地交代清楚事情，条理流畅，避免出现晦涩词句，不要让对方重复阅读却摸不清楚发件者的意思。值得注意的是如果发送内容过去，一般正文只做摘要介绍，然后格外添加附件进行详细描述。

(2) 注意邮件的论述语气，根据收件人与自己的熟络程度、等级关系，邮件是对内还是对外性质的不同，选择恰当的语气进行论述，以免引起对方的不适，尽量使用 “请”、“谢谢”之类的礼貌用语。

(3) 适当地断行、断句，发送前要反复斟酌措辞。

(4) 在抒写英文信件时，切勿全文使用大写字母。

(5) 常用表意符号，一方面可以表明发信人的写信意向，另一方面可以使收信人看到信件时有一种轻松愉快的心情。

(6) 尽可能避免拼写错误和错别字，要反复检查。

(7) 合理利用图片、表格等形式来辅助阐述，以清晰明确，让对方很快抓住重点，对邮件作出回应。

4. 关于附件

如果邮件带有附件，那么发件人应在正文中提示收件人查看附件，并对附件作简要说明，如果附件是特殊格式文件，则在正文中要说明打开的方式，以免影响正常使用。另外，一般附件不宜超过四个，书目过多时应该打包压缩，过大的附件也可以分割成几个小文件发送。

5. 关于发送

(1) 发送邮件前要认真核查收件人的邮件地址，避免发生不必要的麻烦。

(2) 确保发送没有病毒的邮件。

(3) 慎重选择发送对象，并将副本转送人数降至最低。

(4) 不发送垃圾邮件。

(二) 回复邮件礼仪

1. 尽可能及时回复。一般而言，收到他人的邮件应及时回复，有来无回、石沉大海是失礼的。如果实在来不及详细回复，那么应先回信告知对方邮件已经收到。要是因为工作繁忙而延误了回复日期，应在回复时致歉。如果正在出差或者休假，最好设置自动回复功能，提示发件人，以免影响正常工作。

2. 进行针对性回复。回复邮件进行答复时，最好把对方提出的相关问题复制到回件中，然后附上答案，进行必要的阐述，让对方一次性理解，以避免反复交流。

3. 回复不宜过短，“是的”、“知道了”这种字眼会让对方感受不到被尊重。

4. 回复邮件中要使用尊称。如“尊敬的××”，“亲爱的××”等，开头加注问候语，结尾附注祝福语。

(三) 禁忌事项

1. 把私人信件公开发布。

2. 无目的地随意发信。

3. 发垃圾邮件。

4. 循环发送锁链信件。

案例 9-5：不经意间与机会失之交臂

1996 年 7 月 9 日，北京市海淀区法院审理国内第一起电子邮件侵权案。此案原、被告均系北京大学心理学系 93 级女研究生。4 月 9 日，原告薛燕戈收到美国密执安大学教育学院通过互联网发给她的电子邮件。内容是该学院将给提供 1.8 万美元金额奖学金的就学机会，她非常高兴。因为这是唯一一所答应给她奖学金的美国名牌大学。此后，她久等正式通知，但杳无音讯，蹊跷之中委托在美国的朋友去密执安大学查询。4 月 27 日朋友告知，密执安大学收到一封北京时间 4 月 12 日 10:16 分发出的署名薛燕戈的电子邮件，表示拒绝该校的邀请。因此,密执安大学已将原准备给薛的奖学金转给他人。法庭上,薛燕戈说,密执安大学发来的电子邮件,是她和被告张男一起去北京大学认知心理学实验室看到的,并且存在张男的电子信箱里。薛燕戈认为,是张男在4月12日10:16分用薛的名义给密执安大学发了一邮件,谎称薛已接受其他学校的邀请,故不能去该校学习。

薛从北京大学计算中心取得4月12日的电子邮件记录,与美国取证同来的材料完全吻合。因此,薛燕戈提出诉讼请求:被告承认并公开局面道歉,由被告承担原告的调查取证以及和美国学校交涉的费用、医疗费和营养费用,精神损失补偿等人民币1.5万元。张男在法庭上称,事实上她从未以薛的名义给密执安大学发过描绘信,对此事没有丝毫责任。

此案在开庭审理后,尽管到底是谁借原告之名向密执安大学发出拒绝接受入学邀请的电子邮件,使原告丧失了一次出国留学深造的机会,并没有得出确切结论,但是在休庭之后,被告终于向原告承认,该电子邮件是她所为,并愿意就此向原告道歉并赔偿因其侵权行为给原告造成的精神及财产损失。经过法院主持调解,原、被告双方当事人自愿达成协议:被告以书面形式向原告赔礼道歉,并赔偿原告精神损害、补偿经济损失共计1.2万元。

三、微博公关礼仪

“今天你围脖了吗?”这是新浪微博上一个自发“广告语”征集活动中的一条,同类项还有“新微距”、“每天织一织,很爽!”等。这是一个围观的时代。人们更愿意以简短到傻瓜的方式相互传递信息,而140字的短语写作恰好符合了这个浮躁时代人们的心理——简单、快速、新鲜、随时随地。

(一) 微博的含义及特点

1. 微博的含义

微博,即微博客(MicroBlog)的简称,是一个基于用户关系的信息分享、传播以及获取平台,用户可以通过WEB、WAP以及各种客户端组建个人社区,以140字左右的文字更新信息,并实现即时分享。国内知名新媒体领域研究学者陈永东在国内率先给出了微博的定义:微博是一种通过关注机制分享简短实时信息的广播式的社交网络平台。

2. 微博的特点

(1) 信息获取的自主性和选择性

一般用户可以根据自己的兴趣偏好,依据对方发布内容的类别与质量,来选择是否“关注”某用户,并可以对所有“关注”的用户群进行分类。

(2) 微博宣传的影响力具有很大弹性,与内容质量高度相关。其影响力基于用户现有的被“关注”的数量。用户发布信息的吸引力、新闻性越强,对该用户感兴趣、关注该用户的人数也越多,影响力越大。此外,微博平台本身的认证及推荐亦助于增加被“关注”的数量。

(3) 内容短小精悍。微博的内容限定为140字左右,内容简短,不需长篇大论,门槛较低。

(4) 信息共享便捷迅速。可以通过各种连接网络的平台,在任何时间、任何地点即时发布信息,其信息发布速度超过传统纸媒及网络媒体。

(5) 便捷性。微博网站现在的即时通讯功能非常强大,通过QQ和MSN直接书写,在没有网络的地方，只要有手机也可即时更新自己的内容，哪怕你就在事发现场。

(二) 微博公关礼仪

对话，是微博的基本形式。虽然大家在微博上彼此互动却见不到真人，但是微博绝非一个纯虚拟空间。微博上的一言一行，都能体现出每个 ID 用户的不同学识、气质形象与品行素养。而企业的官方微博则更是一个直接的窗口，展现其一家企业，一个品牌的内涵。所以，在日常经营企业微博的过程中，都应特别注重方法技巧与礼仪规范。

1. 组织微博代言人员的礼仪

(1) 树立形象，礼仪规范

虽然微博操作的权限是具体的某一位成员，但个人必须清楚明白，他的所言所行不仅仅是代表自己，更是代表一个官方组织账号在公共的平台上互动交流。与公众的关系不再是"我"与"你"，而是直接以组织的形象及相关权限身份与众人在线的会面沟通。因此，在具体操作上应尽量减少和避免微博编辑和客服人员的个人行为，而遵循亲和、干练的职业化水准来进行。

(2) 始终抱以真诚、友好的态度

对于发微博和回复，应以亲切、谦逊、明朗、严谨的措辞与公众进行交流，有利于留下一个优良的整体印象。

(3) 端正姿态与心态，具有服务意识、大局观念、责任感、使命感及荣誉感。

(4) 为了避免在线上互动中出现不良行为，平日线下的业务素质永远是必修课程。

2. 微博发布、互动及内容

微博上的礼仪，大多数都是通过微博的发布、回复、评论及私信得以体现：

(1) 语言富有礼貌，措辞可以生动、风趣

当交流的双方不能面对面时，语言就体现出它的魅力，尊重他人就是尊重自己。微博的文明用语，不仅有助于培养积极健康的心态，而且是一种热情、亲和、开放合作的精神体现。在互动中穿插趣味、生动性的回复，偶尔与大家开开小玩笑，也会起到很好的效果。微博文字中的"小表情"，也可很好地辅助传递情绪，体现人性化的感性内涵。

(2) 巧妙利用私信，进行私密对话

如果一些带有敏感性问题不适合公开交流的话，那么不妨私信对方，同时要注意，如果没有必要进行私密沟通的事宜，应尽可能不以发私信的形式来处理，以免让对方产生反感，甚至是拉黑。

(3) 其他

一方面，可以积极参与公益活动的转发。

公益活动一般会号召很强大的参与力，所以如果平时我们能够响应一些好的公益活动，不管是对树立组织良好的形象，体现组织社会责任，还是对增加粉丝数量，都会起到很不错的作用。

另一方面，对于公众的需求，要慷慨满足。

给予别人等于给予自己，付出越多，收获越多。当公众提出一定的求助时，组织应热情回应并给予帮助。你主动帮助了他人，他人会十分感谢你，增加对你的信任，产生好感，有利于形象塑造。

四、微信公关礼仪

(一) 微信的含义

正当微博公关超越了博客公关进而掀起了又一轮新的公关高潮时，腾讯公司在2011年1月21日推出了一个为智能手机提供即时通讯服务的免费应用程序，再一次提升了网络公关的平台，开启了新一轮微信公关的“战役”。微信推出不久，易信也开始推广，效果还不得而知。微信提供免费即时通讯服务的免费聊天软件。用户可以通过手机、平板、网页快速发送语音、视频、图片和文字。微信提供公众平台、朋友圈、消息推送等功能，用户可以通过摇一摇、搜索号码、附近的人、扫二维码方式添加好友和关注公众平台，同时微信将内容分享给好友以及将用户看到的精彩内容分享到微信朋友圈。截至2013年01月注册用户量已经突破3亿，是亚洲地区最大用户群体的移动即时通讯软件。

目前很多组织都看好微信这个平台，可以在这个至少拥有3亿潜在公众的平台上大显身手。

案例9-6：联合国官方微信已启动　公众号是“联合国”

图9-7　联合国官方微信号正式启动

联合国开发计划署驻华代表处2013年6月14日发布消息称，联合国秘书长潘基文当日宣布，联合国官方微信号正式启动，他希望此举能扩大联合国在中国社交媒体中的影响。“我希望联合国微信号能让很多中国人了解到联合国的新闻和最新动态，理解联合国为什么至关重要。”潘基文说。

潘基文在纽约通过微信及其他社交媒体平台发布视频讲话宣布了这一消息。他将于6月18日访华，这是他自2007年上任后第六次访华。

联合国开发计划署驻华代表处称，为了保证微信号能够在潘基文访华期间顺畅运行，此前已对此测试运行了一个月左右。

从14日起，微信用户可以通过新开通的联合国微信号向潘基文提问，他将在访华期间回答网友的问题。同时，用户还可以通过微信跟进潘基文在华期间的各项活动。

联合国微信号将由纽约联合国总部的新闻部管理，每天发布联合国在世界各地的最新动态。用户可以搜索公众号“联合国”、微信号“lianheguo”或者扫描二维码来添加联合国微信号。

(二) 发微信的公关礼仪

无论是组织运用微信公共账号发布信息，还是个人代表组织发微信或仅代表自己发微信，都应当遵守相应的礼仪规范。

第一，发布真实的信息。无论是组织还是个人，发布的信息是真实可信的。

第二，发布善意的信息。无论是转发还是原创，都要发布传递正能量的信息；千万不要发布低俗、骂人、诅咒人的信息，比如有人强行要他人转发信息，微信中说“转了将走大运、发大财，不转将会如何如何……”这是微信发布中的大忌。

第三，转发他人原创作品，写明转发出处，这是对原创者的尊重。

第四，未经他人同意，不得发布带有个人隐私性质的内容、图片与照片。

第五，看到别人精彩文章与图片，转发之前，应先“赞”后转，这是表示对他人的分享表示感谢，然后自己也将好作品与他人分享。

第六，在微信群中，就如同在现实中同处一个空间的朋友那样，如果别人先打招呼了，那么接收方也应尽可能及时予以回应。

★★★★★ 本章小结 ★★★★★

现代社会中，随着网络的普及以及社会公众对网络的使用越来越频繁，网络对社会的舆论导向，对公共事件的评价都有巨大的影响力，网络已经成为消费者对某一品牌或商品影响、评价的第一来源，而且网络上信息传播迅速，短时间内就能产生巨大的影响力，网络日益成为组织日常公关活动的主阵地。在这一块阵地上，充分挖掘资源，掌握网络礼仪规范，有利于组织协调内外之间的关系；提高知名度，扩大影响，树立组织的良好形象；有效应对突发危机事件。

总之，公关不是用来粉饰太平，也不是去辩驳，公关是工具，更是思想和艺术，以帮助企业成为社会楷模。因此，网络时代的公关需要有效利用网络的及时传播和互动作用，整合资源和传播，关注细节，从而形成完善的基于网络的问题解决方案。

★★★★★ 章末思考题 ★★★★★

1. 网络公关的特点是什么？
2. 网络公关礼仪的原则？
3. 在公关活动中，发送电子邮件需要注意哪些事项？
4. 如何更好地发挥微博公关的作用？

★★★★★ 案例分析 ★★★★★

王石十元捐款门

自“5·12”震灾发生后，不少企业纷纷解囊，更有不少企业捐出数千万巨资。地震发生当天，万科集团总部捐款数目为200万元。

万科对集团内部慈善的募捐活动中，有条提示：每次募捐，普通员工的捐款以10元为限。其意就是不要慈善成为负担。王石还表示，他主要关注地震波及严重的成都万科小区的住宅的耐震情况，还会协助有关部门对成都的建筑进行安全鉴定。

自此王石被网友炮轰，主要有两条：第一，200万元与去年与年销售1 000亿元的万科形象不相称，一些帖子还举出捐款超1 000万元的企业名单，呼吁万科多捐点；第二，对自己的员工要求不超过10元的捐款有意见。

网友观点一：普通的职工捐款的承受能力在王石看来有一个上限，那就是不能超过10元，万科怎么说也是一个上市公司，而且是一个市值庞大的上市公司（最好有佐证），作为一个在上市公司工作的员工，如果10元以上捐款，就会沦为负担的话，我相信，万科的财务报表欺骗了全国股民。

网友观点二：60岁乞讨老人为地震灾区捐款105元，王石要求他的员工捐10元。中国商人你的良心何在？

网友观点三：可能某些网友误会了万科的10元含义，以为是王石针对地震抗灾而设置出来的，这里面的理解可能会有歧异，而我则将我了解到情况告诉大家。

《万科周刊》的员工内部版，里面的引子就说了这么一个小故事：王石的大女儿有一天告诉王石，她在她的工作单位捐了200元的款，王石问女儿的主管呢？她女儿说不清楚。王石说了，你要是捐了200元，你主管好意思捐100元吗？肯定比200元高，那再高一层的主管呢？就要更高……如此下去，捐款就失去了其本来的慈善的目的，而变了味。

有人愤怒，有人理解，有人反对，有人支持，一时间，王石被推到捐款的风口浪尖……

网友炮轰后，王石在其博客上贴出博文《毕竟，生命是第一位的》，回应了网友这一质疑。王石说，“对捐出的款项超过1 000万元的企业，我当然表示敬佩，但作为董事长，我认为万科捐出的200万是合适的，这不仅是董事会授权的最大单项捐款数额，即使授权大过这个金额，我仍认为200万是个适当的数额。中国是灾害频繁发生的国家，赈灾慈善活动是常态，企业的捐赠活动应该可以可持续，而不应成为负担……”

结果招来网友更多的炮轰……

案例思考题：

1. 你如何理解这场“捐款门”风波？
2. 如果你是万科的公关部负责人，你认为该如何处理这个事件？

图书在版编目(CIP)数据

公共关系礼仪 / 陶稀主编. —上海：华东师范大学出版社，2014. 4
高校公共关系学专业系列教材
ISBN 978 - 7 - 5675 - 1990 - 9

Ⅰ. ①公… Ⅱ. ①陶… Ⅲ. ①公共关系学—礼仪—高等学校—教材 Ⅳ. ①C912. 3

中国版本图书馆 CIP 数据核字(2014)第 067916 号

公共关系礼仪

主　　编　陶　稀
项目编辑　范耀华
审读编辑　李　莎
责任校对　高士吟
封面设计　卢晓红

出版发行　华东师范大学出版社
社　　址　上海市中山北路 3663 号　邮编 200062
网　　址　www. ecnupress. com. cn
电　　话　021 - 60821666　行政传真 021 - 62572105
客服电话　021 - 62865537　门市(邮购)电话 021 - 62869887
地　　址　上海市中山北路 3663 号华东师范大学校内先锋路口
网　　店　http://hdsdcbs. tmall. com /

印 刷 者　常熟市文化印刷有限公司
开　　本　787 × 1092　16 开
印　　张　20. 5
字　　数　460 千字
版　　次　2014 年 10 月第 1 版
印　　次　2014 年 10 月第 1 次
印　　数　3 100
书　　号　ISBN 978 - 7 - 5675 - 1990 - 9 /D · 178
定　　价　39. 00 元

出 版 人　王　焰